Deanna Caswell und Daisy Siskin

Der kleine Selbstversorger

Deanna Caswell und Daisy Siskin

Der kleine Selbstversorger

Urban Gardening – Gärtnern und Survival auf kleinstem Raum
für ein unabhängiges Leben in der Vorstadt

Unimedica

INHALT

EINLEITUNG

SELBSTVERSORGER IN DER VORSTADT
Die meisten Leute glauben, dass man seinen Job kündigen, sein Haus verkaufen und aufs platte Land ziehen muss, um ein einfaches Leben führen zu können.

Das ist blanker Unsinn.

Wenn wir an die „einfacheren" Zeiten denken, bevor die industrielle Revolution den Weg für das Zeitalter der Bequemlichkeit und des Konsums geebnet hat, werden wir uns daran erinnern, dass nicht alle Menschen auf einem Bauernhof lebten. Denken wir an den Dorfschmied, den Lehrer und den Ladenbesitzer. Einige hatten vielleicht einen Garten oder Hühner, aber sie lebten in der Stadt und hatten Jobs. Der Schuster sagte sich nicht, „Ich muss unbedingt zurück zu den Wurzeln und muss aufhören, Schuhe zu reparieren. Ich muss aufs Land ziehen und Bauer werden, um mich selbst zu ernähren." Diese Leute lebten ein einfaches, relativ autonomes Leben innerhalb der Stadtgrenzen.

Und das können Sie auch.

Sie können in zahlreichen Büchern nachlesen, wie man im Niemandsland zurechtkommt: wie man Hütten baut, Brunnen aushebt, schlachtet und Getreide anbaut. Dieses Buch gehört nicht dazu. In diesem Buch geht es um Methoden des einfachen Lebens, die sich perfekt in das typische Leben eines (Vor-)Städters integrieren lassen.

Menschen erschaffen. Das haben wir immer schon getan. Wir schauen uns unsere Umgebung an und bauen, gestalten oder erschaffen uns das, was wir brauchen. Heute müssen wir aber nicht viel selber machen, und wenn wir es tun, dann als Hobby, nicht aus Notwendigkeit. Wir haben den Bezug zu der Selbstverantwortlichkeit verloren, welche die Menschen vor der Zeit der großen Discounter hatten. Stellen Sie einen Tiegel Creme her oder eine Seife und erleben Sie, wie gut Sie sich danach fühlen. Es ist, als ob Sie Superkräfte hätten. Dieses Gefühl des Selbstvertrauens und der Schaffensfreude ging

uns durch viele Jahre Komfort verloren. Um es noch einmal zu sagen, es gibt viele Bücher im Handel, in denen beschrieben wird, wie Sie Ihr Leben mit wenig mehr als Baumharz, Birkenrinde und einer positiven Einstellung vollständig umkrempeln können. Ein solcher Lebensstil wird Ihnen sicher das Gefühl der Selbstgenügsamkeit wiedergeben und wir möchten auch klarstellen, dass wir solche Bücher fantastisch finden. Aber dieses Buch gehört einfach nicht in diese Reihe.

Kommen wir noch einmal zu dem Schullehrer, den wir vorhin schon erwähnt haben. Auch innerhalb von Stadtgrenzen kann ein hoher Grad an Selbstbestimmung erreicht werden. Wir raten Ihnen nicht, Ihr ganzes Leben umzukrempeln, aber wir raten Ihnen, das kleine Bedürfnis, das wir alle haben, zu stillen, indem wir mit der uns innewohnenden Schaffenskraft in Berührung bleiben. Es geht darum wiederzuentdecken, was wir verloren haben, Spaß zu haben und aufzuhören, wenn Sie genug davon haben.

Blättern Sie durch das Buch und erfahren Sie, wie Sie Dinge selbst herstellen können. Dann versuchen Sie sich an ein paar von den Sachen. Machen Sie sich keine Sorgen, dass Sie es nicht perfekt hinbekommen. Das haben wir auch nicht. Unsere Anleitungen sind auch nicht in Stein gemeißelt. Natürlich haben wir die Anleitungen wieder und wieder ausprobiert und überarbeitet, aber wir wissen auch nicht alles. Also, fangen Sie einfach an! Wenn etwas nicht klappt, geben Sie uns die Schuld und probieren Sie etwas anderes aus. Sie müssen es nicht wie wir mit Gartenanbau oder Hühnerhaltung probieren, aber versuchen Sie es mit einer Früchterolle oder etwas Mayonnaise. Dieses Gefühl, etwas mit den eigenen Händen erschaffen zu haben, mit Zutaten, die Sie zu Hause finden können, ist so absolut befriedigend. Wussten Sie, dass man einen Pop-Tart (Törtchen zum Toasten) erschaf-

Es verleiht einfach ein gutes, umfassendes Gefühl von Selbstbestimmung und Erwachsensein, wenn Sie etwas mit ganz wenigen Zutaten herstellen, von dem Sie bisher immer geglaubt haben, dass es im Laden gezüchtet wird.

fen kann? Deanna hat vor Kurzem online ein Rezept gefunden. Wahnsinn!

Wir hoffen sehr, dass dieses Buch folgende Dinge für Sie leisten kann:

- Als Erstes hoffen wir, dass Sie, wie wir, diese wundervolle „Du weißt wirklich, wie man das selbst macht?"-Erfahrung machen werden. Es erfüllt uns mit kindlicher Freude herauszufinden, dass die Dinge nicht in Verpackungen zur Welt kommen.
- Zweitens hoffen wir, dass Sie in diesem Buch mindestens drei Dinge entdecken, die zu einem festen Bestandteil Ihres Lebens werden und Ihnen die Befriedigung geben, etwas selbst hergestellt zu haben.
- Und vor allem hoffen wir, dass dieses Buch Ihnen zu mehr Selbstbestimmung und Kontrolle über Ihre Welt verhilft.

Es hat etwas Tröstliches zu wissen, dass wir uns in die Lage versetzt haben, unsere Umgebung zu betrachten und mithilfe dieser etwas herzustellen, was wir wollen oder benötigen. Dadurch versichern wir uns, dass wir in einer Krise oder wenn wir auf einer einsamen Insel ausgesetzt werden – oder für den Fall, dass die Zombie-Apokalypse, auf die Deannas Mann sich mithilfe der Xbox vorbereitet, tatsächlich eintritt – besser vorbereitet wären.

Warum also nach einem selbstbestimmten Leben streben?

Superkräfte.

Okay. Gesundheit und Superkräfte.

1

WARUM NACH EINEM EINFACHEN LEBEN STREBEN?

Uns auf ein einfaches Leben zu besinnen, ist schlicht gut für uns! In diesem Kapitel werden wir einige der unzähligen Gründe erläutern, warum Sie es versuchen sollten, und wir setzen uns mit einigen der häufigsten Gegenargumente auseinander. Wir sagen Ihnen, warum es gut für Ihren Körper, Ihre Seele und den Planeten ist und warum all das in der Vorstadt oder auch mitten in der Stadt möglich ist.

Es ist gut für den Körper

SELBST ANGEBAUTES GEMÜSE
ENTHÄLT VIELE NÄHRSTOFFE UND
SCHMECKT

DAISY Meine fünfjährige Tochter und ihr treuer zweijähriger Schatten (ihre Schwester) standen am Rand des herbstlichen Salatbeets und beäugten es zweifelnd.

Ich gebe zu, ich kann ein bisschen – sagen wir – *panisch* werden beim Thema Kinder im Gemüsegarten. Reich ihnen den kleinen Finger und sie nehmen die ganze Hand. Genauer gesagt, sie werden in der Erde wühlen wie Riesenwühlmäuse und eine ganze Ernte vernichten. Ich musste Regeln einführen, die Ältere weiß daher, dass sie erst fragen muss.

„Können wir ein bisschen davon haben?", fragte sie höflich. Meine Tochter ist ein normales Kind, keine wundersame Außerirdische vom Planeten der Gesunden Ernährung. Damit meine ich, dieses Kind bekommt eine Packung Kekse und eine Tüte Chips ohne Probleme auf. „Natürlich", war meine Antwort. „Nehmt, so viel ihr wollt." Wie viel Salat können so kleine Menschen schon essen? Ich habe sie noch einmal daran erinnert, wie sie die Blätter pflücken sollen, ohne die ganze Pflanze auszureißen (was schwer zu vermitteln gewesen war), und widmete mich weiter meinen Aufgaben. Am nächsten Tag, als ich gießen wollte, starrte ich alarmiert auf eine ein Meter lange Reihe mit Rauke, verschiedenen Kohlsorten, Eichblattsalat und Grünkohl. Die Pflanzen waren bis auf die Stümpfe abgenagt. Kaninchen? Nimmersatte Raupen?

Dann fiel es mir wieder ein. Schnullermonster. Meine zwei Kleinen haben ungefähr ein Pfund extra frisches, biologisch angebautes Grünzeug aufgefuttert. Es hätte mich nicht überraschen sollen. Der Gemüsegarten zieht sie magisch an. Dort gibt es so viele ihrer Lieblingssachen: Dreck, Dreck, mehr Dreck, Blüten, Käfer,

2

Wasserschläuche und dort wächst Zeug, das man essen kann! Wen kümmert es, dass es Gemüse ist? Es wächst draußen im Garten! Man kann es selbst pflücken!

Nicht nur *meine* Kinder sind so. Wissenschaftler haben die Essgewohnheiten von Kindern, denen Ernährungswissen anhand praktischer Erfahrung im Garten vermittelt wurde, mit denen von Kindern verglichen, denen Kenntnisse über Ernährung nur theoretisch vermittelt wurden. Die Gruppe mit der praktischen Lernerfahrung verzehrte anschließend wesentlich mehr Obst, Gemüse, Ballaststoffe und damit Vitamin A und C als die nur theoretisch unterrichtete Gruppe. Sehen, anfassen, riechen, schmecken – dadurch werden wir mit den Dingen vertraut und akzeptieren diese als Teil unseres Lebens. Das ist darum so wichtig, weil die Gewohnheiten, die Kinder früh im Leben annehmen, ihren Ernährungsstil für den Rest ihres Lebens prägen. Ein anderer Grund, dass meine Kinder sich durch den Garten pflügen, mit der metaphorischen Gabel in der Hand, ist, dass die angebau-

ten Sachen so gut schmecken. Selbst angebautes, vor allem biologisch angebautes Gemüse ist frischer, süßer und wohlschmeckender als die meisten der Produkte, die im Supermarkt landen. Die im Supermarkt erhältlichen Gemüse- und Obstsorten werden danach ausgesucht, ob sie über weite Strecken transportiert werden können und nicht danach, ob sie gut schmecken oder knackig sind. Alte Gemüse- und Obstsorten schmecken köstlich, halten sich aber nicht so lange frisch, daher sind sie in den üblichen Supermärkten kaum zu finden. Wenn Sie Ihr eigenes Gemüse anbauen, können Sie aus einer überwältigenden Vielfalt saftiger, bunter und auch seltsamer Arten wählen, egal wie empfindlich diese Arten darauf reagieren, in Lastwagen verpackt und durch mehrere Länder gefahren zu werden. Wenn Sie das Gemüse selbst anbauen, muss es nur vom Garten in die Küche wandern oder von der klebrigen Hand eines Kleinkinds in seinen Mund.

DRECK IST GUT FÜR UNS

Als Erstes habe ich den Krach gehört. Es klang, als ob eine Straßenfräse den Asphalt vom Gehweg kratzen würde. Bei einem Blick aus dem Küchenfenster sah ich, dass es meine Kinder waren, die sich gegenseitig in einer Plastikbox, an die ich ein Seil angebracht hatte, über den rauen Asphalt zogen.

Süß, oder?

Jedenfalls solange man nicht weiß, dass es dieselbe Box ist, mit der ich Pferdemist von einem Pferdestall in der Nähe für meinen Kompost transportiere. Dieses Ereignis hat mich dazu gebracht, über die unkonventionellen Auswirkungen unseres Lebensstils auf unsere Familie nachzudenken. Oberflächlich betrachtet wohnen wir in einem gewöhnlichen Haus in einer gewöhnlichen Straße in einem typischen Vorort. Wer hinter die Fassade schaut, wird allerdings einige Unterschiede entdecken. Im Garten hinterm Haus ist jedes noch so

kleine sonnige Fleckchen mit Hochbeeten für Gemüse und Kräuter belegt. Dahinter picken und scharren acht Hennen mit befiederten Krallen im Hühnergehege und geben auf ihrer Suche nach Schätzen (Würmern) ungemein entspannende, gurrende Töne von sich. In der Ecke hinter einem Schuppen gehen ca. vierzigtausend Bienen ihren geheimnisvollen Tätigkeiten in einem selbst gebauten Bienenkasten nach. Feigen- und Pfirsichbäume kämpfen mit Blaubeer- und Brombeerbüschen um die letzten Sonnenstrahlen. Ich transportiere Mist in Boxen im Kofferraum meines Autos. Und offensichtlich lasse ich meine Kinder in den Boxen spielen.

Als ich meine Kinder durch das Fenster beobachtete, habe ich kurz überlegt, ihrem Spaß ein Ende zu bereiten, aber dann habe

ich den Gedanken schnell wieder verworfen. Ich würde zwar nicht so weit gehen zu sagen, dass ein wenig Pferdekacke noch keinem geschadet hat, aber, naja, es hat noch keinem geschadet.

Natürlich habe ich die Box ausgewaschen – glaube ich zumindest –, aber wenn die Wissenschaft recht hat, hätte ich das gar nicht tun sollen. Immer mehr Menschen entwickeln Allergien und Autoimmunerkrankungen und einige Menschen sind der Ansicht, dass unser sauber geputztes und desinfiziertes Leben daran schuld ist. Unser Immunsystem wird nicht mehr so trainiert wie zu der Zeit, als wir noch „auf dem Land" gelebt haben, und jetzt weiß unser Körper nicht mehr, wie er reagieren soll. Frühzeitiger Kontakt mit Keimen und Allergenen lehrt unser Immunsystem, wie

es uns am effektivsten vor tatsächlichen Keimen schützen und gleichzeitig Staub, Pollen und andere harmlose Reizstoffe ignorieren kann.

Kurz gesagt, Dreck kann gut für uns sein. Als Mutter von kleinen Kindern möchte ich kurz erklären, wie ich mich dabei fühle. Es ist, als ob das Gesundheitsamt bekannt gegeben hätte, dass der Verzehr eines halben Liters Speiseeis, während man den ganzen Tag im Schlafanzug herumhängt, das Geheimnis eines langen und erfüllten Lebens ist. Es ist, als ob die internationale Vereinigung perfekter Eltern verkündet, dass es der Höhepunkt einer verantwortungsbewussten Erziehung ist, meine Zweijährige in der Küche auf der Arbeitsplatte sitzen und übrig gebliebene Gorgonzolasoße mit den Händen aus ei-

ner Schüssel essen zu lassen. Dreck ist gut für uns? Jawohl, besonders für Kinder, und je früher sie anfangen sich dreckig zu machen, umso besser. Als ich von diesen Studien gehört habe, empfand ich, neben der eben beschriebenen Freude, Verwirrung. Ich war stets ermahnt worden, meine Hände fünfzigmal am Tag bis auf die Knöchel sauber zu schrubben. Ich habe Werbung für Desinfektionsmittel gesehen mit Zeichentrickkeimen, die in mir den Wunsch geweckt haben, meine Familie in einer Blase einzuschließen. Mir wurde gesagt, ich solle dies desinfizieren und jenes abkochen und meine Kinder in einer sterilen Umgebung halten, bis sie Anfang zwanzig sind, mindestens.

Jetzt heißt es, dass der frühe Kontakt mit Dreck für ein gesundes Immunsystem sorgt und vor Allergien schützt, vor Diabetes Typ 1, Multipler Sklerose, dem Reizdarmsyndrom, Morbus Crohn, Asthma und sogar vor Herzkrankheiten und Alzheimer. Bauernhofkinder, die dem Schmutz auf dem Land ausgesetzt sind, einschließlich Mist, wiesen seltener Allergien auf als die Kinder, die nicht auf einem Bauernhof aufwuchsen. Heilige Makrele.

Ich tue meinen Kindern vielleicht einen Gefallen, indem ich sie in der Box spielen lasse. Ich fühle mich erleichtert. Und nicht nur, weil ich mir ihr Wehgeschrei erspare, wenn ich ihnen nicht sagen muss, dass sie aus der Box herauskommen müssen. Es bedeutet, dass mein unkonventioneller Lebensstil als Pionierin der suburbanen Selbstversorgung noch einen weiteren Vorteil mit sich bringt.

WIRKLICHE ARBEIT HÄLT DAISY DAVON AB, AUF DEM HEIMTRAINER ZU STRAMPELN

Ein Bekannter hat mir einmal gesagt: „Das größte Ergebnis der Industriellen Revolution ist, dass wir alle dick wurden. Maschinen übernehmen die Aufgaben, die wir früher selbst erledigt haben und seltsamer-

von der Arbeit fortgezerrt werden. Diese Arbeit hat einen sofort erkennbaren und greifbaren Zweck. Ich kann stundenlang arbeiten und anschließend begutachten, was ich geleistet habe.

Das Einsammeln von Mist in diesen Plastikboxen ist keine lausige Art einen Nachmittag zu verbringen (auch wenn es so klingen mag), und gleichzeitig erhalte ich jede Menge Fitnesstraining. Die Pferde beobachten mich misstrauisch, wie ich mich über die Weide bewege und meine Box von Haufen zu Haufen hinter mir herziehe und diese mit einer Schaufel einlade. Ich sammle so viele Haufen, wie ich kann, sodass die Eimer unglaublich schwer sind, wenn ich sie schließlich ins Auto lade.

Ein solches Training könnte ich auch im Fitnessstudio haben, aber ich könnte keinen riesigen biologischen Mangold und Tomaten in der Größe von Honigmelonen ernten. Und außerdem kann ich meinen Mitgliedsbeitrag im Fitnessstudio nicht mit Gläsern voll selbst Eingemachtem bezahlen, im Gegensatz zu dem Besitzer der Pferde, dem ich so den Mist bezahle. Deanna teilt meine Begeisterung für Mist nicht, aber in einem Fitnessstudio lässt sie sich dennoch niemals blicken. Ihre gängige Trainingsmethode ist es, Tieren hinterherzujagen. Sie hat zwar wunderbare Zäune, aber neugierige Kinder, daher werden die Tiere freigelassen – und das häufig. Sie verbringt einen Großteil ihrer Zeit damit, Hühnern im Hof hinterherzujagen, um sie wieder ins Gehege zu treiben, zögerliche Ziegen zwischen ihren Knien festzuklemmen, um ihnen die Hufe zu feilen, und sie stapelt ihren Heuhaufen permanent von hier nach dort um, dann nach dort und wieder zurück (sie ist noch auf der Suche nach einem dauerhaften Lagerplatz, der ihr gefällt). Auch bewegt sie viel Dreck hin und her und ändert beständig ihre Meinung, wo die Dinge in ihrem Hof bleiben sollen. Sie gräbt die Blumen aus und ersetzt sie durch Erdbeeren. Sobald das Hundszahngras die

weise *müssen* diese ganze Mühe und der Schweiß, die wir nicht mehr aufwenden müssen, um uns zu ernähren, einzukleiden und für ein Dach über dem Kopf zu sorgen, ersetzt werden, damit wir gesund bleiben. Daher gehen wir ins Fitnessstudio." Dem kann ich nur zustimmen.

Das Fitnessstudio ist eine Lösung. Die andere ist es, die Uhr hier und da ein wenig zurückzustellen, auf Gewohnheiten von vor der Industriellen Revolution, damit wir uns die Mitgliedschaft im Fitnessstudio ganz sparen können. Ich bin keine Freundin von Sport nach strengem Zeitplan. Angesichts eines Trainingsplans trete ich in Streik. Ich weigere mich, mich an den Plan zu halten, und die Schuldgefühle bezüglich nicht eingehaltener Versprechen, die ich mir selbst gegeben habe, und gegenüber meinem Herzkreislaufsystem sind verheerend. Aber wenn ich harte Arbeit zu erledigen habe, einschließlich Kompost umgraben, Unkraut jäten oder mich um die Tiere kümmern, dann muss ich

Erdbeeren so weit überwuchert, dass sie es selbst in einer Woche voller Sonntage nicht mehr ausrupfen kann, mäht sie alles unter und pflanzt etwas Strauchartiges an.

Und ihr Garten sah noch kein Jahr gleich aus. In einem Jahr waren es vier Beete hier, im nächsten Jahr zwölf Beete dort, im nächsten Jahr hat sie alles wieder umgegraben und den Garten in einer 12x12-Meter-Reihe angelegt. Auf diese Weise verbrennt sie viele Kalorien. Wir möchten nicht behaupten, dass uns einige stramme Spaziergänge in der Umgebung pro Woche nicht guttun würden, aber der Zurück-zu-den-Wurzeln-Lebensstil ist bestimmt nicht der typische, bewegungsarme, amerikanisch-europäische Lebensstil.

Gut für die Seele

GÄRTNERN + TIERHALTUNG = GESUNDHEIT UND WOHLFÜHLEN

Ich wünschte, ich hätte ein Blutdruckmessgerät, um empirisch nachweisen zu können, was ich instinktiv weiß: Gärtnern beruhigt mich.

Wenn ich in den Garten gehe, tritt der Rest der Welt in den Hintergrund. Selbst wenn ich einen leichten Anfall von Mordlust verspüre, kann ich diesen inmitten der Vegetation abschütteln. Worauf es ankommt, sind einzig die frischen jungen Triebe, die stolz in der fruchtbaren Erde stehen, als ob sie von ihrer eigenen grünen Frische beeindruckt wären. Ich habe nur Gedanken dafür, welche Pflanze heute wieder fabelhaft aussieht, welche so aussieht, als ob sie ein wenig Wasser vertragen könnte, und welcher von einer gefräßigen Raupe die Hälfte der Schoten abgefressen wurde. Ich untersuche jedes Beet, jede Pflanze voll Erstaunen.

Eines der Dinge, die mich verblüffen, ist, wie viel Zeit ich damit vergeuden kann, dieselben verdammten Pflanzen Tag für Tag, Monat für Monat anzustarren. Es ist unglaublich. Was ist nur mit mir los? Alles andere langweilt mich irgendwann. Wenn Sie noch nicht selbst Gemüse und andere Dinge anbauen, aber damit anfangen wollen, nehmen Sie sich meine ehrliche Warnung zu Herzen: Kaufen Sie sich ein paar vorzeigbare Pyjamas und Hausschuhe mit vernünftigen Sohlen! Das Gemüse wird Ihnen, während Sie Ihren Kaffee oder Tee am Morgen genießen, zuflüstern, „Wir sind die ganze Nacht gewachsen. Erinnerst du dich daran, wie du uns gestern gegossen hast? Mjam, das Wasser war so gut, dass wir extra prall und grün sind und all unsere Blüten sich öffnen".

Bevor Sie sich versehen, stehen Sie draußen im Garten und wühlen in den Gurkenpflanzen herum, um die borstigen Babygurken zu zählen, mit Erde an Ihren

Puschelschlappen, und präsentieren sich den Nachbarn in der Morgenbrise mit aufgewehtem Morgenmantel.

Es ist reine Magie. Was soll's, wenn die Arme jucken und die Nachbarn jetzt Ihre unziemliche Vorliebe für Schlafanzüge mit Sponge-Bob-Design kennen? Ihr Gemüse steht in Blüte und übertrifft in seiner Schönheit die edelsten Abendkleider, die je über einen roten Teppich geschritten sind. Auberginen hängen wie riesige Perlenohrringe unter breiten samtigen Blättern, noch feucht vom Tau. Die Luft riecht nach Dill und Humus und dem Aphrodisiakum der Gärtner: Tomatenblättern.

Überlassen wir es den Wissenschaftlern, die sich nicht wie ich mit poetischen Übertreibungen zufriedengeben, die Beziehung des Menschen zu seinem Stück Land zu erforschen. Es verwundert nicht, dass Gärtnern zu seelischer Ausgeglichenheit, Stressabbau, Widerstandsfähigkeit und einem Erfolgsgefühl führt. Die Vorzüge der körperlichen Aktivität beim Gärtnern sowie die geistigen und emotionalen Vorteile

bilden ein Ganzes, das größer ist als die Summe seiner Teile. Setzen Sie noch ein paar Hennen in diesen Garten, die sich über ein Paar übereifriger Ziegen aufregen, und Sie müssen sich nicht immer nur mit sich selbst beschäftigen, sondern können sich auf etwas ganz anderes konzentrieren. Es genügt, um selbst den aufgedrehtesten Zeitgenossen einen Gang runterschalten zu lassen. Ich kann nicht versprechen, dass Sie alle Beruhigungspillen in die Tonne treten können, aber vielleicht, nur vielleicht, kann der Geheimdienst Sie auf der Liste der zu beobachtenden Personen ein wenig weiter nach unten rücken.

ZURÜCK ZU DEN WURZELN
VEREINT DIE FAMILIE

DEANNA Als ich noch ein Kind war, verbrachten meine Geschwister und ich eine Woche im Haus meines Opas und meiner Oma, während meine Eltern die jährliche Konferenz der Arbeitsstelle meines Vaters besuchten. Damals bauten Opa und Oma noch einen großen Teil ihrer Lebensmittel selbst an. Sie jagten, fischten und stellten alles Mögliche von Grund auf selber her. Eine meiner liebsten Erinnerungen ist es, wie wir mit ihnen zusammensitzen und Bohnen pulen, um sie einzumachen. Es war keine Beschäftigung, die Oma sich für uns als gemeinsame Aktivität ausgedacht hatte, es war notwendige Arbeit – einfach etwas, das dazugehört, wenn man einen ertragreichen Garten hat. Die Bohnen waren alle gleichzeitig reif, es gab also viele Säcke voll Bohnen, die ausgenommen werden mussten. Ich habe es auch geliebt, zusammen mit Opa die Kürbisse zu ernten, die Erdnüsse herauszuziehen und Brombeeren zu pflücken. Es waren keine Nebenher-Aktivitäten, die in fünf (oder auch fünfzehn) Minuten erledigt waren. Es dauerte ewig. Und wenn meine Eltern freitags wiederkamen, wurden immer Fische gegrillt, daher musste die Woche über fleißig geangelt werden. Wir mussten bei der Zubereitung helfen, einfach weil wir gerade da waren. Opa hat die Fische, die wir gefangen haben, ausgenommen, filetiert und paniert. Oma hat die Filets gegrillt. Und wir Kinder machten die Maismehlklößchen.

Meine Großeltern sind vor Jahren gestorben, aber ich habe nicht einmal gedacht: *Ich wünschte, ich hätte etwas „Qualitätszeit" mit ihnen verbracht.* Jede Minute, die wir mit ihnen verbracht haben, war Qualitätszeit. Wenn wir den „Fortschrittsanzeiger" ein wenig zurückstellen, müssen wir keine Zeit mehr für Familienzeit einplanen. Familienzeit findet statt, wenn die Mama bis zur Augenbraue in Zucchini versinkt und die ganze Familie mit anpacken muss. Bei mir zu Hause passiert dasselbe, wenn wir die Süßkartoffeln ausgraben, die Erdbeeren pflücken, die Ziegen auf die „Weide" im Vorgarten führen oder wenn es an der Zeit ist, die Hufe zu schneiden oder die Flügel der Hühner zu stutzen. Es gibt viel zu tun, also gehen wir es zusammen an.

In den alten Zeiten, lange vor dem Aufkommen der großen Supermärkte, drehte unser Leben sich um Nahrung, Kleidung und Unterkunft. Die ganze Familie arbeitete zusammen, um diese Bedürfnisse zu stillen, und verbrachte gleichzeitig Familienzeit und Qualitätszeit. Ob es galt, Flicken für den nächsten Quilt zu machen oder ein Maisfeld abzuernten, die Familie arbeitete zusammen, um mit der Arbeit fertig zu werden. Es klingt albern, wenn ich sage, dass es an der Zeit ist, die Nahrung wieder zu unserem Lebensmittelpunkt zu machen (genau das sollen wir laut den Talkshows nicht tun, oder?), aber Menschen scheinen dafür gemacht zu sein. Ich kann die Rufe hören: „Aber wir sind Amerikaner/Europäer! Sollten wir uns nicht um wichtigere Dinge kümmern?". Zugegeben, viel Mühe für die Befriedigung unserer Grundbedürfnisse aufzuwenden, mag nicht die attraktivste und renommierteste Wahl sein, aber viele wichtige Dinge finden genau während dieser Aufgaben statt. Niemand sagt auf seinem Totenbett, „Ich wünschte, ich hätte mich immer über die neuesten Nachrichten auf dem Laufenden gehalten". Die Menschen wünschen sich immer mehr Zeit für die Familie. *Wenn mir gesagt würde, dass ich heute Nacht sterbe, ich würde nichts an diesem Tag ändern wollen!* Wenn Sie gerne jede Nacht mit dem Gedanken zu Bett gehen wollen, dann versuchen Sie, zurück zu den Wurzeln zu gehen. Das einfache Leben bedeutet, Zeit mit der Familie zu verbringen.

ERARBEITEN SIE SICH IHRE UNABHÄNGIGKEIT

Früher habe ich geglaubt, dass so ziemlich alles, was schön oder nützlich ist, in einer Fabrik zur Welt kommt. Für die Zubereitung benötige man streng bewachte Geheimformeln, wie für die elf Kräuter und Gewürze in Kölnisch Wasser. Shampoo oder Croûtons *kann* man nicht selbst herstellen! Und selbst wenn man es machen würde, wäre es nicht so gut, oder warum sonst kaufen alle diese Dinge im Laden? Die Wahrheit ist, dass es eine unbewusste und unbequeme Hilflosigkeit mit sich bringt, wenn wir uns bei allem auf Unternehmen und Fabriken verlassen. Und wenn wir herausfinden, wie wir uns nicht vom System abhängig machen, um zu überleben, nähren wir ein Gefühl tief in uns drin. Ich habe noch nie einen Menschen getroffen, der nicht ein Hochgefühl verspürt, wenn er grüne Bohnen aus dem eigenen Garten verzehrt oder sich mit selbst gemachter Seife wäscht. Ich möchte ein Beispiel wiedergeben: Zu Zeiten des Bürgerkriegs brannte die Farm von Daisys Ururgroßmutter ab und sie und ihre Familie lebten monatelang unter einer Eiche. Oma Siskin hatte kein spezielles Überlebenstraining absolviert, aber sie wusste dennoch, wie man überlebt. Sie und ihr ältester Sohn liefen fünfunddreißig Kilometer, um von einem der wenigen nicht im Krieg zerstörten Felder Weizen zu holen. Sie ernteten mit ihren Händen und droschen zwei Scheffel Getreide, indem sie den Weizen gegen einen Balken schlugen. Um den gekochten Weizen genießbar zu machen, schaffte sie es Salz herzustellen, indem sie den Lehmboden der zerstörten Räucherkammer mitkochte.

Im Jahr 2002 gab es in unserer Gegend einen schweren Sturm. Die Anwohner nannten ihn Hurricane Elvis. Wir hatten zwei Wochen keinen Strom. Nachdem sich die Panik gelegt hatte, war ich irritiert über unsere Hilflosigkeit. Viele fuhren zu den Einkaufszentren und kauften sich Generatoren. Aber ich habe an Daisys Ururgroßmutter gedacht. Ich hatte zehnmal mehr als sie unter ihrer Eiche: ein Zuhause, fließendes Wasser, sanitäre Einrichtungen, ein Auto, Läden voller Lebensmittel – aber trotzdem war ich irgendwie hilflos. Ich war gebildeter, aber dennoch weniger in der Lage für mich selbst zu sorgen. Ich habe mein Essen im offenen Kamin zubereitet, während meine Nachbarn jeden Tag auswärts essen gingen, daher wusste ich, dass ich nicht ganz so hilflos war wie einige andere. Aber Ururoma hätte sich für mich geschämt!

Wir möchten nicht sagen, dass Sie wie Daisys Ururgroßmutter werden sollen (wenn es das ist, wonach Sie suchen, dann müssen Sie sich an unsere Freunde, die Überlebenskünstler, wenden), aber es berührt etwas Ursprüngliches tief in uns Stadtbewohnern, wenn wir etwas mit unseren eigenen zwei Händen aus Dingen der Umgebung erschaffen können.

EINFACH ZU LEBEN IST WIRKLICH EINFACHER

Die meisten denken, dass es so viel Arbeit ist, zu den Wurzeln zurückzukehren! Wenn Sie gerade in einer trägen Stimmung sind, werden Sie vielleicht etwas in der Art sagen wie: „Ich habe keine Lust, umständlich zu kochen. Lass uns eine Tiefkühlpizza kaufen." Wenn Sie zu den Wurzeln zurückkehren, werden Sie feststellen, dass Ihre Vorstellung, was es heißt, faul oder bequem zu sein, sich ändert. Sie werden sagen können, „Ich habe heute keine Lust einzukaufen. Wir haben frische Eier und Brokkoli aus dem Garten." Sie müssen nicht einkaufen gehen, weil Sie frische Lebensmittel aus Ihrem Garten zur Verfügung haben.

Wenn Sie unabhängiger von den großen Supermärkten werden, werden Sie feststellen, dass Sie Einkäufe so ermüdend finden, dass Sie diese so lange als möglich aufschieben. Sie werden anfangen zu grübeln: *Was habe ich noch im Haus, das ich verwerten könnte, sodass ich mich nicht in die Schlange an der Kasse stellen muss?* Es ist so viel einfacher, mit einfachen Zutaten zu kochen oder mit etwas weniger Bequemem zurechtzukommen!

Gut für den Planeten

Nichts reduziert unseren Beitrag zum Müllberg so nachhaltig wie das einfache Leben. Die Ziegen und Hühner essen sämtliche Reste, jeglichen Gemüseabfall und alle Bananenschalen. Das Einzige, was wir nicht an die Hühner verfüttern, sind Hühner. Nicht, dass sie es nicht essen würden – ich finde es nur eklig. Aber wenn es Sie nicht abschreckt, kann alles, was essbar ist, verschwinden und sich in Eier verwandeln.

Selbst wenn Sie keine Tiere halten wollen, werden alle Gemüseabfälle und Bananenschalen in Ihrem Kompost oder im Garten landen. Das ganze gemähte Gras und das alte Laub (habe ich nicht, wegen

der Ziegen) verschwinden gleichfalls. Auch das ganze Papier und die Pizzaschachteln können auf den Kompost. Oder es verschwindet alles in Ihren Mulchbeeten als Dünger und zur Unkrautbekämpfung. Ich glaube, die ganzen Kartons vom letzten Weihnachtsfest sind in den vorderen Blumenbeeten gelandet, und mit drei Kindern und dreimal Großeltern ist das eine Menge Karton.

Wenn Sie erst einmal öfters richtig aus Grundzutaten kochen, werden Sie weniger Verpackungsmüll haben. Mehlsäcke und Obstschalen? Sind einfach nicht dasselbe wie die Berge von Kartonverpackungen, die Berge von Plastikfolien und die nicht recycelbaren kleinen Plastiktüten, die mit konventionellen Snacks und Fertiggerichten einhergehen.

Und was passiert erst, wenn Sie anfangen Lebensmittel einzumachen? Kein Abwasch mehr für den Gelben Sack? Kein Abkratzen von Etiketten? Kein BPA? Es macht einen geradezu schwindelig. Wenn Sie daran gewöhnt sind, unabhängig und selbstgenügsam zu sein, werden Sie feststellen, dass Sie nicht jedes Gerät ersetzen müssen. Sie werden einen Ersatz finden. Mein Schongarer hat den Geist aufgegeben, daher benutze ich jetzt einfach einen großen Topf. Mein Teekessel hat sich verabschiedet, jetzt koche ich das Wasser in einem kleinen Kochtopf. Mein Joghurtzubereiter lebt nicht mehr, jetzt benutze ich eine Schüssel auf einem Heizkissen. Meine Brotmaschine und mein Dörrgerät haben sich verabschiedet, jetzt benutze ich den Backofen. Meine Mikrowelle hat sich verabschiedet, jetzt benutze ich meinen Toaster (den ich auf jeden Fall ersetzen werde, wenn er den Geist aufgibt. Es ist das nützlichste Gerät, das ich besitze).

Ich spare also nicht nur die Verpackung oder weite Transportwege für mein Brot, meinen Joghurt, mein Trockenobst und mehr, sondern auch die Verpackung und spätere Beseitigung all der bequemen, neumodischen Geräte. Vielleicht werden Sie nicht so verrückt wie wir, aber denken Sie einfach daran, umso einfacher wir leben, umso umweltfreundlicher leben wir auch.

DAS EINFACHE LEBEN: IN EINER STADT IN IHRER NÄHE

Die Stadt Mouscron in Belgien, mit 53.000 Einwohnern, hatte ein Problem. Die Gemeinde erhielt eine Rechnung über 11.000 Euro, weil sie das erlaubte Müllaufkommen für das Jahr 2004 überschritten hatte – nicht gut für ein ohnehin knappes Budget. Die Einwohner setzten sich zusammen und stellten einen Plan auf, wie sie das durchschnittliche Müllaufkommen pro Haushalt reduzieren könnten. Ein Teil dieses Plans beinhaltete, ausgerechnet, Hühner. Die Stadt bot jedem Haushalt ein Paar Hüh-

ner an, wenn er sich bereiterklärte, sie für mindestens zwei Jahre zu behalten und mit Küchen- und Gartenabfällen zu füttern. Es wird geschätzt, dass ein Huhn ungefähr einhundertfünfzig Kilogramm Grünabfall in einem Jahr vertilgen kann. Dieser Abfall wird in ungefähr zweihundert Eier umgewandelt und, natürlich, ungefähr achtzehn Kilogramm Dünger, der für die Anreicherung der Gartenerde verwendet werden kann. Bis heute haben die Einwohner von Mouscron einhundertfünfzig Paar Hühner adoptiert. Das macht dreihundert Hühner mit dem akkumulierten Potenzial, bis zu viertausendfünfhundert Kilogramm Abfall zu fressen. Das macht auch sechzigtausend Eier und fünftausendvierhundert Kilogramm Dünger. Chebeague Island in Maine, USA, hatte ein ähnliches Problem. Aufgrund der Insellage reißt die Entsorgung des Abfalls ein großes Loch ins lokale Budget. In diesem Fall entstand eine private Wurzelbewegung, um einen Teil des für die Müllentsorgung verwendeten Budgets zu befreien und es lieber den Einwohnern und Geschäften zugutekommen zu lassen. Mithilfe eines Zuschusses über fünfhundert Dollar, gebrauchtem Material und Freiwilligenarbeit bauten die Einwohner Kompostbehälter und stellten diese auf dafür zur Verfügung gestelltem Land auf.

Die Organisatoren haben einen gemeinsamen Sammelplatz für gespendete Abfälle und besuchen zudem teilnehmende Einwohner zweimal die Woche, um die Abfälle abzuholen. Sie planen, das Programm zukünftig auszudehnen, indem sie Kompostierungs-Workshops abhalten und über den Erfolg ihres Programms auf anderen Inseln berichten. Die kleine Stadt Collierville in Tennessee, USA, gilt als reiche, suburbane Gemeinde. Aber wie in den meisten Orten wurden viele der Einwohner von schwierigen ökonomischen Umständen hart getroffen. Die lokale Tafel hatte ein lebhaftes Geschäft auf die Beine gestellt, aber etwas fehlte: frische Erzeugnisse. Lokale Gärtnereien entschlossen sich, diesem Problem abzuhelfen, indem sie den *Collierville Victory Garden* als Quelle für frisches Gemüse für die Tafel sowie als Gemeindebildungszentrum für Gemeinschaftsgärten nutzen würden. Hinter einer Kirche gelegen, wird der Garten von Freiwilligenteams bewirtschaftet. Bis heute hat der Garten beinahe viertausendfünfhundert Kilogramm frische Erzeugnisse als Spende für die Bedürftigen erbracht und diente als Beispiel für urbanes Gärtnern für die Schulkinder der Gegend. Das sind nur drei kleine Beispiele. Ob von der Gemeinde organisiert und finanziell unterstützt oder als private Initiative, verschiedene nachhaltige Programme entstehen auf der ganzen Welt. Ob auf Mikroebene (die eigenen Küchenabfälle kompostieren, einen Gemüsegarten anlegen) oder auf Gemeindeebene (stadtweites Kompostieren und Gartenanbaukurse zum Beispiel), es lohnt sich. Wenn Sie jetzt denken, *Meine Nachbarn mischen sich sogar ein, wenn es um die Farbe meiner Rollläden geht; auf keinen Fall sitzen die einfach still da, wenn ich hier einen auf nachhaltig mache*, mögen Sie recht haben. Es hängt auch davon ab, wie Sie es angehen, was Sie tun und wie fortschrittlich die zur Verfügung stehenden höheren Mächte sein wollen.

Das Gleichgewicht zwischen diesen verschiedenen Punkten herzustellen ist schwierig, und hier wollen wir helfen: beim Gleichgewicht.

Jetzt mal im Ernst, in der Vorstadt? Ja klar!

DEANNA Vielleicht stimmen Sie allem zu, was Sie bisher gelesen haben, denken aber immer noch, dass es dort, wo Sie gerade wohnen, unmöglich ist, ein einfaches, nachhaltiges Leben anzufangen. Sie glauben, dass Sie Land brauchen! Das haben auch uns alle gesagt! Zieht aufs Land! Ihr braucht Felder! Als ob wir das Gegenstück zu den Beverly Hillbillys wären. Unsere Antwort darauf ist *Nein*! Uns gefällt es hier.

Wir sind gern von anderen Menschen umgeben. Wir lieben es zu wissen, dass wir unser flüchtiges Kleinkind beim Nachbarn in der Garage wiederfinden. Wir mögen unsere briefmarkengroßen Vorgärten, die Zäune um unsere Gärten und unsere örtliche Polizeistreife, die schnell vor Ort ist. Wir mögen es, dass wir so seltsam sein können wie wir wollen und dennoch in weniger als fünf Minuten im nächsten Restaurant sitzen. Heute mache ich Grillhähnchen mit Bratkartoffeln und gegrilltem Gemüse zum Abendessen … ach, vergiss es. Wir rufen einfach den Pizzaservice an! Verstehen Sie, was ich meine? Das ist das Herrliche hier.

Wir heben keine Brunnen aus und wir fordern kein Ackerland. Aber wir gehen zurück aufs Land – auf ein winziges, gepflegtes Stück ganz in der Nähe vom Ziel. Und auch das zählt! Lassen Sie sich von den Neinsagern nicht verunsichern. Natürlich können Sie zu einem einfachen Leben zurückfinden und einen aufgemotzten Van fahren. Wir tun es.

DAS EINFACHE LEBEN WIRD NICHT IHR GANZES LEBEN BESTIMMEN

DAISY Ich verspreche meinen Lesern, dass es kein Gesetz gibt, welches besagt, dass sie ihre lieb gewonnenen Gewohnheiten aufgeben müssen, um ein einfaches Leben zu führen. Die Herren müssen sich keine Methusalembärte wachsen lassen. Die Damen können sich weiterhin unter den Achseln rasieren. Sie können weiterhin unpraktische Schuhe tragen, außer vielleicht bei der Gartenarbeit. Sie müssen Ihre Kleidung nicht auf hundertprozentige Hanfkleidung umstellen. Sie müssen Ihr Aussehen überhaupt nicht verändern. Ihr Haus und Ihr Garten müssen keine großartigen Veränderungen erfahren. Die Nachbarn müssen sich keine Sorgen machen, dass Sie die Grundstückspreise ruinieren oder sich fragen, ob Sie einer Sekte beigetreten sind. Wir sprechen also nicht über einen vollständigen Lebenswandel, aber über die folgenden Dinge:

- Sie können Gemüse in Töpfen auf der Terrasse anbauen oder einen hübschen Kräutergarten in Kübeln oder einem Beet anlegen.
- Legen Sie ein kleines Hochbeet an und bauen Sie dort Salatsorten an, die im Supermarkt für viel Geld verkauft werden.
- Wenn das nächste Mal eine Ihrer empfindlichen Zierpflanzen stirbt, und das werden sie, ersetzen Sie diese mit einem niedrigstämmigen Obstbaum oder einem Himbeerstrauch. Denken Sie an Essbares, wenn Sie Pflanzen als Sichtschutz oder als Zierde für Ihr Haus wollen.

Auch in Küche und Bad können Sie etwas für die Umwelt tun. Die ganzen Reinigungsmittel lassen sich durch einige einfache Präparate ersetzen, die Sie aus ungiftigen, alltäglichen Zutaten herstellen. Wenn Ihre Kinder anfangen zu krabbeln, können Sie sich darauf konzentrieren, sie von Gefahren für Ihre Wände fernzuhalten, wie Filzstiften, anstatt von Domestos, weil Sie keine chemischen Reinigungsmittel mehr im Haus haben.

Ihre Haut können Sie mit ein paar wenigen Zutaten pflegen, die Sie daheim zusammenmischen, anstatt mit Produkten aus dem Drogeriemarkt. Lassen Sie sich von Verpackungen verführen, die mit Sheabutter, essenziellen Fetten und Avocadoöl locken? Anstatt Fertigprodukte zu kaufen, die nur Fragmente dieser attraktiven Zutaten enthalten, stellen Sie selbst Cremes her, die ganz aus diesen Zutaten bestehen, und als Bonus können Sie den Mix aus zungenbrecherischen und potenziell schädlichen Chemikalien weglassen.

Sie können Ihre eigenen Gewürzmittel herstellen, einschließlich Senf und Mayonnaise, Marmelade, Essiggurken, Vanilleextrakt und Tabascosoße. Dann wissen Sie auch genau, was darin enthalten ist und können sie geschmacklich an die Vorlieben und Bedürfnisse Ihrer Familie anpassen. (Als zusätzlichen Bonus werden Sie vielleicht ein kleines Überlegenheitsgefühl gegenüber denen verspüren, die alles fertig im Laden kaufen.) Und zum Schluss, wenn Sie einen kleinen Schritt weiter gehen wollen, überlegen Sie, ob Sie ein paar Hennen oder ein Paar Zwergziegen als Nutztiere anschaffen. Okay, damit ernten Sie vielleicht skeptische Blicke, aber immer mehr Menschen tun es. Auch das Halten der Nachfahren von Wölfen und kleinen Tigern galt in der Geschichte der Menschheit vermutlich irgendwann als extrem, aber nach und nach wurde es normal (und Ihre Katze oder Ihr Hund bedankt sich dafür bei Ihren Vorfahren).

SIE KÖNNEN IMMER NOCH
DIE NACHBARN ZUM GRILLEN
EINLADEN

Abgesehen davon, dass meine Kinder gelegentlich den ganzen Vorplatz mit Regenbögen aus Kreide verzieren, sieht mein Haus von vorn nicht anders aus als jedes andere normale Haus. Der Gedanke an Nachhaltigkeit und ein einfaches Leben in der Vorstadt (oder auch in der Stadt) mag Bilder von grasbewachsenen Dächern und Maisfeldern im Vorgarten hervorrufen, aber das muss nicht so sein. Sie können alles gepflegt, einfach und vollkommen unauffällig halten.

Sie können den Vorsitzenden des Nachbarschaftsvereins einladen und zum Grillen auf die Terrasse bitten, ohne sich Sorgen zu machen, dass am nächsten Tag ein Strafvollzugsbeamter an die Tür klopft.

Das Anpflanzen von Essbarem kann tatsächlich herrlich aussehen. Eine Freundin von mir hat eine wunderbare, alte, rote Okrapflanze neben ihrer Lantana am Briefkasten stehen. Die Pflanze ist wunderschön und fügt sich perfekt ein, indem sie für Struktur, Farbe und Form sorgt und dabei ganz zu Hause zu sein scheint (außerdem passen die Schoten prima in eine scharfe Soße!).

Kräuter lechzen danach, sich zeigen zu dürfen. Rosmarin kann unter vielen klimatischen Bedingungen bis auf Buschgröße anwachsen. Die weichen, graugrünen Blätter des Salbeis sind samtig, hübsch und viel schmackhafter als die des Feuersalbeis, einer verwandten Zierpflanze. Warum nicht einfach die essbare Variante pflanzen? Lavendel ist optisch nicht zu toppen und verleiht vielen Gerichten einen gewissen Touch und einen wunderbaren Geruch. Salate können in Töpfen und ordentlichen Beeten fantastisch aussehen. Erdbeeren bieten einen wunderbaren Anblick, wenn sie sich über den Weg ergießen. Die Liste lässt sich endlos fortsetzen. Wir zeigen Ihnen, wie Sie es angehen können, und wie es sowohl schön aussieht, als auch gut schmeckt.

Ha, aber was ist mit den Hühnern, die immer wieder erwähnt werden? Überall Hühnerkacke! Das Gekrähe! Und die Ziegen, die fressen alles im Garten auf, oder?

Eine sorgfältige Planung und die richtige Unterkunft sind nötig, damit es funktioniert, wie bei allen Haustieren. Aber Hühnerhäuser sind die niedlichsten Bauten, die ich je gesehen habe. Sie können es mit den schicksten Spielhäusern und Schuppen aufnehmen, wenn Sie die Mühe und das Geld investieren wollen, und selbst die einfachsten, schlichtesten Häuser können proper und elegant aussehen. Hühner können hygienisch gehalten werden, und da für Eier nur *Hennen* nötig sind und keine *Hähne*, erschallt kein Krähen mit Beginn der Morgendämmerung. Wenn Sie sich je dafür entscheiden, auch noch Ziegen zu halten, brauchen Sie gute Zäune, wie für umtriebige Hunde. Im Gegensatz zu Hunden machen Ziegen allerdings die Nachbarn nicht mit ihrem Bellen verrückt und jagen keine Postboten. Sie buddeln nichts aus, können nicht beißen und aus ihrem Hintern kommt nichts raus, was an der Schuhsohle kleben bleibt. Ob Sie also einen Topf Erdbeeren pflanzen oder aufs Ganze gehen, mit Planung sowie Rücksicht auf die Nachbarn und Ihre eigene Familie lässt es sich machen. Von kleinen Dingen bis zu größeren Vorhaben zeigen wir Ihnen Schritt für Schritt, wie Sie es angehen und sich dennoch weiterhin gut mit den Nachbarn stellen können.

Geringe Kosten, geringe Mühe

DEANNA Gestern sah ich einen Aufkleber, auf dem stand: *Bitte kastrieren Sie Ihre Tiere*. Darauf waren Abdrücke von Katzen- und Hundepfoten. Ich kann Ihnen sagen, dass Sie nie einen Aufkleber sehen werden, der empfiehlt, Ziegen und Hühner kastrieren zu lassen. Warum? Weil Babyziegen und Küken Geld einbringen, wenn man weiß, wie man es anstellen muss. Wenn Sie sich einen Welpen holen und es sich anders überlegen, bedeutet es das Tierheim und jede Menge Schuldgefühle. Wenn Sie es mit Küken und Babyziegen probieren und es sich anders überlegen, inserieren Sie diese für zwanzig Euro, und bevor Sie sich versehen, sind sie wieder fort. Das Gleiche gilt für Kaninchen, Bienen oder andere typische Nutztiere. Wenn Sie sich nicht gerade für die preisgekrönte Version mit Stammbaum entscheiden, haben Sie nur Benzin und vielleicht eine Tüte Futter investiert.

Auch das Gärtnern kostet wenig. *Es handelt sich um aufgewühlte Erde, die mit Abfall gedüngt wird.* Solange Sie keine Hochbeete aus Gold anlegen oder sich von der teuren, in Tüten verpackten biologischen Erde ködern lassen, kostet es fast nichts. Und wenn es Ihnen überhaupt keinen Spaß macht, dann ignorieren Sie die Beete für einige Monate und sie verwandeln sich wieder in einen gut gedüngten Rasen. Keine Panik. Im schlimmsten Fall haben Sie etwas Muskelkraft investiert.

Kompostieren kostet gar nichts, solange Sie nicht einen dieser überflüssigen schicken Nobelkompostierer gekauft haben. Es ist nur ein verherrlichter Haufen Abfall. Wenn Sie sich entscheiden, es wieder sein zu lassen, verschwindet der Komposthaufen mit der Zeit wieder, wenn er zersetzt wird (eine Tatsache, die uns leidenschaftliche Kompostierer deprimiert) und ist nach kürzester Zeit Geschichte.

Kurz gesagt, einfach zu leben ist einfach. Eine teure Ausstattung, spezielle Werkzeuge oder schicke Geräte sollten nicht dazugehören. So haben Pioniere gelebt, die keine Shops hatten, es sollte also nicht viel kosten. Wenn Sie es wieder sein lassen, verwandelt es sich wieder in den Ursprungszustand zurück – so wie das Land, wenn Pioniere weiterzogen. Es gibt keine negativen Nachwirkungen. Es ist nicht wie Autos zu reparieren. Hobbys, die auf in der Fabrik hergestellten Dingen beruhen, verbrauchen nützlichen Raum. Einfach zu leben macht Räume nützlich.

Sie können sich natürlich ruinieren, wenn Sie wollen, indem Sie Ihre Schränke mit technischen Geräten vollstellen. Joghurtzubereiter, Brotmaschinen, Dörrgeräte, Sojadrinkzubereiter, Kräuter-Baukästen, Shiitake-Blocks, Entkerner, Streumaschinen, Gewächshäuser, all diese Dinge habe ich zu Anfang gekauft. Jetzt benutze ich fast nichts davon. Sie brauchen keine Gerätschaften, um einfach zu leben. Lassen Sie sich nicht einwickeln.

Aber braucht man nicht doch einige Dinge? Ja, mit der Zeit. Mit der Zeit werden die Hühner und Ziegen zu groß für die Hundehütte und brauchen einen richtigen Zaun und richtige Unterkünfte. Das Gleiche gilt für Küchenmaschinen. Ich habe mir inzwischen schon ungefähr zwanzigmal gesagt: „Dieser Karottenschäler macht einfach keine dünnen Zucchininudeln, wie ich sie haben möchte. Ich wünschte, es gäbe etwas anderes dafür". Also habe ich einen Juliennehobel für 10 Dollar auf meine Amazon-Wunschliste gesetzt.

Wenn Sie Ihren Weg des einfachen Lebens gefunden haben und Ihre Probleme und Ihre Einsatzbereitschaft kennen, dann können Sie einkaufen gehen, nicht am Anfang, wenn Sie erst einmal alles ausprobieren. Verschaffen Sie sich einen Eindruck, was Ihnen gefällt und womit Sie sich nicht anfreunden können, und kaufen Sie dann Dinge, die Ihre Erlebnisse intensivieren oder Ihnen helfen, ein Problem zu lösen. Nach zwanzig Versuchen entscheiden Sie vielleicht, dass Sie bei der Joghurtzubereitung mit einem Schongarer einfach nicht die Ergebnisse erzielen, die Sie gerne hätten. Wenn das der Fall ist, dann ziehen Sie los und kaufen Sie sich einen Joghurtzubereiter.

Einfach zu leben bedeutet sein Leben zu verändern, aber die Veränderung kostet wenig. Probieren Sie es aus. Wenn Sie es hassen, lassen Sie es wieder sein! Kein Risiko. In den meisten Fällen werden Sie nur Kalorien verbrannt und ein wenig Mühe investiert haben.

2

DAS HAB ICH SELBST ANGEBAUT! ODER: ES IST EINFACH SO, BEI MIR ÜBERLEBT NICHTS!

Gärtnern ist ein zentrales Element des einfachen Lebens. Es gibt nichts Besseres, als im eigenen Garten etwas anzubauen und es zum Abendessen auf den Tisch zu bringen (selbst wenn Sie nur ein kleines Basilikum an einer Stelle pflanzen, an der im vorigen Jahr eine andere Pflanze eingegangen ist). Es gibt ganze Bücher über das Gärtnern und es kann als ziemlich einschüchterndes Hobby erscheinen, aber keine Angst. Wir sind viel zu faul für ein zeitaufwendiges Hobby. Gärtnern ist tatsächlich eine Frage von Versuch und Irrtum.

Daisy und ich sind der Ansicht, dass jeder Gärtner sowohl Stärken als auch verheerende Schwächen hat. Bei mir wachsen Kürbisse, Süßkartoffeln, Basilikum, Erdbeeren und Spargel wie verrückt. Daisy könnte ein ganzes Land mit Salat und Tomaten versorgen. Meine Freundin Missy hat einen grünen Daumen bei grünen Bohnen, Erbsen und Okra. Und wir leben alle nur zwanzig Minuten voneinander entfernt, die klimatischen Bedingungen sind also nicht der Grund. Ich muss nur in die Nähe einer Tomate kommen und sie geht ein. Und Daisy, nun ja, Kürbisse wachsen bei ihr einfach nicht. Sie hat es mit Folie, Bioerde und Mischkulturen versucht, und einmal hat sie sogar das gesamte Beet mit weißem Tüll abgedeckt, aber sie hatte kein Glück mit Kürbissen (außer das eine Mal, als sie rote Kartoffeln in einem Abfalleimer wachsen lassen wollte und am Ende stattdessen Butternusskürbisse ernten konnte. Es ist immer noch rätselhaft, wie das passieren konnte). Und keine von uns hat Erfolg mit Karotten! Wir kennen nur eine bei uns in der Gegend, die anständige Karotten zustande bringt. Wir haben keine Ahnung, wie sie es macht. Meiner Meinung nach ist sie einen Pakt mit dem Teufel eingegangen und gießt sie mit den Tränen von Babys. Machen Sie sich also keine Sorgen, dass bei Ihnen Pflanzen eingehen werden. Das ist uns allen passiert. Und dieses Jahr wird es uns wieder passieren. Denken Sie einfach daran, dass es immer eine Pflanze geben wird, die Sie einfach nicht zum Wachsen bringen, und andere, die bei Ihnen besser als bei allen anderen wachsen werden. Darum hat Gott das Tauschen erfunden. In diesem Kapitel erfahren Sie alles, was Sie über den Anbau von Lebensmitteln in einem Kübel oder einem Hochbeet wissen müssen. Wenn Sie sich *wirklich* intensiv damit auseinandersetzen wollen, erhalten Sie von uns eine Liste mit all den wunderbar detailreichen Gartenbüchern, deren Anblick uns schon müde macht.

Wenn der Erfolg sich nicht gleich einstellt

Deanna

Der erste Mord an einer Gemüsepflanze, der sich in meinem Garten ereignete, war ein Unfall. Daisy grub meinen allerersten Garten um. Ich war mit meinem ersten Kind im achten Monat schwanger. Daher stimmte Daisy in ihrer Gutmütigkeit zu, mir die Arbeit abzunehmen. Sie schleppte Säcke mit Kompost heran. Sie arbeitete den Bodendünger ein. Sie war diejenige, die Schweiß vergoss. Ich ging einkaufen. Ich bestellte ein schickes Set Tomaten- und Paprikapflanzen aus einem Magazin. Eine von jeder Geschmackssorte. Und dann passierte es.

„Ich glaube, ich habe ihm den Nacken gebrochen", sagte Daisy, als sie einen Tomatensetzling untersuchte, den sie gerade versetzt hatte. Dies war die erste von vielen Pflanzen, die in diesem Jahr ihr Ende fanwden. Daisy war nur für einen Tod verantwortlich. Den Rest habe ich umgebracht, mit der für mich typischen Alles-oder-nichts-Aufmerksamkeitsspanne. Ertränk sie an einem Tag, lass sie vierzehn Tage vertrocknen. Ich habe sie nie gedüngt und ich war nachlässig mit den Rankhilfen. Von vierundzwanzig Tomaten-, Paprika- und Chilipflanzen, Kopfsalaten und ich weiß nicht mehr was noch alles, überlebten nur die Chilipflanzen lange genug, um Früchte zu produzieren. Sie setzen wahrscheinlich Hoffnung in Ihren ersten Garten und das ist gut so. Vielleicht gedeiht bei Ihnen alles, was Sie pflanzen. Wenn nicht, dann geben Sie nicht gleich den Gedanken an einen Garten auf. Versuchen Sie herauszufinden, was schiefgelaufen ist und arbeiten Sie daran, die Fehler im nächsten Jahr nicht mehr zu machen, oder versuchen Sie es nächstes Jahr mit anderen Pflanzen. Versuchen Sie es weiter, bis Sie etwas gefunden haben, was bei Ihnen gut gedeiht.

Was darf auf den Komposthaufen?

Sie können zwar eine Menge Abfälle auf den Komposthaufen werfen, aber es gibt einige Ausnahmen. Eine einfache Faustregel lautet: kein Fleisch, keine Milchprodukte und keine Abfälle von Fleischfressern. Diese Abfälle bringen schädliche Bakterien in den Kompost, wodurch die guten Bakterien, die den Abfall in fruchtbare Erde verwandeln, getötet werden. Hier ist eine Liste mit guten und schlechten Zutaten für Ihren Haufen.

GUT	SCHLECHT
Gartenabfälle (ohne Hundehaufen)	jegliches Fleisch
Obst und Gemüse	jegliche Milchprodukte
Papier, Zeitung	mit Fleisch oder Milchprodukten gekochtes
unbehandelter Karton	Gemüse
Kaffeefilter und -satz	Ausscheidungen von Katzen, Hunden oder
Teebeutel	Menschen
Hühner-, Ziegen-, Kuh-, Pferdemist	Magazine / glänzend bedruckte Zeitung

Lassen Sie uns mit Dreck anfangen, den können Sie nicht umbringen!

KOMPOST: KAUFEN ODER SELBER MACHEN?

DAISY Wenn Sie mit dem Gärtnern anfangen wollen, brauchen Sie Kompost. Um an Kompost zu kommen, haben Sie die Wahl zwischen kaufen oder selber machen.

Kompost wird in Gärtnereien, Baumärkten und im Supermarkt verkauft. Der im Handel erhältliche Kompost stammt normalerweise aus einer einzigen Quelle, zum Beispiel von Kühen, Hühnern oder Pilzen. Da er nur aus einer einzigen Quelle stammt, ist die Menge an Nährstoffen darin limitiert. Selbst gemachter Kompost stammt aus vielen Quellen – Kaffeesatz, Gartenabfälle, Schalen und Gemüseabschnitte von dem ganzen Gemüse, das Sie letztes Jahr gegessen haben, Teile von Pflanzen, die Sie letztes Jahr angebaut haben – und enthält daher eine Milliarde verschiedener Nährstoffe. Aus diesem Grund

ist selbst gemachter Kompost viel reichhaltiger und wirksamer als gekaufter. Sie können diese Vielfalt von selbst gemachtem Kompost allerdings imitieren, indem Sie verschiedene Kompostarten kaufen und mischen.

Wie Sie gekauften Kompost verbessern können

1. Kaufen Sie sechs verschiedene Kompostarten in allen Varianten, die Sie finden können – von Pilzen, Hühnern, Baumwollpflanzen, Kühen etc. Sie brauchen von jeder Variante nur einen Sack.
2. Mischen Sie für kleine Beete eine Schaufel von jeder Variante in einem Eimer.
3. Schütten Sie für große Beete den Inhalt aller Säcke auf das eine Ende einer Plane und rollen Sie den Kompost zur anderen Seite der Plane, indem Sie die Plane am schweren Ende anheben. Durch das Rollen wird der Kompost gemischt.

Wie Sie Kompost selber machen

Selbst gemachter Kompost ist tatsächlich nur ein glorifizierter Haufen Abfall. Es gibt

Daisy, die Bordsteinräuberin

Auf meinem Spaziergang heute Morgen bin ich zur anderen Straßenseite rüber, um einige erstklassige Tüten mit Gartenabfällen zu untersuchen. Sauber gemähtes Gras und zerkleinerte Blätter, eng in übergroße Plastiktüten gepackt. Die wollte ich haben. Ich fühlte ein Verlangen, zusammen mit einem Hauch Angst, dass mir die Zeit nicht reichen würde, meinen Kombi zu holen und sie einzuladen, bevor die Müllabfuhr sie mitnahm.

Okay, ich kam mir ein wenig seltsam vor, vorzufahren und den Müll anderer Leute dicht gepackt in meinen Kofferraum zu laden, bis nichts mehr hineinpasst. Ich stellte mir vor, wie die Hausherrin an ihrem Küchentisch sitzt, die Kaffeetasse auf halbem Weg zum weit offenstehenden Mund, während sie beobachtet, wie ich mich mit ihrem Rasenschnitt davonmache, aber es war es wert.

Einige der Dinge, die eine besonders lohnende Beute ergeben:

- Durchsichtige Tüten, damit sich erkennen lässt, was sich darin befindet
- Säcke mit Gras von Nachbarn, von denen Sie wissen, dass sie keinen Hund haben (Gras mit Hundehaufen ist eklig und bringt schädliche Bakterien auf Ihren Kompost)
- Säcke mit kleinen Blättern oder vom Rasenmäher zerkleinerten Blättern
- Säcke mit Kiefernadeln, die einen wunderbaren Mulch für Gartenwege ergeben
- Alte Fenster, die Sie als Mini-Gewächshaus über ein Hochbeet legen können
- Strauch- und Baumschnitt (wenn Sie Ziegen haben, sind sie damit beschäftigt)
- Alte Behälter, die sich gut als Pflanzkübel eignen
- Zeitungen und große Stücke Karton als Unkrautabdeckung und für den Kompost
- Plastikkannen als praktischer Frostschutz

Seien Sie sich bewusst, dass Bordsteinräubern süchtig macht. Anmerkung: Ich habe auf die harte Tour gelernt, dass es sich lohnt, bei Streifzügen einen leeren Sack sowie einen kleinen Besen oder Rechen dabeizuhaben, falls eine Tüte auf halbem Weg zum Auto aufreißt und man aufräumen muss. Tragen Sie Handschuhe und Arbeitskleidung.

eine Wissenschaft dahinter, bei der es um Feuchtigkeit, Temperatur und das richtige Verhältnis geht, aber Sie müssen die Wissenschaft nicht verstehen, um einen guten Komposthaufen zu haben, der massig fruchtbare Erde hervorbringt.

1. Suchen Sie in Ihrem Garten für den Kompost einen Platz aus, der nicht zu weit vom Haus entfernt ist, sonst werden Sie sich nie auf den weiten Weg machen, um Ihren Bioabfall auf den Kompost zu werfen.

2. Entscheiden Sie sich, ob Sie einen Behälter oder nur einen Haufen wollen. (Im nächsten Abschnitt zeigen wir Ihnen, wie Sie Kompostbehälter bauen können.)

3. Auf den Haufen kommen alle Blätter, Gemüseabschnitte, gemähtes Gras, Schnitte von Büschen und Bäumen und im Grunde alles, was einmal eine Pflanze war. Sie können auch Papier, unbehandelten Karton, Zeitungen (schwarz-weiß bedruckt), Mist von grasenden Tieren (Pflanzenfressern), Teebeutel und Kaffeesatz in den Kompost geben. Nicht auf den Kompost geben dürfen Sie Fleisch, Milchprodukte oder das, was hinten aus Katzen, Hunden und Menschen herauskommt.

Das war es schon, drei einfache Regeln. Sie können Ihre Küchenabfälle in einem Eimer sammeln und einmal am Tag in den Kompost geben oder die Reste nach jeder

Mahlzeit auf den Haufen werfen. Die Natur kümmert sich um den Rest.

Wenn es schneller gehen soll:

- *„Wenden" Sie den Kompost regelmäßig.* Bewegen Sie den Kompost regelmäßig, um ihn aufzulockern und zu belüften. Je nachdem, welchen Behälter Sie verwenden, kann die Bewegung mit einer Schaufel oder einem Stock erfolgen oder dadurch, dass Sie den Behälter herumrollen. Die Faustregel, die mir zu Ohren gekommen ist, besagt, dass die Sache erledigt ist, wenn der Kompost fünfzehn Mal bewegt wurde (höchstens einmal pro Tag).
- *Fangen Sie mit kleineren Resten an.* Kleine Reste kompostieren schneller als große Stücke. Je mehr Sie den Inhalt zerkleinern oder zerdrücken, umso schneller kompostiert er.

KOMPOSTBEHÄLTER: PRAKTISCH ODER DEKORATIV, KAUFEN ODER SELBST BAUEN?

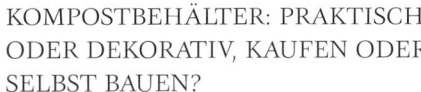 Nach einigen Jahren Erfahrung mutierte ich zum „Erst ausprobieren, dann kaufen"-Typ. Dabei geht es mir weniger darum, das eigentliche Produkt zu testen, bevor ich es kaufe, sondern die Funktionsweise zu testen, bevor ich losziehe und mir ein Gerät kaufe. Wie kann ich wissen, was mein Gerät können muss, bevor ich mich mit der Tätigkeit auskenne, für die das Teil entwickelt wurde?

Vielleicht schaufeln Sie Ihren Haufen gern um, vielleicht hassen Sie es. Vielleicht gehören Sie zu den „Lass es liegen und fass es nie wieder an"-Typen. Vielleicht gehören Sie zu der Sorte, die drei verschiedene Komposter beschicken und daher nie die Erde sieben müssen. Vielleicht sind Sie wie Daisy und werfen Ihre ganzen Gemüseabfälle gleich auf Ihr neustes Beet, um es für

Mein Haufen und ich

Deanna

Es gab eine Zeit in meinem Leben, da war mein Kompost meine Rettung. Es mag seltsam klingen, sich mit einem Haufen halb verrotteter pflanzlicher Materie anzufreunden, aber der Haufen war da, als ich ihn brauchte. Als die Kinder alle unter drei Jahre alt waren und ich ein Hobby brauchte, das mir fünf Minuten Frieden und Ruhe bescherte, war mein Haufen da draußen, rottete vor sich hin und wartete auf mich, damit ich ihn belüftete. Ich verwendete einen einfachen Zylinder aus Maschendraht, mit Kabelbinder zusammengebunden, befüllt mit Küchenabfällen, Zeitung, zerkleinerten Blättern und gemähtem Gras. Nichts Besonderes, aber ich habe ihn verwöhnt. Ich habe ihm einige Bohnenschalen oder Kaffeesatz vom Café vor Ort gebracht. Manchmal ging ich in der Nachbarschaft auf Suche nach interessanten, entsorgten Pflanzen und Ranken, die ich ihm geben konnte. Unsere heimlichen Treffen waren eindeutig hitzig. Der erste Spatenhieb setzte einen Schwall Warmluft frei, der mein Herz wärmte. Ah … kochender Kompost. Nach vielen nachmittäglichen Rendezvous war unsere gemeinsame Zeit vorbei und ich verteilte seine Überreste auf meinen Hochbeeten. Aber er war nicht leicht zu vergessen. Er hinterließ mir ein Geschenk. Nicht verdaute Eichelkürbiskerne brachten eine Kürbispflanze hervor, deren Fülle von keiner anderen Kürbispflanze in meinem Garten je übertroffen wurde. Auf Wiedersehen, mein Haufen. Und Danke für alles.

das nächste Jahr vorzubereiten. Sie werden es nicht herausfinden, bevor Sie es nicht ausprobiert haben. Daher, ziehen Sie nicht los, um einen teuren Komposter zu kaufen. Sammeln Sie ungefähr ein Jahr lang Ihre Erfahrungen mit dem Kompostieren und ziehen Sie dann los, um einzukaufen. Was Sie bis dahin machen können? Versuchen Sie eine der folgenden Optionen:

1. *Drahtzaun-Kompostbehälter.* Formen Sie aus Maschendraht und Kabelbindern einen großen Kreis bzw. Tunnel. Geben Sie Ihren Kompost hinein.
2. *Bewegbarer Abfalleimer.* Bohren Sie mehrere Löcher in einen Plastikabfalleimer mit verschließbarem Deckel. Beschicken Sie diesen mit Kompost und treten (oder schubsen) Sie ihn regelmäßig umher, um den Inhalt zu durchmischen.
3. *Unterirdischer Behälter.* Bohren Sie mehrere kleine Löcher in eine Plastikbox mit einem gut schließenden Deckel. Vergraben Sie die Box bis beinahe auf Höhe des Deckels. Befül-

len Sie die Box mit kompostierbarem Material. Der unterirdische Behälter ist eine gute Möglichkeit für Fleisch, Knochen und Milchprodukte, die nicht in einen überirdischen Kompostbehälter dürfen.

MACHEN SIE WAS AUS IHREM KOMPOST

DAISY Hier geht es um die Grundlagen, aber nur damit Sie es wissen, auch beim Kompostieren können Sie Ihrem Gestaltungsdrang freien Lauf lassen. Wir leben in einer Welt, in der Menschen Porträts in Bleistiftminen ritzen und ihr Brennholz in der Form von Häusern schichten, daher ist natürlich auch der Akt des Kompostierens nicht vor dem Wunsch des Menschen sicher, die einfachsten Dinge zu verkomplizieren. Einen Kompost anzulegen ist wirklich so einfach, wie wir es geschildert haben. Dennoch funktionieren die Dinge manchmal nicht so wie erwartet, oder Sie wollen den ganzen Prozess beschleunigen, oder Sie gehören einfach zu den Leuten, die gerne noch einmal eins drauflegen – Sie wissen schon, wovon ich rede, Sie haben sich gerade die geistige Notiz gemacht, auf Google nach *Brennholzhaus* zu suchen.

Hier sind sechs Möglichkeiten, wie Sie das Kompostieren auf die nächste Ebene bringen:

1. *Beachten Sie die Zusammensetzung.* Kompostierbare Materialien werden in zwei Kategorien unterteilt: braun und grün.

Braun bedeutet kohlenstoffhaltige Materialien. Diese sind meist trocken, tot und in der Regel auf Holzbasis. Alte Blätter, Stroh, Zeitung und Karton gehören alle zu braun. Grün sind stickstoffhaltige Materialien. Diese sind meist feucht, lebendig und oft grün. Essensreste und frisch gemähtes Gras sind Beispiele für grüne Materialien.

Das perfekte Verhältnis von braunen zu grünen Materialien ist fünf zu eins. Das bedeutet zum Beispiel fünf Schubkarren trockenes Laub (braun) auf eine Schubkarre frisch gemähtes Gras (grün) oder fünf Fuhren Heu auf einen Eimer Gemüse- und Obstabfälle. Fünf Arme voll Holzschnipsel auf fünf Arme voll Mist. Okay, Sie werden keinen Mist in den Arm nehmen. Selbst ich, mit meiner Begeisterung für Mist, drücke ihn nicht an meinen Busen. Aber Sie verstehen, was ich meine.

2. *Achten Sie auf den Feuchtigkeitsgehalt.* Bei dem Punkt versage ich oft. Mein Komposthaufen ist in keiner Weise abgedeckt, daher entweicht die Feuchtigkeit daraus. Ich glaube oft, dass Regen ausreicht, aber die meiste Zeit wirken die Blätter wie ein Dach und halten den Regen vom Inneren des Komposthaufens ab. Packen Sie Ihren Gartenschlauch und lassen Sie Wasser ins Innere laufen, wenn der Haufen unter der obersten Schicht trocken wird (wenn Sie den Haufen wenden, merken Sie, ob er innen trocken ist). Eventuell sollten Sie den Schlauch in den Haufen stecken, unter die oberste Schicht, damit das Wasser ins Innere eindringt und nicht einfach von der obersten Schicht abperlt. Ich leere auch gern das verschmutzte Trinkwasser der Hühner auf dem Haufen aus, wenn ich sie mit frischem Wasser versorge. Jawohl, Hühner scheißen in ihr eigenes Trinkwasser und verschmutzen es beim Scharren. Die haben da keine Hemmungen.

3. *Nutzen Sie ein Kompost-Thermometer.* Der Mensch hat es wieder getan. Er schuf das Kompost-Thermometer und befand, dass es gut war. Wenn Sie sich so ein Teil zulegen, sind Sie ganz offiziell ein Kompostfreak. Ich liebe Sie. Aber seien Sie sich bewusst, dass Sie Ihr Vetorecht verspielt haben, wenn Ihre bessere Hälfte sich wieder einmal überflüssigen Technik-Schnick-Schnack kaufen möchte. Eine gute Temperatur zum Kompostieren liegt zwischen 55 und 70 °C. Die Temperatur im Haufen ist abhängig von den darin lebenden Bakterien und ihrer Aktivität. Die Außentemperaturen spielen dabei keine große Rolle. Die Bakterien schaffen eine höhere Temperatur, wenn Sie für ein ausgewogenes Verhältnis von braunen und grünen Bestandteilen sorgen und den Haufen feucht halten.

4. *Verwenden Sie ein Kompost-Sieb.* Ich habe einen hölzernen Rahmen um ein rechteckiges feinmaschiges Gitter gelegt und an beiden Seiten Besenstiele befestigt, sodass ich den Rahmen über eine Schubkarre legen und diese vor und zurück schieben kann, bis die feine, vollständig kompostierte Erde in der Schubkarre landet, während die größeren, noch nicht ganz zersetzten Stücke im Sieb hängen bleiben. Muss man nicht haben, ist aber ein nützliches Spielzeug. Alternativ können Sie ein Stück Gitter ohne Rahmen verwenden. Deanna benutzt ein altes Babygitter aus Plastik. Not macht erfinderisch, wie es so schön heißt.

5. *Nehmen Sie den Rasenmäher, um Blätter in kleinere Stücke zu schreddern.* Dadurch wird der Zersetzungsprozess beschleunigt. Ich schreddere auch die alte Hühnerein-

streu mit dem Mäher und verwende diese als Mulchabdeckung um meine Pflanzen herum.

6. *Legen Sie mehre Haufen an.* Mehrere Haufen zu haben ist eine großartige Methode, sie gut belüftet und damit aktiv zu halten. Legen Sie einen neuen Haufen an, wenn ein Haufen voll ist, indem Sie den alten Haufen an den Platz schaufeln, den Sie für den zweiten vorgesehen haben. Füllen Sie die jetzt leere Fläche Ihres ersten Haufens mit der Zeit wieder mit grünen und braunen Materialien auf. Machen Sie was aus Ihrem Kompost, wenn Sie möchten, aber setzen Sie sich nicht unter Druck. Ihr Haufen Abfall wird sich auch ohne diese zusätzlichen Maßnahmen in Gartengold verwandeln.

Stufe eins: Gärtnern im Kübel

DAISY Sie stehen vor Ihrem typischen Vorstadtgarten und fragen sich, wie um alles auf der Welt Sie hier noch etwas Essbares zwischendrin anpflanzen sollen. Die existierenden Pflanzen sind bereits etabliert, der Rasen sieht so ... dauerhaft aus. Sie machen sich Sorgen, dass eine hässliche Lücke bleibt, wenn Sie ein Loch ausheben und es sich später anders überlegen.

Oder nicht alle Haushaltsmitglieder sind davon überzeugt, dass Ihre Anwandlung, ein wenig Gemüse im Garten anzubauen, nicht in einem Desaster enden wird. Wie können Sie den Zeh ins Wasser stecken, ohne gleich ganz ins kalte Wasser zu springen? Eine Lösung ist Gärtnern im Kübel. Diese Möglichkeit eignet sich auch gut für Wohnungen, Hausmieter ohne Gartennutzungsrechte und körperlich beeinträchtigte Menschen, die aus diesen Gründen keinen klassischen Garten haben können. Es ist die perfekte Methode, klein anzufangen und ein Gefühl dafür zu entwickeln, ob Sie dranbleiben möchten oder nicht. Gärt-

nern im Kübel ist nicht sehr kompliziert, aber Sie sollten sich über ein paar Dinge Gedanken machen, wenn Sie Erfolg haben möchten. Wählen Sie einen Kübel, der für Ihre Pflanze die richtige Größe hat. Große Gemüsepflanzen benötigen größere Töpfe. Sehen Sie nach, wie groß die Pflanze ausgewachsen sein wird (auf der Rückseite der Saatguttüte oder dem Etikett der Pflanze), um abschätzen zu können, wie groß der Kübel sein sollte.

Tomatenpflanzen oder andere schnell wachsende Gewächse wie Kürbis oder Gurken benötigen Kübel, die mindestens zwanzig Liter fassen können. Kleinere Kübel und Töpfe eignen sich perfekt für Pflanzen wie Salate und Kräuter. Denken Sie aber daran, dass Sie umso häufiger gießen müssen, je kleiner der Topf ist. Sie können jede Art Behälter verwenden. Er muss nicht teuer und nicht extra für Pflanzen hergestellt sein. Eimer, Fässer, Boxen, alte Kannen und Flohmarktfunde sind alles potenzielle Gefäße. Vergewissern Sie sich nur, dass sie unschädlich sind, pflanzen Sie zum Beispiel keine Pflanzen in Behälter, von denen Sie vermuten, dass sie mit bleihaltiger Farbe verziert wurden. Eine Sammlung weniger schöner Töpfe kann in größeren Kübeln angeordnet werden wie Balkonkästen oder Ähnlichem. Schön bemalt und verziert macht auch ein großer Plastikeimer etwas her.

Wenn Sie einen Behälter als Heimat für Pflanzen zweckentfremden, bohren oder stechen Sie Löcher in den Boden als Drainage.

Empfohlene Gemüsesorten für Kübel

Diese Gemüsesorten eignen sich am besten für den Anbau in Kübeln. Darüber hinaus lassen sich praktisch alle Kräuter in einem Topf anpflanzen.

Rüben
Karotten
Salatgurken (Zwergvariante)
Erbsen (Zwergvariante)
Tomaten (Zwergvariante)
Auberginen
Blattgemüse, einschließlich Mesclun und Misticanza
Blattsalate
Grünkohl
Zwiebeln
Paprika
Chili
Rettiche
Erdbeeren
Mangold

Stellen Sie einen Teller darunter, um ablaufendes Wasser aufzufangen, wenn Sie den Topf auf Ihre Terrasse oder Veranda stellen.

VERWENDEN SIE EIN NÄHRMEDIUM Der Grund, dass ich von Nährmedium (oder Pflanzenmedium) anstatt von „Dreck" rede, ist, dass Kübelpflanzen normalerweise in „Erde" kultiviert werden, die speziell für Topfpflanzen gemischt wurde und das, was wir als Dreck bezeichnen, enthält oder auch nicht. Wir empfehlen biologische Mischungen, die vollwertigere Nährstoffe für Ihre Pflanzen enthalten und nicht so leicht aus der Erde ausgewaschen werden. Sie können biologische Mischungen für Topfpflanzen kaufen oder Ihre eigene aus Zutaten aus dem Baumarkt mischen.

Nehmen Sie, um Ihre eigene Mischung herzustellen:

- 1 Teil reifen Kompost aus eigener Herstellung (oder ein Mix aus mehreren verschiedenen gekauften Komposterden)
- 1 Teil Kokosfaser oder Torf
- 1 Teil Bausand

Geben Sie zu dieser Mischung einen vollwertigen biologischen Dünger in der auf der Packung angegebenen Menge. Bewässern Sie Ihr Nährmedium immer gründlich, bevor Sie etwas pflanzen. Geben Sie Ihr Nährmedium in den Kübel (oder einen Eimer, wenn Sie den Kübel sauber halten möchten) und geben Sie Wasser dazu. Rühren Sie um und vergewissern Sie sich, dass keine trockenen Stellen bleiben, als ob Sie einen Kuchenteig anrühren. Wenn Sie einfach nur einen Topf mit trockener Erde füllen und Wasser darübergießen, können Sie sicher sein, dass das Wasser unten wieder herausläuft, ohne dass die Erde im Topf es aufgenommen hat.

kleinere, kompaktere Pflanzen und somit perfekt für Kübel geeignet. Das gilt besonders für Gurken, Bohnen und Tomaten.

3. *Wählen Sie Pflanzen, die es gern eng mögen.* Beim Pflanzen in Kübeln können Sie Pflanzen normalerweise enger setzen, als auf der Saatguttüte oder dem Etikett angegeben. Halten Sie sich an den angegebenen Abstand in der Reihe, um zu berechnen, wie eng Sie sie setzen können, und ignorieren Sie den angegebenen Reihenabstand. Wenn Sie Tomaten und Basilikum im selben Topf haben möchten, gibt es keinen Grund, einen halben Meter Abstand zwischen ihnen zu lassen.

WÄHLEN SIE PFLANZEN AUS, DIE SICH FÜR DEN ANBAU IM KÜBEL EIGNEN

Zwar wächst jedes Gemüse im Topf, aber einige Arten eignen sich besser dafür als andere. Nachfolgend sind einige Kriterien aufgelistet, die Sie bei der Auswahl der richtigen Pflanzen berücksichtigen sollten:

1. *Ertrag.* Suchen Sie Pflanzen aus, bei denen sich die Mühe lohnt. Ein Kübel Augenbohnen ergibt vielleicht gerade eine Schüssel Bohnen und ein Busch mit grünen Bohnen wird sehr wahrscheinlich in der gesamten Wachstumssaison nur Bohnen für zwei Mahlzeiten hervorbringen. Das bedeutet viel Platz, Zeit und Mühe für eine sehr kleine Ernte.

Eine Tomatenpflanze wird Ihnen dagegen eine reiche Ernte bescheren, daher lohnt es sich, sie zu pflanzen. Eine einzige Chilipflanze ist auch eine gute Investition, da sie genügend Schoten für den jährlichen Bedarf an scharfen Soßen produzieren kann.

2. *Wenn möglich, wählen Sie „Busch"-varianten.* Buschvarianten haben einen festgelegten Wuchs, was bedeutet, dass sie ab einem bestimmten Punkt aufhören, neue Triebe (neues Wachstum) zu produzieren und sich darauf konzentrieren, ihre Früchte zur Reifung zu bringen, dadurch sind es

IN EINEN KÜBEL PFLANZEN

Vergewissern Sie sich, dass die Erde gänzlich befeuchtet ist, wenn Sie sie in den Kübel geben und Ihre Pflanzen oder Samen einsetzen. Beim Gärtnern im Kübel können Sie genauso wie beim klassischen Gärtnern Setzlinge oder Pflanzen umsetzen oder Saatgut ausbringen.

Setzlinge oder Pflanzen umsetzen:
1. Befüllen Sie den Topf ungefähr bis zur Hälfte mit Erde.
2. Halten Sie die Pflanze oder den Setzling mit einer Hand, während Sie den Behälter mit der anderen Hand weiter mit Erde befüllen.
3. Füllen Sie weiter Erde ein und drücken Sie diese vorsichtig um die Pflanze herum an (als ob Sie ein Baby tätscheln würden).

Saatgut aussäen:
1. Befüllen Sie den Topf und lassen Sie etwa zwei bis drei Zentimeter Platz bis zum Rand, drücken Sie die Erde leicht an (als ob Sie ein Baby tätscheln würden).
2. Stechen Sie mit einem Bleistift Löcher in Ihr Nährmedium (in der Regel nicht mehr als ein bis eineinhalb Zentimeter tief, sehen Sie auf der Saatguttüte nach).

Vertikale Gärtnertipps

1. Einige Pflanzen klettern gern. Gurken, Spaghettikürbisse, Erbsen, Stangenbohnen – sie werden an allem hochklettern, was Sie ihnen hinstellen. Wenn Sie nichts hinstellen, werden einige (Erbsen) sich in sich selbst verknoten.

- Ich vermeide Stangenbohnen ganz. Sie werden ohnehin zäh, bevor ich es merke. Ich pflanze Buschbohnen.
- Spaghettikürbisse und andere Sorten lasse ich sich ausbreiten, wie immer sie wollen. Ich leite sie nur aus dem Beet in den Garten hinaus.
- Für Gurken ramme ich zwei Stangen mit einer Länge von zwei Metern durch meine Un-krautabdeckung und ziehe einen 30 bis 60 Zentimeter breiten und 1,20 Meter langen Streifen Maschendraht darüber, den ich mit Kabelbindern befestige.

2. Einige Pflanzen klettern nicht, aber müssen gestützt werden. Tomaten und Paprika müssen gestützt werden, aber sie kommen uns nicht zu Hilfe, indem sie sich festhalten oder selbst hochranken. Für diese Pflanzen bevorzuge ich Käfige. Die kommen meiner Faulheit entgegen. Versenken Sie für eine ökonomischere Variante eine Stange (wir empfehlen eine Holz- oder Bambusstange oder diese spitzen grünen Metallteile, die es in der Gartenabteilung des Baumarkts gibt). Verwenden Sie Gartentape oder Streifen von Strumpfhosen oder Stoffstreifen, um die Pflanzen an die Stange zu binden. Draht oder Kabelbinder schaden den empfindlichen Stängeln. Denken Sie aber daran, dass Sie bei einer Stange die Pflanze tatsächlich anbinden müssen. Käfige verbrauchen mehr Platz, bieten aber Halt rundum.

3. Manche Pflanzen müssen nicht nach oben wachsen, Sie können sie aber nach oben wachsen lassen, um Platz zu sparen. Dazu gehören Kürbis und Zucchini. Ich habe es schon ausprobiert, und es ist ganz schön viel Arbeit, die kleine Pflanze immer wieder um eine Rankhilfe zu wickeln. Ich empfehle es nur, wenn Sie wirklich motiviert sind. Wenn Sie es einmal ausprobieren wollen, in dem Buch Gärtnern mit quadratischen Beeten von Mel Bartholomew wird empfohlen, Pflanzen mit einem Gebilde aus elektrischen Leitungen und Gartennetz zu leiten. Es ist großartig, unzerstörbar.

3. Setzen Sie das Saatgut in die Löcher, bedecken Sie sie mit ein bis zwei Handvoll nasser Erde und tätscheln Sie sie noch einmal.

STELLEN SIE IHRE KÜBEL AN EINEN SONNIGEN PLATZ

Manchmal ist der Platz für die Pflanzen beschränkt, wie in einer Wohnung oder wenn nur eine Terrasse, ein Balkon oder eine kleine Freifläche zur Verfügung stehen. Denken Sie aber unbedingt daran, dass Gemüsepflanzen mindestens sechs Stunden Sonne pro Tag benötigen. Diese Sonneneinstrahlung erhalten Sie normalerweise in südlicher und östlicher Ausrichtung.

Himmelsausrichtung bestimmen:
1. Stellen Sie sich mit dem Rücken vor das Gebäude oder die Wand. Blicken Sie genau geradeaus.
2. Benennen Sie mithilfe eines Kompass oder eines Orientierungspunkts die Hauptrichtung, in die Sie blicken. Das ist Ihre Ausrichtung.
- Bei östlicher Ausrichtung bekommen Sie morgens und nachmittags Sonne.
- Bei südlicher Ausrichtung bekommen Sie viel Sonne.
- Bei westlicher Ausrichtung bekommen Sie weiches Abendlicht.
- Bei nördlicher Ausrichtung bekommen Sie nicht viel Sonne.

Zudem sollten Sie den Schatten von Bäumen und Gebäuden einkalkulieren. Wenn Sie diese noch nie beachtet haben, dann beobachten Sie einen Tag lang, wo die Sonne bei Ihnen hinscheint. Merken Sie sich die sonnigsten Stellen und versuchen Sie, wenn möglich, Ihre Kübel dort aufzustellen.

Wenn Sie in einem kühleren Klima wohnen, können Sie Ihre Kübel direkt vor einer Südwand aufstellen (mit Ausrichtung nach Süden). Dadurch strahlt die Wand die aufgenommene Wärme ab und die Pflanzen haben es wärmer. Das funktioniert besonders gut, wenn die Wand aus Ziegeln, Stein, Stuck oder einem anderen Mauerwerk besteht.

GIESSEN IHRER KÜBELPFLANZEN
Das Nährmedium (die Erde) trocknet in Kübeln schneller aus als die Erde im Garten, daher müssen die Kübel öfters gegossen werden, oft täglich.

Gemüse wächst besser, wenn die Erde nie ganz austrocknet. Die Erde soll feucht sein, aber nicht durchtränkt. Ob die Pflanze mehr Wasser benötigt, können Sie am besten beurteilen, indem Sie die Erde prüfen. Vergessen Sie nicht, sorgfältig darauf zu achten, besonders wenn es sehr heiß ist. Zum Gießen kann ich mein liebstes Gartengerät wärmstens empfehlen, eine Handbrause. Sie verwandelt den Schwall Wasser in einen sanften, regenähnlichen Schauer (besonders wichtig für Setzlinge) und lässt das Wasser bis unten durchrieseln, genau da hin, wo es gebraucht wird. Der sanfte Schauer ist sehr wichtig, damit das Wasser von der Erde gut aufgenommen werden kann und die Pflanzen ein tiefes und starkes Wurzelwerk entwickeln können. (Wenn das Gärtnern Sie richtig gepackt hat, können Sie sich überlegen, eine Tropfenbewässerung anzulegen, um die Töpfe automatisch versorgen zu lassen, aber das ist nichts, was man haben muss.)

IHRE KÜBELPFLANZE MIT NÄHRSTOFFEN VERSORGEN
Da die Kübelpflanzen öfters gegossen werden müssen, müssen sie auch öfters mit Nährstoffen versorgt werden, da die Nährstoffe mit dem Wasser ausgewaschen werden. Wählen Sie einen ausgewogenen biologischen Dünger aus einer Gärtnerei oder dem Baumarkt und folgen Sie den Anweisungen für Kübelpflanzen.

WEITERE TIPPS FÜR DAS GÄRTNERN IM KÜBEL
- Bieten Sie großen Pflanzen und Rankpflanzen (wie Tomaten und Erbsen) im Laufe ihres Wachstums Unterstützung durch Holz- oder Metallgitter oder Stangen. Die Pflanzen nach oben anstatt zur Seite wachsen zu lassen ist eine Möglichkeit, ein knappes Platzangebot im Garten optimal auszunutzen.
- Bedecken Sie die Oberfläche mit Mulch, um die Feuchtigkeit in der Erde und Unkraut fernzuhalten. Sie können zerkleinerte Blätter, Stroh

oder Rinde oder dekorative Elemente wie Kiesel, Steine, Murmeln oder Kork als Mulch verwenden.

- Denken Sie auch an Schönheit. Blumen, vor allem essbare Blumen wie Kapuzinerkresse, Veilchen, Borretsch, Calendula und Tagetes, bereichern Ihre Gemüsekübel optisch und liefern Vielfalt. Kräuter und Gemüse bilden zusammen eine natürliche Mischung.
- Entsorgen Sie die gebrauchte Erde aus den Kübeln jedes Jahr in den Kompost zur Erneuerung. Wenn Sie im nächsten Jahr mit dem Pflanzen anfangen, verwenden Sie frische Erde.

Stufe zwei: Gärtnern im Hochbeet

Es gibt zahlreiche Bücher über das Gärtnern in Hochbeeten. Wir haben viele von ihnen gelesen. Egal, wie die Details aussehen, der Prozess ist im Grunde immer gleich. Bei Hochbeeten gibt es keine magische Zutat, kein geheimes Detail, welches das ganze Unterfangen gelingen oder scheitern lässt. Belassen Sie es im ersten Jahr daher einfach bei unserer schlichten Anleitung und investieren Sie Ihre Energie in die Details.

Und denken Sie dran, diese Beete sind nicht dauerhaft. Wenn Sie sie hassen, können Sie sie immer woandershin setzen oder sie loswerden. Das Gras ist bis zum nächsten Jahr wieder drüber gewachsen, also starten Sie einen Versuch!

WAS SIE WISSEN SOLLTEN, BEVOR SIE SICH ENTSCHEIDEN, WAS SIE ANBAUEN WOLLEN

DEANNA Es gibt viele Listen mit Pflanzen für Anfänger, und wenngleich diese gut als Starthilfe dienen können, ist es wichtig, Ihre Auswahl an Ihre Bedürfnisse anzupassen. Verlassen Sie sich vor allem auf den Rat lokaler, erfahrener Gärtner. Diese sind Ihre beste Informationsquelle. Fragen Sie beim Gartenbauverein vor Ort nach, um erfahrene Gärtner in Ihrer Gegend zu finden.

Berücksichtigen Sie die folgenden Punkte bei der Auswahl Ihrer Pflanzen:

Ein einfaches Hochbeet bauen und anlegen

Das benötigen Sie:

- 2 Bretter à 5 × 20 cm, jedes 1,20 m lang
- 12 Schrauben oder Nägel
- elektrischen Bohrer oder Hammer
- 1 kleine Rolle Unkrautfolie (egal welche)
- Plane
- 140 Liter gute Blumenerde (die billige ist meist viel zu schwer und sandig)
- 5 Tüten verschiedenen Kompost
- Wasserquelle

1. Schrauben (oder nageln) Sie Ihre Bretter auf einem festen Untergrund zu einem Rechteck zusammen. Kümmern Sie sich nicht darum, wie krumm die Schrauben drinstecken oder wie verbogen die Nägel sind. Sorgen Sie nur dafür, dass die Bretter in einer rechteckigen Form zusammenhalten, sodass Sie sie an den vorbestimmten Platz tragen können.
2. Legen Sie Ihr Rechteck an einem sonnigen Platz ab. Schneiden Sie ein Stück Gartenfolie zurecht, das groß genug ist, den Boden Ihres Rechtecks zu bedecken (oder legen Sie mehrere Lagen nebeneinander, wenn nötig). Verwenden Sie einen Kompass, um zu bestimmen, wo Norden ist, weil Sie Ihre großen und hoch wachsenden Pflanzen auf dieser Seite anpflanzen werden.
3. Mischen Sie Ihren ganzen Dreck und Ihren Kompost auf einer Plane.
4. Geben Sie Ihre Dreckmischung in den Kasten und gießen Sie sie, bis sie durch und durch feucht ist. Rühren Sie mit einer Schaufel darin herum, um keine trockenen Stellen zu haben.

Das Klima

Die meisten Saatguttüten und Pflanzenetiketten sind mit Angaben über den Standort und das Klima versehen, in dem sie am besten gedeihen. Sehen Sie auf der Saatguttüte oder dem Pflan-zenetikett nach, um sicherzustellen, dass sie in Ihrem Klima gedeihen werden. Kaufen Sie nur Pflanzen oder Saatgut, die für Ihren Standort geeignet sind. Ja, Sie werden auch bei sich vor Ort Pflanzen im Laden kaufen können, die in Ihrem Klima gar nicht gedeihen. Gehen Sie nicht davon aus, dass die Pflanzen in Ihrem Klima gedeihen werden, nur weil sie bei Ihnen verkauft werden. Vergewissern Sie sich vor dem Kauf, dass die Pflanze sich an Ihrem Standort wohlfühlen wird. Einige Pflanzen, wie Tomaten, gedeihen in der prallen Sonne. Andere, wie Kopfsalat, verwelken bereits bei den ersten Anzeichen heißer Tage. Manche, wie Melonen, benötigen eine lange Wachstumsperiode, um auszureifen. Wenn Sie Angaben zum geeigneten Zeitpunkt der Aussaat finden, halten Sie sich dran. Wenn es Juni ist, Sie aber unbedingt Brokkoli anpflanzen wollen, werden Sie enttäuscht werden. Wenn Sie keine Angaben über den richtigen Zeitpunkt zur Aussaat auf der Saatguttüte oder dem Pflanzenetikett finden können, sehen Sie im Internet nach.

Platz

Genau wie beim Gärtnern in Kübeln können Sie die Angaben zum Reihenabstand ignorieren. Sie benötigen nur die Angabe zum Abstand zwischen den Pflanzen. Wenn Ihre Pflanze fünfzehn Zentimeter Abstand braucht, dann können Sie bis zu vierundsechzig Pflanzen in einem 20 x 20 Meter großen Hochbeet anbauen. Mit bestimmten Pflanzen, wie Mais, werden Sie sehr wahrscheinlich kein Glück haben, außer Sie legen eine Menge Hochbeete an. Die Maispflanzen werden sicher keimen und wachsen, aber um ausreichend befruchtet zu werden, muss der Mais mit ausreichend Abstand gepflanzt werden. Mit einem notwendigen Abstand von dreißig Zentimetern zwischen den einzelnen Pflanzen benötigt Mais richtig viel Platz. Zudem wird er bis zu zweieinhalb Meter hoch, daher wird er wahrscheinlich zu viel Ihrer wertvollen Fläche beschatten, um lohnend zu sein. Melonen sind ebenfalls echte Raummonster, aber sie lassen sich mit robusten Rankhilfen im Zaum halten.

Ertrag

Genau wie beim Gärtnern im Kübel eignen sich manche Pflanzen besser als andere für den Anbau in Hochbeeten.

Ich liebe es, eine Reihe verschiedener Salate zu pflanzen, von denen ich die größeren äußeren Blätter ernte und die inneren Blätter weiterwachsen lasse. Dadurch habe ich beinahe kontinuierlich Salat für den unstillbaren Salathunger meiner Familie vorrätig.

Andere Pflanzen mit hohen Erträgen sind Gurken, Auberginen, Paprika, einjährige Kräuter und, natürlich, Tomaten. All diese Pflanzen produzieren über einen längeren Zeitraum immer wieder Früchte. Zudem können diese Früchte auf dem Markt ganz schön teuer sein, vor allem in Bioqualität. Da ich meinen Bedarf selbst decke, kann ich jeden Tag in der Woche Unmengen biologischen Salats essen, wenn ich will. Und ich will!

Ich versuche, diese „Einmalpflanzen" zu vermeiden, die viel Zeit benötigen, bis sie reif sind, viel Platz im Beet verbrauchen

und alle auf einmal geerntet werden müssen, wie Weißkohl, Blumenkohl und Brokkoli. Ich will nicht sagen, dass Sie diese Pflanzen nicht anbauen sollen. Machen Sie sich nur bewusst, dass das Platzangebot im Hochbeet begrenzt ist, daher müssen Sie sich darauf konzentrieren, sowohl das Platzangebot als auch die Anforderungen an Ihren Geldbeutel zu optimieren.

Schädlinge

Viele Anfängerlisten enthalten Kürbisse, aber ich habe Kürbis von meiner Liste der einfach anzubauenden Biogemüsesorten gestrichen, da es in meiner Gegend Massen an Schädlingen gibt, die auf Kürbisse stehen. Das Saatgut geht rasch auf und die Pflanzen wachsen schnell, aber Insekten

hindern sie daran, die Erntereife zu erreichen. Erkundigen Sie sich bei lokalen Gärtnern, wer die Rüpel in Ihrer Gegend sind und halten Sie sich von den bevorzugten Opfern der Quälgeister fern, außer Sie sind bereit, auf nichtbiologische Methoden zurückzugreifen.

Das Gleiche gilt für pelzige und gefiederte Plagegeister. In der Stadt und in Vororten können Sie Probleme mit Kaninchen, Eichhörnchen, Vögeln und selbst Rehen bekommen. Wählen Sie Pflanzen aus, die nicht zu ihren bevorzugten Speisen zählen, wenn Sie davon ausgehen müssen, sich ansonsten eine Schlacht liefern zu müssen. Am Ende dieses Kapitels finden Sie noch mehr Hinweise zum Umgang mit Schädlingen.

Persönlichkeit

Einige Pflanzen werden mit Vernachlässigung leichter fertig als andere. Wenn es eher unwahrscheinlich ist, dass Sie die Zeit opfern werden, um die Ansprüche einer Gartendiva zu erfüllen, wählen Sie anspruchslosere Pflanzen aus.

Geschmack

Erbsen mögen in Ihrer Gegend vielleicht prima gedeihen, aber wenn keiner in Ihrer Familie Erbsen ausstehen kann, macht es wenig Sinn, Platz im Garten an sie zu verschwenden. Zeigen Sie den anderen Familienmitgliedern die Liste der Pflanzen, die Sie anbauen möchten, und hören Sie sich ihre Meinung an, bevor Sie ein ganzes Beet Rüben pflanzen, nur um festzustellen, dass Sie diese als Einziger gern essen.

HOCHBEET PFLEGEN LEICHT GEMACHT

`DAISY` Gestalten Sie Ihren Garten bewusst pflegeleicht. Einer der Gründe, dass ich meinen Garten so sehr genießen kann, ist, dass ich den Garten so gestaltet habe, dass er meiner Faulheit entgegenkommt. Im Laufe der Jahre habe ich herausgefunden, was ich auf mich nehme und was nicht, um ihn zu pflegen, und habe ihn entsprechend umgestaltet.

Wenn eine Pflanze eingeht oder mir auf einem bestimmten Beet nie etwas gelingt, finde ich normalerweise schnell heraus, wo das Problem liegt. Jeder ist unterschiedlich, achten Sie daher auf die Dinge, die Sie nicht gern tun, und überlegen Sie, was Sie ändern müssen, um das Problem zu lösen.

Hier sind einige meiner Problemfelder. Ich glaube, diese sind recht universell:

Ich hasse es, Schläuche aufzurollen. Wenn ich die ganze Zeit Schläuche aufrollen, durch den Garten zerren und wieder wegpacken muss, habe ich bald genug vom Gießen und mein Garten verdurstet. Ich habe mir einen guten Gartenschlauch gekauft, der lang genug ist, um alle Pflanzen zu erreichen, und ich lasse den Schlauch aufgerollt im Garten liegen. So muss ich nur den Hahn auf- und zudrehen

Ich mag es nicht, bis zum Garten wandern zu müssen. Ich liebe es, einfach nur aus der Küchentür treten zu müssen und nur wenige Schritte von den Beeten entfernt zu sein. Ich möchte meinen Garten gleich neben dem Haus haben, wo ich ihn vom Fenster aus sehen, mich den ganzen Tag lang daran erfreuen und schnell an die Früchte kommen kann, wenn ich das Essen vorbereite.

Liste der besten Pflanzen für Anfänger

Auf den Prinzipien aufbauend, die Daisy auf den vorhergehenden Seiten skizziert hat, kommt hier meine Pflanzenliste für Anfänger. Natürlich müssen Sie die Pflanzen nach dem Klima und den Schädlingen in Ihrer Gegend und nach Ihren persönlichen Vorlieben und Ihrem Geschmack aussuchen, aber hinsichtlich Anforderungen an Pflege, Platzbedarf und Ertrag sind dies meine bevorzugten Pflanzen für Anfänger:

Rüben
Buschbohnen
Zuckerschoten (Buschvariante)
Sojabohnen
Frühlingszwiebeln
Chili
Blattsalate
Okra
Rettiche
Süßkartoffeln
Mangold

Die folgenden Pflanzen sind beliebt und einfach zu handhaben, benötigen aber mehr Pflege hin-sichtlich Gießen, Rankhilfen und Schädlingsbekämpfung:
• Paprika: hoher Ertrag, wenn regelmäßig gegossen
• Gurken: großartiger Ertrag, wenn gut gestützt und auf Schädlinge geachtet
• Grünes Blattgemüse, außer Mangold: guter Ertrag, aber anfälliger für Schädlinge als Mangold
• Stangenbohnen: großartiger Ertrag, wenn gut gestützt und zur rechten Zeit geerntet – die Bohnen werden hart und holzig, wenn sie überreif sind
• Tomaten: großartiger Ertrag, wenn gut gestützt, regelmäßig gegossen und auf Schädlinge kontrolliert

Die folgenden Pflanzen sind weniger für Hochbeete geeignet:
• Karotten: Hochbeete sind meist nicht tief genug und ausdünnen ist schwierig
• Mais: nicht ausreichend Platz für genügend Pflanzen, um bestäubt zu werden
• Trockenbohnen: nicht genug Platz, um mehr als eine Portion Bohnen zu erhalten
• Getreide: pro Hochbeet reicht es nur für ein paar Portionen
• Erdnüsse: nicht genug Platz, damit sie sich ausbreiten und Nüsse ausbilden können
• Kartoffeln: Beete sind meist nicht tief genug; Kartoffeln eignen sich besser für tiefe Kübel oder klassische Reihenbeete
• Kürbisse: Schädlinge! Ohne den Einsatz chemischer Pestizide war ich nie erfolgreich. Ich ernte Massen an Kürbissen, weil ich das Insektizid Sevin Dust einsetze. Daisy baut zu 100 Prozent biologisch an, was in unserer Gegend keine Kürbisse bedeutet.

Beispielplan für Ihren Garten

Deanna

Als ich mit dem Gärtnern anfing, hatte ich keine Ahnung, was ich pflanzen sollte, wo ich es pflanzen sollte oder was sich gut nebeneinander anpflanzen lässt. Für Anfänger überspringen wir diese Phase und händigen Ihnen einfach ein Rezept aus. Mehr Pläne finden Sie im Anhang.

Das benötigen Sie:

2 Tomatenstecken (egal, was für welche)

1 Cocktailtomatenpflanze

1 gewöhnliche Tomatenpflanze

2 Paprikapflanzen

1 Bündel Steckzwiebeln (mindestens 32)

1 Tüte niedrige Tagetes

1 Tüte Mangoldsaatgut

1 Tüte Basilikumsaatgut

1 Tüte Buschbohnensaatgut

1 Tüte Rettichsamen

1. Glätten Sie die Oberfläche. Teilen Sie das Rechteck mit dem Finger (oder was Sie zur Hand haben) in zwei Hälften, einmal waage- und einmal senkrecht, und wiederholen Sie diesen Vorgang, bis Sie sechzehn Rechtecke haben.
2. Bohren Sie mit den Fingern ca. 1,5 Zentimeter tiefe Vertiefungen in Ihr Hochbeet. Verteilen Sie die Vertiefungen nach den Angaben in der Grafik auf dieser Seite.
3. Öffnen Sie die Tüte mit den Tagetessamen. Nehmen Sie vier Samenkörner raus. Platzieren Sie zwei in der ersten Vertiefung und zwei in der zweiten und bedecken Sie sie. Verteilen Sie zwei Samen pro Vertiefung in Ihrem Garten entsprechend den Namen in der Grafik auf dieser Seite.
4. Platzieren Sie Ihre Pflanzen in der freigelassenen Mitte der entsprechenden Rechtecke laut Tabelle. Graben Sie ein Loch bis zum Boden Ihres Beets und setzen Sie die Tomatenpflanze zwei bis

drei Zentimeter über dem Boden ein. Vergraben Sie sie bis zum Wurzelhals. Bei meinen Paprika mache ich es genauso, aber das muss es nicht sein.

5. Gehen Sie zum Essen.
6. Gießen Sie die Samen und Pflanzen morgen, und übermorgen und danach so oft wie nötig.

Norden

zwei niedrige Tagetes	eine Cocktail-tomate	eine Salat-tomate	zwei niedrige Tagetes
ein Basilikum*	eine Paprika	eine Paprika	ein Basilikum*
neun Busch-bohnen	vier Mangold	vier Mangold	sechzehn Steck-zwiebeln
neun Busch-bohnen	acht Rettiche zwei niedrige Tagetes	acht Rettiche zwei niedrige Tagetes	sechzehn Steck-zwiebeln

Norden

zwei niedrige Tagetes	eine Cocktail-tomate	eine Salat-tomate	zwei niedrige Tagetes
ein Basilikum*	eine Paprika	eine Paprika	ein Basilikum*
neun Busch-bohnen	vier Mangold	vier Mangold	sechzehn Steck-zwiebeln
neun Busch-bohnen	acht Rettiche zwei niedrige Tagetes	acht Rettiche zwei niedrige Tagetes	sechzehn Steck-zwiebeln

*Unter kühleren klimatischen Bedingungen können bis zu vier Basilikumpflanzen pro Quadratmeter gepflanzt werden.

Ich kämpfe nicht gern gegen Unkraut. Normales Unkrautzupfen macht mir durchaus so etwas wie Spaß, zumal seit wir Hühner haben und Unkrautzupfen eher wie Leckerli für die Tiere sammeln ist. *Aber* endlose Schlachten mit aggressiven unterirdischen Eindringlingen wie dem Hundszahngras ermüden mich schnell. Das Hundszahngras hab ich größtenteils besiegt, mit breiten Abgrenzungen im ganzen Garten aus Gartenvlies, Karton und Zeitungen, mit Mulch obendrauf. Eine frühzeitige Investition von Zeit und Arbeit erspart auf diese Weise viel späteres Unkrautzupfen.

Ich mag kein dreckiges Gemüse. Mir wurde beigebracht, Schmutz zu verabscheuen (meine Mutter wäscht und zupft an jeder Rosine herum) und mir nimmt es etwas von der Freude, wenn ich Salat und Gemüse waschen muss. Dank der Hochbeete ist mein Salat so sauber, dass ich ihn fast gar nicht waschen muss. Ich kann ihn einfach genießen.

Im Laden gekaufter Dreck taugt nicht viel. Wenn Sie mit dem Gärtnern anfangen, kommen Sie kaum darum herum, Dreck zu kaufen, zumal mit Hochbeeten. Hätte ich die Geduld zu warten, würde ich meine ersten Versuche als Gärtnerin allerdings mit viel Kompostieren und mit Lasagnebeeten (Schichten aus Zeitung und grünem und braunem Kompostmaterial) beginnen, statt den teuren und unnützen Dreck aus dem Laden zu kaufen. Diese Erde ist praktisch leblos und enthält keine hilfreichen Mikroben und Würmer und Nährstoffe, wie es richtige Erde tut. Meine eigene kompostierte Gartenerde nutzen zu können, macht einen riesigen Unterschied beim Erfolg mit meinen Pflanzen.

Schätzen Sie ehrlich ein, was Sie tun werden und was nicht. Die Wachstumsperiode dauert viele Monate, und wenn Sie sich an Ihrem Garten erfreuen, wird es weniger Pflicht als Freude sein.

Stufe drei: Reihenbeete

DEANNA Es wird oft behauptet, dass sich mit intensiven Anbaumethoden wie Gärtnern im Kübel und im Hochbeet viel mehr Lebensmittel pro Quadratmeter erzeugen lassen als in klassischen Reihenbeeten. Nach meinen Erfahrungen stimmt das. Wenn Sie also wirklich wenig Platz haben, sind intensive Anbaumethoden ideal für Sie. Wenn Sie aber den Höchstertrag pro Pflanze wollen – und den Platz und die Geräte haben –, dann sollten Sie sich für Reihenbeete entscheiden.

Der Ertrag pro Pflanze ist größer, weil die großen Pflanzen (wie Zucchini und Butternusskürbis) wirklich tief wurzeln, sich ausbreiten und ihre Fruchttriebe in alle Richtungen schießen lassen können. Die Gurken in meinen Reihenbeeten haben genügend Früchte produziert, um die gesamte Nachbarschaft zu versorgen! Das Gleiche gilt für meine Zucchini. In meinem

Garten wende ich zwei Anbaumethoden an.

Ich baue alle meine großen Pflanzen wie Zucchini und Gurken in Reihen an und biete ihnen ausreichend Platz, sich breitzumachen. Meine kleineren Pflanzen, wie Mangold, Buschbohnen und Zwiebeln, die sich kein bisschen darum kümmern, ob sie viel oder wenig Platz haben, baue ich intensiv an (in Kübeln oder Hochbeeten).

WENN UND ABER
Wir empfehlen den Reihenanbau unter zwei Bedingungen:

3. *Sie verfügen über ausreichend Platz im Garten und finden das Anlegen von Hochbeeten daher unpraktisch.* Ich habe nicht vor, bald in die professionelle Kompostproduktion einzusteigen. Daher ist es mir zu teuer und zu unpraktisch, meinen 10 x 10 Meter großen Garten mit Hochbeeten zu füllen. Daisys Garten ist ungefähr so groß wie meiner, aber sie ist ein Kompostjunkie und einen Haufen Hochbeete mit der Gießkanne zu bewässern ist ihre Vorstellung von Spaß. Für mich bedeutet „Spaß", meinen Rasensprenger anzustellen und zu gehen.

4. *Sie haben Zugang zu einer Gartenfräse, bei der die Krallen hinten und die Räder vorn sind.* Mein Mann leiht sich eine Gartenfräse und bearbeitet unseren ganzen Garten in dreißig Minuten. Sie können es auch mit einer Gartenfräse versuchen, bei der die Krallen vorn und die Räder hinten sitzen, aber es wird länger dauern und viel mühsamer sein.

Wenn Sie gar keine Fräse zur Verfügung haben, graben Sie die Erde *nicht* von Hand um. Zweimal umgraben ist einfach zu viel Arbeit. Setzen Sie auf Hochbeete. Wenn Sie sich eines Tages mit jemand anfreunden, der eine Gartenfräse im Wert von fünfhundert Euro daheim hat, dann können Sie die hölzernen Kästen ausreißen und alles unterpflügen. Das ist es, was ich getan habe.

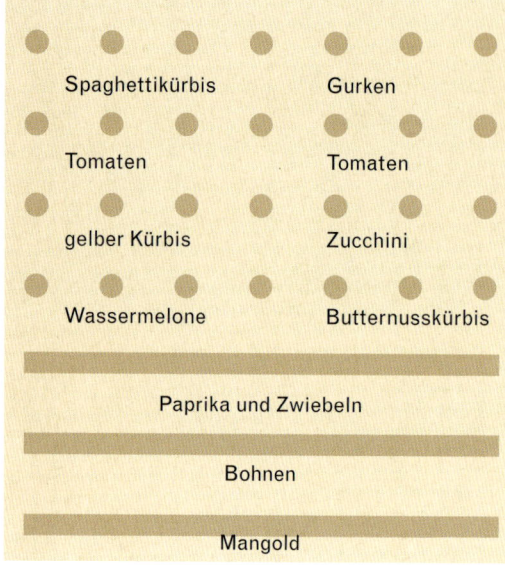

WIE ANFANGEN?
Dies mag zwar nicht die offizielle Methode sein, Reihenbeete anzulegen, aber es ist meine Methode.

1. *Machen Sie das Gras alle.* Sie können es auf ökologische Art und Weise tun. Oder Sie greifen zum Herbizid. Wie auch immer, Sie müssen den Rasen töten, bevor Sie ihn bearbeiten, besonders, wenn bei Ihnen Hundszahngras wächst. Jeder überlebende Halm wird erneut Wurzeln schlagen und Ihren Garten innerhalb weniger Wochen überwuchern.

2. *Entscheiden Sie sich, wie Sie den Boden düngen wollen.* Sie haben mehrere Optionen:

- Sie können Ihre Erde untersuchen lassen (Anfrage an die Landwirtschaftskammer).
- Sie können vor dem Fräsen Kompost ausbringen.
- Sie können Dünger und Blattsprays verwenden, wenn die Pflanze hungrig aussieht.

In meinem ersten Jahr habe ich mich für die letzte Variante entschieden. Inzwischen sammle ich Blätter und anderes kompostierbare Material im Herbst und lasse die Ziegen und Hühner im Winter im ganzen Garten herumlaufen (und ihr Geschäft verrichten).

3. *Fräsen Sie ein- oder zweimal.* Ich fräse gern zweimal, bevor ich mit der Aussaat beginne. Einmal, um die Erde zu bewegen, und ein zweites Mal, um das Gras unterzupflügen, das mir beim ersten Mal entwischt ist.

4. *Anbauen.* Ich verwende zwei Reihendesigns:
Reihen für große Pflanzen, bei denen ich zwischen den Pflanzen 1,20 Meter Abstand lasse. Intensiv bebaute Reihen, bei denen ich zwischen den Pflanzen nur einige Zentimeter Abstand lasse. Wie bereits beschrieben, pflanze ich Reihen mit Mangold, Bohnen, Zwiebeln und Paprika so, wie ich sie auch im Hochbeet setzen würde. Ich lasse immer noch 1,20 Meter Abstand zwischen jeder Reihe, aber da ich weiß, dass diese Pflanzen den Platz nicht ganz nutzen werden, pflanze ich mehrere Reihen. Es gibt keinen Grund,

Etwas Essbares zwischen die Zierpflanzen schmuggeln

Für den Anbau im Vorgarten eignen sich Kräuter und Obst am besten. Sie passen gut zu Ihren anderen Gewächsen und brauchen wenig Pflege. Zudem können sie wirklich hübsch aussehen. Einige Gemüsesorten sind ebenfalls unauffällig, aber Mais oder Tomaten werden Sie vor Ihren Nachbarn nicht verstecken können. Hier sind einige Vorschläge, mit welchen Pflanzen Sie beginnen können.

- Erdbeeren sind ein sehr hübscher immergrüner Bodendecker an einem sonnigen Plätzchen.
- Rosmarin kann so geschnitten werden, dass es wie ein Busch aussieht.
- Obstbäume können Ihre anderen Zierpflanzen ganz ersetzen. Niederstämme sehen hübsch aus und bringen schneller Früchte hervor als ihre normalgroßen Verwandten.
- Beerensträucher sind gute Dauerpflanzen.
- Spargel* bildet eine filigrane, farnähnliche Abgrenzung mit hübschen Beeren im Herbst.
- Süßkartoffeln** sehen wie Efeu aus, das sich über eine Wand ergießt oder den Boden bedeckt.
- Petersilie*, Koriander* und Buschbohnen* fallen im Gras kaum auf.
- Thai-Chili und andere Chilisorten* sehen genauso aus wie die Ziervarianten.
- Gurken sehen wie Efeu aus, das sich an einem Eisen- oder Verandageländer hochrankt.

*Einjährige Pflanzen, die im Spätherbst und Winter weg sind.
**Mehrjährige Pflanzen, deren Blätter im Winter abfallen.

eine einzige dünne Reihe Zwiebeln oder Buschbohnen anzupflanzen, siehe die Beispieltabellen auf dieser Seite.

5. *Fräsen Sie die Reihen und „Spalten" einige Wochen nach der Aussaat.* Spalten bezeichnet den Platz zwischen den Pflanzen in einer Reihe. Ich habe meine Reihen ohne Platz vorn und meine Reihen mit Platz hinten im Garten. Vorn werden daher nur die Reihen gefräst (da es keine Spalten gibt) und hinten werden die Reihen und die Spalten gefräst.

6. *Gießen Sie wöchentlich oder öfters, wenn nötig.* Wenn Sie täglich kurz geringe Mengen Wasser gießen, entwickeln Ihre Pflanzen flache Wurzeln. Am besten ist es, dem Garten bei jedem Gießen zwei bis drei Zentimeter Wasser zu geben. Schalten Sie Ihren Rasensprenger einmal die Woche für einige Stunden an (oder länger, wenn es heiß und trocken ist). Wenn Sie sich bei der Wassermenge unsicher sind, stellen Sie leere Dosen im Garten auf und schalten Sie den Sprenger aus, sobald

Es geht nichts über selbst angebautes Gemüse

Deanna

Mein Dad wuchs auf einer Farm auf, aber er hat nicht viel über Gartenbau gelernt. Einmal hat er meinen Großvater gefragt, warum er ihm nie beigebracht hat, wie man Gemüse anbaut. Die Antwort von Opa war: „Du hast nie gefragt." (Was eine wirklich seltsame Antwort war, da mein Dad gezwungen wurde zu fischen und Kaninchen und Eichhörnchen zu jagen.) Aber selbst mit seinem überwältigendem Desinteresse und seiner mangelnden Erfahrung im Gärtnern hatte mein Dad immer eine einsame Tomatenpflanze in einem Kübel auf dem Balkon. „Selbst die armseligste Tomate, die du selbst anbaust, wird besser schmecken als alles, was du im Laden kaufen kannst", war seine Meinung. Das ist wirklich wahr und ich habe inzwischen viele armselige Tomaten angebaut. Selbst wenn Sie also keine Erfahrung, keinen Platz und nur ein winziges von der Sonne beschienenes Fleckchen übrig haben, halten Sie sich an die Anweisungen in diesem Abschnitt und pflanzen Sie ein wenig eigenes Gemüse in einem Topf. Sie werden nie etwas Besseres gegessen haben!

sich zwei bis drei Zentimeter Wasser in ihnen gesammelt hat.

STÜTZGITTER IN REIHENBEETEN

Das Schöne an Reihenbeeten ist, dass Sie Gemüse anbauen können, das viel Platz benötigt. Gemüsesorten, die sich gern ausbreiten, benötigen oft eine Stütze, Sie werden daher Stützgitter in Ihrem Garten benötigen.

Stützgitter können Sie aus praktisch allem machen. Stangenbohnen sind leicht, Sie können daher jedes Material verwenden, um sie zu stützen. Für schwerere Pflanzen wie Gurken und Spaghettikürbisse empfehle ich Stützgitter aus stabilen Drahtzaunelementen. Nehmen Sie die mit den *großen* Löchern. Ich habe fünf Meter Drahtzaun für zwanzig Dollar im Farmshop gekauft. Sie werden auch einige U-Pfosten und Kabelbinder benötigen, um die Drahtelemente aufzustellen. Dieses Jahr habe ich das Gitter für meine Gurken genau in der Mitte meines Gartens aufgestellt. Das war ein Fehler! Ich weiß, dass hohe Pflanzen nach hinten gehören, aber ich wollte, dass meine Gurken sich am Boden ausbreiten, statt in die Höhe zu ranken, daher habe ich sie zu den „kurzen Pflanzen" getan. Bald war es aber ein so haariges,

verknotetes Wirrwarr, dass ich sie auf das Gitter ziehen musste! Leider beschatten sie jetzt meine Chilis und Wassermelonen, keine vorteilhafte Anordnung.

ABSCHLIESSENDE GEDANKEN ZU REIHENBEETEN

Meiner Meinung nach benötigen Reihenbeete von den Anbaumethoden, die ich ausprobiert habe, den geringsten Einsatz. Ich fräse ein paar Mal im Jahr. Ich gieße ungefähr einmal die Woche. Ich dünge die Pflanzen und bekämpfe die lokalen Schädlinge alle zwei bis drei Wochen.

Allerdings kann die Ernte Ihnen wirklich über den Kopf wachsen. Ich habe kiloweise Zucchini und Gurken von jeder meiner jeweils vier Pflanzen geerntet. Und mein Spaghettikürbis wächst so dicht, dass ich das kleine geheimnisvolle Tier, das sich im Kürbis ein Nest gemacht hat, nicht einmal sehen kann. (Jedes Mal, wenn ich mich dem Kürbis nähere, kann ich es flüchten hören, aber bis jetzt habe ich weder Schnurrhaare noch Federn erblickt.)

Dennoch, wagen Sie sich nur an Reihenbeete, wenn Sie ausreichend sonnige Stellen und Freunde mit einer leistungsstarken Gartenfräse haben!

Gärtnern steckt voller Überraschungen

Dem Gras beim Wachsen zuzusehen, gilt als Phrase für den Höhepunkt der Langeweile, aber dem eigenen Garten beim Wachsen zuzusehen, steckt voller Überraschungen. In einem Jahr habe ich Popcornmais angebaut, der unerklärlicherweise Miniähren hatte. Daisy hatte Wasser-melonen in der Größe von Orangen. Keiner weiß, warum. Einmal hatte sie Stangenbohnen, die so hoch und schwer waren, dass sie ihr mitten in den Garten gekracht sind. Und ich hatte zufällig eine Riesenernte Süßkartoffeln, die den gesamten hinteren Garten überwuchert hat. Meine Kinder konnten nicht einmal mehr durchlaufen. Eine Kartoffel wog drei Kilogramm! (Wir gaben ihr einen Namen und mein Sohn hat sie zum Angeben mit in die Schule genommen.)

Manchmal wächst das Basilikum wie verrückt und am Ende haben Sie eine solche Menge Pesto, dass Sie es an den Postboten verschenken. (Von dem Jahr hab ich mich nie erholt. Daisy und ich haben Unmengen Pesto gemacht und ich habe immer noch voll ausgewachsene Pflanzen an die Nachbarn verschenkt.) Manchmal kampiert der Winterkürbis mitten im Komposthaufen oder rankt sechs Meter weit in den Garten hinein. Ein anderes Mal wachsen statt Grünkohl Steckrüben, dabei haben Sie gar keine Steckrüben gepflanzt!

Machen Sie sich aber keine Sorgen. Die meisten Pflanzen lassen sich gut beherrschen und wachsen ganz nach Plan, aber jeder anständige Garten hat ein paar Überraschungen in petto, um uns auf Trab zu halten.

Kontaminierte Erde

DAISY Bevor Sie einen Plan mit den Gemüsesorten ausarbeiten, die Sie anbauen wollen, lohnt es sich zu überlegen, ob der Boden in Ihrem Garten kontaminiert sein könnte.

Sehr wahrscheinlich wissen Sie wenig über die Geschichte des Bodens unter Ihren Füßen. Mit ein bisschen Aufwand erfahren Sie aber eine Menge über das Vorleben Ihres Stück Landes. Die meiste Zeit wird es positiv sein, was Sie in Erfahrung bringen. Alte Aufzeichnungen, Stadtarchive und selbst beiläufige Unterhaltungen mit Alteingesessenen können Ihnen Hinweise liefern, wie der Boden in der Vergangenheit genutzt wurde. Kontaminierter Boden entsteht meist aufgrund von Müllkippen, Fabriken und anderen industriellen Gewerben, Tankstellen, KFZ-Werkstätten und anderen Reparaturwerkstätten und Fachmärkten für landwirtschaftliche und chemische Produkte.

Wenn Ihr Besitz früher von einem solchen Unternehmen genutzt wurde, können Sie den Boden analysieren lassen. Fragen Sie in der zuständigen Landwirtschaftskammer nach, in welchem Labor Sie Ihre Erde auf Verunreinigungen untersuchen lassen können. Natürlich können Sie auch im Internet nach einem Labor suchen.

Wenn Sie ein Labor gefunden haben, erläutern Sie die Art der Kontamination, die stattgefunden haben könnte (basierend auf Ihren Nachforschungen). Bei der Analyse wird nach bestimmten Toxinen gesucht, und je genauer Ihre Angaben sind, umso spezifischer kann die Suche erfolgen. Folgen Sie den Anweisungen des Labors beim Einsammeln der Proben.

Wenn Sie die Ergebnisse haben, informieren Sie sich beim zuständigen Landesamt für Umwelt oder beim Umweltbundesamt über die möglichen Auswirkungen der verschiedenen Verunreinigungsstoffe auf Ihre Gesundheit.

Kommen bei der Untersuchung so hohe Werte heraus, dass Sie etwas unternehmen sollten, stehen Ihnen verschiedene Methoden zur Säuberung oder Beseitigung der Erde zur Verfügung. Diese werden nach zwei Hauptkategorien unterschieden: physische und biologische Methoden. Von den physischen Beseitigungstechniken ist die Abtragung (die Erde wird entfernt und durch saubere Erde ersetzt) vermutlich die bezahlbarste, allerdings ist sie immer noch nicht billig.

Biologische Methoden sind günstiger als die Beseitigung, benötigen aber mehr Zeit, um zu einem Ergebnis zu führen. Dazu zählt die Phytosanierung, bei der Pflanzen eingesetzt werden, um die Erde zu säubern, und die mikrobielle Sanierung, bei der Mikroben eingesetzt werden, um die Schadstoffe abzubauen. Als dritte Methode dient die Kompostsanierung (große Mengen Kompost werden der vorhandenen Erde zugegeben) dazu, den Grad der Kontamination auf ein akzeptables Maß zu senken.

Die einfachste Lösung ist vermutlich, Hochbeete über Gartenfolie anzulegen. Diese verhindert, dass die Wurzeln der Pflanzen mit der kontaminierten Erde in Kontakt kommen. Die Früchte einer Pflanze (z. B. Tomaten, Gurken, Paprika, Kürbisse, Baumfrüchte und Nüsse etc.) sind sehr wahrscheinlich nicht schadstoffbelastet. Wurzelgemüse und Blattgemüse wie Kopfsalat sind eher gefährdet, Schadstoffe und Schwermetalle aufzunehmen. Das gründliche Waschen von Blattgemüse entfernt viele der Schadstoffe, die aufgrund eingeschleppter Erde und Flugstaub anhaften. Wurzelgemüse zu schälen kann die Bleibelastung eindämmen.

Aussaatkalender, Frostbeginn und -ende

DEANNA "Alles hat seine Zeit". Darin besteht der Unterschied zwischen einem blühenden Garten und einem frustrierenden, kläglichen Garten. Ich kann Ihnen ganz genau sagen, dass beinahe jede Enttäuschung im Garten entweder durch die Aussaat zur falschen Zeit oder durch Schädlinge verursacht wurde. Die Lösung für das zweite Problem beinhaltet ein Spray. Die Lösung für das erste Problem ist ein schlichter Kalender. Ich kann gar nicht mehr zählen, wie viele meiner Freunde sich im August über kümmerliche Brokkolipflanzen geärgert oder im September immer noch auf ihre Kürbisse gewartet haben.

Der einfachste Weg herauszufinden, wann was ausgesät werden darf, ist es bei einer Gärtnerei vor Ort vorbeizugehen und zu sehen, welche Pflanzen draußen zum Verkauf angeboten werden. Dort werden Unmengen praller, junger Setzlinge stehen. Ignorieren Sie die Ausverkaufstische im hinteren Teil – es gibt einen Grund, dass diese billiger verkauft werden: Die beste Zeit für den Anbau ist schon vorbei.

Aber woher wissen die Gartencenter, wann die beste Zeit im Jahr für die Aussaat ist? Es geht um Hitze und Frost und darum, wie die Pflanzen beides vertragen. Einige Pflanzen (Tomaten, Gurken und Paprika zum Beispiel) hassen Frost und fallen tot um, sobald sie Frost zu spüren bekommen. Wenn Sie einen Setzling in die Erde pflanzen und es eine Frostnacht gibt, können Sie mit dem Aussetzen von vorn beginnen. Andere Pflanzen (wie Brokkoli, Weißkohl und Spinat) mögen es kühl. Frost macht ihnen nicht viel aus, aber sie hassen heiße Sommertage. Wenn Sie diese zu spät aussetzen, werden sie nicht reif, bevor es ihnen zu heiß wird, und dann werden Sie keine Ernte haben. Diese Pflanzen müssen in der Sonne reifen, aber bei kühleren Temperaturen.

Und was passiert, wenn Sie sich Anfang Juli entscheiden, einen Garten anzulegen? Werden Ihre Tomaten noch genug Zeit haben zu reifen, bevor der erste Frost im Herbst einsetzt? Oder was ist, wenn Ihre Zucchini von Schädlingen gefressen wurden und Sie noch einmal welche aussetzen wollen? Werden sie Früchte ansetzen können, bevor der Winter sie dahinrafft?

Die üblichen Zeiten für Frostanfang und -ende für Ihre Gegend finden Sie auf drei Wegen heraus:

1. Sehen Sie im Internet nach.
2. Fragen Sie einen befreundeten Gärtner oder finden Sie einen erfahrenen Gärtner über den lokalen Gartenverein.
3. Fragen Sie in der Gärtnerei vor Ort.

Ich ziehe es vor, die Gärtnerei und andere Gärtner zu fragen, weil sie mir so hilfreiche Auskünfte geben wie folgende: „Das offizielle Datum ist der 15. April, aber Sie können dies und das auch schon Mitte März pflanzen, wenn Sie es mit Stroh abdecken." Oder: „Der Frost setzt im Herbst angeblich am 15. Oktober ein, aber ich habe im Oktober seit zehn Jahren keinen Frost erlebt. In einigen Jahren ernte ich Tomaten bis in den Dezember hinein."

Wenn Sie Frostanfang und -ende herausgefunden haben, werfen Sie einen Blick auf die Anbautabellen für Herbst und Frühling im Anhang. Tragen Sie Ihre Daten ein und die Tabelle wird Ihnen verraten, wann Sie das Gemüse anbauen können, das Ihnen vorschwebt. Es dauert nur fünf Minuten und danach müssen Sie nie wieder daran denken!

Pflanzen vorziehen?

DAISY In den meisten Klimazonen ist das Vorziehen von Setzlingen keine essenzielle Voraussetzung für den Gartenanbau. Das gilt natürlich vorrangig für gemäßigte und warme Klimazonen, aber es gilt bis zu einem gewissen Grad auch für die meisten Gegenden, in denen Gartenanbau möglich ist.

Aufgrund persönlicher Erfahrung und der Erzählungen von Gärtnern aus der ganzen Welt, vor allem Anfängern, wage ich zu behaupten, dass eine frühe Aussaat in der Saison oft mit Enttäuschung verbunden ist.

Die ersten Erfahrungen der meisten zukünftigen Grüne-Daumen-Besitzer bestehen in dem Aussäen einiger Samen in einer Tasse auf der Fensterbank. Die erste Freude schlägt in Frustration um, wenn die süßen kleinen Setzlinge einen bestimmten Punkt erreichen und anscheinend mit dem Wachstum aufhören. Sie werden „spindelig" und blass und strecken sich unglücklich Richtung Licht und sehen überhaupt nicht so aus wie die kräftigen, stämmigen, gesunden Setzlinge aus der Gärtnerei. Noch schlimmer, oft werden sie gelb und verlieren ihre Blätter oder knicken tot um. So traurig, besonders wenn die Kinder beteiligt waren und zusehen, wie ihre Schützlinge so kläglich enden.

Der nächste Schritt ist normalerweise das Anschaffen einer Wachstumslampe in der Hoffnung, dass dies die Lösung ist. Es kann eine einfache Lampe oder eine spezielle Vorrichtung sein. Ob Sie in teure Wachstumslampen investieren oder Ihre eigene Vorrichtung mit einer gewöhnlichen Lampe basteln, langsam wird es komplizierter.

Bevor Sie sich versehen, haben Sie eine Wärmedecke, einen Ventilator, Sprühflaschen, speziellen Dünger und eine Zeitschaltuhr für das Licht. Es wird teuer, und das Schlimmste ist, dass Sie mit Ihren Setzlingen immer noch nicht mehr als mittelmäßigen Erfolg haben. Und wir haben noch nicht über die wirklich ernsthaften Maßnahmen gesprochen. Das ist noch einmal eine ganz andere Baustelle.

Ich möchte kein Spaßverderber sein. Es kann gut sein, dass Sie mit Ihren ersten Versuchen im Haus Erfolg haben. Auch wenn es unheilvoll klingen mag, was ich sagen will, ist eigentlich positiv. Das meiste Saatgut, das direkt im Garten ausgesät wird, wird schnell aufholen oder die im Haus vorgezogenen Setzlinge sogar überholen. Sorgen Sie für ein wenig Schutz am Anfang mit einer Frostabdeckung oder Plastikflaschen, von denen Sie den Boden abschneiden, und Sie können sogar noch früher starten. Zudem freut sich Ihr Geldbeutel darüber, dass die kleinen, billigen Kästen mit den vielen Setzlingen in der Gärtnerei am besten funktionieren, nicht die großen, teuren Töpfe mit einer einzigen Pflanze. Wenn sie erst in Ihrem Garten sind, werden die kleinen Pflanzen schnell aufholen.

Wenn Sie ein paar Pflanzen im Haus vorziehen möchten, finden Sie hier einige Tipps, die Ihnen zu einem erfolgreichen Start verhelfen werden:

- Verwenden Sie einen ungeöffneten Sack Startererde. (Vermeiden Sie Kompost, normale Blumenerde, echten Dreck und Dünger; diese können das Wachstum des Pilzmyzel fördern.)
- Benutzen Sie saubere Behälter mit einem guten Wasserablauf. Verwenden Sie neue Behälter oder gebrauchte, die Sie in eine milde Bleichlösung getaucht und gründlich abgespült haben.
- Kaufen Sie Saatgut von bekannten Herstellern, um die Wahrscheinlichkeit zu erhöhen, dass das Saatgut gesund ist.
- Legen Sie die Samen auf die Oberfläche des Nährmediums, statt ein Loch zu bohren und sie mit Erde zu bedecken, und bedecken Sie sie stattdessen leicht mit Torfmoos, feinem Kies oder sterilem, grobem Sand.
- Gießen Sie die Pflanzen von unten. Das heißt, gießen Sie das Wasser in den Untersetzer, statt in den Topf. Lassen Sie die Töpfe das Wasser von unten aufsaugen. Hören Sie mit dem Gießen auf, wenn die Töpfe nicht mehr alles Wasser aufnehmen.
- Sorgen Sie für Belüftung, wie einen kleinen Ventilator in der Nähe, der die Setzlinge aber nicht direkt anpusten darf.
- Geizen Sie die Setzlinge aus (ausdünnen), um eine gute Belüftung zu ermöglichen. Verwenden Sie dafür eine Schere. Wenn Sie sie an den Wurzeln ausziehen, können in der Nähe wachsende Setzlinge geschädigt werden.

Versuchen Sie es, wenn es sein muss (ich weiß, dass ich es musste), aber legen Sie einige Samen aus der Tüte zur Seite, um sie später direkt auszusäen. Sie könnten Ihnen noch nützlich sein.

Saatgut ernten und aufbewahren?

DEANNA Als Erstes muss ich anmerken, dass ich kein Saatgut ernte und aufbewahre. Übrig gebliebenes Saatgut verteile ich an meine Nachbarn und Freunde. Jeder Versuch, Saatgut aufzubewahren, endete damit, dass meine Kinder die Samen über den ganzen Boden verteilt haben. Wenn Sie nicht der letzte Besitzer von Saatgut einer zweihundert Jahre alten Sorte sind, würde ich mich nicht damit abplagen. Wenn Sie Saatgut kaufen, entscheiden Sie sich für die kleine Tüte statt des Pakets für einen ganzen Acker.

Saatgut kann bei richtiger Lagerung drei bis fünf Jahre aufbewahrt werden. Falls Sie das Saatgut doch aufbewahren wollen, folgt hier die Anleitung.

Das benötigen Sie:

1 EL Milchpulver (nimmt schädliche Feuchtigkeit auf)
1 Stück eines Stofftaschentuchs oder ein anderes kleines Stück Stoff
1 Gummiband
1 sauberes Marmeladenglas mit Deckel
1 Permanentstift (Edding)

1. Legen Sie das Milchpulver in die Mitte des Stoffs und ziehen Sie die Enden oben zusammen.
2. Verschließen Sie den Stoff mit dem Gummiband.
3. Legen Sie den Stoff in das Marmeladenglas.
4. Holen Sie die Saatguttüte und suchen Sie die Daten auf der Rückseite. (Wenn Sie nur das Mindesthaltbarkeitsdatum finden, gehen Sie davon aus, dass das Saatgut ein Jahr davor gesammelt und abgepackt wurde.)
5. Notieren Sie das Ablaufdatum vorn auf der Packung und legen Sie das Saatgut in das Glas zu dem Milchpulverpäckchen.
6. Setzen Sie den Deckel auf das Glas und bewahren Sie es im Kühlschrank auf.

Schädlinge
bekämpfen

DAISY Es gibt beinahe zehn Trillionen Insekten auf der Welt. Dies ist keine Fantasiezahl wie Fantastillionen. Es ist eine real existierende Zahl, mit allen neunzehn Nullen.

Bevor ich mit dem Gärtnern anfing, nahm mein Radar nur Stechmücken, Zecken und, nicht ganz so aufmerksam, Fliegen plus die gelegentliche Wespe wahr. Diese Insekten waren lästig, aber ich kam klar. Nachdem ich richtig mit dem Gärtnern anfing, änderte sich meine Perspektive. Im ersten Sommer mit einem ambitioniert angelegten Garten hatte ich das Gefühl, dass mindestens eine Trillion dieser Kreaturen zum Besteck griff und sich zu einem Festmahl in meinem Garten versammelte.

Woher kamen die nur alle? Woher wussten sie, dass ich Kürbisse anbaute? Dass es Blattläuse gab, konnte ich gerade noch verstehen, in jedem Garten gibt es Rosen, daher sprangen sie wohl von diesen auf meine Tomaten. Aber ich schwöre, dass ich die einzige Person im Umkreis von einer Meile war, die Süßkartoffeln anbaute, und dennoch kamen Schildkäfer herbei, die praktisch nur Süßkartoffeln essen.

Zu Beginn wurde ich fast wahnsinnig. Jedes Mal, wenn ich einen unbekannten Krabbler sah, geriet ich in Panik. Ich war mir sicher, dass es der Anfang einer Plage war und ich am besten gleich zum Flammenwerfer greifen sollte. Ich wollte einen biologischen Garten, daher brütete ich über biologischen Schädlingsbekämpfungsmitteln und Anleitungen, auf der Suche nach einer Lösung. Ich rührte Brühen an, die nach Tod rochen, Sprühflaschen verstopften und vielleicht sogar einen Schädling ferngehalten haben. Vom ganzen Sprühen bekam ich ein Karpaltunnelsyndrom und die Herausforderer rückten weiter an. Ich hatte zerquetschte Blattläuse unter meinen

Fingernägeln, die Eingeweide kürbisfressender Raupen quer über meiner Einfahrt nebst Schüsseln voller Bier und aufgedunsener Nacktschnecken.

Dies war eine Vorstadt. Ich war umgeben von Rasen, Straßen und Häusern. Mir war nicht bewusst gewesen, dass ein Heer von Gemüsevernichtern so nah stationiert war, um mit einer solchen Präzision zuschlagen zu können, aber sie kamen aus allen Richtungen und labten sich an meinem Garten.

Zum Glück kann ich berichten, dass sich die Lage inzwischen ein wenig beruhigt hat. Weder ergreift mich die gleiche Beklemmung, noch wende ich so viel Mühe auf wie in den Anfangsjahren. Und das nicht, wie ich einst geglaubt habe, weil ich das perfekte Spray gegen jeden Schädling gefunden habe.

Sondern aufgrund einer Methode, die offiziell *Integrierte Schädlingsbekämpfung* genannt wird (und inoffiziell, von mir: Gärtnern im wirklichen Leben). Hier ist die Idee dahinter:

EINFACHE VORBEUGUNG

- *Wählen Sie krankheits- und schädlings-resistente Pflanzen aus.* Die meisten der traditionellen, offen-befruchteten oder anderweitig hip klingenden Samen und Pflanzen sind anfälliger für Krankheiten und Schädlinge als die Nullachtfünfzehn-Hybridvariante. Okay, die Ersteren klingen attraktiver, aber besorgen Sie sich für Ihre ersten paar Jahre mit Ihrem Garten auf jeden Fall einige bewährte Hybriden, damit Sie etwas zu ernten haben.
- *Düngen Sie Ihre Pflanzen.* Gut gedüngte Pflanzen sind kräftige, gesunde Pflanzen. Menschen können sich ohne eine gesunde Ernährung gegen eine Infektion nicht wehren und genauso geht es auch den Pflanzen. Nehmen Sie einen ausgewogenen biologischen Dünger und Nährstoffe aus der Gärtnerei oder dem Baumarkt. Folgen Sie den Anweisungen auf der Flasche oder der Verpackung.
- *Richtiges Gießen.* Geben Sie das Wasser an die Wurzeln. Das Wasser über die Blätter zu gießen, verbreitet Pilze und andere Krankheiten.

FORTGESCHRITTENE BIOLOGISCHE VORBEUGUNG

- Decken Sie Ihre Reihen ab, um Schädlinge fernzuhalten.
- Bauen Sie Pflanzen an, die nützliche Insekten anziehen, wie Dill, Koriander und Tagetes. Nützliche Insekten fressen die schädlichen Insekten!
- Setzen Sie auf Mischkultur. Einige Pflanzen helfen sich gegenseitig, indem sie die Feinde des anderen abwehren und die Freunde des anderen anziehen. Im Anhang finden Sie detaillierte Pflanztabellen für Mischkulturen.

WENN SIE DENNOCH KOMMEN …

1. *Bleiben Sie ganz ruhig.* Das erste Anzeichen eines Insekten- oder Krankheitsbefalls bedeutet nicht unbedingt, dass Sie alles stehen und fallen lassen und im Bau- oder Gartenmarkt nach den stinkigen Mitteln suchen müssen. Ein bisschen Raupenfraß in Ihren Kohlblättern ist kein Notfall, der schwere Geschütze verlangt. Warten Sie erst einmal ab und trinken Sie Tee. Vielleicht wird es gar nicht schlimmer. Bleiben Sie aufmerksam und

beobachten Sie die Lage, das ist das Wichtigste.

2. *Nicht gleich zertreten.* Wenn Sie ein Insekt in Ihrem Garten entdecken, bestimmen Sie es erst, bevor Sie es zerquetschen oder mit Gift besprühen. Es mag am Anfang schwer zu glauben sein, aber die meisten dieser Insekten sind Ihre Freunde. Es sind sogenannte Nützlinge und sie jagen und fressen die Insekten, die Ihre Ernte vernichten.

Zum Beispiel legt die Schlupfwespe, eine kleine, harmlose Wespe, ihre Eier in Blattläusen ab. Wenn die Wespen schlüpfen, essen sie die Blattläuse auf. Schmatz, schmatz. Bis dahin sehen sie allerdings wie merkwürdiges, weißes, aufgeblähtes Ungeziefer auf Ihren Tomatenblättern aus. Wenn Sie sie gleich zertreten, verhindern Sie dieses nützliche parasitäre Verhalten.

Andere Insekten verursachen nur minimale Schäden, wie Schildkäfer an meinen Süßkartoffeln. Sie knabbern vielleicht einige kleine Löcher in die Blätter, aber sie werden der Pflanze und der Frucht nicht ernsthaft schaden. Sie können den Anblick ihres hübschen goldenen Chitinpanzers sorglos genießen. Wenn Sie die Insektenart bestimmen, bevor Sie sich angriffsbereit machen, lernen Sie gleichzeitig, wie sehr Sie sich vor ihnen fürchten sollten (wenn überhaupt) und was die geeigneten Gegenmaßnahmen bei dieser bestimmten Art sind.

3. *Ergreifen Sie Abwehrmaßnahmen.* Dies ist ein mehrschichtiger Ansatz.

- Viele Schädlinge lassen sich einfach von Hand absammeln und zerquetschen. Das gilt besonders für Kürbis fressende Schädlinge (nicht für den Kürbisschädling Melittia cucurbitae allerdings, der Kraftfelder, Tarnmäntel und Zeitmaschinen einsetzt).
- Einige Schädlinge sind nicht sehr clever und finden den Weg unter eine Abdeckung nicht, Abdeckungen kön-

nen daher Abhilfe schaffen (aber nicht bei Melittia cucurbitae, diese Art verwendet auch Teleporter und GPS).

- Sprays. Insektizide für den Garten lassen sich in jedem Baumarkt und Gartencenter finden. Achten Sie darauf, dass sie für biologische Gärten geeignet sind. Wenn Sie Nützlingen so

wenig wie möglich schaden wollen, sprühen Sie spät am Abend, wenn die Blüten geschlossen sind.

- Bauen Sie keine Pflanzen an, die Schädlinge anziehen. Sie können sich auch, wie ich, für andere Abwehrmaßnahmen entscheiden, indem Sie Ihre Kürbisse auf Wenn Sie gerne

jede Nacht mit dem Gedanken zu Bett gehen wollen, dem Markt kaufen, weil Sie das ganze Arsenal an biologischen Mitteln gegen Kürbisschädlinge wie Raupen und Käfer, das der Menschheit bekannt ist, aufgebraucht haben. Sie werden Ihre eigene Nemesis erleben. Halten Sie mit Ihren Kräften haus.

WIE DEANNA MIT SCHÄDLINGEN FERTIG WIRD

DEANNA Ungefähr alle zwei Wochen untersuche ich meinen Garten auf Schädlinge. Wenn mein Mangold oder meine Bohnen wirklich unter den Viechern leiden, besprühe ich sie mit einem Abwehrmittel/Insektizid (entweder selbst gemacht oder eine biologische Variante aus dem Baumarkt). In der Regel bestehen diese aus einer Mischung aus Pfeffer, Lavendel, Rosmarin oder Neemöl. Ich rieche danach immer wunderbar!

Diese Sprays auf Basis ätherischer Öle wirken bei all meinen Pflanzen, außer bei Kürbissen. Wie wir das ganze Kapitel über beklagt haben, haben wir furchtbare Kürbis fressende Raupen in unserer Gegend. Daher resigniere ich und gebe das Insektizid *Sevin Dust* an den Stamm. Ich habe noch nichts anderes gefunden, biologisch oder konventionell, das meine Kürbisse am Leben hält. Die Falter der Art Melittia cucurbitae legen ihre Eier auf den Ranken ab und die kleinen Raupen schlüpfen und bohren sich in das Zentrum der Kürbisstämme und bringen die *ganze* Pflanze um. Ich kann mit Fraßlöchern in den Blättern leben oder mit Fraßspuren an meinem Gemüse, aber nicht damit, dass meine ganze Pflanze getötet wird! Wie auch immer, es gibt keinen Grund, das ganze Universum mit Sevin einzunebeln. Nur den dicken Stamm, der auf dem Boden liegt. Keinen Grund, nützliche Insekten umzubringen, indem man die Blüten einnebelt, halten Sie die Dose nur unter die großen, schönen Blätter und pudern Sie den großen, dicken Stamm ein. Und bemühen Sie sich nicht, unbedingt jeden Fleck einzupudern. Eine Dosis Puder jede zweite Woche, nach dem Gießen, sollte die Raupen in Schach halten.

Abschließende Überlegungen zum Gärtnern

Gärtnern ist wirklich befriedigend. Selbst die kleinste selbst angebaute Cocktailtomate kann Ihr Herz mit Freude erfüllen. Da die Menschheit allerdings seit Tausenden von Jahren Gemüse anbaut und darüber schreibt, gibt es eine überwältigende Fülle an Informationen. Versuchen Sie nicht, Ihre Erfahrungen abzukürzen, indem Sie alles über das Gärtnern lesen. Wir haben es getan und es hat uns kein bisschen geholfen. Selbst dieses Kapitel enthält vielleicht bereits zu viel an Information, daher fassen wir hier die Grundlagen zusammen:

1. Mischen Sie eine Kiste voll guter Erde (siehe Anleitung auf Seite 27).
2. Legen Sie einen Garten nach unserem Plan für Anfänger an (Seite 36), wenn das Gartencenter vor Babytomatenpflanzen und Babypaprikapflanzen überquillt.
3. Gießen Sie die Wurzeln der Pflanzen alle paar Tage mit einer dieser günstigen praktischen Gartenspritzen.
4. Düngen Sie mit einem ausgewogenen, biologischen Dünger laut Gebrauchsanweisung auf der Flasche.
5. Kaufen Sie eine Flasche biologisches Insektenvernichtungsmittel[1] und wenden Sie dieses bei einer Schädlingsattacke laut Gebrauchsanweisung an.

Wenn Sie sich an diese fünf Dinge halten, sollten Sie ein großartiges erstes Erlebnis mit Ihrem Garten haben. Ignorieren Sie alles andere, was wir gesagt haben, bis Sie diese fünf Schritte beherrschen. Sie schaffen es!

---

1 Eine sehr gute Methode zur biologischen Schädlingsbekämpfung ist die "Homöopathie für Pflanzen" (siehe Anhang S. 252)

3

HAT ES IN IHREM GARTEN GERADE GEGACKERT?

Hühner in der Vorstadt – sind wir verrückt? Nun ja, vielleicht, aber nicht aufgrund der Tiere, die wir halten. Sie können eine ruhige, saubere Schar Hühner in Ihrem Garten halten. In diesem Kapitel erzählen wir Ihnen alles, was Sie wissen müssen, um dieses dankbare – und überraschend entspannende und unterhaltsame – Vorhaben anzugehen.

Der perfekte Kamerad für den Garten

DEANNA Der Inhaber der Tierhandlung hat mir vor Kurzem begeistert erzählt, dass er immer mehr Küken ordern muss, da er jedes Jahr mehr verkauft. Was ihn am meisten erstaunt hat, war die Tatsache, dass die neuen Käufer alles junge Paare waren! Es scheint, dass Hühnerhaltung der neue Trend ist. Aber warum? Ich habe da mehrere Hypothesen:

1. *Eier:* In den Nachrichten tauchen immer wieder neue Skandale zur konventionellen Hühnerhaltung auf. Zudem fangen die Leute an zu begreifen, dass Eier von freilaufenden Hühnern besser schmecken. Leider kosten ein Dutzend Bio-Eier mehr als ein Huhn!

2. *Müllbeseitigung:* Wie in Kapitel eins angeführt, kann ein einzelnes Huhn über hundert Kilogramm an Essensresten vertilgen, zudem Reste, die wir als nicht essbar einstufen würden (Schalen, Rinde und Stiele). Dadurch bekommen wir beinahe kostenlose Eier (wenn die Hühner unsere Abfälle essen, müssen wir weniger Futter kaufen), einen weniger stinkenden Mülleimer und kleinere Müllberge.

3. *Biologische Schädlingsbekämpfung und Dünger:* Hühner essen Ungeziefer. Sie sind keine Vegetarier, außer unter streng kontrollierten Bedingungen (wie bei kommerziell gehaltenen Hühnern, die *nie* nach draußen kommen). Wenn Hühner die Wahl haben, essen sie jedes Kleintier im Garten. Keine Spinne, kein Käfer oder Wurm wird es überleben. Wenn alle oberirdischen kleinen Viecher verschwunden sind, scharren die Hühner in der Erde und spüren alles auf, was sich in der Erde versteckt. Und Hühner hinterlassen kostenlosen Dünger für den Rasen. Im Gegensatz zu Hundehaufen müssen Hühnerhinterlassenschaften nicht vergraben werden. Hühnermist ist sogar eine willkommene Zutat für Ihren Komposthaufen. Hühnerkot wird als „Aktivator" angesehen, das bedeutet, er regt die Mikroben dazu an, den Abfall im Komposthaufen umzuwandeln.

4. *Selbstversorgung:* Die letzte Wirtschaftskrise hat die Leute beunruhigt, da sie ihnen gezeigt hat, wie hilflos sie wären, wenn unsere Wirtschaft ganz zusammenbrechen würde. Einige Hühner und ein kleiner Garten bieten Ihnen die nötigen Fertigkeiten, um sich selbst zu versorgen, und Sicherheit, die mit dem Wissen einhergeht, dass Sie nicht vollständig vom Supermarkt abhängig sind.

5. *Unterhaltsame, pflegeleichte Haustiere:* Nichts ist so entspannend, wie den Hühnern beim Picken im Garten zuzusehen. Für meine Familie ist das Beobachten der Tiere so unterhaltsam wie Fernsehen. Wir haben vierundzwanzig Stunden lang Zugang zu unseren Hühner- und Ziegen-"Kanälen" und sie sind jederzeit auf Sendung.

Hühner zu halten ist zudem nicht wie einen Hund oder eine Katze zu halten. Es gibt selten Tierarztbesuche oder behandlungsbedürftige Krankheiten, sie müssen nicht ins Haus und aus dem Haus gelassen werden, man muss nicht mit ihnen Gassi gehen, sie brauchen keine besondere Behandlung im Sommer oder im Winter. Sie gehen abends von allein ins Bett und wollen oft nicht einmal hineingehen, wenn es regnet. (Entgegen dem sprichwörtlichen wasserscheuen Huhn sind sie es nach meiner Erfahrung nur, wenn sie ins Wasser geworfen werden. Regen ist gut, er treibt die Regenwürmer raus.)

6. *Bildungsaspekt:* Je weiter wir uns von der Nahrungsproduktion entfernen, umso mehr verlieren wir den Bezug zu unserer Welt. Ein Huhn aufwachsen zu lassen und sich um es zu kümmern, während es für unser Frühstück sorgt, ist sehr lehrreich. Meine Kinder haben allein durch unsere Hühner und Ziegen so viel über die Natur gelernt.

Es gibt einen wesentlichen Unterschied zwischen der Haltung von Nutztieren und Haustieren. Nutztiere werden Sie anders betrachten und sich mehr für die Rolle interessieren, die sie in Ihrem Leben spielen und für die ganzen Details, die damit zusammenhängen.

Gängige Mythen zu Hühnern

DAISY Früher hatte jeder ein paar gackernde Hühner im Garten. Sehen Sie sich alte Fotos an. Als ich mit der Hühnerhaltung anfing, bemerkte ich sie plötzlich an Plätzen, an denen ich sie zuvor gar nicht wahrgenommen hatte – auf alten Schwarz-Weiß-Fotos. Auf vielen alten Bildern sind Hühner im Hintergrund zu erkennen. Die Menschen auf den Bildern schenken ihnen nicht die geringste Beachtung. Sie stehen neben einer Pferdekutsche, sitzen auf einer Veranda oder stehen vor dem Tante-Emma-Laden. Verstreut gehen ein paar Hühner oder der gelegentliche Hahn ihren

eigenen Geschäften nach, eingebettet in das tägliche Leben, auch in der Stadt. Heute ist es anders. Unser selbstverständliches Zusammenleben mit Hausgeflügel gibt es nicht mehr, und Hühner zu halten wirkt verschroben. Heute haben die Leute viele Fragen zu Hühnern und wundern sich über Dinge, die die Menschen früher einfach durch das Beobachten ihrer Umgebung gelernt haben. Es ist verständlich, dass wir Bedarf an grundlegenden Informationen haben. Unsere Uromas würden über unser Unwissen gelacht haben, aber das macht nichts. Wir können dafür E-Mails verschicken.

Nachfolgend etwas Basiswissen zur Hühnerhaltung im 21. Jahrhundert:

MYTHOS NR. 1: HÜHNER GEHÖREN NUR AUF EINEN BAUERNHOF.
Stimmt nicht. Hühner leben seit Jahrtausenden mit den Menschen in Siedlungen zusammen. Erst in jüngster Zeit wurden Hühner auf den Bauernhof und in Legebatterien verbannt. Es ist ganz normal, eine kleine Schar zu halten, um die Familie mit eigenen Eiern zu versorgen, selbst wenn man nur einen kleinen Garten hat.

MYTHOS NR. 2: DAMIT DIE HÜHNER EIER LEGEN, MUSS MAN EINEN HAHN HALTEN.
Gar nicht wahr. Die Produktion von Eiern (der Eisprung) findet unabhängig von der Anwesenheit eines Hahns statt. Einen Hahn braucht man nur, um die Eier zu befruchten, damit aus den Eiern Küken schlüpfen.

MYTHOS NR. 3: HÜHNER SIND DRECKIG UND STINKEN.
Zwar machen Hühner überall hin, wann es ihnen gerade danach ist, aber wenn Sie Ihre Hühner nicht ganz frei laufen lassen, wird der Mist sich auf das Hühnerhaus und ihren Auslauf beschränken. Das Hühnerhaus säubern Sie regelmäßig vom Hühnermist, damit er in Ihrem Komposthaufen (und

Gesetzliche Vorschriften zur Haltung von Hühnern in Wohngebieten

Daisy

Hühnerhaltung ist in Deutschland auch in reinen Wohngegenden generell ohne besondere Erlaubnis möglich, da Hühner als Kleintiere wie Kaninchen oder Meerschweinchen gelten. Allerdings muss das „Gebot der Rücksichtnahme" eingehalten werden und das Ausmaß der Haltung sich im privaten Rahmen bewegen. Eine Haltung von bis zu einem Hahn und zwanzig Hennen gilt dabei als angemessen für eine private Hühnerhaltung.

Das Halten von Hühnern bzw. die Errichtung eines Stalls ist der Baunutzungsverordnung unterlegen. Kleine, versetzbare Hühnerställe können ohne behördliche Baugenehmigung eingesetzt werden. Bei einem festen Hühnerstall müssen die Maßgaben des öffentlichen Baurechts beachten werden, die je nach Bundesland verschieden sind. Fragen Sie beim örtlichen Bauamt nach, ab welchem Umfang der Bau genehmigt werden muss und inwieweit dabei auch die Rechte der Nachbarn zu berücksichtigen sind, zum Beispiel Abstandsregelungen. Wir empfehlen, dass Sie sich erst informieren, bevor Sie sich bei der Behörde nach Einzelheiten erkundigen. Informiert zu sein macht die Unterhaltung weniger einseitig. Sie müssen dem jeweiligen Beamten nicht gleich eine Anfahrtsskizze zu Ihrem Gehege zukommen lassen. Erkundigen Sie sich höflich, nachdem Sie sich informiert haben.

Eine Sonderregelung betrifft Kleingärten, in diesen ist die Tierhaltung nämlich erst einmal grundsätzlich verboten. Es kann aber auch sein, dass die Vereinssatzung oder die Nutzungsordnung des Kleingartenvereins die Hühnerhaltung erlaubt. Wenn nicht, müssen Sie mit dem Vereinsvorstand klären, ob eine Hühnerhaltung ausnahmsweise zulässig wäre. Vielleicht finden Sie auch genügend Mitstreitende im Verein, um eine Satzungsänderung herbeizuführen.

später im Garten) Wunder wirken kann. Ein sauber gehaltenes Hühnerhaus riecht wenig oder gar nicht und kann mit alter Katzenstreu überhaupt nicht mithalten.

MYTHOS NR. 4: HÜHNER WECKEN DIE NACHBARSCHAFT AUF.
Die großen Krachmacher sind die Hähne. Sie krähen, und die meisten privat gehaltenen Hennen kommen ohne Hahn aus. Eine Henne gackert, um das Legen eines Eis zu verkünden, um sich zu beschweren, dass eine andere Henne ihr bevorzugtes Legenest besetzt hat oder wenn sie aufgeschreckt wird, aber das leise „gack-gack" ist nichts im Vergleich zu einem bellenden Hund, dem Heulen eines Laubsaugers oder einem Teenager mit einem neuen Schlagzeug. Es ist ein kurzes Gackern, und da Hühner von der Abend- bis zur Morgen-

dämmerung friedlich schlafen, werden sie niemanden bei der Nachtruhe stören.

MYTHOS NR. 5: HÜHNER ÜBERTRAGEN DIE VOGELGRIPPE UND ANDERE KRANKHEITEN.
Die Vogelgrippe trat nie bei heimischen Beständen auf. Experten sehen in der vermehrten Hühnerhaltung durch Haushalte sogar eine Antwort auf die Gefahr, die von Krankheiten wie der Vogelgrippe ausgeht, da diese durch die Bedingungen in überbelegten Geflügelfabriken noch gefördert werden.

Zur Vorbeugung gegen andere Krankheiten wie Salmonellen (die bei Hühnerhaltung in Privathaushalten übrigens sehr selten vorkommen), waschen Sie sich einfach gründlich die Hände, nachdem Sie die Hühner versorgt und das Hühnerhaus gereinigt haben.

Was Sie über Hühnerhaltung im städtischen Bereich wissen sollten

DEANNA Wir halten kleine Herden ohne Hahn, daher treten viele klassische Probleme der Hühnerhaltung, wie Lärm oder Gestank, bei uns nicht auf. (Hähne sind laut, Hennen dagegen ziemlich ruhig. Viele Hühner auf einem Haufen produzieren viel Mist. Ein paar wenige Hennen werden nicht genug Mist produzieren, um großartig zu stinken.)

Allerdings haben wir dafür andere Probleme. Die drei Hauptprobleme bei der Hühnerhaltung im städtischen Bereich sind:

1. Raubtiere
2. Hühnermist
3. Nachbarn

RAUBTIERE

Wilde Raubtiere: Wir halten unsere Hühner zwar nicht wegen des Fleisches, aber jeder weiß, dass Hühnchen lecker schmecken. Füchse, Marder und Falken wissen das auch. Und diese wilden Tiere sind auch im städtischen Bereich oft nicht weit entfernt. Raubtiere lassen sich auf zwei Arten fernhalten: durch gute Zäune und durch Wachtiere.

1. Gute Zäune: In Daisys Gegend gibt es viele Falken und Waschbären. Daher hat sie das Hühnerhaus und das Hühnergehege abgedeckt und mit starken Zäunen gesichert. Raubtiere können sich nicht darunter durchgraben, nicht hineinfliegen und es nicht durchbrechen.

Was bedeutet „freilaufend"?

Freilaufend ist einer dieser Begriffe, die jeder verwendet, von denen aber kaum einer wirklich weiß, was dahinter steht. Ich mache da keine Ausnahme. Wörtlich genommen bedeutet es, dass Sie eine riesige Fläche haben, keinen Zaun, und dass die Hühner in einer Schar umherziehen, wie es ihnen gefällt. Aber in so einer Lage befindet sich fast keiner, und wenn es so ist, dann haben diejenigen vermutlich jeden Tag weniger Hühner, aufgrund der Füchse. Weidehaltung ist das Codewort, nach dem Sie suchen müssen. Ignorieren Sie freilaufend. Weidehaltung bedeutet, dass ein beachtlicher Anteil der Nahrung der Hühner von ihnen selbst draußen zusammengesucht wird, in Form von Gras und Insekten, ob sie in einem Gehege gehalten werden oder nicht. Auch Hühner in einem sehr kleinen Gehege können in Weidehaltung gehalten werden, wenn das Gehege alle paar Tage verstellt wird. Hühner in einem riesigen Gehege können nicht in Weidehaltung gehalten werden, wenn sie nicht auf Futtersuche gehen können. Theoretisch werden meine Hühner ungefähr das halbe Jahr auf der Weide gehalten. In einigen Monaten können sie die Grasflächen frei absuchen, in anderen Monaten sind sie auf bestimmte Bereiche beschränkt. Das hängt vom Stand meines Gartens ab und der Fähigkeit meiner Kinder, die Gatter zu schließen. In der anderen Hälfte des Jahres ist das Gras im Hühnergehege abgepickt, die Insekten sind alle tot, die Kinder spielen nicht draußen und lassen sie dadurch nicht so oft frei und die Hühner leben von Hühnerfutter und Küchenabfällen.

2. Wachtiere: Meine Zwergziegen leben mit meinen Hühnern zusammen. Zwergziegen sind groß genug, dass Marder oder Füchse sie kaum angehen werden. In all den Jahren, in denen ich Hühner halte, fand die einzige Attacke eines Raubtiers, die ich je erlebt habe, statt, als die Ziegen bei einem Ziegenbock übernachtet haben ... einen Monat lang. Die Weide hatte ihre Blätter abgeworfen, die das Gehege normalerweise verdecken, und die hundegroßen Gestalten (meine Ziegen) waren nirgends zu entdecken. Der Jäger hat ungefähr zwei Wochen gebraucht, um festzustellen, dass die Lage so sicher war, dass er angreifen konnte.

Zahme Raubtiere: Egal, wie oft Ihr Nachbar Ihnen versichert, dass sein freilaufender Hund Ihren Hühnern nie eine Feder krümmen würde, wenn der Hund nicht ein ausgemachter Idiot ist, wird er irgendwann herausfinden, wie er an die Hühner herankommt. Es kann ein paar Tage dauern oder Wochen oder auch Jahre. Nach unserer Erfahrung ist es nur eine Frage der Zeit, außer der Hund gehört einer Rasse an, die zur Bewachung von Hühnern gezüchtet wurde.

Auch wenn Hunde als Gefährten des Menschen gezüchtet wurden, sind es immer noch Raubtiere, die für die Jagd geboren sind. Ihr Instinkt treibt sie dazu, leicht erreichbare Beute wie Hühner zu jagen ... oder zumindest ihr Revier gegen diese seltsamen geflügelten Bestien zu verteidigen.

Wir städtischen Hühnerhalter können zwar dem Angriff von Falken oder Mardern erfolgreich vorbeugen, aber wenn Bello von nebenan das Problem ist, ist der Frieden in der Nachbarschaft dahin. Sorgen Sie daher für *gute* Zäune. Als eines meiner Hühnchen sich dummerweise in den Hof des Wolfshunds von nebenan durchgezwängt hatte, wusste ich, dass der Hund nichts dafür konnte, dass das Hühnchen nie wieder kam. Und wenn der Hund es je auf unsere Seite schafft, dann weiß ich, dass ich einen besseren Zaun errichten muss, anstatt meinen Nachbarn den Krieg zu erklären.

HÜHNERMIST

Das Problem mit Hühnerkot im städtischen Bereich ist nicht die Menge, wie auf einem Bauernhof, sondern der Ort. Hühner machen wahllos überall hin. Sie machen in ihr Trinkwasser, ihr Futter, ihre Nester, überallhin. Das ist kein großes Problem, wenn man nur sieben Hühner in einem gut gesicherten Gehege hält (wie Daisy es tut). Aber wenn die Hühner frei herumlaufen dürfen und auf die Veranda machen, die Treppen, den Grill – dann ist es ein Problem. Meine Hühner waren „freilaufend" innerhalb meines Gartens. Und sie brauchten nicht lange, um festzustellen, dass die Frau mit dem Essen durch die Hintertür kam. Egal, an welcher Stelle im Garten ich sie fütterte, sie kauerten vor der Hintertür, kackten über die ganze Veranda und warteten darauf, dass ich mit dem Futter herauskam. Mein Mann hasst Hühnerscheiße auf der Veranda. Daher haben die Hühner jetzt ihren eigenen Garten – einen Bereich, der mit Maschendraht eingezäunt ist, sodass sie überall hinmachen können, ohne jemand zu stören. Vergessen Sie nicht, dass ein Huhn jeden Platz als Toilette betrachtet, den es erreichen kann. Wenn Sie keinen Hühnerdreck auf Ihrer Terrasse mögen, finden Sie einen Weg, Ihre Hühner von dort fernzuhalten.

DIE MENSCHEN NEBENAN

Hühnerhaltung ist unter bestimmten gesetzlichen Auflagen erlaubt. Bundesweit ist die Haltung von Hühnern und damit verbunden die Anlage für ihre Haltung der Baunutzungsverordnung unterlegen. Da Hühner als Kleintiere gelten, bedarf es aber auch bei der Haltung in reinen Wohngebieten keiner Genehmigung, sofern das „Gebot der Rücksichtnahme" eingehalten und das Ausmaß der Haltung sich im privaten Rahmen bewegt. Zudem müssen Hühner, die im heimischen Garten gehalten werden, dem zuständigen Veterinäramt und der Tierseuchenkasse gemeldet und alle drei Monate gegen die Newcastle-Krankheit (Geflügelpest) geimpft werden. Die Impfung geschieht meist über das Trinkwasser und ist sehr einfach durchzuführen. Verenden innerhalb von vierundzwanzig Stunden mindestens drei Hühner (bei der Haltung von weniger als hundert Hühnern), so ist unverzüglich ein Tierarzt zu rufen, um eine Vogelgrippe auszuschließen. Unter Umständen müssen die Hühner auch gegen Salmonellen geimpft werden. Beim zuständigen Bauamt können Sie abklären, ob und welche Genehmigungen für Ihre Hühnerhaltung notwendig sind. Für eine freundliche Behandlung und die baurechtliche Genehmigung zur Errichtung Ihres Geheges, und die Vermeidung von Nachbarschaftsklagen ist es immer ratsam, wenn Ihre Nachbarn keine Beschwerden gegen

Tipps von privaten Hühnerhaltern

Auf unserer Website, littlehouseinthe-suburbs.com, und unter unseren Freunden, die ebenfalls Hühner halten, wird viel darüber diskutiert, wie es wirklich ist, Hühner zu halten. Wir dachten, es wäre sinnvoll, einige dieser Diskussionen hier mitzuteilen, damit Sie erfahren, was diejenigen beschäftigt, die in ihrem Garten Hühner gehalten und es überlebt haben. Ihre Geschichten, in ihren eigenen Worten, sind über die Seiten dieses Kapitels verteilt. Hier ist eine Geschichte von Lara: „Insgesamt war die Erfahrung, Hühner zu halten, unterhaltsam, verrückt, haarsträubend (Falken, Schlangen, Eulen, oh je!) und meditativ. Einmal die Woche frage ich mich, „Was zum Teufel machen vier Hühner in meinem Garten?".

Was bedeutet „Straight Run"?

Straight run ist ein Begriff, der für Hühner verwendet wird, die nicht nach Geschlecht getrennt wurden. Bauern bestellen oft nur Hennen, nur Hähne oder eine gemischte Charge mit beiden Geschlechtern. Die gemischte Charge wird Straight run genannt.

Straight-run-Chargen sind gut für Fleischrassen (Wen kümmert es, ob sie Eier legen oder nicht, oder?), für die Zucht spezieller Rassen und für Leute, die ihre Herde selbst vermehren bzw. nachzüchten möchten. Aber für die meisten privaten Hühnerhalter sind Straight-run-Chargen keine gute Idee. Hähne, wie die meisten männlichen Nutztiere, sind laut, aggressiv, bewaffnet und ihr Sexualtrieb wird von einer winzigen Schar Hennen nicht befriedigt.

Aber wie können die Züchter sie unterscheiden? Bei den meisten Rassen habe ich schlicht keine Ahnung. Glücksbringer? Voodoo? Kristallkugel? Aber von meiner Lieblingsrasse weiß ich, dass sie anhand der Farbe unterschieden werden. Beim Schlüpfen haben die Jungen eine andere Farbe als die Mädchen.

Sie einreichen. Und da die Häuser in Wohngegenden in der Regel eng beieinanderstehen, sind wohlgesinnte Nachbarn eine Voraussetzung für eine funktionierende Hühnerhaltung. Wenn neben Ihnen ein übellauniger Wichtigtuer wohnt, sind Hühner vielleicht nichts für Sie. Aber machen Sie sich keine Sorgen: Wenn Sie sich Hühner anschaffen und Probleme auftreten, können Sie sie im Internet zum Verkauf (oder zum Verschenken) anbieten und Sie werden sie am selben Nachmittag los sein. Kaufen Sie aber keine seltene, teure Rasse und kein teures, dauerhaftes Hühnerhaus, wenn Sie sich nicht sicher sind, dass die Hühner lange bei Ihnen bleiben werden.

Wie Sie an Küken kommen

DEANNA Küken kosten ungefähr so viel wie zwei Liter Milch im Supermarkt. Aber wie kommen Sie an Ihre Hühner? Nun, da gibt es verschiedene Möglichkeiten:

BESTELLUNG PER KATALOG ODER ÜBER DAS INTERNET

Das hat Daisy gemacht. Bei manchen Unternehmen gibt es keine Mindestbestellmenge. Wenn Sie bei einem größeren Geflügelzüchter bestellen, müssen Sie oft mindestens fünfundzwanzig oder mehr Küken kaufen! Da sollten Sie sich ein paar Freunde suchen, mit denen Sie die Küken teilen können. Der Vorteil (oder Nachteil, wenn Sie sich nicht entscheiden können) bei einer Bestellung per Katalog oder über das Internet ist, dass Sie eine unbegrenzte Anzahl verschiedener Rassen zur Auswahl haben. Babyküken werden im Alter von einem Tag verschickt. Es gibt da ein magisches Zeitfenster, währenddessen die Küken ohne Futter und Wasser auskommen und auf die Reise geschickt werden können. Eine Alternative ist das

EIGENE AUSBRÜTEN

Sie können sich auch befruchtete Eier vom Bauernhof besorgen, wenn Sie möchten. Das ist die billigste Art, an Küken zu kommen, aber auch die am häufigsten mit Enttäuschung verbundene.

Kennen Sie das Sprichwort „Zähl deine Küken nicht, bevor sie geschlüpft sind?" Das gilt besonders für daheim ausgebrütete Küken. Wenn Sie keinen Brutkasten und keine Wärmelampe haben, wird Ihr Erfolg bescheiden sein. Und die Blindgänger S-T-I-N-K-E-N. (Kennen Sie das Buch *Charlotte's Web*?)

Zudem können Sie nicht sicher sein, dass es Hennen werden. Wenn sie zu Hähnen herangewachsen sind, sind sie laut und wehrhaft und können nur schwer eingefangen werden. Wenn Sie also nicht sicher sind, das Geschlecht bei Küken unterscheiden zu können (oder jemanden kennen, der es kann), würde ich nicht dazu raten, Küken daheim auszubrüten.

Suchen auf Online-Portalen. Dort können Sie nach Küken in Ihrer Gegend suchen und nur so viele kaufen, wie Sie auch haben wollen. Ich habe meine Küken über craigslist. org gefunden. Eine Familie in Mississippi hatte beim Online-Händler fünfundzwanzig Küken von genau der Rasse bestellt, die ich haben wollte. Ich habe meine Küken für vier Dollar das Stück bekommen und musste nur vier kaufen.

TIERHANDLUNG/ZÜCHTER

Wenn es bei Ihnen in der Gegend einen Geflügelzüchter oder eine größere Tierhandlung gibt, werden sie ein- bis zweimal im Jahr eine Ladung Küken bestellen. Sie können Ihre Küken in der Regel kurz vor Ostern bekommen. Und wenn Sie sich mit den Züchtern oder Händlern anfreunden, oder im Voraus bezahlen, werden sie Ihnen oft die Rasse bestellen, die Sie wollen, Sie werden aber eventuell nur zwischen einigen Rassen wählen können. Oder Sie warten ab, was sie für Rassen bestellen. Denken Sie aber daran, dass Tierhandlungen sowohl Hühner bestellen, die eine gute Legeleistung haben, als auch Rassen, die viel Fleisch ansetzen. Fleischrassen sind nicht unbedingt gute Eierleger. Fragen Sie nach, welche Rassen sie sich liefern lassen und für was die Rassen gezüchtet wurden (Eier oder Fleisch).[1]

---

1 Eierproduzenten – Legehennenhalter verkaufen zu bestimmten Jahreszeiten ihre Einjährigen Legehennen zu kleinen Preisen.

> „Wir haben vor sechs Jahren angefangen, Hühner zu halten. Was mich am meisten überrascht hat, war: Wie einfach es war, sie zu halten, wie viel Spaß man an ihnen haben kann, wie ausgeprägt die verschiedenen Persönlichkeiten sein können, und vor allem, wie entspannend sie wirken können. Ich liebe es, dazusitzen und ihnen dabei zuzusehen, wie sie scharren und in ihrem Gehege herumglucken. Es ist besser als ein Aquarium."
> — AUDRA, BLOGLESERIN

ZWERG HOUDAN WEISS

SEIDENHÜHNER

Eine Rasse auswählen

DAISY Wie Ziegen, Kühe, Katzen und Hunde gehören auch Hühner zu den Haustieren, mit deren genetischem Potenzial die Menschen seit Jahrhunderten herumspielen. Das Ergebnis ist eine unglaubliche Vielfalt verschiedener Merkmale, einschließlich blauer Hühner und Hühner mit gefiederten Füßen und ausgefallenen Pilzköpfen. Als ich mich endlich dazu durchgerungen hatte, mir Hühner zuzulegen, war ich sehr nervös. Ich wollte sie so gern haben, aber es schien so schwierig zu sein – ein großer potenzieller Fehler. Und weil es meine Idee war, würde ein Misserfolg allein auf mich zurückfallen. Die richtige Rasse zu wählen, schien ein entscheidender Schritt auf dem Weg zum Erfolg zu sein. Ich habe unzählige Webseiten über Hühner gelesen, bis meine Augen glasig wurden und meine Schulter vom Rollen der Computermaus verkrampft war. Ich las eine Menge widersprüchlicher Informationen: *Rasse A ist sanft. Rasse A ist leicht erregbar. Rasse B ist laut. Rasse B ist ruhig.* Es hat locker ausgereicht, um einen verrückt zu machen.

Es muss aber nicht so kommen. Am Ende war ich mit meiner Wahl zufrieden. Ich vermute, dass ich mit jeder Rasse glücklich geworden wäre und dass meine Manie, die perfekte Rasse zu finden, unnötig war. Abgesehen von den Eigenschaften der Rasse hat jede Henne ihre eigene Persönlichkeit, und wenn Sie Ihre Hühner gut pflegen, werden sie sehr wahrscheinlich unabhängig von der Rasse gesund und glücklich sein.

Hier sind einige Merkmale, die Sie bei der Entscheidung, welche Rasse die richtige für Sie ist, berücksichtigen können:
- Legeleistung
- an sehr heiße Temperaturen angepasst
- an sehr kalte Temperaturen angepasst
- Farbe der Eier (weiß, braun, dunkelbraun, bläulich/grünlich)
- Temperament (sanft, scheu, lebhaft, zutraulich)
- Lärmpegel (es sind allerdings alles Hennen, daher ist dieser Punkt nicht so wichtig)
- Aussehen
- Größe
- Alter der Rasse

PLYMOUTH ROCK

AUSTRALORPS

Verdeutlichen Sie sich bei Ihrem Entscheidungsprozess als Erstes die Gründe, warum Sie überhaupt Hühner halten wollen. Möchten Sie in erster Linie die Eierkartons befüllen? Brauchen Sie Vögel, die ein Wüstenklima oder ein Hochgebirgsklima aushalten? Wollen Sie Hühner mit schillerndem Gefieder oder ist Ihnen das Temperament am wichtigsten? Vielleicht wollen Sie einen Beitrag zur Erhaltung alter Rassen leisten?

Wo Sie Ihre Hühner kaufen, wird darüber entscheiden, zwischen welchen Rassen Sie wählen können. Wenn Sie Ihre Hühner beim Futtermittelhandel kaufen, werden Sie meist nur zwischen einigen gängigen Rassen wählen können. Fragen Sie den Inhaber, welche Rassen er im Frühjahr ordern wird und informieren Sie sich vorher über diese.

Wenn Sie Ihre Herde bei einem Züchter bestellen, werden Sie vermutlich zwischen allen nur denkbaren Rassen wählen können.

Behalten Sie Ihre Anforderungen im Hinterkopf, informieren Sie sich und erstellen Sie dann eine Liste. Das Internet bietet eine ungeheure Fülle an Informati-

Alte Rassen

Deanna Wie auch bei Hunden gibt es Vereine, die die Merkmale von Rassen genau festgelegt haben. Einige Rassen sind neu. Einige Rassen sind alt. Einige sind rein. Einige sind Mischrassen. Aber bei Hühnern stehen alte Rassen normalerweise für eine Hühnerrasse aus der Zeit vor 1950. Sie werden sich durch ein eher langsames Wachstum auszeichnen, werden auf natürliche Weise vermehrt und sind genetisch dafür vorgesehen, ein langes Leben in Freilandhaltung zu führen. Im Gegensatz dazu leben Fabrikhühner nur kurze Zeit, sind nicht für Freilandhaltung geeignet und in acht Wochen auf ihr Schlachtgewicht herangewachsen.

Alte Hühnerrassen sind oft vom Aussterben bedroht, historisch bedeutsam und gedeihen gut bei Weidehaltung. Sie brauchen mindestens sechzehn Wochen, bis sie ihr Schlachtgewicht erreicht haben. Sie sehen auch viel hübscher aus.

ROTE HYBRIDEN

ORPINGTONS

onen zu den Eigenschaften der verschiedenen Rassen. Auch in der Bücherei oder im Buchhandel werden Sie Bücher finden, die sich nur mit der Aufzucht von Hühnern beschäftigen, und auch in diesen finden sich Informationen zu den Rassemerkmalen. Werfen Sie einen Blick auf unsere *Nützliche Informationen für private Hühnerhalter* im Anhang für Ideen, wo Sie mit der Suche anfangen können. Informieren Sie sich, aber übertreiben Sie es nicht.

LEGEHÜHNER
Ich kann mit aufgeputzten Hühnern nichts anfangen. Ich finde sie zwar hübsch, aber ich möchte Vögel, die beinahe jeden Tag ein großes Ei legen und nicht mit dem Schnabel nach meinen Kindern hacken, wenn sie umarmt werden. Überzüchtete Rassen lassen es normalerweise an der einen oder der anderen dieser Eigenschaften fehlen. Wenn Sie also auf die gleichen Dinge Wert legen wie ich, dann sind Sie mit den folgenden Rassen gut beraten:

Hybridhühner: Alle Hühnerfarmer, die ich kenne, (im Südosten der USA) sagen, dass Red oder Black Stars die beständigsten Legehühner sind. Meine sind gesund, kräftig und legen im ersten Jahr jeden Tag ein Ei. Sie sind gut gelaunt, billig und Sie werden sie schnell wieder los, wenn Sie keine Hühner mehr wollen. Ich werde auf keine anderen Hühner umsteigen.

Orpingtons und Australorps: Daisy hat beide Rassen und liebt sie. Ich habe Orpingtons, aber sie legen noch nicht. Obwohl sie nicht teuer und sicherlich hübscher sind, kann es sein, dass Orpingtons und Australorps nicht so viele Eier legen wie die Red oder Black Stars, aber sie wer-den dennoch an den meisten Tagen in der Woche ein Ei legen. Orpingtons sind gutmütig, und wenn Sie fluffige gelbe Hühner mit Unterhaltungswert suchen, lassen sich Orpingtons leicht zu „Schoßhühnchen" trainieren.

Rhodeländer und Plymouth Rocks: Diese altmodischen Favoriten sind hübsch anzusehen und scheinen so zuverlässige Eierleger zu sein wie die Orpingtons und Australorps. Plymouth Rock hatte ich nie, aber ich habe Gutes über sie gehört. Meine Rhodeländer sind gute Legehühner und

RHODELÄNDER

Grundlagen der Pflege und Fütterung

PHASE EINS: DIE ERSTEN SECHS WOCHEN

DEANNA Bei Babyküken gibt es diesen magischen kleinen Zeitraum, in dem sie kein Futter und kein Wasser benötigen und sich auf die Reise machen können. Wenn sie bei Ihnen zu Hause angekommen sind, benötigen Sie Folgendes:

- einen großen Karton
- Zeitung, um den Karton damit auszulegen
- eine Lampe als Wärmequelle
- flache Behälter oder Futternäpfe für Futter und Wasser
- Aufzuchtfuttermittel für Hühner
- Wasser

Woran Sie denken müssen:
- Die Küken können draußen oder nachts nicht ohne Wärmelampe bleiben, wenn die Temperatur nicht mindestens 21 Grad beträgt.
- Futter und Wasser sollten immer im Karton zur Verfügung stehen, damit die Küken jederzeit essen und trinken können.
- Die Küken können und werden in alles hineinkacken, was Sie in den Karton stellen, einschließlich spezieller Futter- und Wasserbehälter für Geflügel. Wenn Sie spezielle Futter- und Wasserbehälter benutzen, wird weniger Kot im Futter und Wasser landen als bei einer normalen Schüssel.
- Küken verschlucken sich leicht und ersticken daran. Wenn Sie ihnen Schrot oder anderes Tierfutter geben, werden sie damit klarkommen, wenn die einzelnen Teile klein genug sind und in der Größe ähnlich wie beim

robuste Tiere, aber im Vergleich zu den Red Stars legen sie kleine Eier, obwohl diese in der Farbe ähnlich sind (etwas heller als die Eier der Rhodeländer). Wenn Sie lieber Eier der Größe M mögen, dann sind Rhodeländer die richtige Rasse für Sie.

Als robuste Legehühner sind in Deutschland auch die *weißen Leghorns* weit verbreitet. Die silberfarbigen, schwarzen und rebhuhnfarbenen *Italiener* waren früher auf vielen Bauernhöfen vertreten und sind ebenfalls gute Eierleger. Alte Landhuhnrassen, die optisch hübsch sind und zu den Zwiehühnern zählen (Hühner, die sowohl Eier legen als auch einen guten Braten abgeben), sind zudem noch *New Hampshire, Vorwerk* und *Sussex*. Fast alle Hühnerrassen gibt es übrigens auch als Zwergrasse!

Aufzuchtmittel. Trockene Maiskörner oder zerkleinerte Maiskolben sind viel zu groß für kleine Küken. Wenn Sie nur Maiskörner haben, dann zerkleinern Sie sie in einer Kaffeemühle und sieben Sie sie, bevor Sie sie verfüttern. Vergessen Sie nicht, dass es so etwas wie ein schlaues Küken nicht gibt. Sie essen durchaus auch etwas, was sie gar nicht hinunterschlucken können.

PHASE ZWEI: SECHS BIS ZWANZIG WOCHEN

Die Küken werden schließlich groß genug, um aus der Kiste zu hüpfen. Wenn sie diese Phase erreicht haben, läuft alles weiter wie bisher, nur dass Sie den Karton mit einem festen Tuch oder etwas Ähnlichem abdecken oder einen Karton mit höheren Seitenwänden besorgen müssen. Sie können vom Aufzuchtfuttermittel auf ein spezielles Futtermittel für Junghühner umsteigen, wir haben es allerdings nie getan. Wir haben in der Regel noch zu viel Aufzuchtfuttermittel herumliegen.Wenn die Küken aus einer niedrigen Kiste ohne Deckel herauskommen können, halten Daisy und ich sie lieber in einem Hundezwinger als in einer speziellen Vorrichtung zur Hühneraufzucht. Nehmen Sie kleine Zwinger für kleine Küken und größere Drahtzwinger

für Junghühner. Ich lasse meine Küken auch gern raus, damit meine Kinder mit ihnen spielen können. Ich habe ein Kindergitter, das ich vor Jahren gekauft habe, um meine Weihnachtsbäume vor neugierigen kleinen Christbaumkugelzerstörern zu schützen, und das Gitter lässt sich als Rechteck zusammenstecken. Das stelle ich in den Hof und den Hundezwinger hinein und lasse die Küken und meine Kinder bei gutem Wetter den ganzen Tag spielen. Wenn die Temperatur nachts nicht unter 21 Grad sinkt, bringe ich die Küken nicht mehr in die Garage, sondern lasse sie im verriegelten Hundezwinger schlafen.

PHASE DREI: ZWANZIG WOCHEN

Im Alter von ungefähr zwanzig Wochen werden Ihre Hühner beinahe ihre volle Größe erreicht haben, aber noch keine Eier legen. In dieser Phase benötigen sie:
• Futter
• Wasser

- eine dunkle Ecke, in der sie sich verstecken können
- Schutz vor Raubtieren

Sie können sich für jede Methode oder
jede Art Stall entscheiden, um diese Anforderungen zu erfüllen. Hühner sind sehr
tolerante Wesen.

Ab dieser Phase habe ich zumindest einen provisorischen Stall für die Hühner,
wo sie über Nacht bleiben können. Mein
erster Hühnerstall war eine Hundehütte
mit einem Tunnel aus Maschendraht über
meinem Kindergitter. Ich habe auch schon
eine Seite des Tunnels aus Maschendraht
an die Hundehütte genagelt und die andere
am Boden befestigt. Funktionierte bestens.
Am Tag ließ ich die Hühner frei herumlaufen und in der Nacht hob ich die Ecke des
Tunnels an, um sie in die Hundehütte zu
lassen. Der „Stall", in den sie im Alter von
zwanzig Wochen ziehen, kann auch gleich
der Stall sein, in dem sie den Rest ihres
Lebens verbringen.

Erwachsene Hühner können Sie mit
den folgenden Dingen füttern:

- Trockenfutter oder Pellets, speziell für
  Legehühner. Die Pellets sind meist billiger und es wird weniger verschwen-
  det (im Tierhandel oder im Internet
  erhältlich).
- Eine Mischung aus *süßem Futter* (normales Futter mit zugesetzter Melasse)
  und Küchenabfällen (einschließlich
  Eierschalen). So füttere ich meine
  Hühner. Wir verfüttern ihnen alles
  außer Hühnchen, nicht, weil sie es
  nicht essen würden, sondern, wie ich

1. Legekrümel
2. Legepellets
3. Süßfutter
4. Körnermischung
   (Scratch)

schon einmal erwähnt habe, weil ich
es eklig finde.

- Zerkleinerte Maiskolben, die Sie im
  Tierfachhandel kaufen können, aber
  nur, wenn die Hühner viel davon
  bekommen und ihnen eine *große*
  Fläche zur Verfügung steht, um nach
  Würmern und Insekten zu picken.

67

PHASE VIER: AUSGEWACHSENE HÜHNER

Mit ungefähr achtzehn Wochen werden Ihre Hennen voll ausgewachsen sein und mit zwanzig bis zweiundzwanzig Wochen ihr erstes Ei legen. Wenn sie anfangen, Eier zu legen, brauchen sie noch ein paar andere Dinge.

- *Grit* ... auch Dreck genannt. Wenn Sie Ihre Hühner käfigähnlich halten und sie immer eingesperrt sind, dann müssen Sie Grit im Tierfachhandel kaufen, für den Muskelmagen der Hühner. (Die Steinchen im Grit bleiben im Kau- oder Muskelmagen der Hühner hängen und helfen ihnen, die aufgenommene Nahrung zu zerkleinern.) Wenn Sie freilaufende Hühner haben, genügt der normale Dreck aus Ihrem Garten.
- *Kalzium* brauchen sie nur, wenn die Eier weiche Schalen haben. Ich habe es nie für nötig befunden, vor allem nicht bei einer kleinen Schar mit Zugang zu Abfällen mit Eierschalen.
- *Wurmmittel* können Sie im Tierfachhandel oder online kaufen. Die übliche Methode ist, den Hühnern ein paar Mal im Jahr eine halbe Tablette pro Pfund zu verabreichen, aber viele Menschen sind mittlerweile der Ansicht, dass wahlloses Entwurmen unnötig ist.

Hühnersterblichkeit

DEANNA Hühner sind keine besonders intelligenten Tiere und ihr Mangel an Verstand führt häufig zu ihrem buchstäblichen Untergang.

Hühner sterben oft. Das ist eine Tatsache im Leben eines Hühnerhalters. Außer bei Daisy. Ihre Hühner leben in der „Gummizelle" der Hühnerheime. Fest eingezäunt, oben abgedeckt und Flucht ist unmöglich. Meine dagegen haben etwas Freiheit. Und aufgrund dieser Freiheit können sie auch eigene Entscheidungen treffen, die sich oft als verhängnisvoll erweisen. Kümmern Sie sich gut um Ihre Hühner, aber hängen Sie Ihr Herz auf keinen Fall zu sehr an sie. Sie werden Wege finden, ihren eigenen Untergang herbeizuführen. Hier kommen einige Beispiele meiner eigenen Hühnerschar.

FALL NR. 1: DAS KOPFLOSE HUHN

Ich halte meine Ziegen im selben Gehege wie meine Hühner. Die Ziegen halten potenzielle Hühnerjäger fern, wie Waschbä-

> „Ich war überrascht, wie einfach es ist, Hühner zu halten – viel einfacher, als Katzen, Hunde und Liebhaber! Abgesehen von dem wöchentlichen Sauberhalten des Hühnerhauses (was ungefähr zwanzig Minuten dauert), brauche ich keine fünf Minuten pro Tag, um die Hühner zu versorgen. Damit will ich aber nicht sagen, dass ich mich nur um die Hühner kümmere, wenn ich sie versorge. Sie sind unglaublich unterhaltsam, mit fantastischen Persönlichkeiten. Ich hatte die Hühner noch keine vierzehn Tage, als ich die Phrase benutzte 'Bitte hört auf, auf meinen Nerven herumzuhacken' und als Antwort ein empörtes 'Buhwark!' bekam."
> — LOUISA, BLOGLESERIN

Hühner, die beamen können

Deanna

Hühnermist ist für Gärtner so wertvoll wie Gold. Allerdings deponieren Hühner ihr Gold wahllos überall. Mein Mann kann Hinterlassenschaften auf unserer Veranda nicht ausstehen, daher sind meine Hühner im Gehege, meistens. Sie haben 550 von meinem 1.525 Quadratmeter großen Garten. Ich habe ihre Flügel gestutzt und sie hinter einen 1,5 Meter hohen Zaun gesperrt, aber wenn ich sie nicht im Hühnerhaus einsperre, entkommen sie dennoch. Offensichtlich haben sie die Fähigkeit zu beamen. Und ich schwöre, in der Sekunde nach ihrem Ausbruch stürmen sie schnurstracks auf meine Veranda. Ich habe alle Löcher gestopft. Ich habe jede Öffnung mit Ziegelsteinen versperrt. Ich habe sogar den unteren Rand des Zauns mit Betonblöcken gesichert. Die kleinen Teufel sind Meister der Flucht, dabei sind Hühner doch sonst so dumm. Irgendetwas musste ich übersehen haben. Neulich saß ich in meinem Garten und beobachtete die Hühner in ihrem Gehege wie ein Detektiv auf der Suche nach Hinweisen. Was hatte ich übersehen? Wo war die Öffnung? Nichts. Dann hörte ich meinen Mann aus dem Badezimmerfenster sagen: „Hier ist eine Ziege, die mich anstarrt." Dieses Fenster befindet sich 2,5 Meter über dem Boden! Wie konnte Sylvie da hinaufkommen?

Die untere Hälfte meines Hauses ist außen mit Ziegeln verkleidet, während die obere Hälfte normal verputzt ist. Wo die Ziegel und der Putz sich treffen, gibt es einen Absatz in der Breite eines Ziegelsteins. Ich sah, dass meine Ziege auf diesem Absatz stand. Aber wie war sie überhaupt da hochgekommen?, fragte ich mich. Und dann wurde mir klar, wenn die Ziege da hochkam, dann konnten die vermaledeiten Hühner das auch! Ich marschierte zurück zum Tiergehege, um das Puzzle zusammenzusetzen. Neben der Klimaanlage lag ein Haufen Betonblöcke. Die Tiere konnten diese Blöcke vom Boden aus erreichen. Von den Blöcken aus konnten sie den Absatz erreichen. Von dem Absatz … wohin konnten sie vom Absatz aus kommen? Dann sah ich es. Sie liefen den Absatz entlang bis zu dem halben Meter Zaun, der über den Absatz ragt. Die Ziegen können von dem schmalen Absatz aus nicht springen, aber ein Huhn kann. Ein kurzer Sprung oben auf den Zaun, ein unbeholfener Sprung 1,5 Meter tief in die Freiheit. Endlich hatte ich sie erwischt!

ren. Einmal waren meine Ziegen einen Monat nicht da, als ich sie decken ließ. Die Waschbären entschieden, dass es Zeit war, den Angriff zu wagen. Sie liefen rund um den Hühnerzaun herum und machten seltsame Geräusche, bis die Hühner es nicht mehr aushielten und ihre Köpfe heraussteckten, um einen Blick zu erhaschen. Schnapp. Kopfloses Huhn. Nun fasse ich keine toten Tiere an – sie jagen mir wirklich Angst ein. Als meine fünf Jahre alte Tochter hereinkam und weinte, weil Monty „ein großes Aua" auf ihrem Hals hatte, weigerte ich mich nachzuschauen. Aber Kinder wissen instinktiv, dass tote Dinge beerdigt werden sollten. Sie bettelte also, aber ich weigerte mich immer noch, zu gehen. Dann sagte sie, „Und was ist, wenn ich ein Handtuch über sie werfe? Kommst du dann?". In diesem Moment wusste ich, dass ich keine gute Mutter war. Mein Kind war stärker als ich. Aber ich konnte den Gedanken, das tote Huhn anzuschauen, immer noch nicht ertragen. Schließlich sagte ich: „Wenn du sie mit einem Handtuch abdeckst, dann kann ich wohl kommen." Zögernd schlich ich um die Ecke hinters Haus (wobei ich mich beschämenderweise zur Unterstützung an die Hand meiner Tochter klammerte), als ob

die arme Monty plötzlich hervorspringen und mich anfallen würde. Nach einigen Minuten neben dem abgedeckten Körper nahm ich schicksalsergeben das Handtuch weg. „Wo ist der Kopf?", fragte ich. An diesem Punkt hatte meine Tochter den Nervenzusammenbruch.

„Kopf!", schrie sie. „Wo ist der Kopf! Das Huhn hat keinen Kopf? Aaaaaaahhhh!"

Ups.

FALL NR. 2: HUHN GEGEN HUND
Eines meiner Orpington-Junghühner schlüpfte gern durch unseren Gartenzaun auf die Straße. Eigentlich machten das alle drei gern. Aber einmal schlüpfte ein dummes Huhn in den Garten unseres Nachbarn, der einen wolfsähnlichen Hund hat. Das war das Ende dieses Huhns.

FALL NR. 3: DAS ERHÄNGTE HUHN
Keine vierundzwanzig Stunden nach dem Huhn-gegen-Hund-Vorfall blickte ich aus dem Fenster Richtung Hühnergehege und sah eine meiner Rhodeländer vom Zaun baumeln.

Sie wollte von einem Teil meines Gartens in einen anderen springen und hatte ihren Kopf irgendwie in dem ca. 2,5 Zentimeter breiten Abstand zwischen den Latten im Zaun eingeklemmt. Meine Furcht, tote Dinge anzufassen, kam wieder, und ich rief einen Bekannten an, um den Körper zu entfernen. Aber es war mitten am

> „Ich hatte erwartet, dass es mir Spaß machen würde, sie zu beobachten, aber ich hatte nicht erwartet, meine Kinder dabei zu ertappen, wie sie einfach nur vor dem Gehege sitzen und sie beobachten. Oder meinen Mann: Wenn er in die Garage geht und nicht mehr wiederkommt, dann spähe ich hinaus und sehe, wie er über sie lacht."
> — STEPHANIE, BLOGLESERIN

Tag unter der Woche, und mein Bekannter war bei der Arbeit und konnte nicht einfach zu mir rüberkommen. Ich hielt meine Kinder den ganzen Tag vom Garten fern, und bevor mein Bekannter herüberkommen konnte, war mein Mann zu Hause. Er warf einen Blick aus dem Fenster und warf sich weg vor Lachen! Er sagte, „Oh je, ich glaub's nicht! Es sieht aus, als ob der Mob sie als Warnung an die anderen Hühner dahingehängt hat." Gnädigerweise nahm mein Mann das Huhn vom Zaun und verbarg es in einer schwarzen Plastiktüte. Als er sich in Richtung Mülleimer aufmachte, sagte ich: „Läufst du im Ernst mit einem toten Huhn in der Hand durch meine Küche?" Seine Antwort war: „Wäre es dir lieber, wenn ich tanze?" Und er tänzelte den restlichen Weg bis zur Tür raus.

FALL NR. 4: ERSTICKUNGSGEFAHR
Einige meiner Perlhühner sind erstickt. Sie haben etwas gegessen, das zu groß war, als dass sie es hinunterschlucken konnten, obwohl sie ausreichend Futter in der richtigen Größe zur Verfügung hatten. Ich schilderte dieses Erlebnis dem Futtermittelverkäufer und er erzählte mir, dass es für Hühner nicht unüblich ist zu ersticken. Er riet mir, den Hals des Huhns zu reiben, wenn ein Huhn anfängt, am Essen rumzuwürgen, um das Futter entweder nach oben und aus dem Hals zu bringen oder nach unten in den Magen zu bewegen.

Eines Tages sah ich, wie eine meiner jungen Orpingtons ihren Hals lang machte, um hinter dem großzügigen Haufen schnabelgerechter Futterstücke, der vor ihr lag, ein riesiges Maiskorn aufzupicken. Sie fing an zu torkeln. Sie bewegte den Hals auf und ab. Sie stolperte.

Ich hob sie hoch und fing an, ihren Hals zu reiben, damit das Korn sich nach oben oder unten oder überhaupt irgendwie bewegte!

Sie schloss ihre Augen. Ich fühlte, dass sie bewusstlos wurde. Ich warf sie in einen Eimer aus dem Sandkasten meiner Kinder, schnappte mir meine Schlüssel und rannte zur Tür hinaus. Ich raste zum Futtermittelladen und warf sie auf die Theke, um festzustellen, dass es ihr bestens ging. Es war der typische Vorführeffekt, als ob man mit seinem Auto aufgrund eines seltsamen Geräuschs in die Werkstatt fährt, und kaum ist man da, hat das Geräusch aufgehört.

Der Ladenbesitzer sah sie sich an und erklärte, dass sie darüber weg war, was immer es war. Er fütterte ihr ein wenig Aufzuchtfutter, sagte mir, dass sie untergewichtig wäre, und schickte mich heim wie einen begossenen Pudel.

einer Gittertür zum Aufstoßen. Die Regale im Inneren sind perfekt als Schlafplätze geeignet. Um den Schuppen umzurüsten, musste ich nur auf einer der Fensterseiten einen Freilauf bauen, eine Hühnerleiter vom Fenster zum Freilauf legen und Stroh und Nester in den Stall geben. Fertig. So ein Glück kommt allerdings selten vor, und die meisten Bewohner von Vororten werden keinen fertigen „Stall" auf ihrem Besitz vorfinden. Es gibt drei Grundstrukturen bei Hühnerhäusern:

- Hühnertraktor bzw. mobiles Hühnerhaus
- festes Hühnerhaus
- Gartenhaus als Hühnerhaus

Hühnerhäuser und Gehege

DAISY Ställe bzw. Gehege sind in der Regel die größte finanzielle Investition bei der Anschaffung von Hühnern.

Die Unterkunft für Ihre Hühner muss nicht viel kosten, besonders wenn Sie oder jemand, den Sie kennen, gut mit Hammer und Säge umgehen können. Es kann aber auch aufwendig und teuer sein, ganz wie Sie es haben wollen. Für einige Hühnerhalter besteht ein Großteil des Vergnügens darin, sie in einem hübschen und perfekt durchdachten Stall unterzubringen. Kleine Hühnerhäuser können ebenso hübsch sein wie große, bestens ausgestattete. Ich hatte Glück mit meinem Hühnerhaus. Ich hatte bereits ein geräumiges, solide gebautes Gebäude, das im Lauf der Jahre verschiedenen Zwecken gedient hat, einschließlich als Spielhaus und als Lagerschuppen. Es hat zwei große Fenster und eine feste Tür, mit

> Auslauf/Freilauf: Gelände, wo die Hühner scharren, picken und spielen können.

HÜHNERTRAKTOR BZW. MOBILES HÜHNERHAUS

Ein Hühnertraktor wird so genannt, weil er so gebaut ist, dass er von einer Stelle zur anderen umziehen kann und meist Räder oder Kufen hat, um leicht bewegt werden zu können, so ähnlich wie eine Schubkarre. Er hat keinen Motor und gräbt den Boden nicht um. Er ist praktisch für Sie und die Hühner, da er recht klein und nicht teuer in der Anschaffung ist, ob gekauft oder selbst gebaut. Die Hühner haben Zugang zu frischem Auslauf, da der Traktor von Stelle zu Stelle zieht. Er bietet ein abgedecktes Areal zum Schlafen und zur Eiablage auf der einen Seite und einen offenen Teil, in dem die Hühner den Tag pickend, scharrend und fressend verbringen können.

FESTES HÜHNERHAUS

Dieser Stall ist unbeweglich. Er hat eine Schwingtür, die nachts als Sicherheitsmaßnahme gegen Raubtiere verschlossen werden kann. Er bietet meist die Möglichkeit, von außen an die Nester zu kommen, damit der Halter die Eier einfach entfernen kann. Die Hühner haben vom Stall aus Zugang zu einem dazugehörigen Auslauf.

Flügel stutzen

Deanna

Wenn Sie Ihre Hühner in einem Gehege ohne Dach und mit Seitenwänden von weniger als 1,5 Metern Länge halten, dann werden Sie ihnen die Flugfedern stutzen müssen. Nicht, weil sie wegfliegen könnten, aber sie können in Nullkommanichts über einen 1,35 Meter hohen Zaun springen.

Die Federn zu stutzen ist wirklich keine große Sache. Dabei schneiden Sie nicht die ganze Flügelspitze weg. Sie kürzen nur einige Federn. Es ist so, wie einem zappeligen Kind den Pony zu schneiden. Und wenn Sie Ihre Hühner kennen, seit sie klein sind, ist es sogar noch einfacher.

Sie brauchen dazu:
• eine scharfe Schere
• jemanden, der Ihnen hilft, bis Sie Übung darin haben

1. Halten Sie das Huhn irgendwie fest und breiten Sie einen Flügel aus. Wenn Sie es zum ersten Mal machen, ist es vermutlich besser, dass Ihr Helfer das Huhn festhält, während Sie den Flügel ausbreiten.

2. Die zehn langen Federn am Ende sind die Störenfriede. Schneiden Sie einige Zentimeter ab. Das Huhn wird aufgrund der Schwingung, die es beim Schneiden an den Federn spürt, zappeln, aber es tut dem Huhn nicht weh. Denken Sie an die Reaktion eines Kindes, wenn Sie das erste Mal den Pony schneiden; die Reaktion des Huhns ist nicht viel anders.

   Es gibt verschiedene Theorien darüber, ob nur ein Flügel gestutzt werden muss oder beide. Ich empfehle Ihnen, es auszuprobieren. Meine Hühner sind unternehmungslustige Draufgänger und ein Flügel reicht ihnen immer noch, um über den Zaun zu kommen, daher stutze ich beide.

3. Drehen Sie das Huhn mithilfe Ihres Helfers auf die andere Seite und stutzen Sie den anderen Flügel wie in Schritt 1 und 2 beschrieben.

4. Lassen Sie das Huhn frei und suchen Sie Ihren Helfer und sich nach Hühnerkot ab.

5. Gratulieren Sie Ihrem Helfer für das erfolgreiche Erledigen der Aufgabe.

Die Größe des Geheges

DEANNA — Wie viel Platz benötigen Sie also? Die Faustregel für private Hühnerhaltung besagt, ein halber Quadratmeter im Stall und ein Quadratmeter im Auslauf pro Huhn zum Scharren, zur Futtersuche und zur Bewegung. Bei der Käfighaltung sind es nur 550 Quadratzentimeter pro Huhn und einen Auslauf gibt es nicht. Das ist grausam. Sie müssen diese Zahlen nicht aufs Genaueste befolgen. Es hängt alles von der Art Ihrer Hühnerhaltung ab.

FESTE STRUKTUR UND FESTER AUSLAUF

Daisys acht Hühner haben einen geräumigen Stall (2,5 x 2,5 x 2,5 Meter) mit Zugang zu einem großen Auslauf (6 × 4,5 × 2,5 Meter). Sie verlassen das Gelände nicht und Daisy verstellt den Stall nicht. Es ist eine feste Struktur.

Bei einer solchen Struktur müssen Sie sich die Ihnen zur Verfügung stehenden Quadratmeter gut überlegen. Selbst wenn der Bodenbereich im Hühnerhaus nicht ausreichend wäre, Daisy hat Stangen und Schlafplätze entlang der Wände, die den Bewegungsbereich der Hühner vergrößern.

BEWEGLICHE STRUKTUR OHNE AUSLAUF

Meine Freundin Laurie hält ihre Hühner in einem Traktor, der alle paar Tage im Garten an einen anderen Platz verstellt wird. Wenn Sie sich für diese Möglichkeit entscheiden und das Hühnerhaus alle paar Tage verstellen, dann brauchen Sie keinen Auslauf, da die Hühner jedes Mal, wenn der Traktor verstellt wird, ausreichend Platz zum Scharren haben und genügend Kräuter und Insekten zu fressen finden. Gönnen Sie Ihren Hühnern ein wenig mehr Platz als vorgegeben, mindestens einen halben

GARTENHAUS ALS HÜHNERHAUS

Wie mein Stall ist dieses Hühnerhaus mehr ein richtiges Gebäude. Es ist groß genug, dass Menschen darin laufen können und an alle Nester, Schlafplätze und alle anderen Plätze herankommen. Das Hühnerhaus bietet auch Zugang zu einem dazugehörigen Auslauf. Es kann speziell als Hühnerstall errichtet werden oder Sie können ein bestehendes Gebäude in einen Stall umwandeln. Wenn Sie entscheiden, welche Art Stall für Sie geeignet ist, überlegen Sie sich, was Sie brauchen, wie viel Geld Sie zur Verfügung haben und wie Sie sich den Umgang mit Ihren Hühnern vorstellen.

> Jedes Huhn braucht 0,4 Quadratmeter Platz im Gehege und 0,9 Quadratmeter Auslauf.

Quadratmeter pro Henne, dann sollte diese Einrichtung bestens funktionieren.

FESTE OFFENE STRUKTUR UND EINGEZÄUNTER BEREICH

Ich habe einen Traktor mit zwei Ebenen, bei dem sich die Schlafplätze über einem umzäunten Auslauf befinden. Theoretisch könnte ich die vier Hühner, mit denen ich angefangen habe, in diesem Hühnerhaus halten, vor allem, wenn ich es regelmäßig verstellen würde, aber Raubtiere sind längst keine so große Gefahr, wie ich anfangs vermutet hatte. Die Hühner sind eine größere Gefahr für sich selbst als die Raubtiere bei mir in der Gegend. Jetzt, mit acht Hühnern, befinden sich vier an den Schlafplätzen und vier kommen durch die Tür zum Auslauf herein und schlafen im oberen Bereich des Hühnerhauses. Ich schließe sie nie ein und ihr Auslauf ist mindestens ein 74 Quadratmeter umfassendes Gehege, das sie sich mit den Ziegen teilen. (Ich glaube, dass die Anwesenheit der größeren Tiere im selben Gehege interessierte Raubtiere davon abgehalten hat, meinem Garten einen Besuch abzustatten.) Und an den Tagen, an denen die Kinder das Gatter offen lassen, haben die Hühner doppelt so viel Auslauf zur Verfügung.

Da ich meine Hühner nie einsperre, ist die Größe meines Hühnerhauses im Grunde bedeutungslos. Ich könnte noch zehn Hühner mehr halten, ohne die Größe des Hühnerhauses zu ändern, und wenn es

„Als meine Älteste ein Baby war und Koliken hatte, war das einzige hilfreiche Mittel, das wir fanden, um sie zu beruhigen, ein paar Stunden am späten Nachmittag im Hof zu verbringen und den Hühnern zuzuschauen."
— SANDY, BLOGLESERIN

Tipps für Legenester

- Die Standardgröße für ein Legenest sind ungefähr 80 Quadratzentimeter.
- Nistmaterial wie Stroh, Sägespäne oder Heu, einige Zentimeter tief, dient als weiche Landungsfläche für die Eier und gehört zum instinktiven Nistverhalten der Hennen. Das Material sorgt auch dafür, dass die Eier sauber bleiben.
- Ein Legenest reicht für zwei bis vier Hennen.
- Die meisten Legeboxen haben unten einen kleinen Absatz, damit die Eier und das Nistmaterial nicht herausgeschubst werden können.
- Die beliebtesten Plätze für Legenester sind relativ dunkel und abseits der belebten Flächen.
- Einige Hühnerhalter legen ein Holzei oder einen Golfball oder etwas Ähnliches in die Nester, damit die Hennen die Legenester als Platz erkennen, an dem sie ihre Eier legen können. Wenn Sie sich ein Holzei besorgen, dann lassen Sie das Preisetikett dran (oder kennzeichnen Sie das Ei), damit Sie es beim Eier einsammeln nicht jedes Mal mit einsammeln!

im oder auf dem Haus nicht ausreichend Platz zum Schlafen gäbe, dann würden sie im Baum oder auf dem Fenstersims des Ziegenhauses schlafen, oder wo auch immer.

FESTE STRUKTUR/
FREILANDHALTUNG

Eine andere Freundin von mir lässt ihre Hühner frei auf ihren vier Hektar herumlaufen, hat aber zu viele Raubtiere in der Umgebung, um die Hühner schlafen zu lassen, wo sie wollen, daher sperrt sie sie bei Nacht in das Hühnerhaus. Sie brauchen nur ausreichend Platz, um sich reinzuquetschen und zu schlafen, und eine dunkle Ecke, wo sie ihre Eier legen können.

KEIN STALL/HÜHNERHAUS

Eine andere Bekannte hat eine große Herde, kein Hühnerhaus und die Hühner schlafen in den Bäumen. Sie findet die Eier überall! Sie hat aber auch Schäferhunde und viele Bäume als Deckung, Raubtiere sind daher kein Problem.

Als Erstes müssen Sie also Ihre Ausgangslage klären, bevor Sie ein Hühnerhaus bauen. Wie sieht es in Ihrer Gegend mit Raubtieren aus? Gibt es Füchse und Fal-

„Als ich jünger war, hatte ich viele verschiedene Vögel, von Papageien bis zu Finken. Hühner sind bei Weitem am einfachsten zu halten und zweifellos am lohnendsten. Meine begrüßen mich an der Hintertür und folgen mir, als ob ich ein Rockstar wäre, und sie begleiten mich, wenn ich spazieren gehe oder Hausarbeiten erledige. Sie bilden ihre eigene Gemeinschaft, aber ich gehöre ebenfalls dazu, und das hat mir sogar viele Einblicke in das Verhalten von Menschen verschafft. Mein Mann lacht, wenn er sieht, wie ich den Berg hinunter auf unser Haus zulaufe, den Hund vorneweg, die Hühner rennend, um mit uns Schritt zu halten, und drei Katzen hinterher. Ohne Hühner wäre ich nicht so zufrieden, wie ich es bin."
— ROSE, BLOGLESERIN

ken? Bei Daisy gibt es Falken, die im Sturzflug auf ihr Hühnerhaus zusteuern. Darum hat sie eine stabile Abdeckung obendrauf! Und sie begegnet auch häufig Waschbären in ihrer Einfahrt und kann daher sicher sein, dass sie mit meinem Arrangement keine Hühner mehr hätte.

Legenester

DAISY Beim Einrichten meines Hühnerhauses habe ich es mit allem übertrieben genau genommen, einschließlich der Legenester. Vermutlich könnte man sagen, dass ich selbst einen Nesttrieb entwickelt habe. Dabei habe ich wieder einmal festgestellt, dass ich mir gar keine Mühe hätte geben müssen. Haben Sie sich je den Kopf zerbrochen, um das perfekte Spielzeug für ein Kind zu finden und am Ende hat das Kind mit der Schachtel gespielt, in der das Spielzeug geliefert wurde? So ähnlich ist es mit Legenestern. Sie können die niedlichsten Legenester kaufen oder selbst bauen, nur um festzustellen, dass Ihre Hennen lieber auf der Legebox nisten oder in der Ecke des Hühnerhauses auf dem Boden.

Sie können versuchen, sie in das Legenest zu locken, indem Sie rufen: „Seht doch mal! Schaut doch, was ich euch für ein süßes Legenest gemacht habe!" Aber seien Sie darauf vorbereitet, dass sie Sie ignorieren und weiterhin auf dem Boden nisten.

In der Regel werden die Hühner sich aber über Legenester freuen und diese sind auch nütz-lich. Es sind gemütliche Plätze, an denen Ihre Hennen sich während der empfindlichen Phase, wenn sie ihre Eier legen, sicher fühlen können, und die Eier sind in den Legenestern sicher, bis Sie kommen, um die Eier einzusammeln. Bei der Entscheidung für ein Legenest haben Sie drei Optionen zur Auswahl:

1. *Ein fertiges Legenest kaufen:* Diese können Sie per Katalog, online oder im Fachhandel für Tierbedarf kaufen.
2. *Selbst bauen:* Es gibt massenhaft Pläne und Anleitungen, wenn Sie ein Legenest selbst bauen wollen oder sich eines bauen lassen.
3. *Improvisieren:* Ein improvisiertes Legenest kann aus einem Eimer bestehen, der auf der Seite liegt (sodass das Huhn sich darin ein Nest machen kann), aus Plastik- oder Holzkisten oder, für einen zeitlich begrenzten Einsatz, sogar aus robusten Kartons.

Sie können bei der Auswahl eines Legenests wirklich nichts falsch machen. Es hängt nur von Ihren Vorlieben, Ihrem Geldbeutel und Ihrem Einfallsreichtum ab.

Eier säubern und aufbewahren

DAISY In einem sauber gehaltenen Hühnerhaus liegen makellos saubere Eier im Stroh und warten darauf, eingesammelt zu werden. Aber manchmal klebt etwas an den Eiern oder sie sind verschmiert, und dann stellt sich die Frage nach dem Säubern der Eier.

In Diskussionen über das Säubern von Eiern taucht oft das Wort Schutzschicht auf. Das Ei ist von einer Schutzschicht überzogen, einer Gratisbeigabe der Henne, die auf der Außenseite der Schale angebracht ist und das Ei vor Verschmutzung schützt. Die Schutzschicht besteht aus Protein und ist eine schleimige Absonderung der Legeröhre der Henne, um es wissenschaftlich auszudrücken. Die Schutzschicht wird als Cuticula bezeichnet.

Die Cuticula ist notwendig, da Eierschalen durchlässig sind, mit ungefähr achtzigtausend mikroskopisch kleinen Poren auf der Oberfläche des Eis. Die Cuticula hindert Bakterien und andere schädliche Objekte daran, in das Ei einzudringen, und hält das Ei auch länger frisch.

Nun werden die Eier von unseren Hühnern manchmal schmutzig und müssen vielleicht gewaschen werden, was uns in ein klassisches Dilemma bringt: Wenn wir die Schutzschicht in Ruhe lassen, dann können die Schadstoffe auf der Oberseite nicht in das Ei eindringen, aber sie sind immer noch außen auf der Schale; sie sehen eklig aus, sie gelangen in das Ei, wenn Sie es aufschlagen, sie gelangen auf Ihre Hände, wenn Sie das Ei anfassen, und sie machen sich einfach gar nicht gut in der Küche oder im Kühlschrank. Und stellen

> Schutzschicht oder Cuticula: eine natürlich vorkommende Proteinabsonderung, die das Äußere eines Eis umgibt.

Sie sich vor, Ihre Freunde, Ihre Familie oder Ihre Kunden bekommen ein mit Kot beschmiertes Ei zu sehen!

Aber die Schutzschicht ist da und schützt das Innere des Eis, erklären Sie und demonstrieren es an dem Ei mit einer Expertenmiene, aber nein, die Mienen sind immer noch schockstarr und das verständlicherweise.

Was also ist zu tun?

Es gilt allgemein als bestätigt, dass das Waschen von Eiern in Ordnung ist. Am besten soll das Ei kurz bevor es gebraucht wird abgewaschen werden, um den natürlichen Schutz der Cuticula so lange wie möglich zu nutzen, aber ein sauberes Ei ist auch ein hübsches Ei und eignet sich viel besser zum Vorzeigen. Daher folgen hier beide Umgangsweisen mit dem Problem:

AUFBEWAHRUNG DER EIER
FÜR UNEMPFINDLICHE
SCHUTZSCHICHTLIEBHABER

1. Sammeln Sie die Eier möglichst jeden Tag ein.
2. Bewahren Sie sie in ihrem Urzustand im Kühlschrank auf, bis Sie sie benutzen möchten.
3. Bedecken Sie sie mit Folie, wenn bei Ihnen im Haushalt empfindliche Menschen leben. „Igitt! Eine Feder im Kühlschrank!"
4. Spülen Sie die Eier gründlich ab, bevor Sie sie aufschlagen.

Wie oft legen Hühner Eier?

 Im ersten Jahr wird ein gutes Legehuhn pro Woche vier oder fünf Eier legen – ungefähr ein Ei pro Tag. (Meine roten Hybriden legten im ersten Jahr an sieben Tagen die Woche!) Im folgenden Herbst/Frühwinter werden Ihre Hühner in die Mauser gehen und in dieser Zeit keine Eier legen.

Die Hennen werden auch empfindlicher auf das Wetter reagieren. Ältere Hühner vertragen Hitze schlechter und werden in Zeiten großer Hitze keine Eier legen, um ihre Körpertemperatur besser kontrollieren zu können. Sie hören auch auf zu legen, wenn die Tage kurz werden. Um das zu verhindern, können Sie eine Lampe im Hühnerhaus anbringen, aber weder Daisy noch ich möchten das tun.

Wenn wir davon ausgehen, dass Sie, wie wir, die natürlichen Legeverhältnisse möglichst wenig beeinflussen, dann ist die Eierzeit traditionell vom Valentinstag bis zu Allerheiligen. Im ersten Jahr legten meine Hühner auch den bei uns im Süden der USA milden Winter hindurch. Aber im zweiten und dritten Jahr folgten sie dem traditionellen Zeitplan.

Bisher hat keines meiner Hühner diesen Zeitpunkt erreicht, aber ich habe gehört, dass Hühner ab einem bestimmten Punkt, nach vielen Jahren, ganz mit dem Legen aufhören, wie die Menopause bei Hühnern. Es ist recht wenig darüber bekannt, da die meisten Hühner bei uns keines natürlichen Todes sterben. Ich werde auf meine Fähigkeiten als Hühnerhalterin mächtig stolz sein, wenn ich je eine Henne haben werde, die lange genug lebt, um mit dem Legen aufzuhören. Ich glaube, ich werde ihr sogar eine winzige Krone basteln oder eine Ehrenplakette an ihrem Schlafplatz anbringen.

Wenn Sie beim Eiersammeln wirklich faul waren, was vorkommen kann, da es frischen, ungewaschenen Eiern wenig ausmacht, tagelang ungekühlt herumzuliegen, machen Sie sich vielleicht Sorgen über die Frische der Eier. Wenn Sie Zweifel haben, geben Sie das verdächtige Ei in ein Glas Wasser. Wenn es auf dem Boden des Glases auf der Seite liegt, ist es frisch. Wenn es den Boden berührt, aber ein Ende nach oben strebt, ist es immer noch gut, aber vielleicht eher zum Backen geeignet. Wenn das Ei schwimmt, hat es seine Haltbarkeitsdauer überschritten.

EIVERSCHÖNERUNG FÜR DIE ALLGEMEINHEIT

1. Vorsorge ist am besten. Sammeln Sie die Eier wenn möglich gleich nach dem Legen ein. Sorgen Sie für eine saubere Einstreu und eine dicke Schicht. Stroh eignet sich dafür hervorragend. Legen Sie die Schlafplätze oben an und nicht in der Nähe der Legenester.

2. Wenn Sie die Eier waschen müssen, verwenden Sie Wasser, das 6 bis 7 Grad wärmer ist als die Temperatur des Eis selbst. Dadurch verhindern Sie, dass das Ei aufgrund des Temperaturunterschieds Risse entwickelt, die seine Lagerfähigkeit verkürzen würden.

3. Eine Essiglösung oder eine milde Seife und das anschließende Abtrocknen mit einem Handtuch sind völlig ausreichend. Sie wollen ja keine vollkommen sterile Schale erhalten. Entfernen Sie nur die äußere Verschmutzung, die als eklig empfunden wird und die im Essen landen könnte, wenn das Ei aufgeschlagen wird.

4. Bewahren Sie die Eier zur Sicherheit nach dem Abwaschen im Kühlschrank auf. Diese Eier sind vor eindringenden Bakterien nicht mehr geschützt und können nicht einfach tagelang bei Zimmertemperatur gelagert werden wie ungewaschene Eier.

Fragen & Anworten zu frischen Eiern

DAISY Deanna und ich waren über die Reaktionen auf unsere Eier aus eigener Hühnerhaltung überrascht. Hühner zu haben scheint außergewöhnlich genug zu sein, dass einige Menschen sich nicht vorstellen können, dass etwas, was aus einem gewöhnlichen Garten kommt, als ganz normal und essbar durchgehen kann. Nachfolgend finden Sie einige der Fragen, die uns und anderen privaten Hühnerhaltern gestellt wurden, und unsere Antworten darauf.

KÖNNEN SIE DIE EIER VON IHREN HÜHNERN ESSEN?
Natürlich! Sie sind genauso wie die Eier, die es im Laden zu kaufen gibt, allerdings denken wir, dass sie besser sind.

WIE OFT SAMMELN SIE DIE EIER EIN?
Wir empfehlen, die Eier ein- oder zweimal am Tag einzusammeln. Das hat aber nichts damit zu tun, dass die Eier sonst schlecht werden. Aufgrund der schützenden Schale können Eier tagelang im Warmen bleiben.

Das Einsammeln der Eier hat mehr mit der Produktion von Eiern zu tun. Und es kommt darauf an, wie viele Legehühner Sie haben. Wenn eines Ihrer Hühner acht Eier auf einem Haufen in einem Nest sieht, wird es aller Wahrscheinlichkeit nach vom Eierlegen zum Eier-Ausbrüten übergehen.

BEFÜRCHTEN SIE, DASS SIE EIN KÜKEN IN DIE PFANNE HAUEN?
Ohne Hahn gibt es keine Küken und wir haben keine Hähne. Wenn es in Ihrer Hühnerschar keinen Mann gibt, dann werden alle Eier, die Ihre Hennen legen, garantiert unbefruchtet sein.

Auch wenn Sie einen Hahn haben, müssen Sie die Eier nur regelmäßig einsammeln, sodass mögliche Embryos nicht ausreichend Zeit haben, sich zu entwickeln.

SIND DIE EIER NICHT SCHMUTZIG?
Normal nicht, und wenn, dann waschen wir sie, bevor wir sie aufschlagen.

WIE SCHMECKEN DIE EIER?
Sie schmecken wie Eier aus dem Supermarkt, nur besser, da sie frischer sind und von entspannten Hühnern gelegt wurden, die viel Auslauf, frische Luft und eine abwechslungsreiche, ausgewogene Kost bekommen.

Kurz gesagt, sie schmecken mehr nach Ei, was bedeutet, dass sie mehr Geschmack haben. Wenn Sie bereits Erfahrung mit selbst angebauten oder regionalen biologischen Produkten haben, werden Sie wissen, was wir damit meinen. Selbst angebaute Tomaten schmecken nicht anders, sie haben einfach mehr Geschmack.

IHRE HÜHNER HABEN INSEKTEN GEGESSEN UND IM SCHMUTZ HERUMGEPICKT. GEHT DAS IN DIE EIER HINEIN?
Naja, in gewisser Weise schon. Hühner sind Allesfresser, und Insektenprotein und Mineralien helfen den Hühnern, gesund zu bleiben und sorgen dafür, dass die Eier nahrhaft sind und schmecken. Kies, Sand und kleine Steine, die sich in der Erde befinden, landen im Kaumagen des Huhns und helfen ihm, das Essen zu zerkleinern, damit es verdaut werden kann. Der Dreck bleibt entweder im Magen oder wird im Darm weitertransportiert und verlässt den Vogel durch seine Kloake, nicht durch seinen Reproduktionstrakt.

Die Insekten werden im Kaumagen und Magen des Huhns verdaut und liefern ihm Energie. Es gibt keine direkte Verbindung zwischen dem Verdauungstrakt und dem Reproduktionstrakt, daher wird nichts von dem, was die Hühner fressen, in den Eiern, die sie bilden, erscheinen oder diese verunreinigen.

DAS EI SIEHT KOMISCH AUS. IST ES IN ORDNUNG?

Manchmal sehen die Eier etwas anders aus. Sie sind seltsam geformt oder mit kleinen Hubbeln übersät oder von einer Art körnigen Kruste überzogen.

Die ungewöhnliche Form kann daher rühren, dass die Schale einen Riss bekommen hat, bevor das Ei gelegt wurde. Der Körper der Henne hat mehr Kalzium über den Riss gelegt, um ihn zu reparieren, und dadurch entsteht das seltsame Aussehen. Die körnigen Hubbel sind Kalziumeinlagerungen. Das alles beeinflusst die Qualität des Eis nicht.

Käfighühner – die Hühner, die vielfach die Eier für die Supermärkte produzieren – legen auch solche Eier, aber diese finden Sie nicht im Laden, weil sie aussortiert werden, da die Verbraucher lieber gleichmäßige Eier haben wollen, nicht, weil die Eier schlecht sind.

ALS ICH DAS EI AUS DEM NEST GEHOLT HABE, KLEBTEN EINE FEDER UND STROH DARAN. WAS MACHE ICH MIT DEM EI?

Einfach abbürsten. Das Ei ist feucht, wenn es ins Stroh fällt, und manchmal bleiben etwas Stroh oder eine Feder beim Trocknen daran kleben. Es schadet dem Ei aber nicht.

Zusammenfassung

Das Halten von Hühnern scheint, wie all die anderen merkwürdigen Sachen, die wir so tun, viel schwieriger zu sein, als es tatsächlich ist. Hühner sind einfach zu haltende, produktive Haustiere. Sie sind nicht so kuschelig wie Welpen, aber sie verdienen sich ihr Futter in der Tat! Sie machen Insektenschädlingen den Garaus, fressen das Unkraut und sorgen für Ihr Frühstück.

Aber wir wissen, dass es ganz schön stressig sein kann, alles für Ihre erste Schar Hühner vorzubereiten. Daisy hat sich monatelang damit beschäftigt! Falls Sie sich also überwältigt fühlen sollten, folgt hier eine kurze Zusammenfassung der Grundlagen:

1. Küken kaufen Sie am einfachsten beim Geflügelhändler. Der zweite Weg ist das Internet.
2. Babyküken brauchen spezielles Futter, Wasser, eine Kiste und eine Lampe als Wärmequelle.
3. Zusätzlich zu Nahrung, Wasser und Wärme brauchen größere Küken sichere Plätze für ihren Auslauf, zum Eierlegen und zum Schlafen.
4. Hühner koten häufig und das überall dort, wo sie herumlaufen dürfen.
5. Schaffen Sie sich keine Hähne an.

4

MINIZIEGEN: INTERESSANT, ÄH, ... WIE SIND SIE DENN AUF DEN HUND GEKOMMEN?

Wenn Sie an Ziegen denken, stellen Sie sich möglicherweise einen großen Ziegenbock mit Kinnbart vor, der auf einer Blechdose herumkaut – und der sich viel besser auf einem Bauernhof als in Ihrem Garten macht. Gewöhnliche Ziegen können über einhundert Kilogramm wiegen und eignen sich definitiv nicht für den üblichen Hausgarten. Miniziegen sind das Ergebnis von Kreuzungen aus gewöhnlichen Ziegen mit Zwergziegen. Sie wiegen meist nicht mehr als dreißig Kilogramm und eignen sich perfekt für kleine Gärten. Da ich Ziegen halte und Daisy nicht, beziehen die „Ich-Aussagen" in diesem Kapitel sich immer auf mich, Deanna.

Miniziegen sind die perfekten Haustiere

DEANNA Viele Menschen sagen, dass sie aus zwei Gründen Zwergziegen halten: als Rasenmäher und für Milch. Auch wenn dies zwei sehr plausible Gründe sind, sind es bei Weitem nicht alle. Ich halte aus ganz anderen Gründen Ziegen. Okay, ich habe von selbst gemachtem Käse geträumt, aber der Grund war nur zweitrangig.

Die Gründe, weshalb ich mir Ziegen angeschafft habe, waren Allergien und die Eignung für Kinder. Ich wollte ein Haustier, das bei mir keinen Niesreiz auslösen wurde und meine Kinder nicht verletzen konnte. Nach einer angemessenen Trauerperiode für unseren siebzehn Jahre alten geliebten verstorbenen Hund ersetzte ich ihn daher durch ein Paar Miniziegen anstelle eines neuen Hundes. Aus folgenden Gründen:

- *Keine Zähne vorne.* Ziegen können nicht beißen.
- *Keine Krallen.* Ziegen können nicht kratzen.
- *Keine Hörner.* Ein Tierarzt kann eine Ziege problemlos enthornen.
- *Nicht groß.* Eine zwanzig bis fünfundzwanzig Kilogramm schwere Ziege kann einem Kind keinen ernsthaften Schaden zufügen, selbst wenn sie es wollte. Die meisten mittelgroßen Hunde wiegen um die zwanzig bis fünfundzwanzig Kilo. Ein Labrador kann noch sehr viel mehr wiegen.
- *Ungefährliche Häufchen.* Hunde- und Katzenhaufen sind übel und müssen irgendwie beseitigt werden, damit es im Garten nicht nach Kanalisation riecht. Ziegen hinterlassen kleine Pellets, die im Gras verschwinden und nicht riechen.
- *Kein unangenehmer Geruch.* Wenn wir schon von Gerüchen sprechen, Ziegen riechen nicht. Moment, lassen Sie mich den Satz abändern. Weibliche Ziegen riechen nicht. Kennen Sie den Ausspruch „Stinken wie ein alter Ziegenbock"? Das betrifft Ziegenböcke, also männliche Ziegen. Diese stinken zum Himmel. Weibliche Ziegen riechen dagegen überhaupt nicht. Sie können ihnen über das Fell streicheln und Ihre Hand danach unter Ihre Nase halten. Nichts. Versuchen Sie das mal mit einem Labrador.
- *Zäh.* Ziegen sind abgehärtet. Solange Ziegen sich vor Wind und Kälte ein wenig schützen können, müssen Sie nichts Besonderes unternehmen, um sie unterzubringen, auch bei schlechtem Wetter. Sie müssen sie nachts nicht ins Haus holen.
- *Ruhige Schläfer.* Ziegen schlafen nachts. Sie jagen nicht nachts, heulen den Mond nicht an und bellen die Terrassenbeleuchtung des Nachbarn nicht an.
- *Kein Graben im Garten.* (Siehe den Teil über keine Krallen.)
- *Kein Weglaufen.*[1] Meine Ziegen betrachten mich als ihren Hirten. Sie kommen, wenn ich sie rufe, und fühlen sich nicht wohl, wenn ich auf der anderen Seite des Zauns bin. Wenn ich durch das Gatter trete, folgen sie mir.
- *Leise.* Ziegen machen Geräusche, aber das lauteste Geräusch, das sie machen können, ist immer noch mehrere Dezibel leiser als das leiseste Hundegebell. Ich hatte noch nie eine Beschwerde über Geräusche, die meine Ziegen machen; tatsächlich bekomme ich meist Komplimente, wie leise sie sind.
- *Unterhaltung.* Ich weiß nicht warum, aber wir können den Ziegen stundenlang beim Grasen zusehen. Wir nennen es den Ziegenkanal.
- *Gartenarbeit.* Erst einmal muss ich sagen, dass sie alle Blätter von allen

---

1 Höchtens mal in Nachbars Garten. Haftpflichtversicherung sehr sinnvoll.

Haltung von Zwergziegen – gesetzliche Vorschriften

Wenn Sie in einem reinen Wohngebiet leben, dann müssen Sie sich an die dafür geltenden Vorschriften halten. Für die Haltung von Nutztieren sind das Veterinäramt und das Bauordnungsamt zuständig. Sie können bei Ihrem Landratsamt Erkundigungen über weitere Details einholen.

Hier folgt die erste Regel, wenn Sie sich Mini-Ziegen anschaffen wollen: Fragen Sie nicht um Erlaubnis. Informieren Sie sich über die Gesetzeslage und treffen Sie Ihre Entscheidung. Es gibt das Gerücht, dass man für eine Ziege Unmengen an Platz braucht, aber das glauben nur Städter. Miniaturziegen sind Kleintiere wie Kaninchen, Hühner, Bienen und Zwergschweine. Die meisten Leute verstehen den Unterschied nicht, das kann auch für den zuständigen Beamten gelten. Wer fragt, hat oft Ärger am Hals.

Ignorieren Sie Vorschriften für Nutztiere. Erkundigen Sie sich über Vorschriften für Kleintiere wie Geflügel. Zwergziegen werden meist nicht extra aufgeführt, aber wenn die Haltung von Zwergschweinen als Haustiere (im Gegensatz zu Nutztieren) bereits abgelehnt wurde, dann dürfen Sie sicher auch keine Ziegen halten.

Es kommt vor allem auf die Nachbarn an. Ich kenne eine Familie in der Stadt, in der Ziegenhaltung verboten ist, aber ihre Nachbarn haben nie etwas zu der seltenen „Schweizer Hunderasse" gesagt, die sie Gassi führen. Mir wollte die Behörde die Haltung von Ziegen verbieten, aber meine Nachbarn haben alle eine Petition unterzeichnet, damit ich sie behalten durfte.

In Deutschland müssen Ziegen, ebenso wie Hühner, bei der Tierseuchenkasse gemeldet werden und zusätzlich beim Veterinäramt. Wer Ziegen züchten möchte, muss die Tiere mit Ohrmarken versehen lassen, allgemein dürfen Ziegen nur mit Ohrmarken verkauft werden. Wenn Sie einen Ziegenstall errichten möchten, müssen Sie sich eine Baugenehmigung einholen. Es kann nützlich sein, eine schriftliche Zustimmung Ihrer Nachbarn einzuholen, um mit Ihrer Ziegenhaltung auf der sicheren Seite zu sein.

Büschen fressen. Wenn Sie Ihre Büsche also behalten möchten, dann halten Sie die Ziegen von ihnen fern. Wenn es keine Büsche gibt, dann fangen sie mit abgefallenen Blättern an. Dann machen sie rund um den Zaun weiter. Dann essen sie das ganze Unkraut. Dann gehen sie zum Gras über. Ziegen müssen nicht grasen. Sie können ihnen Heu geben und sie werden Ihren Rasen in Ruhe lassen. Wenn Sie Ihre Ziegen besonders glücklich machen möchten, geben Sie ihnen abgebrochene Äste und Ranken aus der Nachbarschaft zum Knabbern. Ach ja, Milch geben sie auch, aber nach all den Vorzügen ist das mehr ein Bonus.

Worauf Sie bei Ziegenhaltung im städtischen Bereich achten sollten

Wenn Ziegenhaltung an Ihrem Wohnort erlaubt ist, dann bleiben als Probleme nur noch Kot, Zäune und Nachbarn übrig. Zum Glück findet sich für all diese Probleme eine Lösung.

ZIEGENMIST
Bei Ziegen ist das Problem mit dem Kot viel kleiner als bei Hühnern. Wie Hühner

Tipps von städtischen Ziegenhaltern

Auf unserer Website, littlehouseinthesuburbs.com, und in unserem Freundeskreis der Ziegenhalter wird viel diskutiert, wie es wirklich ist, Zwergziegen in der Stadt zu halten. Aussagen von Menschen, die in der Stadt Ziegen halten, sind über das Kapitel verteilt. Hier kommt eine:

„Ich habe mir wegen unserer Nachbarn Sorgen gemacht. Was wäre, wenn die Ziegen abhauen würden? Wenn sie eine Pflanze am Zaun zerstören würden, eine preisgekrönte alte Sorte, die seit dreißig Generationen weitergegeben wurde? Unsere hinteren Nachbarn haben uns schon oft erzählt, dass sie es lieben, unseren Ziegen zuzusehen und sie streicheln sie, wenn sie bei ihnen hinten am Zaun sind. Sie haben auch gern die jungen Babyziegen im Frühling beobachtet. Unsere Nachbarn auf der anderen Seite haben offensichtlich eine höllische Angst vor Ziegen. Das einzige Mal, dass die Ziegen abgehauen sind, sind sie geradewegs zu dem Garten dieses Nachbarn gegangen und diese haben netterweise jemand angerufen, um die Ziegen zurück in unseren Garten zu bringen und das Gatter zu schließen. Unseren anderen Nachbarn scheint es nichts auszumachen. Einer hat sogar gefragt, ob er sich unsere Ziegen ausleihen könnte, um einige Büsche im Frühling abzuholzen. Wenn wir Babyziegen haben, achten wir darauf, alle Nachbarskinder einzuladen sie anzuschauen. Die Eltern sind erstaunt, wie sanft selbst die großen Ziegen mit Kindern umgehen."
— LINDSAY, BLOGLESERIN

machen auch Ziegen überall da hin, wo sie gerade stehen. Wenn Ihr Partner also bei der Terrasse eigen ist, dann wird er nicht wollen, dass überall diese kleinen Pellets umherrollen. Im Gegensatz zu Hühnermist riechen Ziegenköttel aber nicht und sie lassen sich wegfegen. Vogelmist lässt sich nicht wegfegen, sondern klebt. Nicht so bei Ziegen. Ihr Kot ist wie Hasenköttel. Und in Ihrem Garten werden sie Ihnen nur auffallen, wenn die Ziegen das Gras ultrakurz abknabbern. Wenn Sie Ihre Terrasse oder einen Teil Ihres Gartens kotfrei halten möchten, dann stellen Sie einfach eine Barriere auf, wie einen Zaun oder ein Gatter, um die Ziegen draußen zu halten.

ZÄUNE

- Sie müssen einen Zaun haben. Ziegen fühlen sich an der Kette elend und haben die Tendenz, sich aus Versehen selbst zu erwürgen oder aufzuhängen.
- Es muss ein solider Zaun sein. Ziegen kratzen sich gern selbst, indem sie am Zaun entlangschaben. Der klassische

Gartenzaun eignet sich *perfekt* für die Ziegenhaltung (ich habe Farmer sagen hören, wenn sie sich einen solchen Zaun um ihr ganzes Gelände leisten könnten, dann würden sie es tun), aber ein Maschendrahtzaun erfüllt den Zweck genauso. Der Zaun sollte 1,25 bis 1,5 Meter hoch sein. Meine Zäune sind 1,25 Meter und 1,5 Meter hoch. Keine meiner Ziegen kann aus dem Stand über die Zäune springen, aber Lily kommt über den 1,25 Meter hohen Zaun, wenn sie sich von der Hausseite abstößt wie ein Sprinter vom Startblock.

Ziegen betrachten alles innerhalb des Zauns als Futter. Ihre preisgekrönten Rosen oder Ihre jungen Bäume sollten Sie also nicht im abgezäunten Bereich haben. Ziegen wissen, wenn es grün ist, dann ist es gut für sie und sie werden es essen. Das ist mein voller Ernst.

OBERHASLI-BRIENZER ZIEGE

NIGERIANISCHE ZWERGZIEGE

NACHBARN

Das ist das größte Problem bei Ziegenhaltung im städtischen Bereich. Wie bei den meisten Dingen in der Vorstadt können Sie tun, was Sie wollen, außer jemand beschwert sich.

Ziegen sind in der ganzen Nachbarschaft zu hören. Nicht weil sie laut sind, sondern weil ihre Geräusche so fehl am Platz sind. Sie gehören nicht zu den typischen Geräuschen in der Vorstadt. Wir blenden Rasenmäher, Hundegebell und Verkehrslärm aus, aber das Meckern einer Ziege erregt die Aufmerksamkeit jedes Vorbeilaufenden. In den ersten paar Monaten, in denen ich Ziegen hatte, fragten die Leute mich beständig, ob in meinem Garten ein Kind weinen würde. (Einige Rassen sind leiser als andere. Oberhasli-Brienzer gehören zu den leisesten. Anglo-Nubier und Burenziegen sollen weniger leise sein.) Wie auch immer, wenn unsere Nachbarn nicht gerade in allgemein schlechter Stimmung sind, dann haben sie wenig Grund zur Klage über unsere Ziegen. Die Geräusche von Ziegen sind unaufdringlich, Ziegen verursachen keine Gerüche und sie können das Kind des Nachbarn nicht beißen. Sie müssen sich also nur Sorgen machen, wenn Ihr Nachbar ein notorischer Unruhestifter ist.

Wie Sie an Ihre Ziegen kommen

Wie kommen Sie also an Ihre Ziegen? Es gibt keinen Ziegenladen. Ich habe meine auf craigslist.com gefunden. Beziehungsweise dort habe ich die eine gefunden, die andere habe ich von einem Bekannten von jemandem gefunden, den ich auf craigslist.com kontaktiert habe. (Wenn Sie erst einen Ziegenhalter in Ihrer Gegend kennen, werden Sie feststellen, dass sie sich alle untereinander kennen.)

Wenn Sie nicht über das Internet gehen möchten, schlage ich vor, im Tierfachhandel nachzufragen und an den Namen und die Telefonnummer von jemandem zu kommen, der Ziegen hat. Babyziegen werden normalerweise im Frühling verkauft, und wenn die Leute, die Sie kontaktieren, nicht verkaufen möchten, dann kennen sie vielleicht jemanden, der Ziegen zu verkaufen hat.

SAANENZIEGE

ALPINE ZIEGE

Rassen

Die erste Regel bei der Auswahl einer Ziege ist, kaufen Sie keine Rasseziege mit Stammbaum, wenn Sie nicht erwerbsmäßig züchten möchten (und dieses Buch enthält keine Informationen diesbezüglich). Es gibt keinen Grund für eine Ziege reinrassiger Herkunft. Es ist, als ob Sie für einen prämierten Hund zahlen, wenn Sie nur einen Freund suchen, der Sie auf Spaziergängen begleitet. Eine gute, mischrassige Ziege ist ab einem Preis von fünfzig Euro erhältlich. Reinrassige Ziegen können hundert und mehr kosten.

Wie bei allen Tieren sind verschiedene Ziegenrassen für spezielle Merkmale bekannt. Wenn Sie sich für eine mischrassige Ziege entscheiden, dann können Sie die Merkmale von zwei Rassen in einer Ziege kombinieren. Bevor Sie sich für eine Rasse entscheiden, müssen Sie entscheiden, aus welchen Gründen Sie eine Ziege wollen. Weil sie süß ist, als Milchlieferant, für Ziegenkäse, als Freundin? Es ist allein Ihre Entscheidung.

GRÖSSE

Jede Ziege für den städtischen Bereich sollte wenigstens einen Anteil Westafrikanische Zwergziege oder Nigerianische Zwergziege enthalten. Beide Rassen sind klein und geben eine fetthaltige Milch.

Die Westafrikanische Zwergziege ist allerdings die kräftigere der beiden, da es eine Fleischrasse ist. Die Nigerianische Zwergziege ist für ihr sanftes Wesen bekannt. Westafrikanische Zwergziegen sind großartige Haustiere, sollen aber lauter sein als die Nigerianischen Zwergziegen.

MILCHPRODUKTION

Milchziegen sind Rassen, die Milch überproduzieren – das heißt, sie produzieren mehr Milch, als ihre Jungen zum Überleben benötigen. Zu den Milchrassen gehören die Alpine Ziege, die Anglo-Nubier Ziege, die Oberhasli-Brienzer Ziege, die

„Kaufen Sie keine Ziege, nur weil sie vier Beine hat und wie eine Ziege blökt. Sprechen Sie mit dem Besitzer, vergewissern Sie sich, dass die Ziege einen sanften Charakter hat, mehrmals am Tag mit Menschen Kontakt hatte und vorzugsweise nicht vom Viehmarkt stammt. Viehmärkte sind Orte, wo Farmer hingehen, um ihre Probleme loszuwerden, und selbst wenn eine bestimmte Ziege kein Problem hatte, bevor sie dahinkam, hat sie sehr wahrscheinlich eines von dort mitgenommen. Kaufen Sie eine mit guten Milcheigenschaften aus beiden Linien (wenn Sie melken möchten)."
— LINDSAY, BLOGLESERIN

Suchen Sie den richtigen Charakter aus

Achten Sie bei der Auswahl Ihrer Ziege auf die Charaktereigenschaften der Rasse. Eine meiner Ziegen, Lily, ist zum Teil eine Anglo-Nubier Ziege, was eventuell erklärt, warum sie so stur und eigensinnig ist. Sie glaubt beharrlich, dass sie in meine Küche darf. Und wenn ich ihr einen Zweig herunterziehe, kann sie nie abwarten, bis der Zweig weit genug unten ist, sie muss an meiner Seite hochklettern. Autsch! Sie stößt nach den Hühnern. Sie drängelt sich zum Futter vor. Sie macht Ärger. Und die meiste Zeit im Winter denke ich, wie schön es wäre, keine Ziegen zu haben, besonders diese eine.

Dann kommt der Sommer. Ich bringe sie hinaus auf die grüne üppige Weide ... und ich vergesse den ganzen Ärger, den sie verursacht hat. Eine Ziege mit einem Maul voller Löwenzahn lässt mich alles vergessen. Ich sehe nie einem Hund beim Fressen zu, aber meinen Ziegen, besonders dieser frechen, großmäuligen, dabei zuzusehen, wie sie riesige Sträuße voll Klee mampfen, lässt die Welt strahlend und freundlich erscheinen.

Dann kommen die Nachbarskinder, um sie zu füttern. Sie fahren mit den Händen durch die Zweige und pflücken ihnen so ein Sträußchen Blätter. Lily reagiert auf das leise pick-pick-pick der Blätter, wenn sie abgerupft werden, als ob es die Glocke zum Abendessen wäre. Sylvie, die wohlerzogene, ruhige Ziege, ist viel zu schüchtern, um sich von den Nachbarskindern füttern zu lassen. Aber Lily frisst eine Handvoll nach der anderen aus grünfleckigen Fingern.

Ich sitze zufrieden im Schatten und lächle. Vorbeifahrende Menschen verlangsamen die Fahrt und winken, Nachbarn kommen auf einen Schwatz vorbei. Es ist, als ob die Zeit plötzlich um siebzig Jahre zurückgestellt wurde und ich denke bei mir: „Ich glaube ich werde immer Ziegen haben, besonders diese da".

Saanenziege und die Toggenburger Ziege. Jede dieser Rassen kann mit einer Westafrikanischen oder Nigerianischen Zwergziege gekreuzt werden, um mehr Milch zu produzieren als mit einer reinen Zwergziege. Wenn Sie auf Milch aus sind, dann ist die Toggenburger Ziege eine gute Wahl. Bei den meisten Minis soll es wie „Mäuse melken" sein. Aber wenn Sie nur Milch für Ihre Familie wollen, dann geht es Ihnen vielleicht nicht um große Mengen. Einige Tassen pro Tag werden Ihnen vielleicht schon locker reichen. So wäre es zumindest bei meiner Familie.

ZIEGENKÄSE

Bei der Herstellung von Käse ist der Fettgehalt der Milch entscheidend. Viel Milch bedeutet nicht zwangsläufig viel Käse. Die Nigerianische und die Westafrikanische Zwergziege sind beide eine ausgezeichnete Wahl, wenn Sie Käse machen wollen, da ihre Milch mehr Fett enthält. Sie bekommen zwar weniger Milch pro Ziege, aber mehr Käse pro Liter Milch. Jede der Miniversionen wird Milch mit einem recht hohen Fettanteil geben, da sie mit einer der beiden Zwergziegenrassen gekreuzt wurden, aber wenn Sie den Milchfettgehalt maximieren wollen, dann halten Sie sich an eine reinere Rasse der Mini-Rassen.

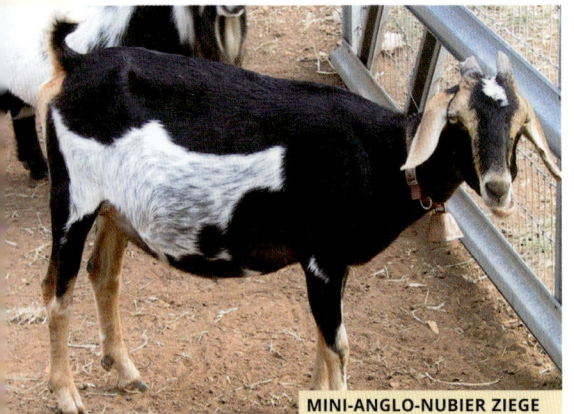
MINI-ANGLO-NUBIER ZIEGE

MINI-TOGGENBURGER ZIEGE

FLEISCH

Diese Rassen sind kräftiger, da sie für die Fleischproduktion gezüchtet wurden: die Burenziege, die Spanische Ziege und die Myotonic oder Fainting Goat.

FASERN

Diese Rassen sind für ihr Haar bekannt, das zur Produktion von Fasern verwendet wird: die Kaschmirziege, die Angoraziege und die Pygoraziege (eine Kreuzung aus einer Zwergziege und einer Angoraziege, die für die Produktion von Fasern und Milch verwendet werden kann).

PERSÖNLICHKEIT

Wie Hunderassen sind auch Ziegenrassen für ein bestimmtes Temperament und eine bestimmte Lautstärke bekannt. Berücksichtigen Sie bei der Wahl einer Rasse, die zu Ihnen und Ihrem Garten passt, auch die Persönlichkeit.

- Die Oberhasli-Brienzer Ziege und die Saanenziege gelten als recht sanftmütig.
- Die Alpine Ziege, die Anglo-Nubier und die Toggenburger Ziege gelten als eigensinnig und unabhängig.
- Oberhasli-Brienzer gelten als sehr leise Rassen.
- Die Anglo-Nubier Ziege gilt als stimmhaft (sprich: laut).

GESELLSCHAFT

Nigerianische Zwergziegen, Toggenburger, Oberhasli-Brienzer und Saanenziegen sind die süßesten Milchziegen. Denken Sie daran, dass die Westafrikanische Zwergziege und die Anglo-Nubier Ziege als *laute* Ziegen gelten, aber keine Ziege ist so laut wie ein Hund. Die Alpine Ziege, die Anglo-Nubier und die Toggenburger Ziege gelten als die eigensinnigsten und unabhängigsten Milchziegenrassen. Lilys Vater ist eine reinrassige Anglo-Nubier Ziege und Lily ist in der Tat unmöglich – eigensinnig und laut –, aber als mein Flaschenkind ist sie auch die anhänglichste.

> „Ich muss sagen, was mich am meisten an unserer Zwergziege überrascht hat, war ihr Charakter. Ich hatte immer angenommen, dass Ziegen wie alle 'Stalltiere' sind, und das ist nicht einmal annähernd wahr. Sie benimmt sich viel mehr wie ein Hund. Sie läuft ohne Leine hinter uns her, schläft auf unserer Türschwelle, rennt voraus, um ins Auto einzusteigen und spielt im Heu. Ihre Intelligenz und ihre Persönlichkeit verblüffen uns jeden Tag."
> — EMILY, BLOGLESERIN

Babyziegen mit der Flasche füttern

Als ich Lily bekam, musste sie mit der Flasche gefüttert werden. Das einzige Problem war, dass sie nicht zu mir kommen wollte. Und wenn ich sie eingefangen hatte, musste ich ihren Mund aufzwingen und die Flasche hineindrücken. Sie war so zappelig!

Ich dachte, dass sie nach dem ersten Mal wüsste, wie es funktioniert. Aber das tat sie nicht. Zwei Tage lang musste ich dieser Ziege zur Fütterzeit hinterherjagen. Ich war so zerschlagen und voller Wunden und blauer Flecke, ich sah aus wie eine Roller-Derby-Queen. Als ich Lily gekauft habe, war der Besitzer einfach zu ihr rübergegangen und hatte sie hochgenommen. Sie zappelte ein bisschen, aber ich nehme an, die Gegenwart der restlichen Herde hatte ihr ein Gefühl der Sicherheit gegeben, sodass sie nicht wegrannte. In meinem Garten war sie nicht so ruhig. Mann, war die schnell. Stellen Sie sich vor, Sie versuchen ein Mini-Reh einzufangen.

„Ziegenleute" sagten mir, dass ich nur ein paar Tage lang bei ihr da draußen sitzen sollte, damit sie sich an mich gewöhnen könnte. Ich saß stundenlang da. Nichts. Ich machte mir Sorgen, dass sie verhungern würde, bevor sie sich an mich gewöhnen würde. Und dann kam noch ein weiteres Problem dazu. In dem Moment, in dem sie Hunger bekam, fing sie an zu schreien! Leute, die mit ihren Hunden Gassi gingen, erkundigten sich, ob mit dem „schreienden Kind" alles in Ordnung war.

Endlich sprach jemand die wichtigsten Worte in meiner Babyziegen-Fütter-Karriere aus – Schleppkette. Was für ein Unterschied. Meine Schrammen und blauen Flecken heilten schnell ab, und bald darauf fand Lily heraus, dass ich sie nicht umbringen wollte. Und sobald sie das mit dem Füttern kapiert hatte, klebte sie an mir wie die Wespe am Kuchen. Dem Himmel sei für Schleppketten gedankt.

NIEDLICHKEIT

Ich will nicht lügen – ich habe meine Ziegen wegen ihrer Niedlichkeit gekauft. Ich wollte etwas Entzückendes, dem ich ein rosa Halsband umlegen und mit dem ich im Garten spielen kann. Lily ist daher eine Zwergziegen-Buren-Mischung und Sylvie ist einfach eine reine weiße Spanische Ziege. Es ist nichts Besonderes an ihnen, außer dass sie mir edel erschienen, als ich sie sah. Ich wollte hübsche Ziegen, die gute Haustiere abgeben würden und möglichst noch Milch geben. Fazit – kaufen Sie eine Ziege, die Ihnen gefällt und Sie werden noch mehr Spaß haben.

Babyziegen – für Glucken wie mich

Babyziegen machen viel mehr Mühe als größere junge Ziegen, die Sie kaufen können. Aber sie sind so *süß*! Um sich um sie zu kümmern, brauchen Sie einige Dinge, die Sie bei größeren Ziegen nicht brauchen.

SÄUGLINGSNAHRUNG UND BABYFLASCHE

Säuglingsnahrung für Ziegen finden Sie im Tierfachgeschäft. Folgen Sie den Anweisungen auf dem Eimer! Die Babyziege mit der Säuglingsnahrung zu überfüttern, kann ernste Folgen haben. Die Ziege kann Durchfall bekommen, was zu ihrem Tod führen kann. Wenn Ihre Ziege mehr trinken will, geben Sie bei der nächsten Mahlzeit einfach die doppelte Menge Wasser dazu. Sie können jede normale Babyflasche verwenden, schneiden Sie nur die Spitze ab, sodass die Milch von alleine läuft, wenn Sie die Flasche auf den Kopf stellen.

SCHLEPPKETTE

Die ersten ein oder zwei Wochen wird Ihre Ziege genauso wenig zu Ihnen kommen, wie es ein wildes Reh tun würde. Sie wird jedes Mal vor Ihnen weglaufen, wenn Sie versuchen, sie mit der Flasche zu füttern. Legen Sie ihr ein Hundehalsband um und befestigen Sie daran eine eineinhalb Meter lange Leine mit abgeschnittener Schlaufe, damit die Ziege sich nicht darin verheddern und sich selbst nicht verletzen kann.

Wenn Sie auf einen und einen halben Meter an die Ziege herankommen, dann können Sie auf die Kette treten und sie herziehen.

WÄRME

Wenn Sie Ihre Babyziegen in der kalten Jahreszeit bekommen, dann können Sie sie bei Nacht wie ich in einem Hundezwinger aus Draht in der Küche unterbringen. Wenn Sie nicht mehr jeden Morgen die Ziegenköttel entfernen möchten, dann stellen Sie den Hundezwinger auf die Veranda, legen Sie ihn mit Stroh aus, schließen Sie die Tür des Zwingers und legen Sie eine Plane und eine Decke darüber. Einige Zie-

genhalter geben auch noch eine Lampe als zusätzliche Wärmequelle dazu. Oder Sie können ihnen entzückende wollene Ziegenpullover stricken!

OHRSTÖPSEL

Eine Babyziege, die zum ersten Mal ohne ihre Herde ist, wird durcheinander sein, das heißt, sie wird *laut* sein. Der einzige Weg, das zu ändern, ist, sie die ganze Zeit herumzutragen. In dem Moment, in dem Sie sie absetzen, wird sie vermutlich wieder anfangen zu schreien. Wenn sie erst einmal herausgefunden hat, dass Sie die Person mit der Flasche sind und sich ein wenig eingelebt hat, sollten Sie wieder eine ruhige, glückliche kleine Ziege haben.

GEDULD

Ziegen jagen, Ziegen schlagen, Ziegen anschreien – das ist nicht der geeignete Weg, um sich mit Ziegen anzufreunden.

Wenn Ihre Ziegen älter sind (also entwöhnt), dann freunden Sie sich am besten mit ihnen an, indem Sie still Zeit in ihrer Nähe verbringen. Ach ja, und ein wenig Süßfutter in Ihrer Hand oder in der Nähe Ihrer Füße schadet auch nichts. Sie beobachten die Ziegen, die Ziegen beobachten Sie. Je mehr sie sich daran gewöhnen, Sie in ihrer Nähe zu haben, besonders wenn Sie die Person mit dem Futter sind, desto mehr werden sie sich mit Ihnen anfreunden. Sie werden zu Ihnen kommen, um gestreichelt zu werden, und werden an Ihrem Ärmel zupfen, wenn Sie mit Liebkosungen sparsam sind. Aber wie Rehe (die mit den Ziegen nah verwandt sind) sind sie schreckhaft. Daher müssen Sie leise, ruhig und geduldig sein. Lassen Sie ihnen Zeit, sich an Sie zu gewöhnen.

Grundsätzliches zur Pflege und Fütterung erwachsener Ziegen

Ich werde immer Ziegen kaufen, die noch mit der Flasche gefüttert werden müssen, da die Fütterung ein Band zwischen mir und der Ziege knüpft und die Ziege mich für ihre Mutter hält. Aber für eine entspannte Ziegenerfahrung sollten Sie Ziegen kaufen, die bereits entwöhnt und enthornt wurden. Erwachsene Ziegen haben sehr geringe Ansprüche an Pflege und Fütterung. Sie brauchen:

- eine Freundin
- Wasser
- Gras oder Heu
- Tierfutter
- Mineralien
- Schutz vor Regen und Wind
- Hufe trimmen (gelegentlich)
- Entwurmungsmittel (gelegentlich)

FREUNDE

Ziegen sind Herdentiere. Eine allein gehaltene Ziege ist eine übellaunige Ziege. Das wollen Sie nicht. Besorgen Sie ihr eine Freundin.

Als ich nur Lily hatte, lieh ich mir eine Freundin zum Übernachten, bis ich eine andere Miniziege gefunden hatte. Die vorübergehende Freundin, Rosie, war eine normal große Ziege, aber nur ein Baby. Nachdem ich Sylvie gefunden hatte, brachte ich Rosie wieder nach Hause.

WASSER

Wie fast alle Tiere benötigen Ziegen rund um die Uhr Zugang zu Wasser. Ich habe einen Zwanziglitereimer für das Wasser der Ziegen verwendet, aber der beste Was-serbehälter ist eine flache Gummischüssel, die Sie im Fachmarkt für Tierbedarf kaufen können. Die Ziegen können diesen Behälter nicht umwerfen, und da er aus Gummi ist, geht er bei niedrigen Temperaturen nicht kaputt. Wenn das Wasser gefroren ist, können Sie den Behälter zudem umdrehen und das Eis von hinten herausdrücken.

HEU ODER GRAS

Ziegen fressen Gras oder die Äste, die Ihre Nachbarn über den Zaun werfen, oder Ihre Büsche. Aber wenn nichts Grünes mehr übrig ist (wie im Winter), brauchen sie rund um die Uhr Zugang zu Heu.

Wenn es sonst nichts gibt, dann essen Ziegen Heu und im Winter ist es ihr Hauptnahrungsmittel. Sie müssen kein teures

Heu kaufen. Eine einfache Heumischung ist ausreichend.

Das größte Problem bei Heu ist, es trocken zu halten. Wenn Sie einen Ballen in den Garten werfen, wird er nach dem ersten Regen anfangen, innen zu vermodern. Ich bewahre meines in einer Hundehütte auf, die ich auf den Kopf stelle und mit einem Ziegelstein beschwere, um es vor dem Regen zu schützen.

TIERFUTTER

Sie müssen kein spezielles Markenfutter kaufen, achten Sie nur darauf, dass Ziegen auf der Verpackung angegeben sind. Es ist hauptsächlich einfach eine Ergänzung zum Heu und vermittelt den Ziegen das Gefühl, dass das Leben gut ist.

MINERALIEN

Mineralien gibt es als Block oder in einer Tüte im Fachgeschäft für Tierbedarf. Es ist wie ein Salzstein für Kaninchen. Nehmen Sie Blöcke, die speziell für Ziegen gedacht sind. Mineralsteine für Schafe enthalten kein Kupfer, diese sollten Sie nicht nehmen.

SCHUTZ

Die allgemeine Empfehlung lautet, Ziegen einen dreiseitigen Unterstand zu bieten, dessen offene Seite nach Süden geht. Ich verwende ein altes Gartenspielhaus. Ich habe es mit einem halben Ballen Stroh ausgelegt und schon hatte ich einen Ziegenstall. Im Winter wickle ich eine große Plane darum, um den Wind abzuhalten. Fertig!

Sie können irgendetwas benutzen, solange es Regen und Wind abhält. Hundehütten aus Plastik oder Holz erfüllen den Zweck. Ich habe auch Ziegen gesehen, die Holzpaletten unter einem Verschlag genutzt haben. Ich habe ewig versucht, sie in das nette kleine Haus zu locken, das ich ihnen gemacht hatte, aber sie bevorzugten die elende alte Palette im Verschlag. Dumme Tiere.

ZÄUNE

Wie bereits erwähnt, sind die typischen Holzlattenzäune hervorragende Zäune für Ziegen. Aber was tun, wenn Sie nicht Ihren ganzen Garten als Toilette für die Ziegen zur Verfügung stellen möchten? Dann werden Sie noch einen weiteren Zaun aufstel-

Wie man einen Ziegenzaun nicht errichten sollte

1. Leihen Sie sich den LKW mit Dieselmotor, Gangschaltung und fünf Meter Ladefläche mit Hebebühne vom Freund des Freundes eines Freundes aus und fahren Sie mit sechsundzwanzig Stundenkilometern zum Baumarkt, wobei Sie den Motor nicht abwürgen (Gott sei Dank), aber das Getriebe beim Schalten zweimal krachen lassen.

2. Kommen Sie beim Baumarkt an und realisieren Sie, dass Sie dieses Monster unmöglich einparken können, woraufhin Sie sechs Parkplätze belegen, um nicht wenden zu müssen.

3. Stellen Sie fest, dass Sie den Schlüssel nicht herausbekommen. Versuchen Sie es einige Minuten lang, winken Sie dann zwei älteren Herren auf dem Parkplatz, die so aussehen, als wüssten sie, wie man den Schlüssel aus einem Diesel-LKW bekommt, der so groß ist wie Ihr Haus. Schlüssel erfolgreich herausbekommen. Lektion zum Entfernen eines Schlüssels erhalten.

4. Betreten Sie den Laden und fragen Sie nach einem Ziegenzaun.

5. Lachen Sie laut, wenn sie ihnen den Zaun zeigen, da eine lahme Ziege auf Beruhigungsmitteln rückwärts über ihn springen könnte. Ein Meter zwanzig? Soll wohl als elektrischer Zaun verwendet werden. Mit kleinen Kindern in der Nähe unmöglich.

6. Kaufen Sie zwei 5 Meter lange und 1,5 Meter hohe Elemente für Pferdezäune.

7. Fahren Sie den Mammut-LKW zur Rückseite des Ladens. Scheitern Sie wieder beim Herausziehen des Schlüssels. Lassen Sie sich vom älteren Verkäufer eine Lektion erteilen.

8. Helfen Sie dem älteren Verkäufer dabei, die Zaunelemente mithilfe der Hebebühne, die keiner von euch bedienen kann, auf die Ladefläche des LKW zu bekommen und fahren Sie mit siebenundzwanzig Stundenkilometern nach Hause. (Ich habe noch nie in einem Auto gesessen, das schon vor Erreichen von fünfzig Stundenkilometern in den vierten Gang geschaltet werden musste.)

9. Erleben Sie einen kleinen Nervenzusammenbruch beim Versuch, den Parkplatz links abbiegend zu verlassen und rufen Sie dabei alle Schutzheiligen, an die Sie sich erinnern können, während das Adrenalin durch Ihre Adern jagt. „Heilige Therese, Teresa, Lewis, John vom Kreuz, Philomena, Heiliger Jesu, Mutter Maria, Elisabeth, alle Verwandten, die mich hören können, Heilige, die ich nicht einmal kenne ... betet alle für mich, dass ich heil zurückkomme, bitte!"

10. Setzen Sie die Zaunelemente an Ihrem Haus ab und bringen Sie den Mammut-LKW zurück. Danken Sie allen Bewohnern des Himmels für ihre hoch geschätzte Unterstützung.

11. Scheitern Sie noch einmal daran, den Schlüssel zu entfernen. Versuchen Sie es einige Minuten lang. Beten Sie noch ein wenig mehr, bis Sie den Schlüssel schließlich herausbekommen.

12. Geben Sie dem Besitzer den Schlüssel zurück, der es nicht glauben kann, dass Sie nicht vom Straßengraben aus angerufen haben. (In meinem Fall fiel das Wort „Superwoman". Ha!)

13. Gehen Sie heim und hauen Sie U-Pfosten in einer relativ geraden Linie rein, befestigen Sie die Zaunelemente mit Kabelbindern und bringen Sie ein Gatter aus dem Eisenwarenladen an. Vollbracht!

len müssen. Sie können einen niedrigen Lattenzaun aufstellen, aber selbst Zwergziegen werden sich am Haus abstoßen können und den Zaun überwinden. Das Einzige, was die Ziegen meiner Erfahrung nach drin hält, außer einem 1,75 Meter hohen Lattenzaun, sind Pferdegitter, die Sie im Baumarkt kaufen können. „Ziegengitter" sind zu niedrig und eignen sich zudem nicht für Hühner. Ich frage mich, ob sie als elektrischer Zaun dienen sollen, was mit kleinen Kindern im Haushalt keine Option ist. Pferdegitter sind höher und haben kleinere Abstände. Ich habe U-Pfosten in den Boden gerammt und meinen Zaun mit Kabelbindern befestigt. Aber das ist eine provisorische Vorrichtung. Wenn ich normal große Ziegen hätte oder wollte, dass die Verbindung mehr als ein Jahr übersteht, müsste ich den Zaun mit Draht an den U-Pfosten befestigen.

Zwei Miniziegen brauchen ein 6 x 6 Meter großes Gehege, um sich wohlzufühlen. Das Gras im Gehege wird größtenteils verschwinden, vermutlich allein durch das Herumlaufen darauf. Wenn das Gehege größer ist, ungefähr 12 x 12 Meter, dann sollte trotz des Herumlaufens und des Grasens noch Gras übrig bleiben.

WÜRMER

Wie jedes andere Tier bekommen Ziegen Würmer und bakterielle Infektionen, allerdings reicht eine Tube Entwurmungsmittel zum Glück ein Jahr lang. Ich verwende Ivermectin (für Pferde) für meine Ziegen, alle drei bis sechs Monate.[2] Eine erbsengroße Menge ins Futter gegeben genügt.

HUFE TRIMMEN

Als meine Ziegen noch auf der hinteren Veranda wohnten, bevor meine bessere Hälfte dem Ziegenmist überall den Riegel vorschob, musste ich die Hufe fast nie trimmen. Auf dem Beton nutzen die Hufe sich von allein ab. Nachdem ich die Ziegen in ein Gehege im Garten gesetzt hatte, war der grasige Untergrund zu weich, als dass die Hufe sich abnutzen daher musste ich sie öfter trimmen. Ich habe Scheren benutzt, aber es hat mich viele Flüche gekostet. Eine Feile ist ein billiges Werkzeug, das den Zweck schnell und schmerzlos erfüllt, ungefähr so, wie wenn Sie Ihre Fingernägel feilen. Die Hufe der Tiere wachsen von Tier zu Tier unterschiedlich.

> „Ich war überrascht, wie beruhigend es ist, in der Frühe an einem Frühlingsmorgen in einem kalten Stall zu sitzen, meinen Kopf gegen den warmen Körper einer Ziege zu lehnen und dem rhythmischen Geräusch der Milch zu lauschen, die ich in den Eimer melke. Ich war auch überrascht, wie entzückend Babyziegen sind."
> — OAT BUCKET FARM, BLOGLESER

---

2 Wechseln Sie das Entwurmungsmittel immer wieder wegen der Resistenz.

Wie Sie mit Ihrer Ziege Gassi gehen

Mit Ihrer Ziege Gassi zu gehen, hat zwei Vorteile:

1. Die Hufe werden dadurch gefeilt, und Sie müssen es nicht mehr tun.
2. Sie werden berühmt.

Wenn Sie je Aufmerksamkeit auf sich ziehen möchten, dann gehen Sie mit Ihren Zwergziegen Gassi. Ich hatte Leute, die extra einen Umweg von der Hauptstraße durch meine Gegend genommen haben, nur um herauszufinden, was diese verrückte Frau an der Leine führt.

Mit einer Ziege Gassi zu gehen, macht irre viel Spaß. Es ist sehr entspannend, im Vergleich zum Gassi gehen mit einem Hund. Sorgen Sie nur dafür, dass Sie frisch geduscht und gekämmt sind, bevor Sie gehen. Die Leute werden von Ihnen Notiz nehmen.

Hier sind meine Tipps, damit Ihr Spaziergang ein Erfolg wird:

3. Sie müssen die Ziegen an die Leine nehmen, da sie sonst wer weiß wohin flüchten, wenn sie Angst bekommen, was häufig passiert.
4. Ziegen sind in der Regel Hinterherläufer, keine Anführer. Sie werden eventuell einen Großteil des Spaziergangs mit Ihren Armen hinter dem Rücken verbringen, während die Ziegen hinter Ihnen hertrotten.
5. Ziegen ziehen Sie in der Regel nirgends hin. Sie müssen sie von etwas wegziehen, wie dem Unkraut Ihres Nachbarn oder seinen Büschen am Briefkasten.
6. Mit Ziegen gehen Sie am einfachsten auf der Straße Gassi, nicht auf dem Gehweg, aus zwei Gründen: (1) Dort müssen Sie ihre Pellets nicht auffegen (was ohne einen Mini-Staubsauger beinahe unmöglich ist) und (2) es ist leichter, sie am Laufen zu halten. (Auf dem kleinen Streifen Asphalt zwischen grasigen Flächen zu bleiben ist, als ob Sie einen Hund am Laufen halten möchten, wenn überall Steaks auf dem Boden herumliegen.)
7. Ziegen gehen nicht geradeaus. Sie haben keine Mission wie ein Hund. Sie schlendern und wandern hinter Ihnen her und um Sie herum. Sie werden sich in der Leine verheddern. Ich empfehle eine einziehbare Leine oder das Aneinanderleinen der Ziegen, wenn möglich.
8. Die Ziegen werden Sie mit den Nachbarn reden lassen, solange Sie wollen, besonders wenn es bei den Nachbarn Gras gibt, aber sie bleiben auch geduldig auf der Straße stehen.
9. Halten Sie sich so gut wie möglich von belebten Straßen fern (Ziegen fürchten sich vor Autos und werden eventuell versuchen zu flüchten und stark an Ihren Armen ziehen) sowie von Spaziergängern mit Hunden (Ziegen fürchten sich vor Hunden noch mehr als vor Autos).
10. Achten Sie auf Ihrem Spaziergang darauf, ob Ihre Ziegen Anzeichen von Durst zeigen.

Ziegenkrankheiten

Wenn Sie im Internet recherchieren, werden Sie von Abermillionen möglicher Ziegenkrankheiten überwältigt. Meine Theorie besagt, dass diese Menschen viel in ihre Herden investiert haben und die meisten Behandlungen selbst durchführen. Lassen Sie mich die Fakten daher für Sie zusammenfassen. Privat gehaltene Ziegen bekommen zwei Arten von Krankheiten:

1. Durchfall
2. Blähungen

Dass eine Ziege Durchfall hat, erkennen Sie daran, dass das Hinterteil der Ziege schmutzig ist und die Ziege so aussieht, wie sie sich fühlt (elend). Erinnern Sie sich, wie Sie aussahen, als Sie das letzte Mal eine Magen-Darm-Grippe hatten? So sehen auch Ziegen aus. Wenn eine Ziege elend aussieht, dann werfen Sie einen Blick auf ihr Hinterteil. Durchfall[3] rührt daher, dass sie etwas Unverträgliches gegessen hat oder von Bakterien, die die Ziege sich vom Boden eingefangen hat.

Blähungen rühren meist daher, dass die Ziege ins Getreidelager eingebrochen ist und sich überfressen hat. Ziegen sind nicht wirklich für Getreide gemacht und zu viel davon führt dazu, dass sich ihre Bäuchlein aufblähen und platzen! Klingt grauenvoll, aber beides lässt sich leicht behandeln.

- Wenn eine Babyziege Durchfall hat, füttern Sie ihr weniger Säuglingsnahrung.
- Wenn eine ältere Ziege Durchfall hat, geben Sie ihr ein wenig Entwurmungsmittel.
- Bei Blähungen oder dem Verdacht auf Blähungen, nehmen Sie Simethicon Kautabletten.

---

3 Ziegen bekommen bei einem Futterwechsel gerne Durchfall.

Begattung

Wenn Sie Ihre Ziegen nicht melken und keine Babyziegen verkaufen möchten, dann können Sie diesen Abschnitt überspringen, da Ihre Ziegen in dem Fall nicht begattet werden müssen. Ihre Ziegen können einmal im Jahr begattet werden, es ist aber nicht notwendig.

Wenn Sie Ihre Ziegen weiterhin regelmäßig melken, können Sie sie alle zwei Jahre begatten lassen, um die Milchproduktion anzuregen bzw. auf einem hohen Niveau zu halten. Es ist aber nicht notwendig.

Wenn Sie sie begatten lassen möchten, dann kaufen Sie keinen Ziegenbock, der bei Ihnen wohnen soll! Ziegenböcke stinken und sind Unruhestifter. Sie haben folgende Möglichkeiten:

- Freunden Sie sich mit jemandem an, der einen Ziegenbock hat, und geben Sie ihm im Austausch dafür die Jungen.
- Zahlen Sie ihm etwas für das Decken und verkaufen Sie die Jungen selbst.

„Ziegenböcke stinken! Wir kamen durch einen Freund an einen Ziegenbock, aber auf Craigslist findet man Farmen, die welche zum Decken ausleihen. Oder geben Sie selbst eine Anzeige auf! Ich empfehle, dass der Ziegenbock zu Ihnen kommt, wenn möglich. Er stinkt zwar, aber Ihre Ziegen werden dadurch gesünder sein. Ein einzelner Bock wird kaum Krankheiten und Probleme bei Ihnen einschleppen. Aber eine gesunde Ziege auf eine Farm zu schicken, wo dreißig andere Ziegen leben, setzt sie einer Reihe potenzieller Probleme aus. Wir haben beides ausprobiert und bevorzugen es, den Ziegenbock hierher zu bringen. Solange er eine oder zwei Ziegen zur Gesellschaft hat, wird er nicht versuchen abzuhauen."
— LINDSAY, BLOGLESERIN

Ein Ziegenbock-Tuch verwenden

Ein Ziegenbock-Tuch ist ein Stofffetzen, der über die Duftdrüsen eines brünstigen Ziegenbocks gerieben wurde. Die Brunst ist die Zeit, wenn der Bock denkt, dass er attraktiv und sexy ist und sein Körper unglaubliche Mengen Gestank produziert. Die Ziegenmädels lieben es.

Wie Sie ein Ziegenbock-Tuch verwenden:
1. Bewahren Sie es in einem verschlossenen, luftdichten Behälter auf. Es riecht schrecklich.
2. Zeigen Sie es Ihren Ziegen jeden Tag. An den meisten Tagen werden sie wenig Interesse zeigen.
3. Wenn sie mit ihren Schwänzen wedeln und daran schnüffeln, als ob sie nicht genug davon bekommen können, dann ist es Zeit.
4. Bringen Sie die Ziegen umgehend zum Haus des Ziegenbocks.
5. Der gesamte Vorgang wird nur einige Minuten in Anspruch nehmen.

• Kaufen Sie sich zusammen mit jemandem (der ein großes Grundstück hat und den Ziegenbock leicht dort halten kann) einen Ziegenbock und teilen Sie sich mit ihm/ihr die Unterhaltskosten.

DER RICHTIGE ZEITPUNKT

Versuchen Sie nicht herauszufinden, wann Ihre Ziegen brünstig sind. Ich verrate Ihnen nicht einmal die Anzeichen. Es wird Sie wahnsinnig machen, Ihren Ziegen aufs Hinterteil zu starren. Hier sind daher drei Optionen, wie Sie Mädels und Jungs zum richtigen Zeitpunkt zusammenbringen.

• Quartieren Sie einen Ziegenbock für einen Monat bei sich ein.
• Lassen Sie Ihre Ziegen einen Monat lang bei einem Ziegenbock wohnen.
• Verwenden Sie ein „Ziegenbock-Tuch" (siehe Kasten oben auf der Seite).

GEBURT

Hunde und Katzen bringen ihre Jungen immer ohne unsere Hilfe auf die Welt. Das schaffen Ziegen auch. Eines Tages werden Sie vielleicht aufwachen und zwei Ziegen mehr im Garten entdecken. Aber die meisten von uns Ziegenhaltern möchten bei dem Vorgang zur Unterstützung dabei sein. Ziegen haben in der Regel zwei Junge. Die

Tragezeit beträgt bei Ziegen zwischen 145 und 155 Tage (ungefähr fünf Monate). Notieren Sie sich, wann Ihre Ziegen begattet wurden, damit Sie wissen, wann Sie mit der Geburt zu rechnen haben. Suchen Sie zur Unterstützung bei der Geburt einen Tierarzt oder jemanden, der viel Erfahrung mit der Geburtshilfe bei Ziegen hat, bevor Sie sie begatten lassen. Fragen Sie diese Person um Rat, was Sie bei der Geburt bereit haben sollten. Es ist sinnvoll, die Sachen zusammenzusuchen und beiseitezulegen, damit Sie sie bei Bedarf gleich zur Hand haben. Wenn das Datum näher rückt, geben Sie Ihrem Experten Bescheid, damit Sie ihn im Notfall anrufen können, wenn Sie Hilfe benötigen sollten. Informieren Sie sich über den Geburtsvorgang, damit Sie wissen, was Sie erwartet. Unter *Nützliche Informationen für Ziegenhalter* finden Sie eine Liste hilfreicher Bücher und Websites zu dem Thema.

Fakten zur Fortpflanzung:

1. Paart sich normalerweise im Herbst.
2. Wird einmal im Monat brünstig.
3. Die Tragezeit beträgt ungefähr 150 Tage.

Melken

Am Anfang dachte ich, dass es eklig sein würde, eine Ziege zu melken. Ich dachte, das Ziegeneuter wäre etwas sehr Privates, als ob ich jemandem in die Unterhose greifen würde. Es ist kein bisschen so. Genauso gut könnte ich an einem Ohr ziehen. Beachten Sie, dass die Fotos in diesem Abschnitt eine normal große Anglo-Nubier Ziege zeigen, eine Miniziege wird offensichtlich kleiner sein.

Um eine Ziege zu melken, brauchen Sie:

- Einen Melkeimer oder Melkbehälter, der leicht zu reinigen ist. Traditionell wird Edelstahl verwendet, aber es ist nicht unbedingt notwendig.
- Euterseife – entweder aus dem Fachgeschäft für Tierbedarf oder selbst gemacht.
- Einen Melkstand, damit die Ziege erhöht steht und ihr Kopf am Platz gehalten wird, und einen Hocker.
- Zwei Trichter und einen Kaffeefilter, um Fremdkörper herauszufiltern.
- 1 oder 2 Einliterglasbehälter, um die Milch aufzubewahren.

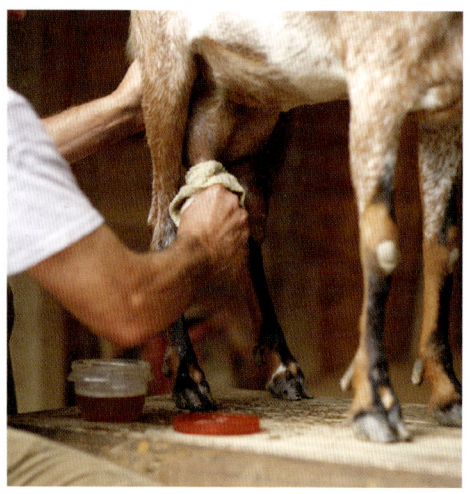

1. Waschen Sie sich als Erstes gründlich die Hände. Dann waschen Sie das Euter der Ziege mit spezieller Euterseife. Sie finden diese Art Seife im Fachgeschäft. Im Internet finden Sie Rezepte zum Selbermachen, seien Sie aber vorsichtig, wenn Sie ein neues Produkt ausprobieren. Das Waschen schützt Ihre Ziege vor einer Infektion.
   Trocknen Sie das Euter mit sauberen Papiertüchern ab und tauchen Sie niemals ein schmutziges Tuch in die Seifenlösung (Einmalartikel senken die Gefahr einer Verunreinigung und Infektion).

2. Greifen Sie die Spitze der Zitze genau oberhalb der Stelle, die sich wie ein kleiner Ballon anfühlt. Trennen Sie die Milch mit Zeigefinger und Daumen ab und schließen Sie sie so in der Zitze ein.

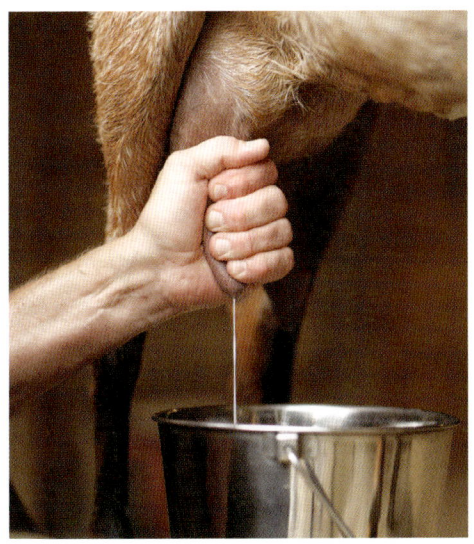

3. Schließen Sie Ihre Finger hintereinander, um die Milch aus der Zitze in den Eimer zu melken. Öffnen Sie die Finger wieder und wiederholen Sie den Vorgang, bis keine Milch mehr kommt.
 Ziehen Sie niemals an der Zitze. Bewegen Sie einfach vorsichtig Ihre Finger, um die Milch herauszumassieren. Massieren Sie dann das Euter, um zu sehen, ob noch mehr Milch kommt. Die Hintermilch enthält am meisten Milchfett.

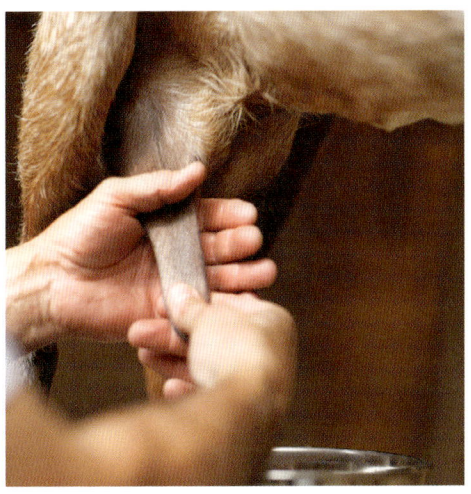

4. Umgreifen Sie die Zitze wieder genau oberhalb der Stelle, die sich wie ein kleiner Ballon anfühlt, um das letzte bisschen Milch herauszubekommen, und fahren Sie mit der Hand die ganze Zitze entlang. Ziehen Sie dabei das Euter nicht in die Länge.

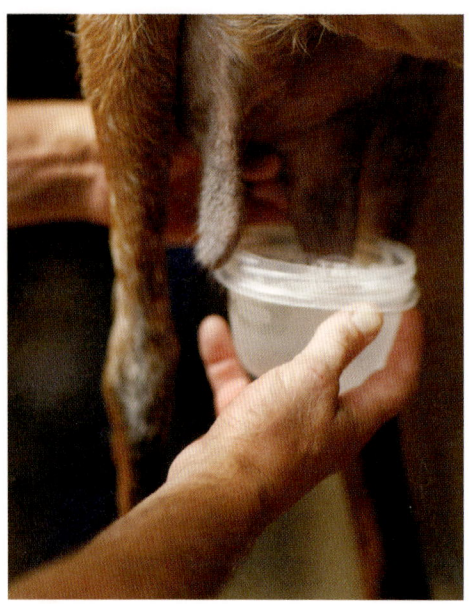

5. Wenn Sie mit dem Melken fertig sind, tauchen Sie die Zitzen in eine frische Euterseifenlösung. Durch die Verwendung von kleinen Einmal-Papiertassen beim Eintauchen der Zitzen senken Sie das Risiko der Verbreitung von Krankheiten und Infektionen.

6. Platzieren Sie den Kaffeefilter zwischen zwei Trichtern und filtern Sie die Milch in ein sauberes Glasgefäß mit Schraubdeckel. Verschließen Sie den Deckel, schreiben Sie das Datum drauf und geben Sie das Gefäß in den Kühlschrank.

7. Spülen Sie Ihre Geräte mit einem geeigneten Spülmittel ab oder geben Sie sie in die Geschirrspülmaschine. Unpasteurisierte Ziegenmilch hält sich einige Tage.

Ratschläge von Ziegenhaltern zum Thema Melken

„Ziehen Sie nicht an den Zitzen und drücken Sie nicht zu weit oben. Das mögen sie nicht. Halten Sie alles so sauber wie möglich. Ihre Hände werden mit der Zeit nicht mehr wehtun. Wenn die Ziege um sich tritt, dann hören Sie nicht mit dem Melken auf. Melken Sie auf den Boden, wenn es sein muss, aber sorgen Sie dafür, dass sie weiß, dass Ausschlagen, Treten und Bocken das Melken nicht beenden. Vergewissern Sie sich, dass Sie sie vollständig melken." – Oat Bucket Farm

„Wenn sie Milch geben, dann geben Sie ein extra Viertelkilo Futter pro Junges zusätzlich zu der normalen Futterration für eine ausgewachsene Ziege." – Maven

„In der vergangenen Saison haben wir zweimal am Tag gemolken, das werden wir nicht wieder tun. Ja, wir bekamen mehr Milch, aber es ist eine Menge Arbeit. Wenn Sie die jungen Ziegen tagsüber trinken lassen und sie nachts von der Mutter trennen (um morgens zu melken), dann haben Sie die Möglichkeit, einen Abend freizumachen, da Sie eine „Melkmaschine" haben (die Jungen). Wir waren sieben Monate lang an unser Haus gebunden und ich muss sagen, das war kein Spaß.
Ziegenmilch ist herrlich. Einfach herrlich. Und diesen Sommer haben wir Eis aus Ziegenmilch gemacht, das einfach fantastisch war. Lassen Sie sich von niemandem erzählen, dass Ziegenmilch nach „Ziege" schmeckt. Einige Rassen schmecken anders, aber die Milch der meisten Rassen schmeckt besser als Kuhmilch (kein ekliger Nachgeschmack), wenn sie richtig verarbeitet wird. Wir verarbeiten unsere, indem wir sie für zwei Stunden gleich nach dem Melken in den Gefrierschrank geben. Dadurch werden die Gase entfernt, die für einen verdorbenen Geschmack der Milch sorgen können. Die meisten Leute schmecken keinen Unterschied, außer dass es nach Vollmilch schmeckt, und sie sagen, dass die Milch einen süßen Nachgeschmack hat." – Lindsay

„Halten Sie Ihre Milch gebenden Mädels fern von den Kerlen. Ansonsten wird die Milch jedes Mal, wenn sie sich paaren, scheußlich schmecken." – Tanya

5

HEIMLICHE IMKER

Ich schlage vor, dass Sie sich überlegen, Zehntausende stachelbewehrter Insekten einzuladen, mit Ihnen zusammenzuleben. Moment mal, *was*? Imkern ist der letzte Trend – und mit „der letzte" meine ich, seit dem fünfundzwanzigsten Jahrhundert vor Christi Geburt. Ja, Imkern tun die Menschen schon immer, aber in das Blickfeld des durchschnittlichen modernen Städters ist das Imkern erst seit Kurzem geraten. Da ich Bienen habe und Deanna nicht, bezieht sich das „Ich" in diesem Kapitel auf mich, Daisy.

Vorteile von Bienen

DAISY

Das Imkern wurde in den letzten Jahren in den Städten und Vororten neu entdeckt, und das aus guten Gründen. Es ist ein faszinierendes Hobby, das dem Halter und der Gesellschaft vielerlei Vorteile bietet.

Beim Halter bewirken die Bienen eine Bewusstseinsveränderung, einen Mikrofokus. Anstatt nur ein „Insekt" zu sehen, werden Sie verschiedene Arten wahrnehmen. Sie werden sich fragen: *Ist das eine meiner Bienen?*

Sie werden Pflanzen anders wahrnehmen. Der Löwenzahn in Ihrem Rasen, der einst eine Plage war, hat sich in eine goldene Quelle für Nektar und Pollen verwandelt, und vielleicht lassen Sie ihn doch drin.

Das Brummen und der Gestank des ChemLawn-Trucks nebenan waren noch nie angenehm, und jetzt fangen Sie an, über eine Bürgerbewegung in Ihrer Stadt nachzudenken, um biologische Rasenpflege zu fördern. Der Honig im Supermarkt verblasst deutlich neben dem goldfarbenen Elixier Ihrer eigenen Bienen.

Für die Gesellschaft sind Bienen das unbekannte Rückgrat der Landwirtschaft. Über einhundert essbare Pflanzen, die Baumwollindustrie und die Futterpflanzen für Milchkühe und Fleischrassen sind alle auf Bienen angewiesen.

Und natürlich ist da auch noch der Honig. Er wird seit Jahrtausenden traditionell als Medizin verwendet und auch die moderne Medizin hat angefangen ihn zu entdecken und verwendet Honig und andere Bienenprodukte wie Gelee Royal, Propolis und Blütenpollen aufgrund ihrer antiseptischen, antibakteriellen, entzündungshemmenden und ernährungswissenschaftlichen Vorteile. Und natürlich schmeckt er einfach köstlich.

Warum hat dann nicht jeder einen Bienenkasten im Garten? Von allen Selbstversorgerkünsten scheint das Imkern die komplizierteste und teuerste, die furchteinflößendste und die geheimnisvollste zu sein.

Es gibt eine Lernkurve, und es gibt Investitionskosten. Aber der Lernprozess ist faszinierend und die Kosten können gedeckelt werden.

Furchteinflößend, nun ja, Bienen können stechen und tun es, aber dafür gibt es Schutzkleidung, und Honigbienen sind im Allgemeinen sanft und stechen nur, wenn

Tipps von städtischen Imkern

Wir haben die Leser unserer Website, littlehouseinthesuburbs.com, nach ihren Erlebnissen als Bienenhalter gefragt. Ihre Geschichten, in ihren eigenen Worten, sind über die Seiten dieses Kapitels verteilt. Hier kommt eine von Anny:

„Ich esse nicht einmal Honig, ich wollte Bienen, weil sie mich interessieren, es sind faszinierende Insekten … Ich habe meine Bienen vor zwei Jahren über jemanden gekauft, den ich online gefunden habe. Jetzt hat es mich gepackt. Ich möchte mehr Völker! … Ich lebe in einer großen Stadt. Ich habe einen ziemlich kleinen Garten und meine Top-bar-Hive steht in der hinteren Ecke meines Gartens vor dem 1,75 Meter hohen Holzlattenzaun. Die Bienen stören weder mich noch die Nachbarn je. Mein größtes Problem sind Nachbarn, die Angst vor Bienen haben oder nicht viel über die Tiere wissen. Die meisten Nachbarn wissen nicht einmal, dass ich Bienen habe, und fragen mich immer, was das für eine „Kiste" in meinem Garten ist. Wenn ich ihnen sage, dass es ein Bienenkasten ist, dann flippen sie aus und erzählen mir, wie sie einmal von einer Biene gestochen wurden und dass es vermutlich eine meiner Bienen war. Manchmal rufen mich auch Leute an und fragen, ob ich die Bienen, die bei ihnen im Garten sind, entfernen kann, und dann gehe ich dorthin und finde ein Wespennest, oh Mann!"

sie keine andere Wahl haben. Das Geheimnisvolle ist Teil der Verlockung der Bienenhaltung – ihre Geheimnisse zu entdecken.

Imkern ist vielleicht nichts für jeden oder für jeden Garten, aber wer sich am Bienenfieber angesteckt hat, wird es schwer wieder los, und es kann ein sehr lohnender Teil Ihrer bescheidenen Unabhängigkeit als Selbstversorger sein.

Das Geheimnis urbaner Imker

Mein Dad hatte einige Bienenkästen, so wie auch sein Vater. Mein Bruder, der auch Bienen hält, nutzt Opas alten Raucher. Mein Großvater lernte das Imkern wohl von seinen Eltern, und die Tradition lebt vermutlich schon seit ein paar Generationen in unserer Familie fort.

Mit dieser Familiengeschichte im Hinterkopf und mit Kindheitserinnerungen an das Kauen von Bienenwaben wie Kaugummi und den *leckersten* Honig aller Zeiten träumte ich davon, ebenfalls Bienen im Garten zu halten. Das Problem war nur, dass ich in der Vorstadt lebte. Dort kann man keine Bienen halten, stimmt's? Bienen gehören auf einen Bauernhof, aufs Land.

Dann hörte ich plötzlich Geschichten, die das Gegenteil besagten. Ein Arzt in der Stadt, von der meine kleine Stadt ein Vorort ist, gab meinem Mann seit Neuestem gelegentlich ein Glas Honig von seinen eigenen Stadt-Bienenkästen. Ich hörte Gerüchte über Leute, die Bienen auf Dächern in New York City halten.

Vielleicht war es doch nicht ganz unmöglich für mich.

Das erste Mal ging ich als neugieriger Gast zu einem Treffen des örtlichen Imkervereins, nur um ein Gefühl dafür zu bekommen. Und dort habe ich ausgerechnet meinen Nachbarn getroffen. Dieses Kapitel heißt zum Teil seinetwegen „Heimliche Imker". Seit über zwanzig Jahren wohnten

> „Wir haben Bienen, weil ich Honig liebe und guter Honig so teuer ist. Ich hatte Glück und habe eine Förderung vom Landwirtschaftsamt bekommen, die für unsere ersten Völker fast vollständig ausgereicht hat – das Material und die Bienen. (Jeder Staat hat eigene Förderprogramme, aber Förderungen für Imker haben etliche. Es lohnt sich, danach zu suchen.)
> Ich liebe es, dass man beim Arbeiten an den Bienen ganz im Moment verankert sein muss. Wenn du dich nicht auf das Volk konzentrierst, dann wirst du gestochen. Wenn du dich konzentrierst, dann kannst du dich in das Leben Tausender stechender Insekten einmischen und sie dennoch kaum stören. Die Leute scheinen sich sehr für unsere Bienen zu interessieren, aber mir ist aufgefallen, dass die Imkerei für Laien schwerer zu begreifen ist als Hühnerhaltung."
> — ANNA, BLOGLESERIN

mein Nachbar und ich direkt nebeneinander und pflegten ein freundschaftliches Verhältnis, und ich hatte nie mitbekommen, dass er Bienen im Garten hielt.

Das verrät mir mehrere Dinge. Zum einen verrät es, dass Imker gut Geheimnisse bewahren können. Das können wir, da wir uns der heftigen Gefühlsausbrüche einiger Leute bewusst sind, wenn sie an einen Kasten voller Bienen denken.

Als Zweites verrät es mir, dass Bienen sehr wohlerzogene Nachbarn sein können. Sehr wahrscheinlich hätte ich nie herausgefunden, dass mein Nachbar Bienen hält, wenn ich ihm nicht bei dem Treffen begegnet wäre. Mir ist nie eine ungewöhnlich hohe Anzahl Bienen bei uns aufgefallen, ich wurde nie gestochen und ich habe nie einen Schwarm gesehen.

Zu guter Letzt verrät es mir, dass es eine Schande ist, dass wir uns manchmal gezwungen sehen, unsere Bienen geheim zu halten. Mein Nachbar ist heute mein Mentor in der Welt der Imker. Wenn Imker sich nicht so viele Sorgen machen müssten, ihre Imkerei aufgrund der Angst einiger Leute aufgeben zu müssen, könnten sie dieses wertvolle Hobby viel bekannter machen. Imker wissen das, und manchmal ist es schwer, unsere Bienen geheim zu halten. Wir mögen es, unser Bienenwissen weiterzugeben, über Bienen zu reden und unseren Honig zu teilen. Aber aufgrund der Möglichkeit, jemanden vor den Kopf zu stoßen, ziehen wir es oft vor, uns bedeckt zu halten.

Vielleicht wird die allgemeine Einstellung sich zum Positiven ändern, wenn mehr und mehr Städter sich für dieses interessante Hobby entscheiden, und Imker können ihre Deckung verlassen.

Bienenhaltung im städtischen Raum

Trotz des wiedererwachten Interesses ist das Imkern in den meisten amerikanischen und europäischen Städten noch immer ein Novum. Als ich mit dem zuständigen Beamten sprach, sagte er mir, dass dies in den sieben Jahren, die er im Amt war, die erste Anfrage bezüglich Bienen wäre. Das bedeutet entweder, dass bei uns in der Vorstadt niemand Bienen hält (und ich weiß, dass dies nicht der Fall ist) oder dass die Imker sich erfolgreich verstecken.

Hier folgen einige grundsätzliche Empfehlungen für städtische Imker, die ihr Hobby vor ihren Nachbarn verbergen möchten. (Wie mein Nachbar bewiesen hat, ist dies absolut möglich.)

Stellen Sie Ihre Bienenkästen an einem privaten, abgelegenen Platz auf. Eine gute Möglichkeit hierfür ist, Ihre Bienen innerhalb eines von einem ungefähr 1,75 Meter hohen Zaun umgebenen Geländes aufzustellen. Aus den Augen, aus dem Sinn. Dadurch fliegen die Bienen gleich steiler nach oben und damit über den Köpfen der Menschen.

Haltung von Bienen – gesetzliche Vorschriften

Die Haltung von Bienen auf dem eigenen oder einem gepachteten Grundstück ist in Deutschland grundsätzlich erlaubt und im BGB geregelt. Die Anzahl der Bienenvölker muss allerdings in einem „angemessenen" Verhältnis zur Grundstücksgröße stehen. Zudem muss die Beeinträchtigung des Nachbarn möglichst vermieden werden, indem die Bienen zum Beispiel durch einen Zaun oder eine Mauer nach oben gelenkt werden.

Bienen müssen bei der Tierkassenseuche und beim Veterinäramt gemeldet werden. In manchen Bundesländern genügt aber auch eine Meldung über den Imkerverein. Die Mitgliedschaft im örtlichen Imkerverein ist ohnehin sinnvoll, da diese in der Regel auch eine Haftpflicht beinhaltet.

Am Bienenstand selbst – wenn Sie die Bienen nicht im eigenen Garten aufstellen – müssen Sie eine Gesundheitsbescheinigung des Volkes anbringen, mit Ihrer Anschrift und Ihrer Telefonnummer. Eine solche Gesundheitsbescheinigung muss Ihnen beim Kauf eines Bienenvolks ausgehändigt werden.

Weitere Informationen zum Thema erhalten Sie bei Ihrem lokalen Imkerverein.

Stellen Sie für Ihre Bienen eine Wasserquelle auf. Wasser in der Nähe des Bienenkastens aufzustellen verhindert, dass Ihre Bienen es sich zur Gewohnheit machen, ihren Durst im Swimmingpool Ihres Nachbarn oder im Wassernapf des Hundes zu stillen. Ein einfaches Vogelbad oder auch nur ein flaches Becken mit Wasser reichen aus. Geben Sie Steine oder schwimmende Stöckchen in das Wasser, auf dem die Bienen beim Wasserholen sicher sitzen können.

Singen Sie das Loblied der fleißigen Bienen. Wenn Sie sich entscheiden, Ihr Hobby mit Ihren Nachbarn zu diskutieren, dann erinnern Sie sie daran, dass Bienen sich nicht nur so lange ruhig verhalten, bis sie gestört werden, sondern dass sie meist auch aggressive stechende Insekten wie Wespen vertreiben. Bienen sind auch aktiv bei der Bestäubung der lokalen Flora (möglicherweise einschließlich des Lieblingsgemüses der Nachbarn). Ein gelegentliches Glas Honig als Geschenk verfehlt nie seinen Zweck.

IMKERN MIT KINDERN

Ich wurde oft gefragt, wie ich neugierige (oder gar übermütige) Kinder davon abhalte, den Bienen zu nahe zu kommen. Wenn Sie sich an das erste Prinzip von vorhin halten und Ihre Bienen in einem eingezäunten Gelände halten, dann werden Sie kaum Probleme mit herumschleichenden Kindern haben.

Bei Ihren eigenen Kindern können Sie den älteren einen gesunden Respekt vor den Kästen vermitteln. Bringen Sie ihnen bei, einen sicheren Abstand zum Einflugloch der Bienen einzuhalten und die Bienen nicht zu beunruhigen, indem sie am Kasten rütteln oder die Bienen anderweitig aufregen. Versorgen Sie sie mit Schutzkleidung, damit sie dabei sein können, wenn Sie an den Bienenkästen arbeiten, und lassen Sie die Kinder durch Helfen und Beobachten ihre Erfahrungen machen.

Für jüngere Kinder, denen Sie nicht vermitteln können, dass sie Distanz halten sollen, ist eine zusätzliche Barriere wie ein kleines, extra abgezäuntes Gebiet innerhalb Ihres Gartens hilfreich. Dies ist auch eine Möglichkeit, wenn kein Gartenzaun vorhanden ist, aber ein extra Platz für die Bienen geschaffen werden soll.

Haustiere haben höchst selten Probleme mit Bienenkästen. Wenn Ihr Hund die Bienen einmal stören sollte, wird er seine Lektion schnell lernen und es wird höchstwahrscheinlich ein einmaliges Vorkommnis bleiben.

Wissen vertreibt Angst. Stellen Sie sich darauf ein, das Halten von Bienen in Wohngebieten zu propagieren, indem Sie über die Charaktereigenschaften der Bienen aufklären und darüber, wie Bienenkästen sich in Wohngebiete integrieren lassen.

Es ist nicht schwer sich vorzustellen, wie Bienen auf dem Land an Nektar und Pollen kommen. Wir stellen uns Wiesen vor und von Blüten überladene Zäune, blühende Äcker und Obstwiesen. In Städten und Vororten gehört allerdings etwas mehr Vorstellungskraft dazu, sich die Umgebung als attraktive Futterquelle für Bienen vorzustellen.

Tatsächlich haben Stadtbienen gegenüber ihren Verwandten vom Land einige Vorteile. Zum einen ist die Biodiversität in städtischen und Stadtrandgebieten oft höher als auf dem Land, wo Monokulturen vorherrschend sind. Städtische Imker haben Tausende verschiedener Blütenquellen in einer Charge Honig identifiziert. Viele Imker halten städtischen Honig daher für geschmackvoller.

Zudem sind Pollen und Nektar in der Stadt meist weniger mit Pestiziden und Herbiziden belastet als konventionell genutzte Äcker.

Stadtimker berichten seltener von dem Problem der *Colony Collapse Disorder (CCD)*, dem Völkerkollaps, der ein guter Indikator für die Stärke städtischer Bienenvölker ist.

Da Bienen einen Flugradius von drei bis neun Kilometer um ihren Bienenkasten haben, kann es schwierig sein, die Quelle des Honigs genau zu bestimmen, aber da Bienen Nektar von Bäumen, Hecken und allen Arten blühender Pflanzen ernten, lassen sich mit einem neuen Blick auf städtische Gegenden eine Fülle potenzieller Bienenfutterquellen entdecken.

Und es ist eine wechselseitige Beziehung. Auch wenn sie es vermutlich nie realisieren werden, haben Gärtner mit Imkern als Nachbarn wahrscheinlich aufgrund der Bestäubung durch die kleinen Futtersucher, die ihren Pflanzen einen Besuch abstatten, mehr Glück bei der Ernte.

Die Mysterien der modernen Imkerei

Nachdem mir klar geworden war, dass ich auch in meinem Vorort Bienen halten konnte, stieß ich auf die nächste Hürde – mein nicht vorhandenes Wissen über die Imkerei. Auch wenn meine Familie, als ich aufwuchs, einige Völker hatte, beschränkte mein Interesse an Bienen sich zu der Zeit auf den Honig. Was in den geheimnisvollen weißen Kästen am Waldrand vorging, war mir ein Rätsel.

Ich versuchte also, mir das Wissen über Bienen anzulesen. Ich halte mich an einem guten Tag für durchschnittlich intelligent, aber bald begann ich, mich sehr unwissend zu fühlen. Es machte einfach nicht Klick. Vielleicht war es nichts für mich. Vielleicht gab es ein Zeitfenster, in dem eine Person die Imkerei leicht begreifen kann, wie beim Lernen einer Fremdsprache, und ich hatte es verpasst.

Ich ging zu den Treffen des Imkervereins in der Hoffnung, dass es sich mir erschließen würde. Aber das tat es nicht. Ich besuchte einen eintägigen Anfänger-Imkerkurs, weil ich wusste, dass es helfen würde. Ich schäme mich ein wenig zuzugeben, dass es nicht wirklich half.

Ich wusste, dass man manche Dinge nur lernen kann, indem man sie macht, und vielleicht gehörte die Imkerei zu diesen Dingen. Ich sah mir die beim Anfängerkurs ausliegenden Kataloge durch und versuchte, die nötigen Beuten und das Material auszusuchen.

Wow. Fluglochverengung? Bienenfluchten? Wabenhalter? Ich hoffte, ich würde keine Honigschleuder für 550 Dollar benötigen? Wenn es mir nicht ohnehin bereits zu viel gewesen wäre, wäre es jetzt definitiv so weit gewesen. Ich war schockiert und extrem verwirrt. Ich dachte, ich würde es nie begreifen, es schien so kompliziert zu sein.

Ich machte keinerlei Fortschritte. Ich las immer noch, aber ich stellte fest, dass ich dieselben Dinge wieder und wieder las, ohne mehr zu verstehen.

Dann stieß ich bei meiner Internetsuche auf den Begriff natürliche Bienenhaltung. Mit meiner Neigung zu „natürlichen" Dingen wurde ich gleich aufmerksam. Ich vernahm Begriffe wie „weniger Eingriffe", „einfacher" und „weniger kostenintensiv". Das klang gut.

Als ich mich mit der „natürlichen" Methode auseinandersetzte, wurde mir klar, dass die Imkerei deshalb so kompliziert zu sein scheint wie der Bauplan für eine Rakete, weil die moderne Imkerei sich am Imker orientiert, nicht an den Bienen. Das Ziel der modernen Imkerei ist die maximale Honigausbeute, was verständlich ist. Mehr Honig ist gut, bedarf aber beträchtlicher menschlicher Eingriffe in den Prozess. Durch diese Manipulation der natürlichen Vorgänge wurden die Bienen anfälliger für Parasiten und Krankheiten. Anstatt sich zurückzuhalten und die Honigbienen wieder zu Verhaltensmustern finden zu lassen, die sie weniger anfällig für Parasiten und Krankheiten machen, reagierte der Mensch mit mehr Eingriffen, seit Neuestem durch die Behandlung mit Pestiziden.

Das funktionierte eine Weile mehr oder weniger gut, aber nicht ohne Folgen. Die Schädlinge wurden gegen die Pestizide resistent und wir antworteten mit neuen Pestiziden, gegen die die Schädlinge resistent wurden, und so begann ein Kreislauf.

Hier noch einmal die Zusammenfassung. Die Bienen leben in einer für die Produktion optimierten, schädlingsanfälligen, vom Menschen entwickelten Beute. Viele Schädlinge. Pestizide. Pestizidresistente Schädlinge und schädlingsgeplagte Bienen. Mehr Pestizide und mehr Eingriffe. Wie können wir den Bienen das Leben sonst noch schwer machen? Wie wäre es mit verringerter Biodiversität in der Landwirt-

Bienenbeuten – von Zander über Dadant bis Langstroth

In der modernen Imkerei werden in rechteckige Kästen Rähmchen mit Mittelwänden eingehängt, an denen die Bienen ihre Waben bauen können. In Deutschland gibt es viele verschiedene Systeme, die untereinander nicht kompatibel sind, was es für Anfänger nicht leichter macht. In den letzten Jahren hat sich das Zandermaß (Zander) nach Enoch Zander weitestgehend durchgesetzt und wird von den meisten Vereinen in Anfängerkursen verwendet. Das Dadantmaß nach Charles Dadant, welches unter anderem von Demeter-Imkern propagiert wird, wird in Mitteleuropa häufig von Bioimkern verwendet. International ist das Langstroth-Maß von Lorenzo Langstroth am Weitesten verbreitet und das Standardmaß in den USA.

Beuten und Zubehör für das Zandersystem sind einfach zu erwerben, Informationen sind leicht zugänglich und erfahrene Imker sind hierzulande meist mit diesem System vertraut.

Es gibt viele Möglichkeiten, das Zandermaß sowie auch die anderen Maße zu verwenden und dennoch natürliche Schädlings- und Krankheitsbekämpfungsmaßnahmen sowie Vorbeugungsmaßnahmen anzuwenden. Eventuell ist es für Sie eine gute Möglichkeit, die Nutzung von konventionellen Beuten mit umweltfreundlichen Praktiken zu kombinieren.

schaft und vermehrtem Einsatz von Herbiziden und Pestiziden bei den Pflanzen, die die Bienen für ihr Überleben benötigen? Dann könnten wir sie noch häufig mit dem LKW umziehen lassen und sie dadurch zusätzlich fremden Krankheiten aussetzen. Vieles von dem, was die moderne Imkerei so kompliziert macht, auch die Hobbyimkerei, sind die vom Menschen entwickelten Lösungen auf vom Menschen verursachte Probleme im Produktionsprozess. Wie wäre es, wenn der einfache Hobbyimker wie ich sich wieder auf die Anfänge besänne? Wenn wir die Bienen möglichst so leben ließen, wie sie es in der Wildnis tun würden, sie aber dennoch betreuen und Honig ernten würden? Wenn wir die vom Menschen verursachten Probleme beseitigen (die Übermanipulation zur Maximierung der Honigproduktion), dann beseitigen wir auch die Notwendigkeit umfassender Maßnahmen zur Bekämpfung dieser Probleme. Lassen wir Bienen Bienen sein und sie werden sich um sich selbst kümmern und uns ein wenig Honig abgeben.

Imkern auf Natürlich Weise

„Vollkorn" nannte mein Bruder im Scherz die Methode, mit der ich anfing, Bienen zu halten. Es war eine liebevolle (hoffe ich) Anspielung darauf, dass ich vieles auf die „kernige" Weise angehe, obwohl ich mich selbst nicht in jeder Hinsicht als Hardcore-Öko betrachten würde.

Die grundlegenden Prinzipien einer natürlicheren Bienenhaltung sind einfach:
- Lassen Sie es die Bienen auf ihre Weise machen.
- Geben Sie nichts in den Bienenkasten, worauf Ihr Kleinkind nicht herumkauen dürfte.
- Seien Sie nicht auf Honig versessen.

Mit der Anleitung für meine Vollkornmethode in der Hand legte ich die verwirrenden Bücher und Kataloge über die moderne Imkerei zur Seite und fand eine Reihe Pläne im Internet zum Bau einer Top-bar-Hive oder Oberträgerbeute.

Bevor Sie beim Versuch, diese ganzen neuen Begriffe zu lernen, zu schielen anfangen, lassen Sie mich hinzufügen, dass

Gemeinschaft natürlicher Bienenhalter

Die örtlichen Bienenvereine sind die üblichen Anlaufstellen für Menschen, die lernen möchten, Bienen zu halten. Ich liebe meinen örtlichen Imkerverein. Die Leute sind herzlich und verstehen Spaß. Sie wissen eine Unmenge über das Verhalten von Bienen, die lokale Flora, das Klima und die Geschichte der Bienen. Die Alteingesessenen haben ihren eigenen Sinn für Humor und stehen mir gern zur Seite, wenn ich Hilfe benötige. Ich nenne sie die „Kirchengemeinde der Imker", da die Treffen mit einem Gebet beginnen und ein Sprecher uns einmal mit „Brüder" angeredet hat. Ich liebe es.

Aber ich frage sie nicht um Rat zu natürlicher Bienenhaltung. Sie sind traditionelle Langstroth-Imker. Vor Kurzem habe ich den Fortschrittlichsten von ihnen (bezüglich alternativer Schädlingsbekämpfung) gefragt, ob er je von Top-bar-Hives gehört hat und er hat den Kopf geschüttelt.

Im Moment bin ich hier auf mich allein gestellt. Vielleicht wird sich dies bald ändern. Ich genieße die Treffen dennoch und rate Ihnen, sich an Ihre örtlichen Imker zu wenden, aber solange Sie in der Minderheit sind, werden Sie woanders Rat zum natürlichen Imkern einholen müssen.

Es gibt einige Bücher zum Thema und einige Online-Foren und Webseiten, um Kontakt zur Gemeinschaft zu bekommen, die Sie brauchen, um Ratschläge und Informationen zu erhalten, bis Sie Ihren eigenen Verein der natürlichen Imker starten können.

Das sind die Seiten, die ich aufsuche:

biobees.com
bushfarms.com
thebeespace.net
naturalbeekeeping.info
beesource.com
naturalbeekeepingtrust.org

In Deutschland sind die folgenden Seiten zum Thema interessant:

mellifera.de
bienenkiste.de
einfachimkern.de
natuerliche-bienenhaltung.ch
der-bienenfluesterer.de

Bücher zu natürlicher Bienenhaltung und Imkern mit Oberträgerbeuten

The Barefoot Beekeeper von P. J. Chandler
Natural Beekeeping von Ross Conrad
Die Bienenkiste: Selbst Honigbienen halten – einfach und natürlich von Erhard Maria Klein
Natürlich Imkern in Großraumbeuten von Melanie von Orlow
Imkern in der Oberträgerbeute von Guido Frölich
Bienenkiste, Korb und Einfachbeuten von Friedrich Pohl

Webseiten mit Informationen zu Top-bar-Hives und Imkermaterialien:

lwg.bayern.de|bienen|info|haltung|27045| (mit Bauplan)
top-bar-hive.de
apisregia.de – Oberträgerbeute und Zubehör kaufen

natürliche Bienenhaltung mit jeder Art (modifizierter) Bienenbeute durchgeführt werden kann. Ich habe mich für die Top-bar-Hive entschieden, weil sie recht einfach zu bauen ist und einige Eigenschaften aufweist, die mich angesprochen haben.

TOP-BAR-HIVE ODER OBERTRÄGERBEUTE

Eine Oberträgerbeute lässt sich am besten als lange Kiste, in der Regel aus Holz, beschreiben. Holzbretter werden der Länge nach oben angebracht und die Bienen bauen an der Unterseite dieser Bretter ihre Waben. Über die Bretter kommt ein abnehmbares Dach als Wetterschutz. Die Bienen kommen durch Löcher, die entweder an den Längs- oder den Querseiten angebracht werden, in den Kasten hinein. Es gibt verschiedenste Varianten dieser Art Beute.

Viele Top-bar-Hives haben Beine. Die Beute mit Beinen zu versehen, bietet zwei Vorteile:

1. Die Kiste steht nicht auf dem Boden und ist dadurch vor dem Verrotten und vor Raubtieren sicher.
2. Der Imker kommt leichter an die Beute heran.

Der wichtige Punkt ist, dass die Beute den Bienen erlaubt, ihre eigenen Waben so zu bauen, wie sie sie haben wollen.

Das klassische Imkern zwingt die Bienen, ihre Waben auf vorgefertigten Zwischenwänden (Lagen aus Wachs oder Plastik als Vorgabe) in einem Rahmen zu bauen. Bei der Ernte wird die Wabe geleert und in der konventionellen Imkerei anschließend wiederverwendet, damit die Bienen keine neue Wabe bauen müssen. Meine Vollkornbienen tun das nicht. Sie bauen die Waben so, wie sie es auch ohne mein Eingreifen tun würden. Sie passen ihre Zellgröße den Vorgaben der Natur an, nicht meinen.

> „Bienen arbeiten hart. Ich liebe es, ihnen bei der Arbeit zuzuhören, nicht nur in der Nähe der Beute, sondern auf der ganzen Farm. Sie arbeiten im Frühling, im Sommer und im Herbst. Selbst wenn es regnet, weiß ich, dass sie im Stock damit beschäftigt sind, den Nektar zu trocknen, Waben zu bauen und ihr Haus blitzsauber zu halten. Es beruhigt mich zu wissen, dass ich nach einem arbeitsreichen Morgen ins Haus gehen und gemütlich zu Mittag essen, danach auf der Veranda sitzen und meinen Gedanken nachhängen kann, während ich höre, wie sie arbeiten, arbeiten, arbeiten. Für mich arbeiten."
> — JOE, BLOGLESER

Bei dieser Art des Imkerns wird der Honig mitsamt der Wabe geerntet und die Bienen bauen eine neue Wabe, um den nächsten Honig, den sie produzieren, einzulagern. Den Bienen zu erlauben, neue Waben zu bauen, ist die natürliche Art und auch die hygienischere, da eine frische neue Wabe weniger als eine wiederverwendete, vorgebaute gefährdet ist, eine Ansammlung möglicher Schadstoffe zu beinhalten

Ausstattung

Meine Erfahrung mit der Bienenhaltung ist die Vollkornmethode, die Informationen in diesem Kapitel beziehen sich daher auf diese Methode. Ich werde keine umfassenden Erklärungen oder Anweisungen für das konventionelle Imkern aufführen. Dafür gibt es viele gute Quellen. Werfen Sie einen Blick in den Anhang für Quellen und besuchen Sie ein Treffen des örtlichen Imkervereins.

Für das Imkern mit einer Top-bar-Hive benötigen Sie die folgenden Sachen:

- Eine Beute. Sie können eine kaufen, eine selber bauen oder sich von einem begabten Freund eine bauen lassen.
- Einen Bienenschleier, um Augen, Ohren, Nase und Mund zu schützen.
- Einen Bienenschutzanzug (optional).
- Einen Stockmeißel oder ein stabiles Messer. Ein Stockmeißel ist ein flaches Metall mit einem flachen und einem gebogenem Ende. Er wird dazu benutzt, die Wabenträger aus Holz voneinander zu trennen, die durch

Wachs und/oder Propolis (eine harzige, klebstoffähnliche Substanz, welche die Bienen für den Innenausbau ihres Stocks verwenden) zusammengeklebt sind.

- Einen Schwarm oder ein paar Rähmchen mit Bienen.
- Eine Sprühflasche mit Zuckerwasser[1] (zu gleichen Teilen Wasser und Zucker). Sprühen Sie das Zuckerwasser, wenn Sie einen Schwarm einfangen oder Bienen umsiedeln. Es lenkt die Bienen ab, wenn sie den Sirup trinken, dadurch lassen sie sich einfacher handhaben.
- Einen Raucher (Smoker). Zünden Sie den Raucher genauso an, wie Sie ein winziges Lagerfeuer anzünden würden, mit schnell brennbarem Material wie Kiefernnadeln oder Papierfetzen (in jeder Gegend scheint es bevorzugte Anzündmaterialien zu geben). Drücken Sie den Blasebalg des Rauchers,

---

1 Sie können auch nur Wasser verwenden, somit besteht keine Gefahr, daß Bienen von anderen Völkern angelockt werden. (Räuberei)

Was sind Killerbienen?

Korrekt als afrikanisierte Honigbiene (AHB) bezeichnet, sind „Killerbienen" ein Bienenstamm, der sich durch die versehentliche Freisetzung von AHB bei einem Forschungsprogramm in Brasilien in andere Teile der Welt ausgebreitet hat.

Das Gift der afrikanisierten Honigbiene ist nicht gefährlicher als das der Westlichen oder der Europäischen Honigbiene (der allgemein gehaltenen Honigbienenarten), aber AHB sind aggressiver als Westliche Bienen und sie greifen Menschen und Tiere eher an.

Die Aggressivität der AHB ist das Ergebnis natürlicher Auslese. Die Bienen mit der höchsten Überlebenswahrscheinlichkeit in ihrem Heimatland waren diejenigen, die ihren Stock erfolgreich vor dem Räubern durch Menschen oder Tiere schützen konnten. In der Heimat der AHB war die übliche Methode zur Honiggewinnung das Ausräubern des Stocks, nicht die Bienenhaltung.

Die AHB breitet sich nach Norden in die USA aus. Die panische Reaktion vieler amerikanischer Gemeinden, in der die AHB langsam vorrückt, ist vermutlich, die Bienenhaltung in städtischen Gebieten zu verbieten, aber dies wäre kontraproduktiv. Etablierte Westliche Honigbienen hindern die AHB daran, sich dort niederzulassen. Diese sanftere Bienenart einzuschränken, würde eine ökologische Nische freisetzen, welche die AHB bereitwillig besetzen würde.

Obwohl die Einwanderung der AHB bedrohlich klingt, hat sie in Gegenden, wo sie sich verbreitet hat, in der Regel nicht die befürchtete Aufregung verursacht. Nach einer Anpassungsphase lebt sie sich ein und mischt sich mit den lokalen Bienenarten. Die Hybriden der AHB sind sehr produktiv und widerstandsfähig.

Die Hybriden aus AHB und Westlicher Biene sind inzwischen die Norm in Brasilien. Wenn Sie brasilianischen Honig gegessen haben, haben Sie wahrscheinlich das Produkt dieser „Killerbienen" gekostet.

um das Feuer mit der Luft anzufachen. Geben Sie länger brennendes Material dazu wie trockene Zweige, Holzpellets, Baumwoll- oder Sackleinenstreifen. Drücken Sie weiter den Blasebalg, bis das neue Brennmaterial Feuer fängt, und geben Sie neues Material dazu, bis der Raucher zur Hälfte mit brennbarem Material gefüllt ist. Schließen Sie den Deckel und drücken Sie den Blasebalg, bis aus dem Raucher eine hinreichende Menge dicker weißer Rauch aufsteigt. Wenn Sie mit der Arbeit an den Bienen fertig sind, löschen Sie das Feuer im Raucher vollständig.

Wie Sie an Bienen kommen

Sie können auf drei Arten Bienen in Ihre Beute bekommen.

FINDEN SIE EINEN SCHWARM
Ein Weg, an Ihre Bienen zu kommen, ist, einen Schwarm zu finden. Wenn Sie Kontakt zu anderen Imkern oder Ihrem lokalen Imkerverein haben, dann geben Sie bekannt, dass Sie gern einen Schwarm hätten. Viele Imkervereine haben eine „Schwarmliste" mit Imkern, die Privatleute anrufen können, wenn sie eine unerwünschte Menge an Apis mellifera (Honigbienen) auf ihrem Grundstück vorfinden. Lassen Sie die Im-

ker wissen, dass Sie gern der glückliche Empfänger eines Schwarms wären, wenn sie einen solchen Anruf bekommen.

PAKETBIENEN/KUNSTSCHWÄRME

Eine andere (in Deutschland allerdings kaum gebräuchliche) Möglichkeit, an Bienen zu kommen, ist, „Paketbienen" bzw. einen Kunstschwarm von einem spezialisierten Imker zu kaufen. Dies ist wirklich ein Paket bzw. eine Kiste mit Bienen. Einige Verkäufer werden Ihnen die Bienen per Expresskurier schicken. Dies ist die teuerste Methode, an Bienen zu kommen. Die Preise sind unterschiedlich, aber vier Brutwaben (eine vernünftige Anzahl für den Anfang) kosten beispielsweise ca. fünfundsiebzig Euro, eventuell plus zusätzlicher Versandkosten.

ABLEGER

Sie können auch einen Ablegerkasten kaufen (eine kleine, temporäre Beute mit einigen Brutwaben), allerdings sind diese noch teurer als eine Kiste Bienen.

Wenn ein erfahrener Imker genügend Bienen hat, könnte sie oder er Sie mit einem Ableger für den Anfang versorgen, Namen von geeigneten Imkern erfahren Sie beim Imkerverein, oft bieten Imkervereine selbst Ableger zum Verkauf an. Allerdings müssen Sie diese dann von den Rahmen in Ihre Oberträgerbeute umziehen lassen, was komplizierter ist, als einen Schwarm einziehen zu lassen.

Die Bienen in die Beute bringen

Die einfachste Art, Bienen in die Top-bar-Hive einziehen zu lassen, ist in Form eines Schwarms. Wenn Sie Ableger kaufen, befinden sich die Waben auf Rahmen, die Sie nicht so einfach in Ihre Beute integrieren können. Daher kommt hier eine Anleitung, wie Sie Paketbienen in Ihre Beute einziehen lassen:

Ein Paket Bienen enthält in der Regel die Menge an bestellten Bienen und einen separaten Behälter innerhalb der Packung, der die Königin und einige sie versorgende Arbeiterinnen beherbergt. Die Packung enthält auch einen Behälter mit Zuckersirup in ausreichender Menge, um die Bienen während der Umzugsphase mit Futter zu versorgen.

„Ich bin zuallererst Gärtnerin. Ich wollte aus den folgenden Gründen Bienen: erstens zur Bestäubung, zweitens wegen der Misere der Honigbiene und drittens als Herausforderung. Ich lebe auf dem Land, aber wir haben Nachbarn in unserer Straße und wir haben fast einen halben Hektar Wald und Sumpf hinterm Haus. Auf der einen Seite wohnt nur ein älteres Paar, sie bearbeiten ihren Garten überhaupt nicht. Ich habe es nicht rumerzählt, sondern nur das Landratsamt angerufen, um zu erfahren, ob es legal ist. Ich liebe das Arbeiten mit den Bienen. Es ist ein wunderbares Privileg, manchmal einschüchternd, aber immer interessant und lohnend. Ich habe versucht, die Bienen ihr Ding machen zu lassen, ohne mich allzu sehr einzumischen. Dies war unsere zweite Saison und wir haben knapp zwei Liter köstlichen Honig für unsere Familie geerntet, aber auch eine ganze Kiste den Bienen gelassen."
— NANCY, BLOGLESERIN

Halten Sie die Beute bereit und geöffnet, um die Bienen einziehen zu lassen. Ziehen Sie Ihren Schutzanzug über und halten Sie Ihren Raucher und die Sprühflasche[2] mit Zuckerwasser bereit. Besprühen Sie die Bienen durch das Netzgitter der Verpackung mit Zuckerwasser.

Öffnen Sie die Packung und entfernen Sie den Sirupbehälter. Die Packungen sind meist so gestaltet, dass das Entfernen des Sirupbehälters die Bienen enthüllt. Entfernen Sie den Behälter mit der Königin.

Die Königin ist vom Rest des Schwarms getrennt, weil sie den anderen Bienen noch fremd ist und sie Zeit benötigen, sich an sie zu gewöhnen und ihren Geruch zu erkennen. Bis die Bienen die Königin erkennen und annehmen, betrachten sie diese als Eindringling und würden sie töten, wenn sie an sie herankommen.

Der Behälter mit der Königin hat ein Loch, das mit einem harten Stück Kandis verschlossen ist. Dieses „Bienenbonbon" dient der zeitverzögerten Freisetzung. Die Arbeiterinnen werden den Kandis langsam aufessen, und bis sie sich durchgefressen haben, werden sie sich an die neue Königin gewöhnen und sie angenommen haben. In der Regel liegt eine Anleitung bei, die Ihnen verrät, wie Sie mit dem Behälter mit der Königin verfahren sollen.

Befestigen Sie den Behälter mit der Königin, mit dem Kandis davor, zwischen den Rahmen in der Beute.

Dann schlagen Sie das Paket mit den Bienen auf den Boden oder die Beute, damit die Bienen sich zu einem Klumpen zusammenziehen.

Halten Sie das Paket über die Beute, mit der Paketöffnung vor dem Einflugloch, und schütteln oder klopfen Sie die Bienen in die Beute.

Nehmen Sie einen Bienenbesen, um die Bienen vom Beutenrand zu entfernen, und

setzen Sie den Deckel auf die Beute. Einige Bienen werden im Innern des Pakets verbleiben. Versuchen Sie nicht, sie herauszubekommen. Setzen Sie das Paket einfach auf dem Boden ab, mit der Paketöffnung Richtung Beute. Die Zurückgebliebenen werden ihren Weg in den Stock über das Einflugloch finden.

Beim Umzug eines Schwarms aus einem temporären Kasten in Ihre Oberträgerbeute ist die Vorgehensweise ähnlich, nur dass die Königin in diesem Fall bereits beim Schwarm ist und diesen anführt. Nehmen Sie die Waben aus dem temporären Kasten heraus und schütteln oder klopfen Sie die Bienen in die Beute. Stellen Sie den temporären Kasten vor der Oberträgerbeute ab, die restlichen Bienen werden nach und nach umziehen. Wichtig ist, dass die Bienenkönigin in die Oberträgerbeute eingezogen ist. Diese ist in der Mitte des Schwarms zu finden. Lassen Sie sich beim ersten Mal am besten von einem erfahrenen Imker helfen.

---

2 Sie können auch nur Wasser verwenden, somit besteht keine Gefahr, daß Bienen von anderen Völkern angelockt werden. (Räuberei)

Sicheres Arbeiten an der Beute

Da Sie sich überlegen Bienen zu halten, wird Ihnen der Gedanke, gestochen zu werden, vermutlich nicht zu viel Sorgen machen, aber Sie verstehen hoffentlich, dass Sie beim Arbeiten an einem Bienenvolk immer vorsichtig sein sollten. In diesem Abschnitt geht es darum, wie Sie sich sicher bei Ihren Bienen bewegen.

ARBEITEN SIE DANN, WENN DIE BIENEN ZUFRIEDEN SIND

Zufriedene Bienen werden sich an Ihrer Gegenwart viel weniger stören als unzufriedene Bienen. Honigbienen sind am zufriedensten und ruhigsten bei warmem, sonnigem Wetter. (Vermeiden Sie um Ihretwillen extrem heiße Tage oder Sie werden in Ihrem Bienenschutzanzug eingehen.) Warten Sie, wenn möglich, einen guten Bienentag ab, bevor Sie an der Beute arbeiten.

Arbeiten Sie nicht an stürmischen Tagen oder Tagen mit Sturmwarnung am Bienenkasten. Die Bienen werden aufgrund des Wetters unruhig sein.

KOMMEN SIE VORBEI, WENN KEINER DAHEIM IST

Die beste Zeit des Tages für die Arbeit an Ihren Bienen ist spät am Morgen oder früh am Nachmittag. Die futtersuchenden Bienen werden ausgeflogen sein, und Sie müssen mit weniger Bienen fertig werden und die daheimgebliebenen Arbeiterinnen sind im Stock beschäftigt. Der Bienenstock wird nie leer sein, aber wenn Sie dann vorbeikommen, wenn alle Bienen beschäftigt sind, werden sie Ihre Anwesenheit weniger bemerken.

BLEIBEN SIE RUHIG UND GEDULDIG

Es scheint zwar unmöglich zu sein, vor allem am Anfang, aber je ruhiger Sie sind, desto ruhiger werden die Bienen sein. Langsame, bewusste Bewegungen vermitteln dem Volk ein Gefühl der Sicherheit, und das ist es, was Sie erreichen wollen. Wedeln Sie nicht herum. Wenn Sie einen Schleier tragen, sind Sie geschützt, auch wenn Bienen in der Nähe Ihres Gesichts um Sie herumschwirren. Lassen Sie sie schwirren. Es sind nur Wächterbienen, die ihrer Arbeit nachgehen. Atmen Sie normal, aber versuchen Sie, die Bienen beim Ausatmen nicht anzuhauchen.

BRINGEN SIE BERUHIGUNGSMITTEL MIT

Wenn die Bienen aufgeregt zu sein scheinen, benutzen Sie den Raucher oder Zuckerwasser in der Sprühflasche. Es heißt, dass der Rauch die Alarmpheromone übertüncht, die die Bienen absondern, wenn sie aufgescheucht werden. Die Alarmpheromone lösen auch einen Futterreflex aus (die Bienen glauben, dass sie flüchten müssen, daher suchen sie nach Nahrung, um die Reise zu überstehen). Durch das Sprühen von Zuckerwasser kommen sie gleich an Futter. Füttern macht die Bienen weniger stechbereit, da eine vollgefressene Biene ihren Stachel nicht so gut aufstellen kann.

Top-bar-Hive kann ausreichend Honig für eine Familie produzieren. Wenn Sie mehr Honig haben möchten, um welchen abgeben zu können, müssen Sie mehr Beuten aufstellen.

Die meisten Imker mit Oberträgerbeuten ernten Honig nach Bedarf im Frühling, wenn neuer Honig eingetragen wird. Dadurch haben die Bienen den Sommer über Zeit, ihren Futtervorrat für den Winter aufzustocken.

Im Herbst zu ernten ist aus verschiedenen Gründen kompliziert. Sie müssen einschätzen, wie viel Honig Sie den Bienen für den Winter lassen müssen, und wenn Sie sich verschätzen, müssen Sie die Bienen mit Zuckersirup zufüttern, um sie durch den Winter zu bringen. Es ist für mich und andere natürliche Imker nur einleuchtend, dass Honig, statt Zucker, eine vollwertigere Nahrung für die Bienen ist. Wenn die Bienen sich von ihrem Honig ernähren dürfen, wie von der Natur vorgesehen, wird das Volk gesünder sein.

Auch wenn Sie eine bescheidene Menge im Frühling ernten, werden Ihre Bienen eventuell zusätzlicher Fütterung bedürfen, wenn sie keine ausreichende Menge Honig einlagern. Stress und Umwelteinflüsse wie Trockenheit oder zu viel Regen können die Honigproduktion beeinflussen. Aber dies bleibt hoffentlich die Ausnahme zur Regel.

Honig ernten

Das Ernten von Honig aus Oberträgerbeuten ist ziemlich unkompliziert. Für die Ernte verwendet der Imker einen Stockmeißel oder ein scharfes Messer, um die ganze Wabe zu entfernen. Jeweils eine Wabe wird im Frühling nach Bedarf geerntet. Der Honig wird entweder so verwendet (Wabenhonig ist köstlich) oder die Wabe wird mit einer Gabel vom Deckelwachs befreit und der Honig darf über einem Seihtuch abtropfen.

Von der Methode mit der Top-bar-Hive heißt es, dass sie weniger Honig bringt als die klassische Methode mit Zander-, Dadant- oder Langstrothbeuten, aber eine

Colony Collapse Disorder bzw. Bienensterben

Bienen sind heute vielen Bedrohungen ausgesetzt, einschließlich dem öffentlich viel diskutierten Völkerkollaps, der *Colony Collapse Disorder (CCD)*. CCD zeichnet sich durch das plötzliche Verlassen der Arbeiterinnen aus, wodurch die Kolonie einschneidend dezimiert wird. Es wird immer noch viel zu CCD geforscht und darüber diskutiert, aber die Ursachen sind weiterhin ungeklärt. Es gibt einige neuere Theorien. Eine besagt, das CCD durch die Kombination einer Reihe umweltbedingter Stressfaktoren ausgelöst wird (Klimawandel, Pestizide, minderwertige Nahrung etc.), die die Honigbienen schwächen und für Schädlinge und Krankheiten anfällig machen. Die neueste Theorie von 2010 besagt, dass CCD durch eine Koinfektion mit einem Virus und einem Pilz verursacht wird. Forscher und Imker suchen weiterhin nach Lösungen für dieses weitverbreitete Problem, das in manchen Gegenden der Welt die Honigbienenpopulation um fünfzig Prozent reduziert hat.

Gesundheit und Sicherheit im Bienenvolk

Honigbienenvölker können von einer Reihe von Schädlingen befallen werden, insbesondere der Varroamilbe, Trachealmilben, Wachsmotten, Beutenkäfern (ihre Larven zerstören den Honig und die Waben) und auch Ameisen, Wespen und Mäusen.

Krankheiten beinhalten die Nosemaseuche (ein einzelliger Parasit, der den Bienen großen Schaden zufügt), die Faulbrut (eine bakteriell übertragene Krankheit), Kalkbrut (ein Pilz) und Sackbrut (ein Virus, das Bienenlarven befällt).

Der beste Schutz vor Schädlingen und Krankheiten ist es, die Entwicklung eines gesunden Volks zu fördern.

Ich glaube, dass das Volk Angriffe, besonders von der gefürchteten Varroamilbe, besser abwehren kann, wenn es seine Waben frei bauen darf. Die Top-bar-Methode (und verschiedene Abwandlungen traditioneller Beuten, die es den Bienen ermöglichen, ihre Waben frei zu bauen) ermöglicht den Bienen genau dieses. Wenn wir Problemen vorbeugen, müssen wir nicht auf

„Überall interessieren sich die Leute für Bienenhaltung. Zumindest habe ich noch niemanden getroffen, der, wenn das Thema aufkam, nicht großes Interesse geäußert hätte. Bienen und Honig gehören irgendwie einfach zu den Dingen, die Menschen faszinieren. Die Leute lieben es, mir bei der Honigernte zuzusehen. Und ich mag es, wenn sie zusehen. Sie glauben, dass jeder, der Bienen hält und flüssiges Gold erntet, ziemlich clever ist, und ja, ich denke, das sind wir."
— J. P., BLOGLESER

chemische Methoden zurückgreifen, um Schädlinge und Krankheiten in Schach zu halten.

Andere Methoden zur Diagnose und Bekämpfung der Varroamilbe beinhalten das Einstäuben der Bienen mit Puderzucker (lockert den Halt der Milbe auf den Bienen), Behandlung mit Thymol (Thymol ist ein Derivat von Thymianöl) und anderen ätherischen Ölen.

Weitere ganzheitliche natürliche Maßnahmen gegen Bienenschädlinge und -krankheiten finden sich im Anhang in der Liste *Nützliche Informationen für Bienenhalter.*

Die Vorzüge von Bienenprodukten

Sie werden sehen, viele unserer Rezepte für gute Dinge zum Essen *und* für Hautpflegeprodukte enthalten Honig oder Bienenwachs.

Roher (nicht pasteurisierter) Honig hat viele positive Eigenschaften. Unbehandelter Honig:

- wirkt antibakteriell
- wirkt antimykotisch (gegen Pilze)
- ist ein Antioxidans
- beugt Tumoren vor
- wirkt antiviral
- fördert die körperliche Leistungsfähigkeit
- fördert gute Darmbakterien
- beschleunigt die Wundheilung (einschließlich Verbrennungen und Operationswunden)
- stabilisiert den Blutzuckerspiegel
- stärkt die Immunabwehr des Körpers
  Bienenwachs hat fast genauso viele positive Eigenschaften, es:
- wirkt antibakteriell
- wirkt entzündungshemmend
- reinigt die Luft beim Verbrennen als Kerze, indem es negativ geladene Ionen freisetzt und positiv geladene Teilchen verbrennt
- wirkt hautberuhigend
- ist nicht allergen (außer bei einer Bienenallergie)
- ist nicht komedogen
- ist wasserabweisend

WACHSKERZEN ZIEHEN

Reine Bienenwachskerzen sind etwas Wunderbares, sowohl ihr Aussehen als auch ihr Duft, und auch die Tatsache, dass sie die Raumluft eher reinigen, anstatt sie zu verunreinigen, wie es gewöhnliche Paraffinkerzen tun. Ergibt dreimal vier 15 Zentimeter lange Kerzen.

Materialien:

große Blechdose, ca. 1 bis 1,5 Liter fassend (z. B. eine große Dose passierte Tomaten)

Kasserolle

1 kg Bienenwaches

runder Baumwolldocht Gr. 3 oder 4 (ohne Kern)

Bleistift, Rundholz, Holzspieß oder Essstäbchen

1. Füllen Sie die Blechdose mit Stücken festen Bienenwachs. Sie werden das Wachs vermutlich in kleinere Stücke brechen müssen. Sie können auch Bienenwachskügelchen oder -pellets verwenden, eine schüttbare Form des Wachses.

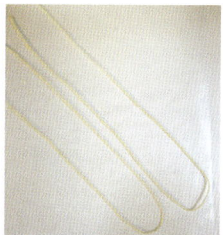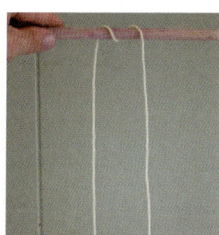

2. Geben Sie Wasser in die Kasserolle (2,5 bis 5 cm tief) und setzen Sie die mit Bienenwachs gefüllte Blechdose hinein. Stellen Sie die Herdplatte auf niedrige Hitze

und lassen Sie das Wachs langsam schmelzen.

3. Schneiden Sie den Docht zurecht, während das Wachs schmilzt. Schneiden Sie den Docht für 15 cm lange Kerzen in 60 cm lange Stücke. Sie erhalten zwei Kerzen auf einmal.

4. Geben Sie den Docht in das Wachs, nachdem es geschmolzen ist. Rühren Sie das Wachs kurz mit einem hölzernen Spieß um und lassen Sie den Docht ein oder zwei Minuten darin liegen, damit er das Wachs aufnehmen kann.

5. Ziehen Sie den Docht heraus und breiten Sie ihn U-förmig auf einem Blatt Wachspapier aus. Versuchen Sie die Enden so gerade wie möglich zu legen.

6. Wickeln Sie den Docht, in der Mitte anfangend, um die Mitte des Holzspießes.

7. Halten Sie den Spieß fest und tauchen Sie den Docht ungefähr 15 cm tief mehrmals hintereinander in das geschmolzene Wachs ein, in einer fließenden, gleichmäßigen Bewegung hinein und wieder hinaus.

Lassen Sie das Wachs kurz abkühlen und wiederholen Sie den Vorgang, bis die

Kerze den gewünschten Durchmesser hat. (Zur Sicherheit können Sie die Kerzenhalter ausmessen, für die Sie die Kerzen vorgesehen haben, um die Größe zu bestimmen.) Durch Ihre Tauchgänge wird der Wachspegel sinken. Geben Sie weitere Wachsstücke in die Dose und lassen Sie das frische Wachs schmelzen, während Sie weitermachen, bis der Pegel wieder die gewünschte Höhe hat.

8. Wenn Ihre Kerzen den gewünschten Durchmesser erreicht haben, hängen Sie sie über ein Rundholz, einen Türgriff etc. und lassen Sie sie vollständig abkühlen.

9. Schneiden Sie mit einem scharfen Messer die durch das Tropfen entstandene Unebenheit am Boden der Kerzen ab, damit sie gut in die Kerzenhalter passen.

Reine Bienenwachskerzen sind relativ weich, lagern Sie sie daher auf ebenem Untergrund oder weiterhin hängend. Auf Bienenwachskerzen kann sich nach einer Weile eine weiße Schicht bilden, die Sie durch Polieren mit einem weichen Tuch wieder wegbekommen, wenn Sie möchten. Schneiden Sie vor der Verwendung der Kerzen den Docht durch und kürzen Sie ihn auf eine Länge von 6 bis 7 mm.

Zusammenfassung

Ich hoffe, Sie stellen sich geschickter an als ich, wenn Sie die Bienenhaltung ausprobieren möchten, und es kommt Ihnen nicht so verwirrend vor wie mir, vor allem am Anfang. Wenn Ihnen doch schwindelig wird, hoffe ich, dass meine Erfahrungen Sie beruhigen und Ihnen Selbstvertrauen einflößen. Das Imkern ist nicht so weit verbreitet, und wie die meisten gut gehüteten Geheimnisse steckt es voller neuer Ideen, neuer Leute, neuer Eindrücke, Geräusche und Gerüche. Probieren Sie es aus und werden Sie ein kleiner Teil des geheimen Lebens der Bienen.

„Ich habe mit dem Imkern angefangen, weil ich keinen Zucker mehr verwenden wollte. Ich will sichergehen, dass der Honig, den ich esse, so frei von Chemikalien ist wie möglich. Du kannst nicht kontrollieren, wo die Bienen hinfliegen, aber du kannst kontrollieren, was in den Stock hineinkommt. Ich war schockiert, wie viele Chemikalien selbst lokale Imker ihren Bienen geben möchten. Mottenkugeln … im Ernst?

Ich habe darauf geachtet, meine ersten Bienen von jemandem zu kaufen, der seine Bienen nur biologisch behandelt. Er hat bei der Nachzucht auch auf sehr sanfte Bienen geachtet. Wenn du Bienen von jemandem kaufst, der viele Chemikalien benutzt, sind die Bienen wirklich nicht kräftig genug, um von allein zu überleben.

Ich lebe auf dem Land, aber ich habe Nachbarn. Ich habe mir die Zeit genommen, sie über Bienen aufzuklären. Die erste wichtige Lektion ist, dass nicht alles, was fliegt, eine Biene ist. Die zweite war, wenn es dich ohne Grund sticht, dann ist es sicher keine Honigbiene. Ich habe sie zu mir eingeladen, damit sie sehen, wie sanft die Honigbienen am Stock sind, und meine Nachbarn haben schnell alle Bedenken zu den Bienenkästen fallen gelassen.

Ich baue gern meine eigenen Lebensmittel an, die Bienen auf meiner Farm sollen also meine Pflanzen bestäuben. Die höhere Gemüseernte plus den Honig machen die Bienen zu einer wertvollen Ergänzung meiner kleinen Farm."

— KIMBERLY, BLOGLESERIN

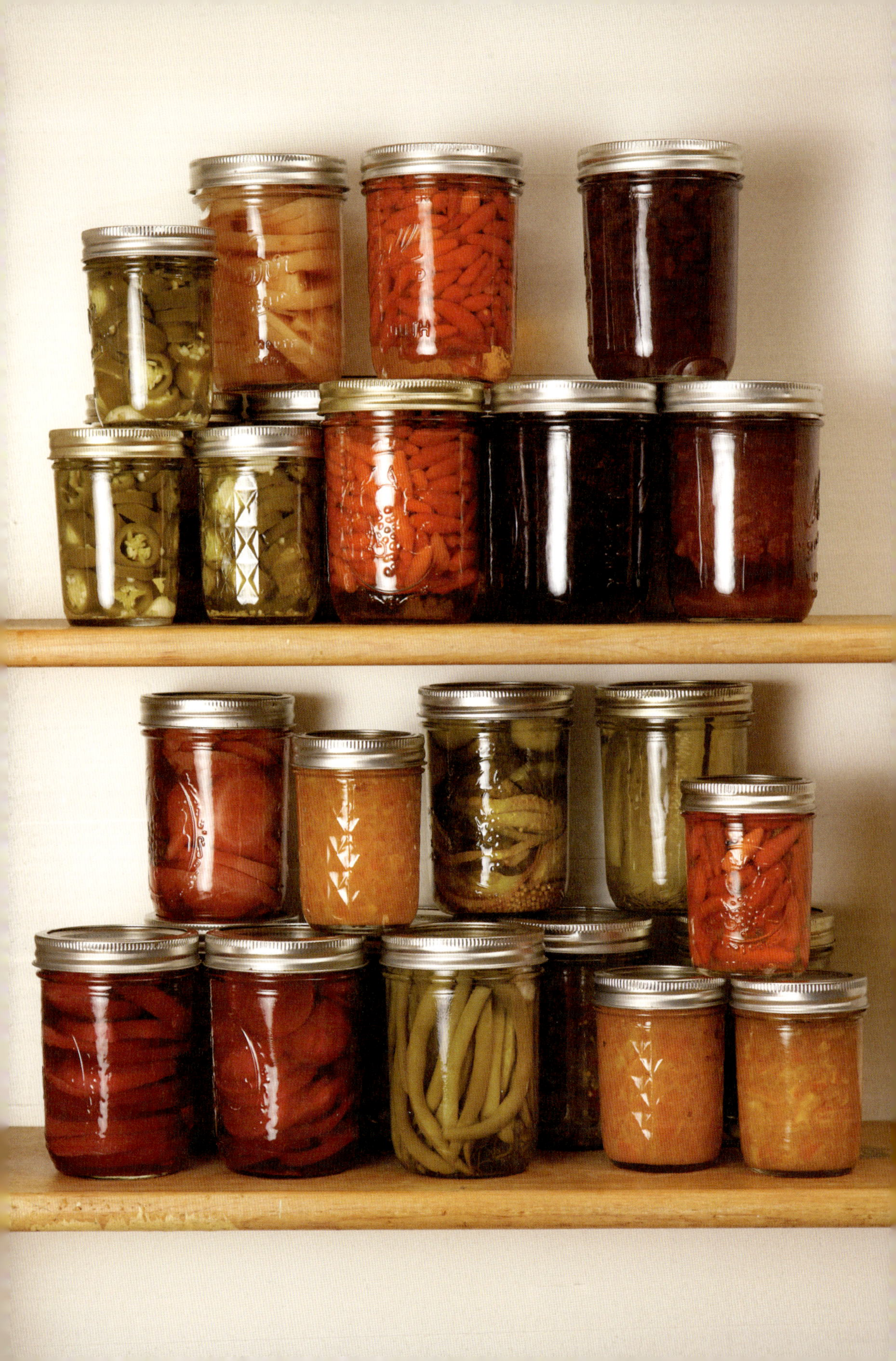

6

MEINE SPEISEKAMMER WAR NOCH NIE MIT SO LECKEREN SACHEN GEFÜLLT

Nahrung ist etwas, was vor Kurzem in der Erde wuchs oder auf ihr herumgelaufen ist. Nahrung liefert Vitamine, Mineralien, Proteine und andere Nährstoffe, aus denen unser Körper besteht und die ihn mit Energie versorgen. Hoch verarbeitete Lebensmittel wurden von etwas, das in der Erde wuchs oder darauf herumlief, „abgeleitet", in der Regel vor zwei Jahren und fünfundzwanzig chemischen Prozessen. Diese „Lebensmittel" mögen essbar sein (und manch einer hält sie auch für lecker), aber sie sie sind nicht nahrhaft. Das ist es, was ihnen fehlt. Es ist keine richtige Nahrung.

Nimm dies, Laster voll Maissirup!

DEANNA Wir wollen Ihnen nicht vorschreiben, dass Sie nicht hin und wieder eine Ladung abgefüllte, künstliche Barbecuesoße auf Ihrer weißmehligen Kunstfleisch-Tiefkühlpizza haben dürfen, aber wir glauben, dass Sie die Variante aus fruktosehaltigem Maissirup sehr bald nicht mehr vermissen werden, wenn Sie erst einmal einige unserer Rezepte zum Selbermachen ausprobiert haben. Und am Ende werden Sie vielleicht zukünftig anbieten, das Salatdressing und wer weiß was noch zu Partys mitzubringen, nur um die Fertigvariante zu vermeiden.

Und wenn Sie wie wir zu faul sind, wegen der einen Flasche Ketchup, die Sie für den Hackbraten heute Abend brauchen, zum Supermarkt zu rennen, dann ist dieses Kapitel genau das richtige für Sie!

Hausgemachte Würzmittel

DAISY Wenn Sie etwas selbst machen, von dem Sie einst, vielleicht unbewusst, angenommen haben, dass Fabriken das unveräußerliche Privileg zur Herstellung besitzen, dann werden Ihre kreativen Kräfte geweckt und Sie gewinnen Kontrolle und Einfluss über das Essen von Ihnen und Ihrer Familie. Wir beschreiben Rezepte für einfache Würzmittel und die Rolls-Royce-Varianten dieser Würzmischungen. Wir wollen nicht behaupten, dass Sie nie wieder ein Glas Mixed Pickles kaufen werden, aber vielleicht wollen Sie es gar nicht mehr.

Wir behaupten nicht, dass es billiger und einfacher ist, Ketchup selbst zu machen, als eine Flasche Heinz-Ketchup in den Einkaufswagen zu werfen. Wir können auch nicht garantieren, dass Ihre Sechsjäh-

rige (oder auf wen es sonst noch ankommt) automatisch von der Ladenversion auf die selbst gemachte umschwenkt.

Wir versuchen nicht, die käuflichen Aromen zu imitieren, wir möchten Ihnen einfach nur Alternativen anbieten, die uns besser schmecken.

Vier Würzmittelgruppen: Ketchup, Senf, Mayonnaise und scharfe Würzsoße.

TANTE EMMAS KETCHUP

Ergibt ungefähr 350 Gramm

200-g-Tube Tomatenmark
2 EL Apfelessig
2–3 EL brauner Zucker
1 TL Knoblauchpulver
1 TL Zwiebelpulver
1 TL Salz
1 TL Melasse
300 ml Wasser
Spritzer Worcestershiresoße oder Piment (optional)

Alle Zutaten in einem kleinen Topf mischen und bei niedriger Hitze köcheln lassen, bis die Mischung die gewünschte Konsistenz erreicht hat, ungefähr 30 bis 45 Minuten. Das Ketchup für mindestens eine Stunde ruhen lassen, damit sich der Geschmack entfalten kann.

Im Kühlschrank aufbewahren.

TANTE EMMAS SENF

Ergibt ungefähr 90 Gramm

4 EL trockenes Senfpulver
2 EL Weißweinessig
2 TL Kurkuma
2 EL Wasser
je eine Messerspitze Knoblauchpulver, Paprika und Salz zum Abschmecken (optional)

Senfpulver, Essig und Kurkuma in einer kleinen Schüssel verrühren und nach und nach je einen halben EL Wasser dazugeben, bis die gewünschte Konsistenz erreicht ist. Optionale Gewürze hinzufügen und die Mischung 20 Minuten ruhen lassen, dann ist der Senf essfertig. Hält sich im Kühlschrank mehrere Wochen.

KÖRNIGER SCHARFER SENF

Dies ist ein wahrhaft körniger Senf. Echter, intensiver Senfgeschmack, mit sichtbaren ganzen Senfkörnern.

Ergibt ungefähr 225 Gramm

   125 ml Apfelessig
   60 ml Weißwein
   40 g Senfkörner
   25 g Senfpulver
   1 TL Salz
   ½ TL Kurkuma
   ¼ TL Paprika
   1 Knoblauchzehe, zerkleinert
   ½ TL grob gemahlener schwarzer Pfeffer
   1 EL Honig

1. Essig und Wein in einer kleinen Schüssel mit Senfkörnern, Senfpulver und Knoblauch mischen. Abdecken und 24 Stunden oder über Nacht im Kühlschrank ruhen lassen.
2. Die Mischung in eine mittelgroße Schüssel geben, Salz, Kurkuma, Paprika, schwarzen Pfeffer und Honig hinzufügen, alles miteinander verrühren. Lassen Sie den Senf zum Eindicken mehrere Tage im Kühlschrank stehen, nach drei bis vier Tagen wird er streichfähig sein.

STETS GELINGENDE MAYONNAISE

DEANNA Selbst gemachte Mayonnaise ist mit gekaufter überhaupt nicht vergleichbar. Kein bisschen! Wenn Sie noch nie frische Mayonnaise gegessen haben, dann haben Sie noch nicht gelebt, glauben Sie mir.

Ergibt ungefähr 170 Gramm

   1 Eigelb
   1 TL Zitronensaft
   1 Messerspitze Salz
   120 bis 180 ml leichtes Öl (wie Raps), portionsweise

1. Das Gelingen von Mayonnaise hängt von zwei Dingen ab: Wärme und der langsamen Zugabe von Öl. Füllen Sie also eine mittelgroße Rührschüssel mit wirklich warmem Wasser, geben Sie das Eigelb dazu und lassen Sie die Schüssel ein paar Minuten stehen. Dadurch werden das Eigelb und die Schüssel gleichmäßig erwärmt. (Wenn Sie frische Eier von Ihren eigenen Hühnern verwenden, befolgen Sie erst die Anleitung am Ende des Rezepts, um das Ei zu pasteurisieren.)
2. Wasser abgießen, aber Eigelb drinlassen, und die Schüssel auf eine rutschfeste Unterlage stellen. Das Eigelb ganz kurz mit einem Schneebesen schlagen, bis es leicht schaumig ist.
3. Zitronensaft und Salz dazugeben. Gut vermischen.
4. 60 ml Öl in einen kleinen Behälter geben. Zwei TL Öl zum Eigelb geben. Mit dem Schneebesen umrühren, bis Sie

das Öl nicht mehr sehen können, ungefähr 10 Sekunden.

5. Nach und nach je zwei TL Öl zugeben,
bis die 60 ml verbraucht sind.

6. Den Behälter mit weiteren 60 ml Öl füllen und den Vorgang wiederholen, indem
Sie nach und nach je einen TL zugeben.

7. Wenn Ihre Mayonnaise dicker sein soll,
geben Sie esslöffelweise Öl dazu, bis
sie die gewünschte Konsistenz hat.
Wenn Sie zu viel Öl zugeben, wird sie
verklumpen und an den Seiten der
Schüssel kleben. Nicht gut.

8. Verbrauchen Sie die Mayonnaise gleich
oder stellen Sie sie in den Kühlschrank.
Sie wird sich ein paar Tage lang halten.

Wenn Sie zweimal Mayonnaise nach dem
Rezept gemacht haben, müssen Sie das Öl
nicht mehr ganz so vorsichtig zugeben. Es
muss immer noch langsam geschehen, aber
mit Erfahrung können Sie das Öl zugießen,
anstatt tee- und esslöffelweise vorzugehen.

Die folgende Methode ist eine Beschreibung, wie ich gelernt habe, Eier zu
„pasteurisieren", allerdings würde ein Le-
bensmitteltechnologe wohl nicht zustimmen, dass das Endergebnis pasteurisiert
ist. Die Methode tötet angeblich alle verirr-
ten Keime ab. Aber, um ehrlich zu sein, ich
habe es nur die ersten zwei Mal gemacht. Es
macht viel Mühe. Und ich habe entschieden,
wenn der Verzehr roher, selbst gemachter
Mayonnaise mein Ende sein soll, dann ist es
eben so. Ich lebe mit dem Risiko. Falls Sie
allerdings keine Eier von gesunden Hühnern
bekommen können und sichergehen wollen,
ist dies die beste Methode, die ich kenne,
wie Sie Mayonnaise machen und auch essen
können.

Ein frisches Ei pasteurisieren:

1. Setzen Sie einen Topf mit Wasser auf
und stellen Sie eine Tasse hinein. Erwär-
men Sie das Wasser bei mittlerer Hitze.
Geben Sie ein wenig Wasser in die
Tasse, ungefähr 2,5 cm. Geben Sie Ihr
Eigelb vorsichtig hinein.

2. Das Wasser im Topf muss mindestens
55 °C, aber darf nicht mehr als 60 °C haben, sonst wird das Eigelb anfangen zu
kochen. Versuchen Sie, diese Temperatur 5 Minuten lang zu halten.

3. Tauchen Sie Ihre Schüssel in den Topf,
um sie aufzuwärmen, und trocknen Sie
sie ab. Dann folgen Sie den Anweisungen im Rezept ab Schritt 2.

HAUSGEMACHTE TABASCOSOSSE

Als ich das erste Mal meine eigene Tabascosoße gemacht habe, bin ich es falsch an-
gegangen. Ich erzähle Ihnen, was ich falsch
gemacht habe, damit Sie nicht denselben
Fehler machen. Nachdem ich die Zutaten
auf den Herd gestellt habe, damit sie einige
Minuten köcheln können, bin ich für eine
Sekunde rausgegangen. Aus der Sekunde
wurden mehrere Minuten. Als ich zurückkam,
nach ungefähr einer halben Stunde, habe ich
mein eigenes Pfefferspray eingeatmet. Ich
habe nach Luft geschnappt, gehustet, und
bin keuchend geflüchtet. Meine Luftröhre
brannte. Dann holte ich tief Luft und ging
wieder in die Küche, um den brennenden
Chili vom Herd zu nehmen und den Rest der
Familie zu evakuieren, der am Samstag ge-
mütlich ausschlief. Wir husteten, niesten und
keuchten, bis wir endlich die Fenster offen
und die Ventilatoren angestellt hatten. Wir
standen verloren im Garten herum. Selbst
der Hund nieste. Hier kommt also, mit der
entsprechenden Warnung, das Rezept. Folgen Sie dem Rezept, nicht meinem Erlebnis.

Ergibt ungefähr 0,2 Liter

40 g Tabasco-Pfefferschoten
250 ml Essig Ihrer Wahl, Weißwein-, Rot-
  wein- oder Apfelessig
2 Knoblauchzehen
1 TL Salz

1. Lassen Sie die Pfefferschoten kurz in
Essig und Salz köcheln, bleiben Sie in
der Nähe, in einer gut belüfteten Ecke.
(Gehen Sie nicht raus und fangen Sie

nicht an, den Weg vorm Haus mit dem Laubsauger zu bearbeiten.)

2. Nehmen Sie die Zutaten vom Herd, decken Sie den Topf ab und lassen Sie die Soße abkühlen.
3. Geben Sie zerkleinerten Knoblauch zu und pürieren Sie die Mischung in einem Mixer, bis sie glatt ist. Stecken Sie NICHT Ihre Nase rein und atmen dann tief ein (Ihrer Schleimhaut zuliebe). Bewahren Sie die Soße im Kühlschrank auf. Hält sich ewig.

HAUSGEMACHTER MEERRETTICH

Meerrettich ist so einfach im Garten anzubauen, dass wir keine Entschuldigung gelten lassen, wenn Sie sich nicht Ihren eigenen Vorrat anlegen. Machen Sie sich mithilfe dieses einfach herzustellenden Meerrettichs das leckerste Truthahn-, Schinken- oder Käsesandwich.

1 Stück frische Meerrettichwurzel
Essig
Salz

1. Säubern Sie das Wurzelstück und schälen Sie es mit einem Gemüseschäler.
2. Der Meerrettich kann fein gerieben oder in Würfel geschnitten und in einem Mixer mit so wenig Wasser wie möglich püriert werden. Wenn Sie den Meerrettich im Mixer pürieren, geben sie ihn danach kurz in ein Sieb, damit das überschüssige Wasser abtropfen kann.
3. Geben Sie auf 40 g geriebenen Meerrettich einen EL Essig dazu. Mit Salz abschmecken.

Salatdressings

DAISY Wenn die Verwandtschaft sich trifft und jeder etwas zum Essen mitbringt, werde ich fast immer gebeten, einen Salat beizusteuern, mit „dem guten Dressing, das du immer machst". Es fällt ihnen vielleicht nicht auf, aber ich mache fast nie zweimal das exakt gleiche Dressing. Aber es ist immer besser als ein Fertigdressing, zudem kann ich den Zucker weglassen, der in den gekauften Dressings meist enthalten ist, was zuckerbewusste Verwandte freut. Mit einem wirklich leckeren Dressing können Sie vielleicht sogar Salathasser bekehren.

DAS GUTE DRESSING

Ergibt ungefähr 0,5 Liter
1 TL gepresster oder fein gehackter
  Knoblauch
1 EL Honig
½ TL frisch gemahlener schwarzer Pfeffer
2 EL süßer Senf
Basilikum, Oregano und Rosmarin, je 1 EL
  frisch oder 1 TL getrocknet
1 TL Sojasoße
125 ml guter Essig (Rot- oder Weißwein-,
  Reis- oder Apfelessig)
375 ml extra natives Olivenöl
½ bis 1 TL Salz (nach Geschmack)

Verrühren Sie alle Zutaten in einem Mixer oder einer Küchenmaschine, bis sie sich verbunden haben. Wenn Sie keinen Mixer verwenden, mischen Sie alle Zutaten bis auf das Olivenöl in einer mittelgroßen Schüssel und geben Sie anschließend das Olivenöl dazu, bis die Zutaten sich verbunden haben. Mit Salz abschmecken.

Hält sich im Kühlschrank mehrere Wochen (wird aber vermutlich vorher aufgebraucht sein).

PERFEKTES BUTTERMILCH-RANCH-DRESSING

Im Ernst? Ranch-Dressing? Naja, warum denn nicht? Dieses hier hat den wahren Geschmack, den die gekaufte Version gerade mal erahnen lässt.

Ergibt ungefähr 0,35 Liter

125 ml Buttermilch

85 g Mayonnaise (siehe Rezept weiter vorn)

125 g Sauerrahm

2 TL Zitronen oder Limettensaft

1 TL gepresster oder fein gehackter frischer Knoblauch (lass das Aroma frei!)

1 TL getrocknetes oder 1 EL frisches gehacktes Basilikum

2 TL gehackter frischer Schnittlauch

2 TL gehackte frische Petersilie

2 TL angeröstete gehackte getrocknete Zwiebel

½ TL Salz

¼ TL frisch gemahlener schwarzer Pfeffer

Verrühren Sie Buttermilch, Mayonnaise und Sauerrahm. Rühren Sie Zitronensaft, Knoblauch, Kräuter und Zwiebel unter. Geben Sie Salz und Pfeffer nach Geschmack dazu. Hält sich im Kühlschrank bis zu zwei Wochen.

MOHNDRESSING

Dieses Dressing ist süß-würzig mit knackig-körnigen Mohnsamen und Frühlingszwiebeln. Fahren Sie die schweren Geschütze für hartnäckige Salatverweigerer auf. Sie werden Schwierigkeiten haben standzuhalten.

Ergibt ungefähr 0,25 Liter

125 ml Ihres Lieblingssalatöls wie Oliven- oder Rapsöl

80 g Honig

60 ml Ihres Lieblingsessigs

2 TL Zitronensaft

1 TL Senf

1 Frühlingszwiebel, grob gehackt

1 TL Mohnsamen

Salz und Pfeffer nach Geschmack

Verrühren Sie die Zutaten in einem Mixer oder einer Küchenmaschine, bis das Dressing glatt ist. Mit Salz und Pfeffer abschmecken. Im Kühlschrank aufbewahren.

Kräuter- und Gewürzmischungen

DAISY Diese Kräuter- und Gewürzmischungen sind, dekorativ verpackt in Zellophantüten mit einer Schleife oder in kleinen Gläsern mit Bügelverschluss, superbe Geschenke. Halten Sie diese Mischungen in Ihrer eigenen Küche vorrätig, um Fleisch und Fisch zu marinieren, für Nudelsoßen, Salatdressings und eigentlich alles, was eine Dosis Geschmack benötigen kann. Alle Mischungen können auch ohne Salz hergestellt werden.

GRIECHISCHE MISCHUNG

1 ½ TL getrockneter Oregano
1 TL getrocknete Minze
1 TL getrockneter Thymian
½ TL getrocknetes Basilikum
½ TL getrockneter Majoran
½ TL getrocknete gehackte Zwiebel
¼ TL getrockneter gehackter Knoblauch
1 TL geriebene Zitronenschale

SONNENSCHEIN-MISCHUNG

10 g getrocknete Oreganoblätter
2 El Fenchelsamen
2 EL gehacktes Zitronengras
2 EL getrocknete Zitronenschale
¾ TL schwarzer Pfeffer
1 EL grobkörniges Salz

ITALIENISCHE MISCHUNG

2 EL getrocknetes Basilikum
2 EL getrockneter Oregano
2 EL getrockneter Rosmarin
2 EL getrockneter Majoran
2 EL getrockneter Koriander
2 EL getrockneter Thymian
2 EL getrocknetes Bohnenkraut
2 EL zerstoßene Chiliflocken

Getrocknete Kräuter aus dem Garten

Daisy

1. Sammeln Sie frische Kräuter aus dem Garten, vorzugsweise in der idealen Zeit am Morgen, wenn der Tau bereits verdunstet ist, aber die Sonne noch keine Zeit hatte, die Blätter mit ihrer Wärme welk zu machen.
2. Breiten Sie die Blätter auf einer sauberen Oberfläche zum Trocknen aus oder binden Sie sie zu losen Sträußen und hängen Sie sie mehrere Tage zum Trocknen auf. Wenn Sie ungeduldig sind oder die Kräuter sofort benötigen, können Sie sie in der Mikrowelle erhitzen. Fangen Sie mit einer Minute an, überprüfen Sie die Trockenheit und machen Sie in Dreißig-Sekunden-Intervallen weiter, bis die Blätter trocken und brüchig sind. Die benötigte Zeit hängt vom Feuchtigkeitsgehalt und der Blattstärke ab.
3. Lösen Sie die Blätter von den dicken Stängeln.
4. Brechen Sie die Blätter, immer nur ein Kraut bearbeitend, in die gewünschte Größe und bewahren Sie sie in luftdichten Behältern an einem kühlen, dunklen Platz auf, um sie möglichst frisch zu halten.
5. Wenn Sie lieber gemahlene Kräuter möchten, können Sie die getrockneten Kräuter in einer sauberen elektrischen Kaffeemühle mahlen. Packen Sie die Mühle so voll es geht (sie mahlt besser, wenn das Mahlwerk noch Blätter greifen kann). Mahlen, bis die Blätter den gewünschten Mahlgrad erreicht haben. Ich finde, es geht besser, wenn ich die Mühle halte und während des Mahlens ein wenig schüttle.
6. Wenn noch zähe Teile des Stiels übrig sind, können Sie ein feines Sieb verwenden, um sie zu entfernen.

WESTERN-MISCHUNG

2 EL Chilipulver
2 EL Kurkuma, gemahlen
2 EL Paprika
1 TL schwarzer Pfeffer
1 EL gemahlener Koriander
1 TL Cayennepfeffer
1 EL Knoblauchpulver
1 TL Chiliflocken
1 EL Salz
1 EL getrockneter Oregano

KRÄUTER DER PROVENCE

1 EL Bohnenkraut
1 EL Rosmarin
1 EL Thymian
1 EL Oregano
1 EL Basilikum
1 TL Fenchelsamen
1 TL Lavendel

KRÄUTERSALZ DER TOSKANA

Geben Sie dieses Kräutersalz vor dem Backen zu einem mit Ei bestrichenen Brotteig, oder wo immer Sie eine Prise Salz mit einem Hauch Kräutergeschmack haben möchten.

je 10 g frische Blätter, lose verpackt, von
Basilikum, Minze, Salbei, Rosmarin,
Thymian und Majoran
4 Knoblauchzehen
2 TL Fenchelsamen
190 g grobkörniges Salz oder Meersalz

Kräuter und Knoblauch in einem Mixer, einer Küchenmaschine oder von Hand fein hacken. Wenn Sie eine Küchenmaschine oder einen Mixer verwenden, geben Sie die Hälfte des Salzes und die Fenchelsamen dazu und stellen Sie die Maschine kurz an. Geben Sie dann das restliche Salz dazu und verrühren Sie alles. Wenn Sie keine Maschine verwenden, geben Sie gehackte Kräuter, Knoblauch und Fenchelsamen mit dem Salz in eine große Schüssel und zerdrücken Sie Kräuter und Salz mit der Rückseite eines großen Rührlöffels, damit die Kräuter ihr Aroma an das Salz abgeben.

Legen Sie das Kräutersalz als dünne Schicht auf einem Backpapier aus und lassen Sie es mehrere Tage trocknen. Bewahren Sie es in Einmachgläsern auf, wenn alle Feuchtigkeit entwichen ist.

Kräuteröle herstellen

1. Geben Sie die getrockneten Kräuter und alle anderen Zutaten in die trockenen, sterilisierten Flaschen.
2. Erwärmen Sie das Olivenöl vorsichtig (nicht kochen lassen), bis Sie ein wenig Bewegung im Topf sehen, aber keine Blasen. Gießen Sie das Öl, solange es noch heiß ist, mithilfe eines Trichters in die Flaschen über die Kräuter.
3. Verschließen Sie die Flaschen, wenn das Öl abgekühlt ist, und lassen Sie es mindestens zwei Wochen stehen, damit es die Kräuteraromen aufnehmen kann. Gießen Sie es durch ein Sieb in neue sterilisierte Flaschen und entfernen Sie auf diese Weise die Kräuter. Wenn Sie mögen, können Sie einen oder zwei Kräuterzweige oder ein paar Pfefferkörner als optischen Blickfang in die neuen Flaschen geben, bevor Sie sie wieder verschließen. Und jetzt verwenden Sie Ihre Öle.

Kräuteröle

DAISY   Kräuteröle sind etwas knifflig hinsichtlich Ranzigkeit und Lebensmittelhygiene. Es ist wichtig, auf Feuchtigkeit, Wärme und Lichteinfall zu achten.

Ich verwende bevorzugt trockene Zutaten für meine Kräuteröle. Die Flaschen müssen zudem sterilisiert und vollkommen trocken sein, bevor Sie Ihre gänzlich trockenen Kräuter zugeben können. Um sicherzugehen, dass die Flaschen steril sind, können Sie sie in Ihren Geschirrspüler geben, wenn dieser ein entsprechendes Programm hat. Ansonsten können Sie die Flaschen in einen Topf mit kaltem Wasser geben, diesen abdecken und das Wasser fünf Minuten lang kochen lassen. Nehmen Sie die Flaschen mit einer Zange heraus und lassen Sie sie auf sauberen Papiertüchern abtropfen und abtrocknen.

Bewahren Sie die fertigen Öle an einem kühlen, dunklen Platz auf, vergessen Sie sie aber nicht dort. Verwenden Sie sie innerhalb von zwei Monaten nach Herstellung. Kleben Sie zur Sicherheit ein Etikett auf die Flaschen mit der Angabe des Herstellungsdatums. Wenn Sie erst einmal herausgefunden haben, welch wunderbare Geschmacksnuancen sie Salatdressings, Nudeln und Soßen verleihen, werden Sie sie kaum vergessen.

ITALIENISCHES KRÄUTERÖL

Auf einen Liter Olivenöl kommen:

15 ganze Pfefferkörner
2 EL getrockneter Rosmarin
2 TL getrockneter gehackter Knoblauch
1 EL getrockneter Oregano
1 EL getrockneter Thymian
2 ganze Lorbeerblätter
2 EL getrocknetes Basilikum

KRÄUTERÖL DER PROVENCE

Auf einen Liter Olivenöl kommen:

10 g Majoran
10 g Rosmarin
12 ganze Pfefferkörner
1 TL getrockneter Lavendel
2 TL getrockneter gehackter Knoblauch

Utensilien zum Einkochen und Einmachen

Sie benötigen die folgenden Utensilien zum Einkochen und Einmachen:

Einkochtopf oder großen Topf: Ein Einkochtopf ist einfach ein sehr großer Topf mit einem hohen Rand, einem Deckel und einem Metalleinsatz, der in den Topf passt. Der Metalleinsatz sorgt dafür, dass die Gläser nicht ganz unten am Topfboden stehen und leichter aus dem Einkochtopf genommen werden können. Einkochtöpfe sind in der Regel emailliert, aus Aluminium oder aus Edelstahl. Sie finden sie in den meisten großen Haushaltswarenabteilungen, auf Flohmärkten oder online in speziellen Fachgeschäften.

Gläser zum Einkochen: Es gibt Twist-off-Gläser bzw. Schraubdeckelgläser und Einmachgläser mit Glasdeckeln und Gummiringen. Für Marmelade eignen sich Schraubdeckelgläser am besten. Beim Abkühlen der Gläser entsteht ein Unterdruck und der Deckel wölbt sich nach innen. Für Einmachgläser mit Gummiringen benötigen Sie außerdem noch Klammern aus Federstahl oder Drahtbügel, die nach dem Abkühlen entfernt werden können. Der Glasdeckel bleibt dann aufgrund des Unterdrucks fest auf dem Glas. Zudem benötigen Sie einen Glasheber, einen Einmachtrichter und eventuell eine Küchenzange. Sie können auch Einmach-Sets kaufen, die Sie ebenfalls in der Haushaltswarenabteilung, in Fachgeschäften und online finden.

Die Gläser können so lange wiederverwendet werden, bis sie angeschlagen sind oder Risse haben. Die Schraubdeckel können ebenfalls wiederverwendet werden, bis sie rostig oder verbogen sind. Die Gummiringe sollten Sie austauschen, wenn sie Risse aufweisen oder anfangen brüchig auszusehen, da sie dann nicht mehr sauber schließen und das Eingemachte verderben kann.

ZITRONEN-OLIVENÖL

Diese Variante ergibt ein Öl mit einem leichten, unübertrefflich leckeren Zitronengeschmack. Es passt perfekt zu Nudeln, Fisch und Huhn. Ich beträufele sogar Popcorn damit.

Ergibt ungefähr 0,5 Liter

500 ml Olivenöl

3 Zitronen

½ TL grobkörniges Salz

1. Entfernen Sie die Schale von den Zitronen, ohne die weiße innere Schicht.
2. Zerdrücken Sie die Schale zusammen mit dem Salz in einer großen Rührschüssel mithilfe der Rückseite eines schweren Löffels, des Griffs eines breiten Messers oder eines Mörsers, wenn vorhanden. Die Zitronenschale soll gequetscht werden, um die ätherischen Öle freizusetzen, aber nicht vollständig zermahlen werden.
3. Nach und nach das Olivenöl zugeben, damit die Zitronenaromen in das Öl übergehen, bis Sie alles Öl zugegeben haben. Abdecken und ein oder zwei Stunden ziehen lassen.
4. Sieben Sie die Zitronenschale heraus. Verwenden Sie einen Trichter, um das Öl in Flaschen abzufüllen, verschließen Sie diese und bewahren Sie das Öl im Kühlschrank auf. Hält mehrere Monate.

Kräuteressig selber machen

DAISY Kräuteressig ist ein einfach herzustellendes Gewürzmittel, das den Geschmack vieler Gerichte verfeinert. Ich verwende es vor allem für Salatdressings und als pikanten Spritzer zu gebratenem Gemüse. Für die Herstellung von Kräuteressig benötigen Sie:

- sterile Glasflaschen oder Glasbehälter mit metallfreien Deckeln
- verschiedene Kräuter, Knoblauch, Schalen von Zitrusfrüchten und/oder Gewürze
- Weißwein-, Rotwein-, Reis- oder Apfelessig mit mindestens 5 Prozent Säuregehalt

1. Kräuter und andere Zutaten in den Glasbehälter geben. Probieren Sie Rosmarin, Basilikum, Salbei und Thymian zusammen mit Pfefferkörnern und Knoblauch. Lassen Sie Ihrer Fantasie freien Lauf und verwenden Sie, was immer Sie Frisches im Garten finden. Seien Sie großzügig mit den Zutaten. Wenn das fertige Produkt für Ihren Geschmack zu intensiv schmeckt, können Sie es immer noch mit Essig verdünnen.
2. Geben Sie Essig (in Zimmertemperatur) obenauf. Verschließen Sie den Behälter.
3. Lagern Sie den Essig kühl und dunkel, für mindestens drei Tage und bis zu einem Monat, je nachdem, wie intensiv der Geschmack werden soll. Sieben Sie die Kräuter heraus, wenn Sie den Essig in frische, sterile Behälter umfüllen.
4. Um den Essig zu verschönern, geben Sie einen frischen Zweig Kräuter zu, verschließen Sie den Behälter wieder und lagern Sie ihn bei Zimmertemperatur bis zu einem Jahr.

Die Grundlagen des Einmachens und Einkochens

Ich habe schon so oft Leute sagen hören: „Ich wollte immer schon Obst und Gemüse einmachen, aber ich trau mich nicht". Der Gedanke, eine Riesenmenge kostbarer Erdbeeren zu ruinieren, und die Angst, ein explosives Gemisch in ihrer Speisekammer zu lagern, halten viele Leute vom Einmachen und Einkochen ab. *Es ist aber wirklich keine Zauberei und jeder kann es machen. Sie brauchen nur einige einfachen Utensilien (siehe Kasten auf S. 136) und müssen einige einfache Regeln anwenden.*

STERILISIEREN

Vor dem Einmachen müssen Sie die Gläser sterilisieren. Gehen Sie dazu wie folgt vor:
1. Waschen Sie die Gläser in warmem Seifenwasser oder in der Geschirrspülmaschine.
2. Geben Sie die sauberen Gläser in einen großen Topf (Ihr Einkochtopf eignet sich bestens), füllen Sie ihn mit kaltem Wasser, sodass die Gläser bedeckt sind, und bringen Sie das Wasser zum Kochen.
3. Kochen Sie die Gläser fünf Minuten lang ab und nehmen Sie dann den Topf vom Herd.
4. Lassen Sie die Gläser abtropfen und auf sauberem Küchenpapier lufttrocknen.

Um die Deckel und gegebenenfalls Gummiringe zu sterilisieren, setzen Sie diese in einen kleineren Topf, füllen ihn mit kaltem Wasser und bringen das Wasser zum Kochen. Nehmen Sie den Topf vom Herd und lassen Sie die Deckel und Gummiringe im Wasser, bis Sie diese auf die Gläser setzen oder aufschrauben wollen.

Wenn Sie erst einmal die grundlegenden Utensilien und die sterilisierten Gläser haben, ist der Rest so einfach, wie einem Rezept zu folgen. Wenn Sie das erste Mal einmachen, fangen Sie mit Rezepten mit einer detaillierten Beschreibung für Anfänger an, wie in Ratgebern zum Einmachen. Diese Ratgeber werden Sie Schritt für Schritt durch den Einmachprozess führen.

Sie werden wissen, dass Sie alles richtig gemacht haben, wenn Sie bei Schraubdeckelgläsern das triumphierende Plopp der Gläser hören, wenn sie beim Abkühlen ein Vakuum erzeugt haben. Höchst befriedigend. Bei den typischen Einmachgläsern mit Glasdeckel und Gummiring müssen Sie auf das Plopp allerdings verzichten, bei diesen merken Sie es daran, dass der Deckel fest sitzt.

Konfitüren und Marmeladen

TANTE EMMAS FRISCHE KONFITÜRE

 Frischer Fruchtgeschmack, weiche Struktur ... Zum. Sterben. Gut.

Ergibt ungefähr 850 Gramm

380 g gefrorene Erdbeerstücke, aufgetaut
600 g Zucker
250 ml Wasser
500 g Gelierzucker

1. Gelierzucker und normalen Zucker verrühren, dann das Wasser dazugeben. Bei mittlerer Hitze ungefähr 1 Minute köcheln lassen, dabei kontinuierlich rühren.
2. Die (mit einem Stabmixer, einem Kartoffelstampfer oder einer Gabel pürierten) Erdbeerstücke dazugeben. **Anmerkung: Je wärmer die Beeren sind, umso fester wird die Konfitüre.
3. Verrühren Sie die Zutaten gründlich, nehmen Sie sie vom Herd und gießen Sie sie in eine Tiefkühldose. (Die Menge

138

ergibt ungefähr 850 Gramm, den Rest
können Sie daher einfrieren.)
4. Decken Sie die Konfitüre ab und lassen
Sie sie bei Zimmertemperatur 12 bis 24
Stunden stehen. Stellen Sie einen Behälter kühl. Frieren Sie den Rest ein.

BIRNEN-ZITRONEN-
EINGEMACHTES

DAISY Birnen und Zitronen sind Seelen-
verwandte, die beiden Hälften
eines harmonischen Ganzen. Für mich ist die
einzig wahre Methode Birnen einzumachen
zusammen mit dünnen Scheiben einer ganzen Zitrone sowie Birnenschalen und allem
Drum und Dran.

Ergibt ca. eineinhalb Kilogramm
10 große Birnen (ungefähr 2,25 kg),
geschält, entkernt und zerkleinert
800 g Zucker
750 ml Wasser
2 Zitronen, in sehr dünne Scheiben
geschnitten

1. Geben Sie die Birnen in eine schwere
Pfanne mit so viel Wasser, dass sie bedeckt sind. Aufkochen lassen, abdecken,
Hitze reduzieren und 15 Minuten köcheln
lassen oder bis die Birnen schön zart
sind. Wasser abgießen.
2. Zucker und Wasser in einen großen,
schweren Topf geben, aufkochen lassen
und 10 Minuten kochen (ergibt einen
dünnen Sirup). Vom Herd nehmen und
mehrere Minuten abkühlen lassen.
3. Birnen und Zitronenscheiben dazugeben und alles schnell aufkochen. Bei
starker Hitze kochen lassen, bis die
Birnen durchsichtig werden (ca. 45 Minuten), gelegentlich umrühren.
4. Geben Sie die Mischung in eine große,
flache Pfanne, entfernen Sie den
Schaum mit einem Löffel. Locker abdecken und an einem kühlen Platz über
Nacht abkühlen lassen. Allen Schaum
entfernen.

5. Erwärmen Sie die Frucht-Sirup-Mi-
schung in einem schweren Topf. Füllen
Sie die heißen Früchte mithilfe einer
Schaumkelle in heiße Gläser.
6. Lassen Sie den Sirup aufkochen, gießen Sie den kochenden Sirup über die
Früchte und lassen Sie dabei einen
halben Zentimeter Platz bis zum Rand,
wischen Sie die Ränder der Gläser mit
einem in heißes Wasser getauchten
Küchenhandtuch ab. Deckel aufschrauben oder Gummiring und Deckel drauf-
geben, je nachdem, welche Gläser Sie
verwenden.
7. Gläser 20 Minuten lang in kochendem
Wasser stehen lassen.
Anmerkung: Aus 2,25 kg ganzen Birnen wurden durch Schälen und Entkernen 1,5 kg.
Wenn Sie vermuten, dass der Sirup zu flüssig
ist um zu gelieren, geben Sie nach dem letzten Mal Aufkochen, bevor Sie den Sirup über
die Früchte gießen, ein wenig davon auf einen
kalten Teller. Wenn der Sirup nicht geliert,
weiterkochen lassen, bis sich auf dem kalten
Teller ein wenig Gelee bildet. Sie müssen
aber aufpassen – wenn der Sirup zu lange
kocht, bekommen Sie eine klebrige Bonbon-
masse. (Wenn Sie, wie ich, eher wenig Zucker
verwenden, ist es wahrscheinlicher, dass der
Sirup flüssig bleibt.)

Wie viel einmachen?

Als ich anfing einzumachen und mir klar wurde, dass es nicht annähernd so kompliziert ist, wie ich einst befürchtet hatte, stand ich einer anderen Stolperfalle gegenüber: mein persönliches Konservenmuseum zu erschaffen.

Ich las ein Rezept, das unwiderstehlich klang. Ich glaubte, dass alle sich nach meinem selbst gemachten Chutney oder meinen smaragdgrünen Gläsern mit Chili-Gelee verzehren würden. Ich gab mich Träumen hin, in denen ich das gute Mädchen Pollyanna war, das Gläser voll Kalbsfußsülze an verschrobene, missverstandene Einsiedler verteilte. Also machte ich Unmengen – und ich meine Unmengen – Gläser voll hausgemachter Güte ein. Nachdem die Deckel ihr Plopp hatten ertönen lassen, arrangierte ich sie, kaum abgekühlt, so in einem Stapel, dass die Nachmittagssone auf sie schien und sie golden glänzten.

Die Tage und Wochen vergingen und ich merkte, dass der Stapel nicht wirklich kleiner wurde. Mir wurde klar, dass ich keine Einsiedler kannte, die Chiligelee für ihre Lammkeule benötigten. Und anscheinend hatte auch niemand Bedarf an Mangochutney oder an den zwei Dutzend Gläsern mit eingemachten grünen Tomaten. Aber sie waren eingemacht. Die Frucht mühevoller Arbeit. Daraus folgte: Sie würden nicht weggeworfen werden.

Gelegentlich begegnen sie mir im hintersten Winkel meiner Speisekammer. Zuerst denke ich immer, was ist das? Dann fällt es mir wieder ein: Mangochutney, 1998. Hallo, alter Freund.

BROMBEER-BLAUBEER-KONFITÜRE MIT WENIG ZUCKER

DAISY Ich verwende für die Konfitüre säuerliche Äpfel, um mehr bindendes Pektin zu erhalten. Die Äpfel werden zu Soße verkocht und sind in der fertigen Konfitüre nicht zu schmecken. Ich habe Rezepte ohne Pektin und ohne Zucker ausprobiert. Sie waren gut und es ist eine Art der Zubereitung, aber nach meiner Erfahrung wird die Konfitüre nicht richtig fest. Solche Rezepte eignen sich für Sirup, aber der Versuch, den Sirup auf meinem Toast zu balancieren, erinnert mich an diese Spiele, bei denen man eine winzige Kugel durch ein Labyrinth bugsieren muss – der Sirup läuft über den ganzen Toast und an den Fingern herunter. Dieses Rezept ergibt eine festere Konfitüre.

Ergibt ca. zweieinhalb Kilogramm

4 kg gemischte Beeren (Brombeeren, Blaubeeren, Himbeeren etc.)
4 säuerliche Äpfel, geschält, entkernt und in Stücke geschnitten
180 g Honig, mehr, wenn die Beeren sehr säuerlich sind
130 g Zucker
½ Packung Pektin, ungefähr 2½ EL
Saubere und sterile Einmachgläser mit Deckeln und ggf. Einmachgummis

1. Geben Sie die geputzten, entstielten Beeren in einen großen, schweren Topf. Schneiden Sie die Äpfel in kleine Stücke. Ich habe Granny Smith genommen, Sie können aber jede säuerliche Sorte verwenden.

2. Mischen Sie Zucker und Pektin in einer extra Schüssel und geben Sie die Zuckermischung zusammen mit dem Honig zu den Beeren, bei mittlerer Hitze kochen. Langsam aufkochen und mindestens 30 Minuten köcheln lassen oder bis es wie Konfitüre aussieht und schmeckt. Bei mir hat es 45 bis 60 Minuten gedauert. Nehmen Sie zum Beurteilen ein wenig mit einem Löffel heraus und geben Sie einen Klecks auf einen kalten Teller. Sieht noch wässrig aus? So lange kochen, bis der Klecks auf dem Teller eine sirupähnliche Konsistenz hat. Lassen Sie den Klecks ein wenig abkühlen. Er sollte langsam fester werden. Er muss nicht ganz dick oder geleeartig sein (Sie möchten die Konfitüre später ohne größere Anstrengung aufs Brot streichen können). Wenn sich viel Schaum bildet, nehmen Sie ihn mit einem Löffel ab.

3. Nehmen Sie den Topf vom Herd und füllen Sie die Konfitüre in Gläser. Lassen Sie ca. einen Zentimeter bis zum Rand frei und schrauben Sie die Deckel drauf. Zum Schluss kommen die Gläser für 10 Minuten in den Einkochtopf, dann sind sie fertig. Abkühlen lassen. Deckel noch einmal kontrollieren, ob sie fest verschlossen sind. Im Lauf der nächsten Stunde werden die Deckel sich mit einem „Plopp" verschließen. Wenn Sie danach auf die Deckel drücken, lassen sie sich eindrücken, kommen aber nicht mehr nach oben. Dann sind sie richtig mit Unterdruck verschlossen.

CLEMENTINEN-MARMELADE

Der Honig passt perfekt zum Zitrusgeschmack der Orangen.

Ergibt drei bis vier 250-g-Gläser

ca. 1 kg Clementinen (Schalen gründlich waschen)
380 g Honig
380 ml Wasser

1. Schneiden Sie den Stiel der Clementinen raus (wirklich nur den Stiel) und halbieren Sie die Früchte.

2. In eine Schüssel geben, mit Wasser bedecken und über Nacht einweichen lassen.

3. Am nächsten Tag das Wasser abgießen und die Clementinen in kleine Stücke schneiden. Mit Wasser und Honig in einen schweren Topf geben. Für ungefähr 1 Stunde bei mittlerer Hitze unter häufigem Umrühren kochen, bis die Clementinen durchgekocht aussehen und die Schale sich dunkler gefärbt hat und leicht durchsichtig wird. Probieren Sie ein wenig von dem Sirup auf einem im Gefrierfach vorgekühlten Teller. Kippen Sie den Teller. Wenn der Sirup oberflächlich leichte Falten wirft, ist die Marmelade fertig.

4. Nehmen Sie die Marmelade vom Herd und gießen Sie sie durch einen Einmachtrichter in vorbereitete sterilisierte 250-g-Marmeladengläser. Wischen Sie die Ränder der Gläser ab und setzen Sie die heißen, sterilisierten Deckel drauf. Verschließen Sie die Gläser vorsichtig und lassen Sie sie 10 Minuten im Wasserbad kochen.

MEYER-ZITRONEN-VANILLE-MARMELADE

Meyer-Zitronen sind vermutlich eine Kreuzung aus Orangen und Zitronen, mit einem ganz eigenen Geschmack. Die Vanilleschote passt gut zu den süßen und frischen Zitronen- und Honigaromen.

Ergibt ca. vier 250-g-Gläser

1 kg Meyer-Zitronen (die Schalen gründlich waschen)

550 g Honig

500 ml Wasser

1 Vanilleschote, 10 cm lang, der Länge nach aufgeschnitten

1. Zitronen halbieren, den weißen Teil der Schale und die Kerne entfernen. Die Zitronen mit Wasser bedecken und über Nacht einweichen lassen. Das Wasser am nächsten Tag abgießen und die Zitronen in Stücke schneiden.

2. Die Zitronenstücke mit Wasser in einen schweren Topf geben. Die Vanilleschote mit einem Messer auskratzen und Mark und Schote zusammen mit dem Honig zu den Zitronen geben. Ohne Deckel bei mittlerer Hitze für ungefähr 1 Stunde unter häufigem Umrühren kochen lassen, bis die Zitronen durchgekocht aussehen und die Schale sich dunkler gefärbt hat und leicht durchsichtig wird. Probieren Sie ein wenig von dem Sirup auf einem im Gefrierfach vorgekühlten Teller. Kippen Sie den Teller. Wenn der Sirup oberflächlich leichte Falten wirft, ist die Marmelade fertig.

3. Nehmen Sie die Marmelade vom Herd und füllen Sie sie mithilfe eines Einmachtrichters in vorbereitete sterilisierte 250-g-Gläser. Nehmen Sie die Vanilleschote heraus, teilen Sie sie in vier Stücke und geben Sie ein Stück in jedes Glas. Wischen Sie die Ränder der Gläser ab und setzen Sie die heißen sterilisierten Deckel drauf. Verschließen Sie die Gläser vorsichtig und lassen Sie sie 10 Minuten im Wasserbad kochen.

HERBSÜSSE ZWIEBELKONFITÜRE

DAISY Zwiebelkonfitüre mag etwas gewöhnungsbedürftig klingen, aber wenn Sie sie erst einmal versucht haben, werden Sie verstehen, was es damit auf sich hat. Diese Konfitüre passt hervorragend zu Weißbrot, anstelle der Tomaten auf Bruschetta oder zusammen mit einem würzigen Käse zu Crackern.

Ergibt drei 250-g-Gläser

1,3 kg in dünne Scheiben geschnittene Zwiebeln

2 EL Olivenöl

125 ml Balsamicoessig

60 ml Apfelessig

60 ml roter Wein

ca. 6 ganze Zweige mit frischen Kräutern

4 TL grobkörniges Salz

1 TL grob gemahlener schwarzer Pfeffer

80 g Honig

1. Erwärmen Sie Öl in einer großen, schweren Pfanne, ein gusseiserner Schmortopf eignet sich am besten. Zwiebeln dazugeben und unter häufigem Rühren kochen, bis sie glasig werden und anfangen zu karamellisieren.

2. Essig, Wein und Kräuter dazugeben. Mit Salz und Pfeffer abschmecken. Zugedeckt ungefähr 20 Minuten lang kochen lassen.

3. Nehmen Sie den Deckel ab und geben Sie den Honig dazu. Ohne Deckel weitere 15 Minuten kochen, um Flüssigkeit verdampfen zu lassen, dabei häufig umrühren, um Anbrennen zu verhindern. Kräuterzweige entfernen.

4. Füllen Sie die Konfitüre zum Aufbewahren umgehend in heiße, sterilisierte Gläser, schrauben Sie die Deckel drauf und lassen Sie sie 10 Minuten im heißen Wasserbad kochen, oder frieren Sie die Konfitüre in Gefrierdosen ein.
   Hält sich mehrere Wochen im Kühlschrank.

Hausgemachte Milchprodukte

HAUSGEMACHTE BUTTER

DEANNA Zum Glück ist Butter machen wirklich einfach! Sie brauchen dazu nur Schlagsahne und ein Rührgerät. Ich verwende einen Mixer.

Ergibt knapp ein halbes Kilogramm Butter und einen halben Liter Milch

1 Liter Schlagsahne
Salz nach Geschmack

1. Rühren Sie die Schlagsahne in einer Schüssel, bis sie sich in gelbe Butter und weiße Milch trennt.
2. Stellen Sie die Milch zur Seite zum Trinken, Backen, für Suppen, Shakes etc.
3. Gießen Sie 250 ml kaltes Wasser über die Butter und rühren Sie noch einmal. Wasser abgießen.
4. Wiederholen Sie diesen Vorgang, bis das Wasser fast klar ist.
5. Streichen Sie das übrige Wasser ab und geben Sie Salz nach Geschmack hinzu.
6. Essen Sie die Butter mit einem Löffel! (Äh, ich meinte natürlich, streichen Sie sie sparsam auf das Bananenbrot Ihrer Schwiegermutter und nehmen Sie winzige, damenhafte Bissen.)

STREICHBUTTER

DAISY Ich liebe Butter. Ich habe gehört, dass man sie gut in einem Tontopf lagern kann oder in einem speziellen glockenförmigen Behälter, in dem sie unter Wasser bleibt, aber bei mir zu Hause wird das dank des hier lebenden Kühlschrankfanatikers nicht passieren.

Ich liebe Streichbutter, aber anstatt für verwässerte, gerührte Butter aus dem Laden mehr zu zahlen, mache ich lieber meine eigene. Der einzige Nachteil ist, dass ich den Mixer putzen muss, an dem diese ganze leckere Butter klebt. Okay, es gibt keine Nachteile.

120 g Butter, auf Zimmertemperatur
125 ml Rapsöl oder ein leichtes Öl
Messerspitze Salz

Verrühren Sie alle Zutaten in einem Mixer oder einer Küchenmaschine, bis die Butter glatt ist. Kratzen Sie die Butter in einen Behälter, geben Sie einen Deckel drauf und stellen Sie sie in den Kühlschrank.

SAUERRAHM

DEANNA **Ergibt ungefähr 500 Gramm**
5 EL Buttermilch
250 ml Milch
250 ml Sahne

1. Geben Sie die Buttermilch in eine Schüssel (für die gesunden, köstlichen Lakto-Bakterien, die natürlicherweise immer in nicht pasteurisierter Milch vorkommen).
2. Geben Sie Milch und Sahne dazu.
3. Decken Sie die Mischung ab und lassen Sie sie 12 bis 48 Stunden stehen, um die gewünschte Konsistenz und den sauren Geschmack zu erhalten. Rühren Sie auf keinen Fall um! Stellen Sie die Sauermilch in den Kühlschrank, um das Wachstum der Laktobakterien zu beenden. Hält sich etwas über eine Woche.

SCHNELLE CRÈME FRAICHE

DEANNA *Crème fraîche* ist die unterschätzte elegante Verwandte des Sauerrahms. Sie ist nicht so sauer, viel cremiger und es gibt sie nicht in der „Light"-Version. So etwas wie eine fettreduzierte *Crème fraîche* gibt es nicht. Und wenn es sie gibt, dann ist es ein Unding.

500 ml Schlagsahne
2 EL Buttermilch mit höherem Fettanteil
  (3,5 %, keine „reine Buttermilch")

1. Erwärmen Sie die Schlagsahne auf 30 °C und geben Sie die Buttermilch dazu.
2. Gießen Sie die Mischung in einen nicht-reaktiven Behälter wie Tupperware.
3. Abdecken und einen Tag draußen stehen lassen.
4. Gekühlt zu Beeren, Bananenbrot oder was immer Sie mögen servieren. Hält sich im Kühlschrank ungefähr zwei Wochen.

GANZ EINFACHER FRISCHKÄSE

Es gibt ungefähr 385 Millionen verschiedene Zubereitungsmöglichkeiten für Frischkäse, aber diese hier halte ich für die einfachste.

1. Kaufen Sie einen Liter ganz einfachen Naturjoghurt. Auch wenn es ein Bio-Joghurt ist, sehen Sie auf der Zutatenliste nach, er darf keine Gelatine enthalten.
2. Kippen Sie den Joghurt in eine mit einem Käsetuch ausgelegte Schüssel.
3. Knoten Sie die Enden des Käsetuchs um einen Rührlöffel oder etwas Ähnliches.

4. Lassen Sie das Käsetuch 12 Stunden hängen, damit die Molke entweichen kann. Überprüfen Sie die Konsistenz. Je länger der Käse abtropfen kann, umso fester wird er.
Hält sich einige Tage im Kühlschrank.

SCHNELL ZUZUBEREITENDER HAUSGEMACHTER KÄSE

2 Liter Vollmilch (Ziege oder Kuh)
125 ml Weißweinessig oder
  125 ml Zitronensaft
Salz nach Geschmack

1. Geben Sie die Milch in einen Edelstahltopf und erwärmen Sie sie bei mittlerer Hitze auf 88 bis 93 °C.
2. Rühren Sie vorsichtig Essig oder Zitronensaft unter. Nehmen Sie den Topf vom Herd und lassen Sie die Milch gerinnen und abkühlen, bis sie nicht mehr zu heiß zum Anfassen ist.
3. Gießen Sie die Milch in eine mit einem Käsetuch ausgelegte Schüssel. Wickeln Sie die vier Enden des Tuchs um einen Rührlöffel. Lassen Sie den tropfenden Käse einige Stunden hängen.
4. Geben Sie Salz nach Geschmack zu und überprüfen Sie die Konsistenz. Ich mag den Käse eher fest, daher lasse ich ihn über Nacht im Kühlschrank hängen. Noch fester geht kaum.
5. Wickeln Sie den Käse aus (geben Sie Knoblauch oder Kräuter oder mehr Salz dazu, wenn Sie mögen), setzen Sie ihn in einen luftdichten Behälter und stellen Sie ihn kühl. Je nachdem, wie lange Sie den Käse haben hängen lassen, sollten Sie 350 bis 450 g Käse erhalten.
Hält sich einige Tage im Kühlschrank.

Käsetuch

Käsetuch besteht aus sehr dünner, locker gewebter Baumwolle. Sie können es im Supermarkt kaufen. Es ist billig, hält nicht sehr lange und kann kaum wiederverwendet werden. Käsetuch aus Fachgeschäften ist ein wenig widerstandsfähiger und kann wiederverwendet werden, aber auch nicht allzu oft. Es kann in der Waschmaschine gewaschen werden.

„Echtes" Käsetuch sorgt für eine hübsche, klassische Oberfläche beim Käse, aber Sie können alles verwenden, was Wasser durchlässt und ausgewrungen werden kann, jedes lose gewebte, dünne Tuch. Kurz und gut, ich verwende als Ersatz einfach ein Küchenhandtuch (im Ernst, ich tue das häufig). Sie können sogar Kaffeefilter verwenden, allerdings wird der Käse feuchter sein, da Sie einen Papierfilter nicht auswringen können.

JOGHURT AUS GEKAUFTER MILCH

Um Joghurt zu machen, braucht man Joghurt oder muss eine Starterkultur kaufen. Diese Tatsache war für mich eine Riesenenttäuschung. Ich liebe es, Dinge von Grund auf selbst herzustellen. Aber dann habe ich den Grund erfahren. Die Kunst des Joghurtmachens ist nicht verloren gegangen, sondern unsere Milchprodukte werden pasteurisiert. Die natürlicherweise vorkommenden guten Bakterien aus der Rohmilch werden zusammen mit den schädlichen abgetötet. Wenn Sie also nicht Ihre eigene Ziege oder Kuh halten, können Sie ohne zugekaufte Starterkulturen keine Sauermilchprodukte herstellen.

Kaufen Sie einfachen Naturjoghurt. Aber schauen Sie sich die Verpackung an und vergewissern Sie sich, dass keine Gelatine oder anderer Unfug darin enthalten ist. Selbst bei Bioprodukten können bis zu zehn Inhaltsstoffe angegeben sein. Diese Produkte sollten Sie meiden.

1 Liter Milch (Vollmilch, Magermilch oder Sojadrink)
160 g Trockenmilchpulver
120 g Joghurt

1. Erwärmen Sie die ersten beiden Zutaten auf 80 °C, um unerwünschte Bakterien abzutöten. Gießen Sie die Milch in einen abgedeckten Behälter und lassen Sie sie auf ungefähr 40 °C abkühlen.

2. Geben Sie ein wenig von der warmen Milch zum Joghurt und vermischen Sie beides, bevor Sie diese Mischung langsam in die große Schüssel mit der warmen Milch einrühren.

3. Decken Sie die Schüssel ab. Stellen Sie sie für 4 bis 8 Stunden bei der niedrigstmöglichen Temperatur in den Ofen, je nachdem, wie Ihr Joghurt schmecken soll. Er soll bei ca. 40 bis 45 °C bebrütet werden. Wenn Ihnen die Ofenvariante nicht gefällt, wickeln Sie den Behälter in ein Handtuch und stellen Sie ihn auf eine Heizmatte. Überprüfen Sie die ersten 1 oder 2 Stunden gelegentlich mit einem Thermometer die Temperatur, um zu verhindern, dass Sie die Starterkultur abtöten.

4. Stellen Sie ihn kühl, wenn Sie mit der Konsistenz zufrieden sind. (Überprüfen Sie die Konsistenz, indem Sie den Behälter kippen. Rühren Sie auf keinen Fall um. Ich habe auf die Art drei Ansätze ruiniert. Flüssiger Joghurt, bäh.)

5. Jetzt ist der Joghurt essfertig und hält sich ein paar Tage im Kühlschrank.
Für Erdbeerjoghurt können Sie einen Löffel Konfitüre unterrühren.

VANILLE-EIERCREME-EIS

DAISY **Ergibt einen Liter**

1,2 Liter Milch

240 g Zucker

30 g plus 2 EL Mehl

¼ TL Salz

5 Eier, schaumig geschlagen

500 ml Sahne gemischt mit 500 ml Milch

1½ EL selbst gemachter Vanilleextrakt

  (siehe Rezept auf Seite 153)

1. Erwärmen Sie die Milch bei mittlerer Hitze. Verrühren Sie Zucker, Mehl und Salz in einer Schüssel und geben Sie diese Mischung langsam in die Milch. Gründlich verrühren.
1. Bei mittlerer Hitze unter ständigem Rühren kochen, bis es dick wird, ungefähr 15 Minuten.
1. Gießen Sie ungefähr 250 ml der heißen Mischung in die schaumig geschlagenen Eier. Halbe Minute stehen lassen, wieder in den Topf gießen. 1 Minute kochen, vom Herd nehmen und abkühlen lassen.
1. 2 Stunden bis eine Nacht lang abkühlen lassen.
1. Verrühren Sie die Sahne-Milch-Mischung und den Vanilleextrakt in einer großen Schüssel, geben Sie die gekühlte Eiercreme hinzu und rühren Sie das Eis mit einem Schneebesen durch. Gießen Sie das Eis in das Eisfach einer manuellen oder elektrischen Ein-Liter-Eismaschine. Folgen Sie beim Gefrieren den Anweisungen des Herstellers. Lassen Sie das Eis eineinhalb bis zwei Stunden reifen.

Verschiedene Leckereien

DEANNAS POPCORN

DEANNA Ich mache mein Popcorn seit Jahrzehnten selbst in meinem gusseisernen Topf. Als Mr. Caswell und ich vor Kurzem Popcorn aus der Mikrowelle probiert haben, hat unsere Reaktion uns selbst schockiert. BÄH! Ich dachte, ich wäre nur sparsam, würde Abfall vermeiden und fragwürdiges Fett und Konservierungsmittel meiden. Es war nicht meine Absicht, uns den Geschmack der käuflichen Variante auf ewig zu verleiden! Aber genau das ist passiert.

Hier folgt daher die Anleitung, wie Sie es sich selbst verleiden können.

1. Gehen Sie in den Supermarkt vor Ort und kaufen Sie eine Tüte Maiskörner in der Nuss- und Trockenobstecke. (Ich wusste gar nicht mehr, dass sie dieses Zeug noch verkaufen, aber doch, im obersten Regal lag es in einem Karton, als ob sie im Laden selbst vergessen hätten, dass sie es verkaufen.)
2. Setzen Sie einen schweren Topf auf den Herd und geben Sie gerade so viel Rapsöl (oder Ihr bevorzugtes Öl) hinein, dass der Boden des Topfs bedeckt ist (ungefähr 1 mm).
3. Werfen Sie ein paar Maiskörner dazu und stellen Sie die Temperatur zwischen mittel und mittelhoch ein.
4. Setzen Sie den Deckel auf den Topf und warten Sie 5 Minuten oder bis Sie das „Pop" der Maiskörner hören.
In der Zwischenzeit will ich Ihnen erzählen, wie Sie Popcorn-Salz machen können. Holen Sie Salz und eine Kaffeemühle. (Wenn Sie in ihr tatsächlich Kaffee mahlen, dann mahlen Sie ein wenig Weißbrot, um das restliche Kaffeepulver zu entfernen.) Mahlen Sie

das Salz ungefähr 5 Sekunden lang und schon haben Sie ... Popcorn-Salz! Reinigen Sie die Mühle nach dem Mahlen des Salzes gründlich, ansonsten wird das Metall aufgrund des Salzes anfangen zu rosten.

5. Okay, der Mais hat gerade gepoppt, ich habe es gehört. Nehmen Sie also vorsichtig den Deckel ab und geben Sie so viele Maiskörner dazu, dass der Boden des Topfs bedeckt ist. Setzen Sie den Deckel wieder drauf und warten Sie ungefähr 5 Minuten, bis Sie viele Pops hören.

6. Die Regel mit den 1 bis 2 Sekunden zwischen den Pops in der Mikrowelle gilt auch hier, aber Sie müssen sichergehen, dass sie wirklich zutrifft. Wenn die Pops weniger werden, rütteln Sie den Topf immer wieder, damit alle Maiskörner ihre Chance am Topfboden bekommen. Wenn dadurch keine Welle von Pops mehr ausgelöst wird und die Maiskörner sich an die 1- bis 2-Sekunden-Regel halten, nehmen Sie den Topf vom Herd ... aber lassen Sie den Deckel drauf, um die letzten hüpfenden Körner im Topf zu halten.

7. Nehmen Sie den Deckel ab, geben Sie Ihr Salz dazu, rühren Sie um und servieren Sie Ihr Popcorn.

8. Und dann fangen Sie an zu jammern, dass Ihnen der Mikrowellen-Junk nie wieder schmecken wird.

9. Wenn Sie es noch weiter treiben wollen, mahlen Sie ein wenig Zucker in der Kaffeemühle und streuen Sie ihn über das Popcorn, um diesen leckeren Kino-Popcorn-Geschmack zu bekommen.

KORIANDERPESTO

DAISY Wenn Sie Unmengen Koriander ernten, dann ist der beste Weg, den ich kenne, einen Haufen Koriander auf einmal zu verbrauchen der, Pesto zu machen. Und wenn Sie ein Korianderfan sind, aber noch nie Korianderpesto gegessen haben, dann dürfen Sie sich noch auf ein Geschmackserlebnis freuen. Ich verwende Pekannüsse, weil ich auch davon viel habe, aber Sie können alle Nüsse nehmen, von denen Sie reichlich haben. Ich rühre dieses Pesto in Nudeln, gebe einen Klacks auf Pizzas, mische es in Vinaigrette-Dressings und esse es zu Fisch. Verrühren Sie ein wenig davon mit Frischkäse für einen Cracker-Aufstrich oder essen Sie es einfach mit dem Löffel. Köstlich. Es lässt sich auch sehr gut einfrieren. Es wird oberflächlich ein wenig oxidieren, aber das macht nichts – rühren Sie es einfach um, bevor Sie es essen. Wenn es Sie stört, geben Sie eine dünne Schicht Olivenöl obenauf, bevor Sie das Pesto aufbewahren.

Ergibt ungefähr 500 Gramm

> 150 g (ungefähr 4 Packungen) frischer Koriander, gewaschen und grob gehackt
> 160 ml Pflanzenöl (Oliven-, Raps- etc.)
> 70 g geröstete Nüsse (Pekannüsse, Pinien, Walnüsse etc.), gehackt
> 4 Knoblauchzehen, grob gehackt
> 30 g geriebener Parmesan
> Salz und Pfeffer nach Geschmack

1. Geben Sie Koriander, Öl, Knoblauch und Nüsse in einen Mixer oder eine Küchenmaschine. Verrühren Sie alles, bis es glatt ist. Sie werden den Mixer dazu ein paar Mal ausmachen müssen, um alles wieder nach unten zu schieben. Banausen, die sich über das Geräusch des Mixers beschweren, der sie beim Fernsehen stört, bekommen kein Pesto ab.
2. Geben Sie das Pesto in eine Schüssel und rühren Sie Käse, Salz und Pfeffer unter. Geben Sie Gewürze nach Geschmack hinzu.

Nebenbei eine Gartenanekdote – ich habe seit Jahren keinen Koriander mehr gepflanzt. Ich habe einige Pflanzen (Koriander!) in die Blüte gehen lassen und sie haben sich von allein in meinem Garten ausgebreitet und kommen jedes Jahr von selbst wieder. Wenn Sie dieses Kraut lieben, dann lassen Sie es einfach in Ruhe und es wird schwanzwedelnd nach Hause kommen.

HAUSGEMACHTE FRÜHSTÜCKSWÜRSTCHEN

DAISY Sie wissen vermutlich, dass Sie Ihre eigenen Würstchen auf die Schlachte-es-und-schufte-eine-Woche-Weise machen können, aber Sie können auch ganz einfach mit ein wenig Hackfleisch und einigen gewöhnlichen Kräutern und Gewürzen ein paar Frühstückswürstchen zubereiten. Und dann wissen Sie, was drin ist.

Ergibt acht Bratlinge

> 500 g Putenhackfleisch
> 1½ TL Salz
> 1 TL gehackter frischer Rosmarin
> 1 bis 2 TL gehackter frischer Salbei
> 1 bis 1½ TL Chiliflocken
> ½ TL gemahlener schwarzer Pfeffer
> 1 Knoblauchzehe, fein gehackt

1. Geben Sie alle Zutaten in eine große Schüssel und kneten Sie sie gründlich durch.
2. Formen Sie aus ungefähr je 60 g Bratlinge in Form von Würstchen.
3. Erwärmen Sie eine große Pfanne und kleiden Sie sie mit ein wenig Öl aus. Braten Sie die Würstchen bei mittlerer Hitze, bis sie gut gebräunt sind und das meiste Fett ausgelassen ist. Warm servieren.

HAUSGEMACHTER „AHORN"-SIRUP

DEANNA Vielleicht geht es Ihnen wie mir: Den Kindern dabei zuzusehen, wie sie echten Ahornsirup auf ihre Pfannkuchen schütten, ist wie ihnen zuzusehen, wie sie Gold die Toilette hinunterspülen. Das Zeug ist so teuer! Genauso wenig möchte ich ihnen aber den ekligen fruktosehaltigen Maissirup mit Ahornaroma aus dem Supermarkt geben. Daher mache ich jetzt meinen eigenen natürlichen Zuckersirup mit Ahorngeschmack.

400 g Bio-Zucker
½ EL Melasse
250 ml Wasser
½ EL Ahornaroma

1. Erwärmen Sie Zucker, Melasse und Wasser bei mittlerer Hitze, bis die Mischung leicht eindickt.*
2. Nehmen Sie den Sirup vom Topf und geben Sie das Ahornaroma zu.
3. Abkühlen lassen. Oh, und während es abkühlt, tunken Sie ein Butterbrot hinein … nur um sicherzugehen, dass der Sirup auch richtig schmeckt.

* Wenn Sie die Zeit vergessen und der Sirup sich dumm und dämlich kocht, dann bekommen Sie Ahornbonbonmasse, oder, wie meine Kinder es nennen, „knusprigen Sirup".

ERDNUSSBUTTER-KNETE

DEANNA Meine Kinder leben davon, aber mir wurde erst vor Kurzem klar, dass es nicht so bekannt ist, wie ich dachte. Einige Menschen benutzen es vielleicht für gelegentliche Spielstunden, aber bei uns zu Hause gibt es die Knete zum Mittagessen. Denken Sie aber daran: kein Honig im ersten Lebensjahr.

großer Klecks Erdnussbutter
passende Menge Honig
Kaffeemühle voll Trockenmilch
(Sie sehen, es ist eine exakte Wissenschaft.)

1. Geben Sie Erdnussbutter und Honig in eine Schüssel.
2. Mahlen Sie die Trockenmilch in der Kaffeemühle.
3. Geben Sie etwas Milch in die Schüssel und verrühren Sie alles.
4. Geben Sie weiter Milch zu, bis Sie denken, dass Sie aus der Masse etwas kneten könnten. Stampfen Sie die Masse, bis alles gut vermischt ist.
5. Machen Sie Bällchen und geben Sie sie den Kindern als Brotzeit mit.

APFELSOSSE AUS SCHALEN UND KERNGEHÄUSEN

DAISY Ich habe meine Anfälle von Sparsamkeit und dies war vielleicht der Höhepunkt. Ich habe ungefähr zwei Liter Apfelsoße aus den Schalen und Kerngehäusen gemacht, die vom Einmachen der Äpfel für Apfelkuchenfüllungen übrig geblieben waren. Ich war allerdings sehr kritisch und habe alle (und ich meine damit alle) Kerne, Würmer und anderweitig verdächtigen braunen Stellen entfernt. Die Reste waren daher erstklassige Abfälle von biologisch angebauten Äpfeln. Wenn Sie dieses Rezept ausprobieren, gehen Sie folgendermaßen vor:

1. Geben Sie die Abfälle in einen stabilen Topf und kochen Sie sie bei mittlerer Hitze, bis es eine richtig dicke Soße wird.
2. Geben Sie die gekochte Soße mit einem Schöpflöffel in ein Sieb und drücken Sie sie durch das Sieb. Nehmen Sie immer nur ein bisschen auf einmal. Es macht Sauerei und kostet Zeit, aber es lohnt sich. Mit einer Kartoffelpresse geht es viel einfacher.

Das fertige Produkt ist eine sämige, leckere, rosige, hausgemachte Apfelsoße. Aus all den Dingen, die normalerweise direkt im Kompost landen.

HONIGBONBONS

DAISY *170 g Honig*
Zuckerthermometer

1. Stellen Sie den Honig in einem kleinen Topf bei mittlerer Hitze auf den Herd. Lassen Sie ihn unter ständigem Rühren aufkochen.
2. Stecken Sie das Zuckerthermometer rein und rühren Sie weiter, bis der Honig eine Temperatur von 150 bis 155 °C erreicht. Honig brennt schnell an, bleiben Sie also dabei. Reduzieren Sie die Hitze

auf die kleinste Stufe, wenn es sein muss (wenn der Honig zu schnell erhitzt wird oder es nach angebranntem Honig riecht).

3. Nehmen Sie den Honig sofort vom Herd, wenn er die richtige Temperatur erreicht hat.

4. Überprüfen Sie die richtige Konsistenz, indem Sie einige Tropfen des gekochten Honigs in eine Tasse mit Eiswasser geben. Lassen Sie sie abkühlen und befühlen Sie die Tropfen. Sie sollten sich wie harte Bonbons anfühlen. Wenn der Honig noch weich ist, stellen Sie den Topf wieder auf den Herd, kochen Sie ihn noch ein wenig länger und wiederholen Sie den Eiswassertest. So lange, bis der Honig die richtige Konsistenz erreicht hat.

5. Dann nehmen Sie den Topf vom Herd und rühren weiter, bis der Honig so weit abgekühlt ist, dass Sie ihn teelöffelweise auf eine gut eingefettete, feste Unterlage tropfen können. Er muss noch ein wenig flüssig sein, aber nicht so flüssig wie beim ersten Test. Warten Sie nicht zu lang, sonst bekommen Sie ihn nicht mehr aus dem Topf. Arbeiten Sie zügig.

6. Lassen Sie die Bonbons vollständig abkühlen. Machen Sie es nicht wie ich und stellen einige in den Kühlschrank, damit es schneller geht. Sie wurden zu hart und sind zerbrochen, als ich sie vom Teller lösen wollte. Zimmertemperatur ist gut. Wenn sie abgekühlt sind, lösen Sie sie mit einem Messer von der Unterlage.

Tipps:
- Geizen Sie nicht beim Einfetten oder Ihre Oberfläche wird dauerhaft mit Tropfen überzogen sein. Wenn Sie eine flexible Antihaftmatte haben, wie eine Silpat-Backmatte oder etwas Ähnliches, können Sie die Bonbons leichter nach dem Abkühlen lösen. Wenn Sie ein Zuckerbäcker sind, haben Sie vermutlich Antihaft-Formen für Bonbons, aber der Rest von uns kommt auch ohne aus.
- Wickeln Sie die einzelnen Bonbons in Folie ein. Vermeiden Sie Wachspapier, da die Bonbons daran kleben bleiben. Die Bonbons selbst kleben auch zusammen, bewahren Sie sie also nicht zusammen auf, ohne sie einzuwickeln. Bewahren Sie sie an einem kühlen, trockenen Platz auf.
- Benutzen Sie Ihre Fantasie für Zutaten, die aus den Bonbons Hustenbonbons machen. Ich denke dabei an Vitamin-C-Pulver oder Kräutertees.

Weine und Liköre

HOLUNDERWEIN

DAISY Ich liebe diesen Wein, und nicht nur, weil er der Hauptdarsteller in Arsen und Spitzenhäubchen ist, einem meiner Lieblingsfilme. Ich liebe die dunkelviolette Farbe und den kräftigen, würzigen Beerengeschmack. Zudem werden Holunderbeeren medizinische Wirkungen nachgesagt.

Ergibt ungefähr einen Liter

380 g Holunderbeeren
500 ml Brandy
380 g Honig
4 Zimtstangen
4 EL frisch geriebener Ingwer

1. Geben Sie die Holunderbeeren in eine große Schüssel und zerstampfen Sie sie mit einem Kartoffelstampfer, bis alle Beeren geplatzt sind.

2. Füllen Sie sie in einen großen, nicht-reaktiven Behälter (mit mindestens 1½ Liter Fassungsvermögen) mit Deckel. Geben Sie Brandy, Honig, Zimtstangen und Ingwer dazu und rühren Sie alles um. Schließen Sie den Behälter und lassen Sie die Mischung mindestens sechs Wochen ziehen, schütteln Sie gelegentlich den Behälter, um den Inhalt zu bewegen.

3. Filtern Sie die festen Bestandteile, nachdem der Wein gezogen hat, durch immer feiner werdende Siebe und Filter, gießen Sie den Wein in sterilisierte Flaschen und verschließen Sie sie sorgfältig. Hält sich ewig.

ZITRONENLIKÖR

Eine alkoholfreie Variante. Selters oder Sprudel und Eiswürfel für eine spritzige Limonade dazugeben, über Früchtekuchen tropfen oder zum Süßen und Verfeinern von Eistee verwenden.

Ergibt einen halben Liter

500 ml Zitronensaft
Schale von zwei Zitronen
300 g Zucker

1. Saft, Schalen und Zucker in einem Topf mischen und den Likör bis kurz vorm Kochen erwärmen, dabei umrühren, um den Zucker aufzulösen. Schalen rausfiltern.

2. Füllen Sie den Likör in sterilisierte Flaschen, geben Sie die Deckel drauf und stellen Sie die Flaschen 10 Minuten lang in ein kochendes Wasserbad. Nehmen Sie sie aus dem Wasserbad, verschließen Sie die Deckel und bewahren Sie sie an einem kühlen, dunklen Platz auf. Nach dem Öffnen kühl stellen. Hält sich ungeöffnet mehrere Monate. Hält sich geöffnet ungefähr eine Woche im Kühlschrank.

KAFFEELIKÖR

Ein Spritzer über einen warmen Walnuss-brownie mit Eis ist ein perfekter Nachtisch.

Ergibt ungefähr eineinhalb Liter

260 g fein gemahlener Kaffee
750 ml kochendes Wasser
170 g brauner Zucker
380 g Honig
750 ml Wodka
1 Vanilleschote

1. Lassen Sie Kaffeepulver und Wasser in einem mittelgroßen Topf 1 Minute lang kochen.
2. Filtern Sie den Kaffee durch einen ge-wöhnlichen Kaffeefilter oder eine Filter-tüte in einen anderen Topf.
3. Geben Sie braunen Zucker und Honig dazu und rühren Sie den Kaffee bei mittlerer Hitze, bis der Zucker sich aufgelöst hat. Vom Herd nehmen und abkühlen lassen.
4. Geben Sie den Wodka dazu und gießen Sie den Likör in sterilisierte, vorberei-tete Flaschen. Zerteilen Sie die Vanille-schote in so viele Teile, wie Sie Flaschen abfüllen, und geben Sie einen Teil zu je-der Flasche. Der Likör schmeckt besser, wenn er ein paar Tage reifen kann. Hält sich im Kühlschrank mehrere Monate.

BEERENLIKÖR

Ein klassischer Favorit für Genießer. Köst-lich zu Eis oder in einem Beerentrifle.

Ergibt ungefähr einen dreiviertel Liter

300 g frische oder gefrorene Blaubeeren,
Himbeeren, Brombeeren etc., einzeln
oder gemischt
Schale einer Zitrone
5–6 ganze Nelken
375 ml Wodka

Für später:

180 ml dicker einfacher Sirup (200 g
Zucker mit 120 ml Wasser zum Kochen
bringen, vom Herd nehmen und abküh-
len lassen)

1. Zerdrücken Sie die Beeren in einer Schüssel mit einer Gabel oder einem Kartoffelstampfer und geben Sie sie in ein Einliterglasgefäß. Zitronenschalen, Nelken und Wodka dazugeben.
2. Verschließen Sie das Gefäß sorgfältig und stellen Sie es an einen kühlen, dunklen Platz. Lassen Sie den Wodka drei Monate stehen und schütteln Sie das Gefäß vorsichtig alle paar Tage.
3. Sieben Sie die Beeren nach drei Mona-ten heraus und filtern Sie den Wodka durch ein feines Sieb in ein anderes sauberes Glasgefäß. Geben Sie den einfachen Sirup zu, verschließen Sie das Gefäß sorgfältig und lassen Sie den Wodka für mindestens einen weiteren Monat reifen.
4. Filtern Sie den Wodka erneut, dieses Mal durch mehrere Lagen Käsetuch, und füllen Sie ihn in saubere Flaschen ab. Verdeckeln und genießen.

Hausgemachte Extrakte

DAISY Es ist einfacher und billiger, Aromaextrakte daheim herzustellen, und ich finde, dass sie besser schmecken als gekaufte. Diese Extrakte eignen sich gut als Geschenke für Hobbyköche. Die Mengen in den Rezepten reichen für mehrere kleine Geschenkflaschen.

VANILLEEXTRAKT

1 Vanilleschote, der Länge nach aufgeschnitten
250 ml Brandy

1. Kratzen Sie das Mark mit einem Messer aus der Vanilleschote. Geben Sie Schote und Mark zusammen mit dem Brandy in ein sauberes Glasgefäß mit einem gut schließenden Deckel. Umrühren.
2. Schrauben Sie den Deckel drauf und lassen Sie den Extrakt an einem dunklen Platz für mindestens zwei Wochen stehen, damit die Aromen sich verbinden können. Danach können Sie die Vanilleschote entfernen und den Extrakt in kleinere Flaschen umfüllen. Ich schneide die Schote gern in kleine Stücke und gebe ein Stück in jede Flasche.

ZITRONEN- ODER ORANGENEXTRAKT

2 Zitronen oder 2 Orangen
125 ml Wodka

1. Entfernen Sie die Schale von den Zitronen oder Orangen (nur die äußere Schale, nicht die weiße Schicht) und quetschen Sie sie leicht, indem Sie sie ein wenig verdrehen.
2. Geben Sie die Schalen mit dem Wodka in ein Glasgefäß mit einem gut schließenden Deckel. Schrauben Sie den Deckel zu und lassen Sie den Extrakt mindestens zwei Wochen stehen. Sieben Sie die Schalen heraus und gießen Sie den Extrakt in saubere Flaschen. Kühl und dunkel aufbewahren.

7

SO GUT HABE ICH NOCH NIE GEROCHEN

Viele Leute fragen: „*Warum sollte ich Hautpflegeprodukte selbst machen?*" Es gibt eine Reihe von Gründen. Sie können jede Charge genau Ihren Bedürfnissen anpassen und sie selbst herzustellen ist viel billiger. Zudem enthalten selbst gemachte Produkte nicht das ganze schlechte Zeug, wie die in der Fabrik hergestellten.

Warum eigene Hautpflege-produkte machen?

Kommerziell hergestellte Seifen und Cremes sind voller Konservierungsmittel, um sie lagerfähig zu machen, und voll künstlicher Duftmittel, damit sie gut riechen. Damit Seife mit hartem und weichem Wasser verwendet werden kann und ohne gründliches Schrubben reinigt, ist sie voll fettlösender Reinigungsmittel, die Ihre Haut austrocknen. (Haben Sie sich je gefragt, warum Sie Hautcreme *brauchen*? Sie müssen die ganzen natürlichen Fette, die Sie eben zusammen mit dem Schmutz den Abfluss heruntergespült haben, wieder ersetzen.)

Hinzu kommen Tierversuche, Allergien und andere Probleme. Tatsächlich untersucht aktuell eine Studie, welche Auswirkung kommerzielle Shampoos und Cremes auf die Fähigkeit einer schwangeren Frau haben, Cholin aufzunehmen. (Das weiß ich nur, weil ich an dieser Studie teilnehme!)

Der zweite Grund, Ihre eigenen Produkte herzustellen, ist einfach, weil Sie es können und weil es billig ist! Es ist ein so machtvolles Gefühl, eine eigene Creme oder ein Deo zu mischen und *keine* fünf Euro pro Flasche im Laden dafür liegen zu lassen. Es spart Geld und ist total einfach. Dies sind einige der einfachsten, nützlichsten Rezepte im ganzen Buch und sie kosten Peanuts im Vergleich zu den käuflichen Versionen.

Zu guter Letzt können Sie Ihre eigenen Schönheitsprodukte kreieren, um sich zu verwöhnen. Ich möchte Produkte, die ganz auf meine persönlichen Vorlieben angepasst sind. Ich möchte, dass sie einen bestimmten Duft haben, eine bestimmte Größe und Form. Zudem kann ich Zutaten weglassen, die ich nicht mag, und dafür merkwürdige Zutaten verwenden, die nur ich mag. Ich möchte Rezepte verändern können und etwas mehr oder weniger feuchtigkeitsspendend machen, je nach Jahreszeit, meiner Laune oder der Mondphase (das mit dem Mond war nur ein Scherz). Lesen Sie sich durch unsere Rezepte und machen Sie Ihr eigenes Ding. Sie werden es lieben!

Deodorant

DEANNA Bezüglich des Selbermachens von Gesundheits- und Beauty-produkte scheint das Ersetzen von Deos am meisten Angst zu erzeugen. Es ist in unserer Gesellschaft *nicht okay* zu stinken, oder?

Aber sich Aluminium in die Poren zu schmieren kann nicht gut sein, und es scheint in den letzten Jahren so, als ob gekaufte Deos ohnehin immer ineffektiver werden.

Natron unter den Achseln funktioniert bei vielen gut. Als Geruchshemmer eignet es sich gut, aber auf meiner empfindlichen Haut juckt es viel zu sehr. Außerdem staubt es und reguliert die Feuchtigkeit nicht. Mein Deo verwendet einen natürlichen Feuchtigkeitsabsorber (Maisstärke), einen natürlichen Geruchshemmer (Natron) und ein natürliches, feuchtigkeitsspendendes Mittel (Kokosöl).

Aber was, wenn es nicht funktioniert? Hier kommt mein Vorschlag: Stellen Sie das Zeug im Voraus her und verwenden Sie es an einem *Samstag* oder wenn Sie krank sind oder an irgendeinem anderen Tag, an dem Sie niemand Spezielles treffen, sodass Sie sich sicher fühlen und nicht wie eine Verrückte aussehen, die sich die ganze Zeit zwanghaft unter den Achseln beschnüffelt. Wenn Sie erst einmal Ihre Angst vor Achselschweißgeruch besiegt haben, lassen Sie Ihrem Körper Zeit, sich daran zu gewöhnen und Sie werden nie wieder etwas anderes verwenden. Dieses Deodorant kann als Pulver verwendet werden. Mir war es nach

Finden Sie Ihren Lieblingsduft

Die Rezepte in diesem Kapitel enthalten verschiedene ätherische Öle in der Zutatenliste. Betrachten Sie diese als Vorschlag. Wenn ein Rezept ein Öl enthält, das Sie nicht mögen, dann ersetzen Sie es durch eines, das Sie mögen. Wenn Sie das aufgeführte Öl nicht kennen, dann gehen Sie in den Bioladen und machen Sie eine gründliche Riechprobe, bevor Sie es kaufen. Wenn Ihnen der Duft in der Flasche nicht gefällt, dann wird er Ihnen auch im Rezept nicht gefallen. Wenn Sie gegenüber Düften sehr empfindlich reagieren, versuchen Sie, die Duftöle in den Rezepten wegzulassen. Das Schöne an selbst Gemachtem ist, dass Sie das Produkt nach Ihren Vorlieben variieren können.

Viele ätherische Öle haben therapeutische Eigenschaften. Behalten Sie diese im Hinterkopf, wenn Sie Ihren selbst gemachten Pflegemitteln ätherische Öle zusetzen. Nachfolgend finden Sie einige ätherische Öle und ihre Eigenschaften:

- Teebaum: antimikrobiell, antiseptisch, antiviral, antibakteriell, pilztötend, insektentötend and anregend
- Rosmarin: schmerzlindernd, depressionslindernd, adstringierend und anregend
- Lavendel: antiseptisch, schmerzlindernd, depressionslindernd, entzündungshemmend, antiviral, antibakteriell, abschwellend, geruchshemmend, erfrischend, entspannend, beruhigend und lindernd
- Pfefferminz: schmerzlindernd, narkotisierend, entzündungshemmend, antiseptisch, adstringierend, abschwellend, anregend
- Zitrone: antimikrobiell, antiseptisch, antibakteriell, insektentötend und anregend
- Eukalyptus: schmerzlindernd, antibakteriell, entzündungshemmend, antiseptisch, antiviral, adstringierend, abschwellend, geruchshemmend, anregend, natürliches Pestizid

einer Weile aber zu staubig. Wenn Sie einen Stick möchten, gehen Sie in die Backwarenabteilung und kaufen Sie sich Kokosöl, das bei Zimmertemperatur fest bleibt.

Mein natürliches Deo hat mich bisher nicht im Stich gelassen, selbst an Tagen, an denen ich die Dusche habe ausfallen lassen, und bei Aerobicstunden, ich *schwöre* es (lustigerweise kann es auch als „Trockenshampoo" verwendet werden, an Tagen, an denen Sie es eilig haben oder Ihr Pony ein wenig strähnig ist; drüberstreuen, ausbürsten).

Ich werde oft gefragt, ob es Flecken auf der Kleidung hinterlässt. Die Antwort ist nein. Sie müssen nur wenig davon verwenden, damit es wirkt. Sie sollten es nach der Anwendung nicht mehr sehen können. (Sie sollten sich keinen ganzen Becher unter die Achseln schmieren.)

SELBST HERGESTELLTER DEOSTICK

Zutaten

Natriumhydrogenkarbonat (Natron)
Maisstärke
Kokosöl (eines, das bei Zimmertemperatur fest ist)
ätherisches Öl wie Teebaum-, Rosmarin- oder Lavendelöl (optional)
leerer Deo-Behälter

1. Geben Sie 2 EL Natron und 6 EL Maisstärke* in eine Schüssel sowie 10 (oder mehr) Tropfen eines ätherischen Öls, wenn Sie mögen.
   *Wenn Ihre Haut unempfindlich ist, können Sie jeweils bis zu 25 Gramm (eine Vierteltasse[1]) Natron und Maisstärke zugeben. Meine Haut ist dafür zu emp-

1 Eine Tasse fasst ca. 240 ml.

Deodorant auf Eis

Wo ich lebe, herrscht im Sommer eine Affenhitze, wie auch die meiste Zeit im Herbst und manchmal auch im Frühling. Wir versuchen dennoch, die Fenster zu öffnen, die Ventilatoren anzumachen und die Klimaanlage so hoch einzustellen, wie wir aushalten können.

Mein Problem ist, dass die feste Variante unseres selbst gemachten Deos Kokosöl enthält, das bei Temperaturen über 22 Grad anfängt flüssig zu werden. Wenn es heiß ist, bewahre ich es daher im Kühlschrank auf. Ich kann daran nichts Ekliges finden, es ist genauso, wie andere Nicht-Lebensmittel im Kühlschrank zu lagern wie Fotofilme (hier zeigt sich mein Alter), Medizin oder Batterien. (In *Das verflixte 7. Jahr* bewahrt die von Marilyn Monroe gespielte Figur ihre Höschen im Kühlschrank auf.) Ich finde Deo auf Eis erfrischend (und ich glaube, Marilyn würde mir zustimmen).

findlich. Und selbst Personen, die mehr Natron tolerieren, werden eventuell feststellen, dass sie im Winter weniger nehmen müssen, weil es zu sehr juckt!

2. Rühren Sie 2 oder mehr EL Maisstärke hinein, bis die gewünschte Konsistenz erreicht ist.

3. Schmieren Sie es in einen leeren Deo-Behälter. Die Mischung wird nach einem Tag des Ruhen-Lassens ein wenig fester werden.

Ich habe dieses Deodorant schon viele Male ohne Teebaumöl gemacht und es funktioniert stets bestens, aber wenn ich Teebaumöl zur Hand habe, gebe ich immer ein paar Tropfen dazu. Wer sich Sorgen macht, dass er stinken könnte, sollte wissen, dass ätherische Öle wie Teebaum-, Rosmarin- und Lavendelöl Bakterienwachstum hemmen, und keine Bakterien bedeuten: kein Geruch.

Anwendung

Bei der Anwendung dieses Deos sollten Sie etwas vorsichtiger vorgehen als bei einem gewöhnlichen Deostick, vor allem in den ersten beiden Tagen, da es sonst zerbröselt und Krümel auf Ihrem Badezimmerteppich landen. Bei der richtigen Anwendung ist es unsichtbar. Ein kleiner Vorrat wird ewig halten, da man so wenig davon braucht.

Zahnpasta

DEANNA Alle Rezepte zum Selbermachen von Zahnpasta verwenden entweder Natron oder Seife als Hauptreinigungsmittel. Ich kann den Geschmack von beiden nicht ausstehen, daher verwende ich immer noch kommerzielle Produkte. Aber Daisy mag den Backpulvergeschmack irgendwie. Es gibt unzählige Rezepte zum Selbermachen von Zahnpasta, aber sie verwendet einfach nur Natron und es scheint zu funktionieren.

Ich habe einmal beim Zahnarzt wegen der Wirkung von Natriumhydrogenkarbonat als Zahnpasta nachgefragt. Die Antwort war, dass Natron in Ordnung ist, solange das Trinkwasser mit Fluor angereichert ist. Ansonsten müsste man Fluorid zuführen, um sich vor Karies zu schützen. Als Zweites hieß es, dass ein Nachteil von Natron sein könnte, dass es ein wenig zu aggressiv wäre. Geben Sie also *nichts* zum Natron dazu, was die aggressive Wirkung noch verstärkt (wie Salz etc.).

Einige der „natürlichen" Zahnpasten sind nichts weiter als Natriumhydrogenkarbonat mit einem künstlichen Süßstoff (Xylit oder Stevia) als Geschmacksgeber. Wenn Sie Ihre eigene Zahnpasta machen möchten, probieren Sie es mit Natron und eventuell einem der genannten Süßstoffe (verwenden Sie aus offensichtlichen Gründen bloß keinen Zucker).

Shampoo, Pflege-spülung, Duschgel

Shampoo und Duschgel funktionieren gleichermaßen gut bei hartem und weichem Wasser, aber sie waschen das Fett aus Ihren Haaren und Ihrer Haut. Daher brauchen Sie Pflegespülungen und Körperlotions.

Natürliche Seife ist *viel* besser. Das Problem mit Seife ist, dass sie bei hartem Wasser nicht so gut funktioniert, Sie wirklich schrubben müssen und sie schwer aus den Haaren zu waschen ist. Aber wir haben für all diese Probleme eine Lösung. Zudem ist natürliche Seife nicht annähernd so schädlich wie synthetische Reinigungsmittel.

Sie können in jedem Supermarkt eine limitierte Auswahl natürlicher Seifen kaufen. Online, in Bioläden, im Reformhaus und auf (Künstler-)Märkten gibt es allerdings eine riesige Auswahl. Der Hauptinhaltsstoff natürlicher Seife sollte mit Natrium anfangen und mit -at enden. Natriumtallowat (aus tierischem Fett), Natriumpalmitat (aus Palmöl), Natriumcocoat (aus Kokosöl) und Natriumoleat (dieses dürfen Sie erraten) sind alle in Ordnung. Das Natrium zieht den Schmutz und das Fett auf Ihrer Haut und Ihren Haaren an und das Fett oder Öl umschließt diesen Schmutz und ermöglicht es, dass er mit Wasser ausgespült werden kann. Sie können natürliche Seife sowohl als Shampoo als auch als Duschgel verwenden.

Verwenden Sie Apfelessig statt einer Haarpflegespülung. Essig auf Ihrem Haar! Irre, oder? Ich nehme Sie allerdings nicht auf den Arm, Sie können sich mit den Fingern nach dem Spülen mit Essig einfach durch die Haare fahren. Der Essig entfernt Seifenreste und beruhigt empfindliche Kopfhaut. (Ich verwende Apfelessig auch als Adstringens, zum Reinigen der Ohren und zur Hautberuhigung bei einem Sonnenbrand.) Okay, es riecht stark, aber glauben Sie mir, es ist ein super Zeug. Und der Geruch verfliegt schnell.

So sieht also Ihre neue Duschroutine aus:

1. Befeuchten Sie ein Stück echte Seife.
2. Rubbeln Sie sich mit der Seife über den ganzen Kopf, bis sich ausreichend Schaum gebildet hat, besonders an den fettigen Stellen. Rubbeln, rubbeln, rubbeln. Shampoo ist so konzipiert, dass es den Schmutz entfernt, während es über die Haare läuft. Sie müssen nicht gründlich schrubben, damit es funktioniert. Es muss einfach nur über Ihre Haare laufen. Mit Seife müssen Sie mehr Mühe aufwenden. Wenn Sie Ihre Ohren nicht schrubben, werden sie nach dem Duschen immer noch fettig sein. Lassen Sie die Seife in Ihren Haaren einwirken.
3. Waschen Sie Ihren restlichen Körper mit der Seife oder dem ganzen Schaum auf Ihrem Kopf.
4. Spülen Sie Ihre Haare aus, bis sie quietschen (das heißt, bis Sie nicht mehr einfach mit den Fingern durchfahren können und denken, *Heiliges Kanonenrohr! Was hat Deanna mir angetan?).* Diese Stumpfheit kommt von der Säure in Ihrem Haar, die mit den Basen in der Seife reagiert. Eventuell haben Sie auch Kalkablagerungen von hartem Wasser im Haar.
5. Geben Sie Apfelessig auf Ihre ausgespülten Haare. Verwenden Sie 60 ml Apfelessig auf einen Liter Wasser. Ich bewahre die Mischung in einer alten Senfflasche auf, sodass ich sie durch meine Haare „ziehen" kann, anstatt sie darüber zu schütten.
6. Verteilen Sie den Essig im Haar und spülen Sie die Haare wieder aus.
7. Jetzt können Sie sich wieder mit den Fingern durch die Haare fahren. Ist das nicht erstaunlich? Ohne Pflegespülung.
8. Und jetzt rasieren Sie sich die Beine. Das möchten Sie auf *keinen Fall* machen, bevor Sie mit dem Apfelessig gespült haben. Autsch!

FLÜSSIGES SHAMPOO / DUSCHGEL

Sie können es mit einer flüssigen Variante probieren, wenn Sie wollen. Ich muss allerdings zugeben, dass ich die flüssige Variante nur für meinen Mann gemacht habe. Ich habe kein Problem damit, meinen Kopf mit einem Stück Seife zu schrubben, aber er bevorzugt Duschgels und flüssige Shampoos. Wir verwenden also das, mit dem er glücklich ist.

Dieses Rezept ist übrigens dasselbe, das Sie nachher für die Herstellung flüssiger Seife als Haushaltsreinigungsmittel sehen werden. Viele Anleitungen zum Selbermachen können mehreren Zwecken im Haushalt dienen. Die Produkte sind nicht so spezialisiert wie die gekauften, außer Sie wollen sie speziell machen.

Beachten Sie, dass diese Lösung schnell verdirbt, stellen Sie daher eine geringere Menge her, um nichts zu verschwenden.

Zutaten

1 Stück reine Seife
heißes Wasser
ein paar Tropfen ätherisches Öl (Teebaum-, Lavendel- oder Rosmarinöl), optional
ein Mixer

Es gibt zwei Methoden, die flüssige Variante herzustellen:

Möglichkeit 1

1. Raspeln Sie die Seife.
2. Geben Sie sie mit gerade so viel heißem Wasser in den Mixer, dass Sie durch Rühren eine puddingähnliche Konsistenz erhalten.
3. Wenn die Flüssigseife glatt ist, geben Sie so viel Wasser dazu, bis sie die gewünschte Konsistenz hat. Sie können die Seife wie normales Shampoo verwenden.

Möglichkeit 2

1. Raspeln Sie die Seife.
2. Erwärmen Sie sie in einem Topf bei mittlerer Hitze mit 250 ml Wasser, bis die Seife durchsichtig wird und zerschmolzen ist.
3. Vom Herd nehmen, einige Minuten abkühlen lassen und Wasser zugeben, bis die gewünschte Konsistenz erreicht ist. Sie können die Seife wie normales Shampoo verwenden.

Lotion-Riegel bzw. Bodylotion am Stück

DAISY Was ist ein Lotion-Riegel? Ein unverderblicher Feuchtigkeitsspender, so fest wie Seife, den Sie selber machen können und der auf die folgenden Inhaltsstoffe verzichtet:

- Phthalate
- Paraben
- Formaldehyd
- PABA
- Ethanolamin
- Petroleum
- Allergieauslöser
- Bisphenol A
- Tierversuche

Zudem sind Lotion-Riegel kinderleicht herzustellen. Der einzige exotischere Inhaltsstoff ist Bienenwachs, und das ist nicht wirklich exotisch, besonders, wenn Sie selbst Bienen halten. Wenn nicht, dann fragen Sie bei einem Imker nach oder kaufen Sie es online oder im Bastelladen.

Ich habe ein Rolls-Royce-Rezept für Lotion-Riegel, aber ich will mit der, ähm, sagen wir Ford-Escort-Variante eines Lotion-Riegels anfangen.

LOTION-RIEGEL FÜR JEDERMANN

Zutaten

1 Teil Pflanzenfett
1 Teil Bienenwachs
1 Teil Pflanzenöl

1. Pflanzenfett und Bienenwachs im Wasserbad schmelzen (im speziellen Topf oder einen kleinen Topf in einen größeren, mit Wasser gefüllten stellen). Pflanzenöl unterrühren.

2. Die Mischung in eine Muffinform oder eine andere verfügbare Back- oder Seifenform gießen und einige Stunden abkühlen lassen. Beim Abkühlen sollten die Riegel sich am Rand von der Form lösen. Wenn sie das nicht tun, stellen Sie sie eine Stunde ins Gefrierfach und sie werden einfach herausfallen. (Ich lasse sie immer im Gefrierfach abkühlen.)

3. Nach dem Lösen der Lotion-Riegel aus der Form können sie gleich benutzt werden. Durch das Bienenwachs hat der Riegel einen angenehmen, leichten Honiggeruch. Sie können aber auch ein wenig ätherisches Öl zugeben (wie Pfefferminz, Orange oder Lavendel), bevor Sie die Mischung in die Form gießen.

Anwendung

Erwärmen Sie die Riegel in Ihrer Hand und reiben Sie sie über trockene Hautstellen – Hände, Füße, Ellbogen etc. Ja, es fühlt sich ölig an. Es ist Öl und es wird einziehen. Verwenden Sie die Lotion-Riegel sparsam und lassen Sie die Lotion einziehen, bevor Sie sich Ihrer nächsten Tätigkeit widmen.

LUXUS-LOTION-RIEGEL

Die Öle und Extrakte finden Sie bei Anbietern von Seifeninhaltsstoffen, in einigen Naturkostläden und Reformhäusern oder Fachgeschäften für Bastelbedarf. Bezugsquellen finden Sie im Anhang.

Zutaten

1 Teil Sheabutter
1 Teil Bienenwachs
1 Teil Avocadoöl

Gehen Sie sparsam mit Düften um

Daisy

Als werdende Mutter war das Schlimmste an der morgendlichen Übelkeit die übermenschliche Wahrnehmung von Gerüchen. Ich konnte einen Kaffeeatem quer durch den Raum riechen und sagen, ob es ein Latte macchiato oder ein Mochaccino war. Ich hätte mich zur Schnüffelkontrolle des Gepäcks am Flughafen bewerben können. Am schlimmsten war es, eine Dusche zu nehmen. Was einst eine Wohltat war, hatte sich in eine unangenehme Pflicht verwandelt. Ich hatte geglaubt, meine Haare nur mit Shampoo sauber zu bekommen. Nachdem ich mit grünem Gesicht vor dem Shampooregal stand und Flasche um Flasche aufschraubte, um die duftärmste Marke zu finden, wurde mir klar, dass es so etwas wie ein unparfümiertes Shampoo nicht gibt. In meinem Zustand fand ich sie alle überparfümiert – die blumigen, die fruchtigen, die mit Moschus. Würg. Mir wurde schon übel, wenn ich nur eine Blume auf der Flasche sah.

Durch meine Suche nach geruchlosem Shampoo fand ich heraus, dass ich meine Haare mit einem Stück selbst gemachter Seife waschen kann, entweder unparfümiert oder mit einem Hauch Pfefferminz (so ziemlich der einzige Geruch, den ich ertragen konnte). In dieser Zeit habe ich auch angefangen, Lotion-Riegel und Deos selbst zu machen, weil ich den Duft der käuflichen Varianten ebenso unerträglich fand wie den der käuflichen Shampoos.

Es scheint eine Nebensächlichkeit zu sein, einen Rückzugsort wie die Dusche wiedergewonnen zu haben. Aber für mich war es ein Segen. Es heißt, Not macht erfinderisch. In meinem Fall war die Not die Schwangerschaft. Als Nächstes steht geruchloser Kaffee auf meiner Liste.

1200 IU Vitamin E (1 Kapsel) auf je 170 bis
230 g der anderen Öle
ätherisches Öl (optional)

1. Sheabutter und Bienenwachs langsam im Wasserbad schmelzen (im speziellen Topf oder einen kleinen Topf in einen größeren mit Wasser gefüllten stellen).
2. Avocadoöl, Vitamin E und ätherisches Öl (optional) unterrühren.
3. In die Form(en) gießen und abkühlen lassen.
4. Aus der Form nehmen oder in einer Schale lassen und die jeweils benötigte Menge abkratzen.

Anmerkung: Sheabutter kann mitunter körnig werden. Um dies zu vermeiden, erwärmen Sie die Mischung nur so weit, dass die Zutaten schmelzen. Kühlen Sie die Mischung, nachdem die Zutaten verschmolzen sind, schnell ab, indem Sie sie in einem kühlen Raum in (einen) flache(n) Behälter gießen oder sie zum Abkühlen in den Kühlschrank (nicht ins Gefrierfach) geben.

Lippenpflege

DAISY Wenn Sie sich unsere Rezepte für Lotion-Riegel angesehen haben, werden Sie feststellen, dass hier dieselben Zutaten verwendet werden, nur in anderen Mengen, Sie müssen also keine weiteren Zutaten kaufen. Und auch dieses Rezept kommt in zwei Varianten – Economy und First class, Aschenputtel und Prinzessin. (Vertauschen Sie sie aus Versehen und Sie werden sie nicht voneinander unterscheiden können.)

LIPPENPFLEGESTIFT FÜR JEDEN TAG

Zutaten
2 EL Pflanzenfett
1 EL Bienenwachs
3 EL Pflanzenöl

1. Pflanzenfett und Bienenwachs vorsichtig im Wasserbad schmelzen (im speziellen Topf oder einen kleinen Topf in einen größeren mit Wasser gefüllten stellen).
2. Pflanzenöl unterrühren. Wenn Sie wollen, können Sie 3 bis 5 Tropfen ätherisches Öl wie Pfefferminzöl zugeben. Zitrone oder Limone ist auch eine Möglichkeit, Zitrusöle können bei manchen Menschen aber die Sonnenempfindlichkeit erhöhen.
3. Gießen Sie die Mischung in (eine) Form(en) oder winzige Schüsseln oder verwenden Sie gebrauchte, saubere, leere Lippenstifthüllen oder Tiegel. Kann nach dem Abkühlen verwendet werden.

LUXUS-LIPPENPFLEGESTIFT

Zutaten
2 EL Sheabutter
1 EL Bienenwachs
3 EL Avocadoöl
½ TL Calendulaextrakt (optional)
3–5 Tropfen ätherisches Öl (optional)

1. Sheabutter und Bienenwachs vorsichtig im Wasserbad schmelzen (im speziellen Topf oder einen kleinen Topf in einen größeren mit Wasser gefüllten stellen).
2. Avocadoöl, ätherisches Öl und Calendulaextrakt unterrühren.
3. In Formen gießen. Da Sheabutter mitunter körnig werden kann, wenn sie zu heiß wird, erwärmen Sie sie nur langsam und kühlen Sie sie schnell ab, indem Sie sie in einem kühlen Raum in flache Behälter gießen oder zum Abkühlen einige Minuten in den Kühlschrank stellen.

Zucker-Peeling

DEANNA Ich konnte mich nie für Zucker-Peelings begeistern. Ich habe fettige Haut, und der Gedanke, etwas mit mehr Öl darin in meine Haut zu reiben, egal was für einen angeblichen Peeling-effekt es hat, stößt mich ab. Aber nachdem ich gelesen habe, dass Sukrose in einem „guten" Öl tatsächlich Eigenschaften von Alpha-Hydroxy (chemisches Peeling) hat, dachte ich, dass ich es einmal ausprobieren könnte.

Dieses Peeling verwendet getrocknetes Basilikum, aber Sie können jedes Kraut verwenden, das Sie zur Hand haben (und auf das Sie nicht allergisch reagieren). Calendula, Lavendel und Rosmarin eignen sich gut. Wenn Sie frische Kräuter haben, geben Sie sie eine Minute zum Trocknen in die Mikrowelle. Zermahlen Sie die getrockneten Kräuter in einer Kaffeemühle zu Pulver.

Anwendung:

- Nehmen Sie eine kleine Handvoll und geben Sie diese vorsichtig auf Ihr Gesicht und Ihren Hals. Nehmen Sie keine Riesenmengen wie bei kommerziellen Peelings – Sie werden sich das Gesicht wegrubbeln. Gehen Sie behutsam vor.
- Lassen Sie es zwei Minuten einwirken.
- Waschen Sie es ab. Winden Sie sich wegen des verbliebenen öligen Gefühls und waschen Sie es weitere zwölf Mal ab.
- Stellen Sie fest, dass Sie sich nicht mehr körnig anfühlen und das Glatte tatsächlich Ihre Haut ist.
- Trocknen Sie Ihr Gesicht ab und hoffen Sie, dass Sie am nächsten Morgen nicht aufwachen und sich wie ein fettiger Ciabatta-Laib fühlen. (Ich fühle mich nicht so. Kein bisschen fettig. Seltsam.)

KRÄUTER-ZUCKER-PEELING

Zutaten

120 g Zucker
60 ml Olivenöl
1 EL zermahlene getrocknete Kräuter (1–3 verschiedene, wenn Sie möchten)
10–20 Tropfen Ihres bevorzugten ätherischen Öls
1 TL Pflanzenglyzerin (optional)

1. Verrühren Sie die Zutaten in einer Schüssel, bis sie gut vermischt sind. Die Mischung wird recht körnig sein, aber vertrauen Sie mir, es wirkt großartig.
2. Bewahren Sie Ihr Zucker-Peeling in einem luftdichten Behälter in der Nähe des Waschbeckens oder der Dusche auf. Wenn Sie Peelings nur langsam aufbrauchen, können Sie einen Teelöffel Pflanzenglyzerin zugeben oder ein antimikrobiell wirkendes ätherisches Öl wie Teebaumöl.

Sommer-Hautpflege

INSEKTENSCHUTZ, SONNENCREME UND WUNDSALBE

DAISY Da der Markt umkämpft ist, setzen Hersteller von Insektenabwehrmitteln auf höchste Wirksamkeit. Verständlicherweise. Ohne unken zu wollen, frage ich mich gelegentlich, ob die Grenze zwischen Unschädlichkeit für Menschen und Abwehr von Insekten manchmal nicht sehr schmal ist. Für mich ist es eine Frage des Abwägens der jeweiligen Risiken.

Vor dem Auftreten des West-Nil-Virus waren Stechmücken in meinem Teil der Welt hauptsächlich ein Ärgernis – juckende Hubbel und mögliche Allergien waren die Folge davon, ohne Schutz unterwegs gewesen zu sein. Mit dem West-Nil-Fieber wurden Stechmücken mehr als nur lästig. Von Zecken übertragene Borreliose und Fleckfieber sind weitere Dinge, vor denen man sich schützen sollte. Ich für meinen Teil verwende dieses Spray, bedecke meine Knöchel usw. und versuche, während der Insektenfütterungszeit (von der Abend- bis zur Morgendämmerung) den verseuchtesten Stellen des Gartens fernzubleiben.

´Dies ist ein Insektenschutzspray für die Haut. Ich werde dieses Rezept nicht fehlinterpretieren. Für mich ist es nicht der Heilige Gral natürlicher Abwehrmittel, die ewig und hundertprozentig gegen Insekten wirken. Ich trage eine Flasche in meiner Hosentasche herum und erneuere es häufig und ich werde immer noch hin und wieder gestochen. Ich mag es trotzdem. Auf verquere Weise ist es vorteilhaft, dass das Spray nach ungefähr einer halben Stunde nachlässt, da der Geruch verflogen ist, wenn ich wieder ins Haus gehe, und ich nicht den Rest des Tages nach Insektenspray rieche. Wenn ich länger draußen bleibe, wende ich das Spray bei Bedarf erneut an. Andere Sprays (oder Badeöl für samtweiche Haut) musste ich sofort abwaschen, auch wenn ich nur einige Minuten draußen war.

Das Rezept kann bei Ihnen besser oder schlechter wirken, je nach Ihrer „Körperchemie", den Insekten, die Sie bei sich vorfinden, und anderen Faktoren.

SELBST GEMACHTES INSEKTENSPRAY

Zutaten
- *250 ml Wodka*
- *2 EL Aloe-Vera-Saft*
- *2 TL bevorzugtes pflegendes flüssiges Öl (Soja-, Oliven, Rizinusöl etc.)*
- *1½ TL Insekten abwehrende ätherische Ölmischung (in der Regel mit offensichtlichen Namen wie „Anti-Mücken-Mischung" oder ähnlichen Bezeichnungen)*

Vermischen Sie alle Zutaten in einer Sprühflasche und schütteln Sie sie vor jeder Anwendung. Diese Öle wirken nicht so lange wie Chemikalien wie DEET, sie sollten daher alle dreißig Minuten oder nach Bedarf erneut aufgetragen werden. Sie können eine Mischung ätherischer Öle kaufen oder Ihre eigene Mischung aus den folgenden Ölen mit Insekten abwehrenden Eigenschaften zusammenstellen.

- Katzenminze: Stechmücken
- Zedernholz: Läuse, Motten
- Zimt: Ameisen
- Zitronellagras: Stechmücken
- Nelken: Stechmücken
- Eukalyptus: Stechmücken
- Geranium: Fliegen, Stechmücken
- Lavendel: Stechmücken, Zecken, Sandflöhe, Fliegen, Flöhe
- Zitronengras: Stechmücken, Zecken, Sandflöhe, Fliegen, Flöhe
- Litsea cubeba: Stechmücken
- Patchouli: Stechmücken
- Pfefferminz: Läuse, Spinnen, Ameisen

- Rosmarin: Flöhe, Zecken
- Teebaumöl: Stechmücken, Läuse, Ameisen

Auch wenn sie in vielen Insektenschutzsprays enthalten ist, vermeide ich Frauenminze aufgrund ihrer potenziell schädlichen Wirkung. Alle ätherischen Öle werden am besten verdünnt eingesetzt. Geben Sie sie nicht unverdünnt auf die Haut.

SONNENSCHUTZ

Dieses Rezept ist für eine Sonnencreme, die hautpflegende Inhaltsstoffe sowie Zinkoxid enthält. Sheabutter und Avocadoöl bieten ebenfalls einen geringen Sonnenschutz (LSF 4 bis 6). Der Lichtschutzfaktor dieser Sonnencreme ist uns nicht bekannt, wenden Sie sie daher beim ersten Mal mit Bedacht an. Vermeiden Sie längere Aufenthalte in der Sonne und erneuern Sie die Creme häufig. Egal welche Sonnencreme Sie verwenden, folgen Sie zu Ihrem eigenen Schutz den Empfehlungen der Deutschen Krebshilfe. Mit der Sonne ist nicht zu spaßen.

Zutaten

3 EL Sheabutter
1 EL Bienenwachs
6 EL Avocadoöl
1 TL Sojalecithin
1 Kapsel Vitamin E
1 EL Aloe-Vera-Gel
2 EL Zinkoxid (erhältlich in Seifen-/Kosmetikfachmärkten oder online)
3–5 Tropfen ätherisches Öl (optional)

1. Sheabutter und Bienenwachs im Wasserbad schmelzen.
2. Avocadoöl, Sojalecithin, Aloe-Vera-Gel, Zinkoxid und ätherisches Öl unterrühren. Öffnen Sie eine Vitamin-E-Kapsel und geben Sie die Flüssigkeit dazu. (Ich verrühre die Zutaten mit dem Pürierstab.)

Diese Sonnencreme hinterlässt einen weißen, aber durchsichtigen Film auf der Haut aufgrund des Zinkoxids. Die Creme ist mäßig ölig und sehr hautpflegend.

HAUTBALSAM

Dieser Balsam hat bei Zimmertemperatur eine Konsistenz wie Butter. Verwenden Sie ihn bei kleinen Hautreizungen wie Insektenstichen, Kratzern, Rötungen oder leichten Verbrennungen.

Zutaten

30 g Sheabutter
30 g Avocadoöl
½ TL Bienenwachs
je ¼ TL Calendula- und Rooibosextrakt
1 TL Aloe-Vera-Gel

1. Wiegen Sie Sheabutter und Avocadoöl mit einer Küchenwaage ab.
2. Sheabutter und Bienenwachs vorsichtig im Wasserbad schmelzen (im speziellen Topf oder einen kleinen Topf in einen größeren mit heißem Wasser gefüllten stellen). Passen Sie auf, dass Sie die Sheabutter nicht zu heiß werden lassen und dass Sie sie schnell abkühlen, nachdem alle Zutaten vermischt sind, damit sie nicht körnig wird. Es ruiniert den Balsam nicht, wenn es passiert, er fühlt sich dann nur anders an. Die Körnchen schmelzen auf der Haut. Wenn Sie den Balsam noch einmal bei niedriger Temperatur zum Schmelzen bringen und ihn schnell im Kühlschrank abkühlen, können Sie ihn wieder glatt bekommen.
3. Geben Sie Extrakte und Aloe dazu.
4. Ich verrühre den Balsam gern mit einem Pürierstab, aber es ist nicht notwendig.
5. Geben Sie ihn zum Aufbewahren in einen kleinen Tiegel oder eine Dose.

Grundlagen der Seifenherstellung

ANGST UND SEIFEN IN SUBURBIA

DAISY Wenn ich daran denke, wie viele Infos ich zusammengesucht und gelesen habe, bevor ich meine erste Charge selbst gemachter Seife hergestellt habe, muss ich den Kopf schütteln. Ich habe es wirklich übertrieben. Ich weiß, das habe ich schon einmal gesagt, besonders bei den Hühnern, aber vor Seife hatte ich einen Höllenrespekt.

Ich habe alle in der Bücherei erhältlichen Bücher über das Seifemachen wieder und wieder gelesen. Ich habe mich in Online-Foren eingeklinkt und die erfahrenen Seifenmacher verzweifelt um Rat gebeten. Ich habe die Anleitungen auf Seifemachen-Blogs bis ins kleinste Detail studiert. Und ich hatte noch immer kein einziges Stück Seife gemacht. Als ich mir endlich ein Herz gefasst und meine erste Seife ge-

macht hatte, stellte ich fest, dass es nichts war, wovor man sich fürchten muss. Mit der Zeit habe ich meine Methoden immer weiter vereinfacht und heute ist Seifemachen für mich nicht beeindruckender, als einen Pudding zu kochen.

Rückblickend glaube ich, einer der Gründe, warum Seifemachen so einschüchternd schien, sind die so oft betonten Vorsichtsmaßnahmen beim Umgang mit Natronlauge bzw. Ätznatron. Ich wurde schon oft von Leuten gefragt, die sich für das Seifemachen interessieren, aber von der Aussicht, mit Natronlauge zu hantieren, abgeschreckt wurden, ob man Seife auch ohne diese Chemikalie machen kann. Die kurze Antwort ist: Nein, kann man nicht. Man kann vorgefertigte Seife schmelzen, sie mit Düften und Zusätzen anreichern und damit eine andere Seife kreieren, aber die Grundseife selbst kann man nicht ohne Natronlauge herstellen.

Wie schlimm ist es also, mit Lauge zu arbeiten? Meiner Meinung nach bedarf das Umgehen mit Natronlauge derselben Vorsicht wie der Umgang mit Haushaltsbleiche. Wenn Sie mit einer Flasche Chlorbleiche umgehen können, dann können Sie auch mit Natronlauge arbeiten. CP, HP, DBHP, DHHP, DWCP, DOS, EO, FO, OHP, SAP. Nein, das sind keine Abkürzungen für neue Bundesförderprogramme. Es sind Abkürzungen beim Seifemachen und ein weiterer Grund dafür, dass ich so eingeschüchtert war, als ich mit dem Seifemachen anfing.

Hier kommt die Anleitung zum furchtlosen Seifemachen. Ich verspreche Ihnen, dass Sie sich wundern werden, was die ganze Aufregung sollte, nachdem Sie das erste Mal Seife gemacht haben.

Da ich es gern unkompliziert mag, lasse ich die Buchstabennudeln links liegen und mache Seife auf die schnelle und einfache Art, die ohne das Auswendiglernen von Fachbegriffen auskommt.

Einfach ausgedrückt:
Öl + (Wasser und Natronlaugenmischung) = Seife

Das ist alles. Sie können sich über Verseifungswerte und die jeweiligen Eigenschaften von Babassuöl und Kukuinussöl informieren, aber wenn Sie nur ein Stück superber selbst gemachter Seife möchten, dann brauchen Sie das nicht.

GERÄTSCHAFTEN
- Küchenwaage (digital ist gut)
- Pürierstab
- mittelgroße bis große aluminiumfreie Töpfe (Töpfe mit hohem Rand eignen sich besser als flache breite)
- große aluminiumfreie Schüssel oder Kanne (kann aus Kunststoff sein)
- Kunststofflöffel mit langem Stiel
- Haushaltsgummihandschuhe (die zum Spülen)
- Schutzbrille
- alte Kleidung oder eine große Schürze
- alte Zeitung

- Seifenform (kann eine leere Pringles-Dose sein, ein ausgewaschener Milchkarton oder spezielle Seifenformen aus dem Bastelfachgeschäft)

ANLEITUNG
Am besten machen Sie Seife in der Küche, da Sie einen Herd oder eine Mikrowelle sowie fließendes Wasser und eine Arbeitsfläche benötigen. Ich empfehle Ihnen Seife zu machen, wenn keine kleinen Kinder um Sie herum sind, und neugierige Haustiere sollten Sie währenddessen in einen anderen Bereich verbannen. Sie möchten nicht, dass Ihre Katze auf die Arbeitsplatte hüpft und ihren Schwanz während des Seifemachens in die Schüsseln hängt.

Holen Sie Geräte und Zutaten. Halten Sie die Notrufnummer für Vergiftungen bereit. War nur ein Scherz. Entspannen Sie sich. Atmen Sie tief durch. Es wird alles gut. Binden Sie sich eine Schürze um oder ziehen Sie Kleider an, bei denen Flecken keine Rolle spielen, und ziehen Sie Handschuhe und Schutzbrille an.

Zutaten
1 kg Olivenöl
170 g Kokosöl
85 g Rizinusöl
170 g Ätznatron
340 g Wasser
60 ml ätherisches Öl nach Wahl, optional

1. Messen Sie 340 g Wasser ab und geben Sie es in die große Schüssel oder die Kanne. Wasser ist die einzige Zutat, die Sie nach Volumen statt nach Gewicht messen können, da es dieselbe Menge ergibt. Stellen Sie den Krug in die Spüle.
2. Messen Sie 170 g Ätznatron ab. Stellen Sie dazu erst den Behälter, in dem Sie das Natron abmessen, auf die Waage und setzen Sie diese dann auf Null. Ich verwende eine kleine, spülmaschinenfeste Schüssel.

3. Gießen Sie das Ätznatron vorsichtig ins Wasser (Niemals umgekehrt). Rühren Sie mit dem langstieligen Löffel langsam um, bis sich das Ätznatron im Wasser aufgelöst hat. Zwischen dem Wasser und der Lauge findet eine sogenannte exotherme Reaktion statt, bei der sich die Lösung stark erhitzt. Dabei werden auch Gase freigesetzt, hängen Sie also nicht Ihre Nase in die Schüssel und atmen dabei durch. Einige Menschen reagieren auf diese Gase empfindlicher als andere. Öffnen Sie ein Fenster oder machen Sie einen Ventilator an, wenn nötig. Mir macht der Geruch in der Regel nichts aus.

4. Wenden Sie sich Ihren Ölen zu, während die Lauge ein wenig abkühlt. Wiegen Sie Olivenöl, Kokosöl (dieses ist bei normaler Zimmertemperatur fest) und Rizinusöl in einer beliebigen Reihenfolge ab und geben Sie sie in den Topf. Erwärmen Sie den Topf bei niedriger Hitze, bis das Kokosnussöl gerade flüssig wird und nehmen Sie ihn dann vom Herd.

5. Überprüfen Sie die Temperatur der Laugenlösung, indem Sie den Behälter, in dem sie drin ist, von außen anfassen. Wenn Sie ihn gut anfassen können und die Öle ebenfalls eine ähnlich warme, nicht heiße Temperatur aufweisen, dann ist es Zeit beides zu mischen (beides sollte ca 38-43 Grad haben).

6. Stecken Sie den Pürierstab ein und halten Sie ihn in Reichweite Ihres Topfes mit den Ölen.

7. Gießen Sie die Natron-Wasser-Lösung zu den Ölen und rühren Sie mit dem langstieligen Löffel ein paar Mal um. Entfernen Sie den Löffel und legen Sie ihn in die Spüle. Tauchen Sie den Pürierstab bis zum Boden des Topfes ein, ohne ihn einzuschalten. Je nachdem wie voll der Topf ist, kann es spritzen oder auch nicht, wenn Sie den Mixer einschalten. Seien Sie daher auf beide Fälle vorbereitet, bis Sie herausgefunden haben, wie Ihre Mischung sich verhält. Ich mache dies gern mit dem Topf in der Spüle oder auf einer mit einigen Lagen Zeitung abgedeckten Arbeitsfläche. Setzen Sie auf jeden Fall Ihre Schutzbrille auf und ziehen Sie die Handschuhe an.

8a. Schalten Sie den Mixer ein und lassen Sie ihn langsam im Topf am Rand herumkreisen, damit Sie ein Gefühl dafür entwickeln. Mixen Sie weiter und beobachten Sie die Konsistenz der Mischung. Sie wird langsam immer undurchsichtiger und dicker werden. Hören Sie zwischendrin immer wieder mit dem Mixen auf und rühren Sie mit dem ausgeschalteten Pürierstab um, um die sogenannte „Spur" zu überprüfen. Wenn die Mixtur die Konsistenz eines noch flüssigen Puddings hat und der Teil der über die Oberfläche gezogenen Mischung eine sichtbare „Spur" hinterlässt, dann können Sie mit dem Mixen aufhören.

8b. Optional: Wenn Sie ätherisches Öl zugeben möchten, ist jetzt der Moment dafür. Geben Sie es zu und rühren Sie ein letztes Mal kurz um, um es unterzurühren.

9. Füllen Sie Ihre Seife, denn jetzt ist es Seife, in die von Ihnen gewählte(n) Form(en). Kratzen Sie die Reste mit dem langstieligen Löffel (vorher abspülen) aus. Das war's für den Moment.

10. Spülen Sie Ihre Geräte ab und wischen Sie eventuelle Spritzer auf.

11. Am nächsten Tag sollte Ihre Seife fest genug sein, um sie aus der Form zu nehmen. Falls Sie einen großen Block gemacht haben, wie in einem Tetrapak, aus dem Sie einzelne Stücke schneiden, dann ist jetzt auch der richtige Moment, die Stücke herauszuschneiden. Arbeiten Sie immer noch mit Handschuhen, da die Seife noch frisch ist und ein wenig ätzen kann. Die Seifenstücke müssen nicht perfekt sein – grobe Stü-

Schlechte Seife

Gelegentlich enden selbst erfahrene Seifenmacher mit einer wahrhaft grauenhaften Charge Seife. Mein eindrücklichstes Desaster war mein erster Versuch des Seifesiedens, was normal eine sehr verlässliche Methode ist.

Ich weiß bis heute nicht genau, was schiefgelaufen ist, aber das Ergebnis war ein schwammiger, suppender, brauner, Blasen werfender Kuchen aus krümeligem Nichts, der nur zum Verbuddeln im Garten getaugt hat – zum tief Verbuddeln.

Oh Gott, war das Ding grässlich. Ich habe es eine Weile liegen gelassen in der Hoffnung, dass es sich auf zauberhafte Weise in eine seifenähnliche Substanz verwandeln würde, aber am Ende musste es weg. Es machte den Kindern Angst. Es machte selbst meinem Mann Angst.

Um die Chancen für schlechte Seife zu minimieren:

- Gehen Sie die Schritte vorher in Gedanken durch oder machen Sie einen Übungslauf mit imaginären Zutaten, bevor Sie es in echt angehen.
- Richten Sie Ihre Gerätschaften her und messen Sie jede Zutat sorgfältig ab, bevor Sie irgendetwas vermischen.
- Keine Hektik. Lassen Sie sich Zeit und gleichen Sie Ihre Zutaten mehrmals mit dem Rezept ab, bevor Sie loslegen.
- Machen Sie kleine Mengen, wenn Sie ein bestimmtes Rezept zum ersten Mal ausprobieren. Wenn es nicht klappt, ist der Verlust nicht so teuer.
- Seien Sie sparsam mit den Zusätzen, besonders, wenn Sie noch ein Anfänger sind. Zusätze bringen Spaß, sind aber auch berüchtigt dafür, den Seifenbildungsprozess zu stören und allgemein Unheil zu stiften.

cke sind hübsch, machen was her und sehen lecker aus. (Sie sehen zum Anbeißen aus. Tun Sie es nicht!)

12. Lassen Sie die Seife mindestens drei Wochen liegen, damit sie abtrocknen kann und somit härter und dauerhafter wird.

Wenn Sie mutiger werden, werden Sie andere Rezepte, Techniken und Zusätze ausprobieren wollen, aber bis dahin genießen Sie diesen Moment. Sie haben soeben *Seife* gemacht!

AN ÄTZNATRON KOMMEN

Ätznatron ist zu hundert Prozent Natriumhydroxid, NaOH auf chemisch. Es ist die essenzielle Chemikalie, die nötig ist, um Fett zu Seife zu verseifen. Auf unserer Website werden wir hinsichtlich des Seifemachens am häufigsten gefragt, wie man an Ätznatron kommt.

Ätznatron kann man im Baumarkt als „Ätznatron" kaufen. Zudem ist sie in Apotheken erhältlich, die Mitarbeiter können die Herausgabe allerdings verweigern. Online ist Ätznatron ebenfalls erhältlich. Geben Sie „Ätznatron kaufen" oder „Natriumhydroxid kaufen" in die Suchmaschine ein und suchen Sie sich eine der vielen Möglichkeiten aus.

SCHWEINEFETT-SEIFE

(alias) Schweinchen-Seife, Omas Laugenseife

DEANNA Schweinefett-Seife ist eine kaum schäumende Seife, wodurch sie sich besonders zum Wäschewaschen und zum Wegputzen von unappetitlichen Flecken am Boden und sonst wo eignet. Zudem ist sie unschlagbar billig in der Herstellung. Es ist die einzige Seife, die ich kenne, die billiger ist als Kernseife.

Aber egal, wie billig und einfach sie ist, Schweinchenseife wird in unserer Familie häufig als Geschenk gewünscht. Mein Schwiegervater und sein Bruder benutzen nur noch diese Seife. Sie waren bereits auf Omas Laugenseife eingeschworen. Sie bestand aus drei Zutaten. Schweinefett, Ätznatron, Wasser. Diese hier ist genauso. Falls Ihre bessere Hälfte sich gern mit Seife rasiert oder eine Rasierschale benutzt, dann verwenden Sie für diese Seife eine Pringles-Dose und sie wird perfekt in die Schale passen.

Ergibt ungefähr 560 Gramm. Schneiden Sie die Stücke in die von Ihnen bevorzugte Größe (die im Laden verkauften Stücke sind meist 100 Gramm schwer).
Zutaten

450 g Schweinefett (im Supermarkt erhältlich)
170 g Wasser
55 g Natronlauge

Tragen Sie Kleidung, die ruiniert werden darf, und ziehen Sie Gummihandschuhe (die zum Spülen) und eine Schutzbrille an.
1. Bringen Sie das Schweinefett in einem Topf bei mittlerer Hitze zum Schmelzen.
2. Geben Sie in der Zwischenzeit 170 g Wasser in einen Krug. Geben Sie 55 g Ätznatron dazu und rühren Sie vorsichtig um, damit sie sich auflöst.
3. Lassen Sie das geschmolzene Fett und die Laugenlösung eine Weile abkühlen, bis Sie die jeweiligen Behälter anfassen können, ohne sich die Haut an den Fingerspitzen zu verbrennen.
4. Gießen Sie das Laugenwasser in den Topf. Tauchen Sie einen Pürierstab bis zum Boden des Topfes ein. Schalten Sie ihn ein, achten Sie dabei aber auf Spritzer (tun Sie dies in der Spüle oder legen Sie mehrere Lagen Zeitungspapier darunter). Rühren, bis Sie eine „Spur" sehen können, also bis die Mischung

dick genug ist, dass Sie sehen können, wo Sie gerührt haben, und Tropfen auf der Oberfläche eine oder zwei Sekunden sichtbar bleiben. (Aufgrund des Schweinefetts wird dies eine Weile dauern.)
5. Gießen Sie die Seife in eine Pringles-Dose oder einen Milchkarton.
6. Lassen Sie sie ein oder zwei Tage stehen und schneiden Sie sie zum Abtrocknen in Stücke. Lassen Sie die Stücke drei Wochen trocknen, bevor Sie sie benutzen.

KÜCHENFETT-SEIFE

(alias Speckseife)

DEANNA Wenn Sie sich sagen, „Ich will kein Fett kaufen, um Seife zu machen. Ich habe massig Fett in meiner Fettauffangschale", dann ist dies das Rezept für Sie. Sie können Bratenfett von jeder Art Fleisch verwenden und verschiedene miteinander kombinieren.

1. Fett auslassen.
• Geben Sie das Fett mit der gleichen Menge Wasser in einen Topf und lassen Sie es aufkochen.
• Nehmen Sie den Topf vom Herd, rühren Sie um und geben Sie ungefähr noch einmal halb so viel Wasser dazu, wie Sie zum Aufkochen genommen haben. (Wenn Sie vorher eine Kaffeetasse Fett hatten und dieses mit einer Kaffeetasse Wasser aufgekocht haben, dann müssten Sie jetzt eine halbe Kaffeetasse kaltes Wasser zugeben.)
• Lassen Sie es abkühlen, bis das Fett oben schwimmt und Sie es auf einen Teller löffeln können. (Kühl- oder Gefrierschrank beschleunigen den Prozess. Passen Sie nur auf, dass Sie durch die Wärme nicht aus Versehen Ihre Hähnchenbrust auftauen.)
• Wenn es immer noch ein wenig zweifelhaft aussieht, wiederholen Sie den Vorgang. Ich mache es in der Regel.

2. Ziehen Sie Ihre Kleidung zum Seife machen, Handschuhe und Schutzbrille an.

3. Wiegen Sie das Fett erst ab und bringen Sie es dann zum Schmelzen.

4. Fügen Sie je nach Gewicht des Fetts Ätznatron und Wasser zu. Auf 450 g Küchenfett kommen 170 g Wasser und 60 g Ätznatron. (Wenn Sie nach dem Auslassen 340 g Fett haben, brauchen Sie 127,5 g Wasser und 45 g Ätznatron. Geben Sie die richtige Menge Ätznatron ins Wasser und verrühren Sie sie.

4b. Warten Sie, bis sowohl das Fett als auch das Laugenwasser nicht mehr kochend heiß sind, gießen Sie dann die Laugenlösung zum Fett.

5. Verrühren Sie beides mit einem Pürierstab.

6. Hören Sie auf, wenn Sie bereits erkennen können, wo Sie schon gerührt haben.

6b. Wenn Sie Duftöl zugeben möchten, sollten Sie es jetzt tun.

7. Gießen Sie die Seife in einen alten Milchkarton oder etwas Ähnliches.

8. Lassen Sie die Seife einen Tag stehen und entfernen Sie den Karton, schneiden Sie die Seife in Stücke und lassen Sie sie einige Wochen liegen.

Das war's! Seife. Ein eventueller Geruch nach Schweinekruste wird nach dem Ablagern verflogen sein.

**Geistige Notiz: Wenn die Wirtschaft den Bach runtergeht, die Kristallkugel drei Wochen im Voraus befragen, damit die Seife fertig ist, wenn der Crash erfolgt.

REINE OLIVENSEIFE

DAISY Ich kenne die Geschichten über hundertprozentige Olivenölseife, dass sie so sanft zur Haut ist, aber „glitschig" und „kaum Schaum" bildet. Ich habe sie gemacht und war sehr zufrieden mit ihr. Bezüglich der geringen Schaumbildung: Es ist zu einem bestimmten Grad zutreffend, wenn man nicht einen dieser Dusch-schwämme aus Plastik benutzt. Mit dem Duschschwamm schäumt sie hervorragend. Sie eignet sich auch prima als Shampoo-Stick. Ich liebe sie.

In diesem Rezept wird weniger Wasser verwendet als in den meisten anderen, diese Seife bildet sich also sehr schnell und wird in kürzester Zeit steinhart. Warten Sie nicht zu lang damit, sie aus der Form zu nehmen und in Stücke zu schneiden – meine haben nur ungefähr acht Stunden gebraucht, aber überprüfen Sie Ihre Seife und entscheiden Sie nach Ihrem Eindruck.

Ergibt ungefähr siebenundzwanzig Stücke à 100 g
Zutaten
2,8 kg Olivenöl
360 g Ätznatron
850 g Wasser

Tragen Sie Kleidung, an der Sie nicht hängen, und ziehen Sie Gummihandschuhe (die zum Spülen) an und eine Schutzbrille auf.

1. Messen Sie 850 g Wasser in einen Krug ab. Geben Sie 360 g Ätznatron dazu und rühren Sie vorsichtig um, damit sie sich auflöst. Lassen Sie das Laugenwasser eine Weile abkühlen, bis Sie den Krug anfassen können, ohne sich zu verbrennen.

2. Messen Sie 2,8 kg Olivenöl in eine große Schüssel ab. Gießen Sie das abgekühlte Laugenwasser zum Olivenöl. Tauchen Sie einen Pürierstab bis zum Boden in die Schüssel. Schalten Sie den Mixer ein und achten Sie auf Spritzer (machen Sie dies in der Spüle oder legen Sie mehre Schichten Zeitungspapier drunter). Rühren, bis Sie eine „Spur" sehen, also bis es dick genug ist, dass Sie erkennen können, wo Sie schon gerührt haben und Tropfen auf der Oberfläche eine oder zwei Sekunden sichtbar bleiben. Ich lasse meine Seife ziemlich dick werden, sodass ich einige Kringel ma-

chen kann, die an die beim Seifesieden erinnern.

3. Gießen Sie die Seife in Formen. Nehmen Sie die Seife gleich aus den Formen, wenn sie sich gefestigt hat, und schneiden Sie sie in Stücke.

Lassen Sie Ihre Seife ungefähr sechs Wochen lang liegen, für möglichst harte und milde Stücke.

* Ich habe keine ätherischen Öle zugegeben, aber für die meisten ätherischen Öle gilt, dass pro 450 g Seifenöle 14 g ätherische Öle zugegeben werden. Für dieses Rezept bräuchten Sie ungefähr 89 g Ihres bevorzugten ätherischen Öls bzw. Ihrer Öle. Geben Sie 110 g für das extra Quäntchen Luxus dazu.

PFEFFERMINZ-ROSMARIN-SEIFE

DAISY Diese Seife habe ich dieses Jahr verschenkt. Sie ist ein wenig verspielter als die Seifen, die ich sonst mache (ich habe noch nie zuvor Wirbel gemacht). Sie gefällt mir aber.

Es ist eine Pfefferminz-Rosmarin-Seife mit Tonerde und ein wenig gemahlenem Rosmarin obendrauf. Ich habe meine Standardseife aus Oliven-, Kokos- und Rizinusöl verwendet, die pflegend und fest ist und gut schäumt. Sie duftet himmlisch.

Ergibt ungefähr vierzig Stücke a 100 Gramm

Zutaten

2 kg Olivenöl
340 g Kokosöl
170 g Rizinusöl
680 bis 800 g Wasser
340 g Ätznatron
60 g ätherisches Rosmarinöl
60 g ätherisches Pfefferminzöl
4 EL Tonerde (Pulver)
1 TL gemahlener getrockneter Rosmarin

Gehen Sie wie üblich beim Seifemachen vor und beachten Sie auch die Sicherheitsmaßnahmen (siehe Seite 166). Wenn die Seife Spuren erzeugt, geben Sie ein wenig

davon in eine separate Schüssel und mischen Sie die Tonerde und den gemahlenen Rosmarin unter. Gießen Sie den Hauptteil der Seife in die Form und rühren Sie dann die Tonerdenseife in Spiralen unter.

Anmerkung: Um gemahlenen Rosmarin zu erhalten, habe ich einige getrocknete Rosmarinblätter in der Kaffeemühle gemahlen. Sie können die Blätter auch in einem Mörser oder etwas Ähnlichem zu Pulver verarbeiten.

LAVENDEL-ROSMARIN-SEIFE

Diese Seife war ein Weihnachtsgeschenk für einige Verwandte. Das Grundrezept habe ich von der Webseite von Kathy Miller übernommen (millersoap.com).

Ergibt ungefähr vierzig Stücke a 100 g

Zutaten

1,6 kg Olivenöl
850 g Pflanzenfett
255 g Rizinusöl
340 g Natronlaugenkristalle
800 g kaltes Wasser
3 EL Lavendelöl
1 EL Rosmarinöl

Tragen Sie Kleidung, an der Sie nicht hängen, und ziehen Sie Gummihandschuhe (die zum Spülen) an und eine Schutzbrille auf.

1. Geben Sie das Ätznatron in die angegebene Menge Wasser. Rühren Sie vorsichtig mit einem langstieligen Löffel um. Lassen Sie es abkühlen, bis Sie den Behälter anfassen können.

2. Während die Natronlauge abkühlt, wiegen Sie das Pflanzenfett ab und bringen Sie es in einem großen Topf bei mittlerer Hitze zum Schmelzen.

3. Geben Sie die anderen Öle zu.

4. Geben Sie die Natronlauge zu (wenn sie nicht mehr brühend heiß ist) und verrühren Sie alles mit einem Pürierstab, bis Sie erste Spuren sehen.

Als ich diese Seife zum ersten Mal gemacht habe, habe ich sie „spuren" lassen, bevor ich die Öle zugegeben habe. Dann habe ich noch einmal den Pürierstab eingetaucht. Das Ergebnis zog richtige Spuren, was ich nicht empfehlen kann, da es sich anfühlt, als ob man Kartoffelbrei in die Form löffeln würde. Mixen Sie daher nur bis zu den allerersten Anzeichen von Spuren, bevor Sie weitermachen.

5. Geben Sie 3 EL Lavendelöl und 1 EL Rosmarinöl zu. Mixen, bis Spuren sichtbar sind.

6. Legen Sie Ihre Formen mit Backpapier aus. Befüllen Sie sie und decken Sie sie mit einem Handtuch ab. (Wenn Sie weniger Seife machen, können Sie leere Milchkartons oder Snackdosen als Formen verwenden).

7. Schneiden Sie sie am nächsten Tag in Stücke und lassen Sie sie mindestens einen Monat liegen. Das erste Mal habe ich sie nur in große Stücke geschnitten, um sie später in kleinere Stücke zu schneiden. Es war ganz schön schwer, die Blöcke in kleine Stücke zu schneiden, nachdem sie eine Weile abgelagert waren. Bringen Sie sie daher jetzt in die endgültige Größe.

Um sicherzugehen, dass die Stücke zum Zeitpunkt des Verschenkens so trocken wie möglich sind, habe ich sie einige Tage in ein Dörrgerät gegeben. Soweit ich weiß, ist das nicht der übliche Vorgang bei der Seifenherstellung, aber bei mir hat es gut funktioniert und mein Haus hat wunderbar gerochen.

HANDGEMAHLENE SEIFE FÜR DEN GÄRTNER

DAISY Ich wollte eine selbst gemachte Seife für Gärtner mit aufnehmen und habe diese hier gefunden. Die Seife ist aus meiner Basisseife aus Oliven-, Kokos- und Rizinusöl handgemahlen und mit Mandelbutter für ein wenig Extrapflege angereichert. Ich habe Haferflockenmehl als sanftes Peeling und zur Hautberuhigung zu-

gegeben, plus eine „Anti-Mücken"-Mischung ätherischer Öle – da Gärtner nach dem Händewaschen immer zurück in den Garten gehen, um herumzuwandern und die getane Arbeit zu bewundern (das mache nicht nur ich, oder?).

Ergibt zwei Stücke à 110 g
Zutaten

> *225 g geriebene selbst gemachte Seife*
> *1 EL Hafermehl (Haferflocken im Mixer oder der Kaffeemühle mahlen)*
> *1 TL Mandelbutter (oder ein anderes pflegendes Fett)*
> *1 TL ätherisches Öl (Mischung aus Eukalyptus, Zitronellagras, Katzenminze, Zedernholz u. a.)*

1. Bringen Sie die Seife auf Ihre bevorzugte Weise zum Schmelzen. Ich habe dieses Mal einen speziellen Topf für das Wasserbad verwendet. Da ich mich entschieden habe, kein Wasser zuzugeben, um die Trocknungsphase abzukürzen, hatte die Seife nach dem Schmelzen die Konsistenz von weichem Ton.

2. Rühren Sie nacheinander Hafermehl, Mandelbutter und ätherische Öle unter. Für mich war es wie Farbe in selbst gemachte Knete zu rühren, aber am Ende war alles vermischt. Ich habe die Mischung so lange wie möglich im Wasserbad gehalten, um den Vorgang zu unterstützen.

3. Schmieren Sie den Seifenteig in die Form.

4. Entfernen Sie die Seife nach dem Abkühlen aus der Form und lassen Sie sie mehrere Tage trocknen, bis sie fest ist.

8

MEIN HAUS WAR NOCH NIE SO SAUBER

Viele auf dem Markt erhältlichen Reinigungsmittel enthalten schädliche Chemikalien. Zum Glück gibt es auch zahlreiche Rezepte für unschädliche selbst gemachte Reinigungsmittel, aber Sie müssen bei den Zutaten aufpassen. Die „Sparsamen" und die „Ökos" gehören nicht immer zu derselben Gruppe. Sparsame Rezepte für selbst gemachte Reinigungsmittel können massenhaft üble Zutaten enthalten wie Ammoniak oder Bleiche, die beide höchst ungesund sind. Wir vermeiden diese beiden Zutaten nach Möglichkeit vollständig.

Warum Reinigungsmittel selbst herstellen?

DEANNA Gesundheitliche Bedenken mal beiseite, funktionieren selbst gemachte, unschädliche Reinigungsmittel so gut wie ihre giftigen Kollegen? Um ehrlich zu sein lautet die Antwort Jein. Um zu erklären, warum das so ist, fangen wir mit einer kurzen Lektion zur Chemie des Reinigens an.

Das Akronym, das Sie sich merken müssen, lautet TACT.
- Temperatur
- Arbeit
- Chemie
- Tiefe der Einwirkung

Diese vier Faktoren bestimmen, wie gut ein Mittel reinigt:
1. Je wärmer das Wasser, umso besser reinigt ein Mittel.
2. Je mehr Arbeit (sprich: Körpereinsatz), umso besser reinigt ein Mittel.
3. Je wirksamer die Chemie dahinter, umso besser reinigt ein Mittel.
4. Je länger (tiefer) das Produkt einwirken kann, umso besser reinigt ein Mittel.

Heute sollen die meisten käuflichen Produkte unter folgenden Bedingungen funktionieren:
- bei kalter oder bei Zimmertemperatur
- mit wenig oder ohne Körpereinsatz
- mit kurzer oder ohne Einwirkzeit

Wenn wir also drei unserer vier Faktoren weglassen, was bleibt dann übrig? Chemie. Das Zeug aus dem Laden wirkt, weil es sehr starke Chemikalien enthält! Die Sachen, die Sie daheim herstellen, werden diese Chemikalien nicht enthalten. Wenn es also Ihr Ziel ist, Ihre vier Wände bei Zimmertemperatur, ohne Schrubben und ohne Einwirkzeit porentief rein zu bekommen, dann ist die Antwort Nein, Ihre selbst gemachten Mittel werden nicht so gut funktionieren wie die gekauften. Aber wenn Sie Ihre Oberflächen einfach nur *sauber* haben möchten, dann können wir helfen.

All unsere Rezepte enthalten die notwendige Chemie, um zu reinigen, aber Sie können die Wirksamkeit der Rezeptur jederzeit verbessern, indem Sie heißeres Wasser nehmen, mehr Körpereinsatz zeigen oder das Mittel einige Minuten einwirken lassen, bevor Sie es abschrubben.

Formeln für Allzweckreiniger

DEANNA Einige Reinigungsmittel benötigen ein Rezept, andere nicht. Die folgenden Reinigungsmittel kommen ohne Abmessen aus, sie als „Rezepte" zu bezeichnen wäre etwas übertrieben. Wir nennen sie daher Formeln. Hier sind ein paar davon:

SCHEUERPULVER
Natron oder Borax und ein Scheuerlappen

FLIESEN UND FUGEN
Salz und Natron zu gleichen Teilen mit ausreichend flüssiger Seife, um eine Paste zu bilden

WC-REINIGER
- Essigessenz oder
- Essig mit Natron oder
- Zitronensaft mit Natron oder
- Borax

HAUSHALTSREINIGER
Weißweinessig und Wasser zu gleichen Teilen. Geben Sie einige Tropfen Seife für mehr Reinigungskraft dazu.

Machen Sie sich das Putzen leicht

Wir sind der Meinung, dass einige Angewohnheiten den Bedarf an starken Reinigungsmitteln und auch den Arbeitseinsatz an Putztagen sehr reduzieren. Im Grunde läuft es darauf hinaus, jeden oder jeden zweiten Tag ein wenig zu putzen.

- Wenn Sie morgens im Bad sind, reinigen Sie die Toilette kurz mit der WC-Bürste, um Dreck und Kalkablagerungen zu lösen. Sie werden die Toilette dadurch seltener schrubben müssen und weniger Zeit dafür benötigen.
- Wenn Sie eine Dusche nehmen, fahren Sie mit Ihrem Waschlappen über die Duschwände.
- Verteilen Sie ungefähr jeden zweiten Tag Essig auf Ihrem Küchenboden und fahren Sie mit einem Küchenhandtuch darauf herum. Dann müssen Sie an den richtigen Putztagen hauptsächlich die Ecken reinigen.
- Spannen Sie Ihre Kinder ein. Selbst schlampiges Putzen reduziert, wenn es täglich gemacht wird, die benötigte Zeit an echten Putztagen.
- Schrubben Sie Ihre Badewanne mit dem Besen. Dadurch werden der Besen und die Dusche sauber, während Sie Ihren Rücken schonen.
- Verwenden Sie Gusseisen zum Kochen. Die Reinigung ist im Handumdrehen erledigt. Schrubben Sie mit Salz und Öl und wischen Sie die Töpfe und Pfannen mit einem Papiertuch ab.
- Waschen Sie jeden Tag eine Ladung Wäsche. Richten Sie jeden Abend eine Ladung Wäsche hin. Es dauert nur einige Minuten und Sie sparen sich zukünftig den Waschtag.

BODENREINIGER

Für Küchenböden: unverdünnter Essig direkt auf den Boden gegeben und feucht aufgewischt.

Für Laminat-/Holzböden: 250 ml Essig auf vier Liter heißes Wasser und feucht aufgewischt. (Funktioniert auch bei Badezimmerböden.)

Für Badezimmerböden: Mit Natron schrubben, dann feucht aufwischen oder mit heißem Seifenwasser wischen.

Tipp: Wenn Sie Ihren Sprühwischer lieben, aber die Lösung nicht gern kaufen, dann halten Sie den Deckel der leeren Flasche unter heißes Wasser, bis Sie ihn abmachen können, und befüllen Sie die Flasche mit Ihrem bevorzugten, selbst gemachten Reinigungsmittel. Wir haben auch entdeckt, dass Mikrofasertücher, auf die Größe des Mops zurechtgeschnitten, genauso gut funktionieren wie die Einwegpads.

NATRON UND ESSIG ZUSAMMEN

Diese Mischung ist so beliebt, weil die heftige Reaktion einem das Gefühl gibt, wirklich etwas zu tun! Zudem eignet es sich prima als Rohrreiniger, da es sich ausdehnt und die Rohrwände auch erreicht, anstatt nur herunterzulaufen wie jede andere Flüssigkeit.

Die Reaktion entfernt Schmutz und beugt erneuten Ablagerungen vor, was Ihre Reinigungsversuche effektiver machen kann, aber Essig und Natron wirken besser einzeln.

Die Essig/Natron-Kombination ist chemisch gesehen *nicht* stark. Essig und Natron verbinden sich zu Kohlensäure, im Grunde zu saurem Sprudel. Als Säure wird es zwar reinigen, aber nicht annähernd so gut wie reiner Essig.

Zudem werden Essig und Natron, nach der kurzen Bildung von Kohlensäure, schnell in Kohlendioxid und Wasser zersetzt. Wenn Sie sie in einer Flasche ver-

Die ökonomische Spülmaschine

Leider bin ich noch auf der Suche nach einem zufriedenstellenden, selbst gemachten Spülmaschinenspülmittel. Alle Rezepte zum Selbermachen hinterlassen einen weißen Film auf meinen Plastikwaren, egal wie sparsam ich es verwende. Das mag auf den ersten Blick kein großes Problem sein, allerdings sind die üblichen Zutaten (Borax) für Haustiere und Kinder in Mengen über einem Gramm giftig.

Sie können aber die Menge an Reinigungsmittel reduzieren (und Geld und Phosphate sparen), indem Sie gekauften Spülmaschinenreiniger mit Natron strecken. Verwenden Sie Reinigungsmittel und Natron zu gleichen Teilen.

Ein billiger und effektiver Klarspüler ist Essig, in das entsprechende Fach gegeben.

---

einen, reinigen Sie nach dem Ende der anfänglichen Reaktion nur noch mit Wasser.

Wenn Ihnen die Reaktion gefällt, folgt hier die Anleitung, wie Sie sie effektiv nutzen können:

1. Schrubben Sie Ihre Oberfläche mit verdünnter Essigessenz oder Natron.
2. Schütten oder streuen Sie die andere Chemikalien dazu.
3. Spülen Sie während der entzückenden sprudelnden Reaktion mit Wasser nach, um in Schritt 1 gelösten oder aufgelösten Schmutz wegzuwaschen und das Gefühl zu genießen, „etwas getan" zu haben.

Reinigungsmittel für die Küche

SUPER-DESINFEKTIONSSPRAY

 Dieses einfache Desinfektionsrezept ist wirksamer als Bleiche. Es tötet Salmonellen, E. coli, das ganze schlechte Zeug! Vor einiger Zeit wurde in einer an der Virginia-Tech-Universität durchgeführten Studie entdeckt, dass durch Besprühen einer Oberfläche (oder eines Lebensmittels) mit Haushaltsessig und Wasserstoffperoxid, einzeln und nacheinander (egal, in welcher Reihenfolge), diese zehnmal wirksamer desinfiziert wird als bei Verwendung der jeweiligen Substanz allein.

Zutaten

unverdünnter Weißweinessig
3-prozentiges Wasserstoffperoxid
2 Sprühflaschen

1. Besprühen Sie die Oberfläche mithilfe einer Sprühflasche mit unverdünntem Weißweinessig.
2. Besprühen Sie gleich darauf dieselbe Oberfläche mit *3-prozentige*m Wasserstoffperoxid aus einer anderen Sprühflasche.
3. Wischen Sie die Fläche trocken oder feucht ab.

Anmerkung: Verwenden Sie zwei separate Sprühflaschen. Versuchen Sie nicht, die Substanzen in einer Flasche zu mischen. Das Ergebnis ist nicht das gleiche.

DAISYS SELBST GEMACHTES GEMÜSE- UND OBST-WASCHMITTEL

Diese Lösung entfernt Supermarktdreck von gekauften Waren und Dreck und Krabbelzeug von Ihrer Gartenernte. Die Säure im Essig bekämpft Bakterien und das Salz saugt das Leben aus Insekten mit weichen Körpern (erinnern Sie sich noch an den Vorgang der Osmose aus dem Biologieunterricht?). Ich nehme an, dass der Essig für die Krabbler auch nicht angenehm ist.

Zutaten

60 ml Essig

2 EL Salz

Spülbecken/Schüssel mit sauberem Wasser

Rühren Sie Essig und Salz ins Wasser und lassen Sie Ihr Obst und Gemüse einige Minuten darin liegen. Bürsten und spülen Sie es danach wie gewohnt ab und essen Sie es auf.

Probieren Sie für ein einfaches Gemüse-/Obstspray eine Lösung aus 1 Teil Essig auf 3 Teile Wasser. Bewahren Sie die Lösung in einer Sprühflasche auf, besprühen Sie Gemüse und Obst, lassen Sie die Lösung einwirken, putzen Sie Ihr Gemüse und Obst anschließend wie immer und waschen Sie es mit Wasser ab.

Das Super-Desinfektionsspray kann auch für Gemüse/Obst verwendet werden, aber wir denken nie daran, es dafür einzusetzen.

ERNSTHAFTER ALLZWECKREINIGER

 Wir besprühen alle Küchenoberflächen täglich oder alle paar Tage mit verdünntem Essig. Manchmal müssen aber härtere Mittel zum Einsatz kommen.

Zutaten

2 EL Essig

1 TL Borax

500 ml heißes Wasser

2 EL bis 60 g Olivenölseife (je nachdem, wie ernst die Lage ist)

10–15 Tropfen ätherisches Öl

1. Vermischen Sie Essig, Borax und heißes Wasser in einer Sprühflasche und schütteln Sie wie wild, bis das Borax sich aufgelöst hat.
2. Geben Sie dann die Seife und das ätherische Öl dazu und machen Sie sich ans Werk.

FLÜSSIGE SPÜLSEIFE

DEANNA **Zutaten**

halbes Stück Seife, gerieben (selbst gemacht oder Kernseife)

1 Liter Wasser

1. Bringen Sie die Seife im Wasser bei mittlerer Hitze zum Schmelzen.
2. Lassen Sie die Lösung abkühlen und geben Sie sie in eine ausgewaschene Spülmittelflasche.
3. Verwenden Sie die Lösung wie ein normales Spülmittel.

Kleine Anmerkung: Ich verwende keine flüssige Spülseife. Ich reibe mit einer runden Spülbürste über ein Stück Seife und schrubbe damit mein Geschirr. Wenn ich ein Spülbecken voll Schaum will, halte ich das Stück Seife unter das laufende heiße Wasser. Dies ist wirklich die einfachste und ökonomischste Methode, das Geschirr zu waschen, die ich kenne.

Lufterfrischer

TROCKENER TEPPICH-LUFTERFRISCHER

DAISY Ich starre entsetzt auf die Fernsehwerbung für Raumspray. Die Hausfrau sprüht wie eine Wahnsinnige, hält dann ihre Nase direkt darüber und atmet tief ein. Sie besprüht alles: Turnschuhe, Betten, Kleider ... Warum, frage ich mich, reinigt sie die stinkigen Sachen nicht einfach? Wenn mein Bett einen deutlichen Geruch verströmt, wäre die Wahl des richtigen Duftsprays meine geringste Sorge.

Allerdings habe ich einen Terrier. Würde ich ihn in ein Fass voll Pfefferminze tauchen, würde er zwei Minuten später wieder nach Terrier riechen. Der Staubsaugerbeutel wird dadurch zum Geruchsverströmer. Das ist nicht die Art Raumluft, die ich haben möchte, bevor ich Besuch bekomme.

Bonus: Dieser Lufterfrischer eignet sich auch großartig als Scheuerpulver für Waschbecken und Badewannen. Und wenn Sie mit dem Putzen fertig sind, können Sie ein wenig davon in ein schönes heißes Bad geben.

Zutaten

570 g Natron
ätherisches Öl nach Wahl

Mischen Sie Ihr bevorzugtes ätherisches Öl mit einer Gabel tropfenweise unter, bis Ihre Nase Ihnen sagt, dass es reicht. Ich verwende ungefähr einen Teelöffel oder weniger. Am besten lassen Sie das Öl eine Weile einziehen, bevor Sie die Mischung verwenden. Ich nehme nur Natron und es funktioniert gut, aber das ätherische Öl verleiht ihm das gewisse Extra. Öle wie Pfefferminz, Eukalyptus und Rosmarin wirken belebend und erfrischend, Lavendel wirkt beruhigend. Bewahren Sie es in einer leeren Streudose auf, wie einem sauberen Parmesanbehälter.

Anwendung

Streuen Sie es auf Teppiche/Teppichböden und lassen Sie es einige Stunden oder über Nacht einwirken, bevor Sie es aufsaugen.

VON KINDERHAND GEFERTIGTER AUTO-LUFTERFRISCHER

DAISY Ich finde nicht, dass mein Auto unangenehm riecht, aber eine bestimmte Person hat immer ein angeekeltes Gesicht gemacht, wenn wir mit dem Auto gefahren sind. Notieren Sie hier Kinderarbeit.

1. Zeichnen (oder lassen Sie jemand zeichnen) ein schlichtes Motiv auf ein Stück Papier. Meine Kinder mögen Sterne. Schneiden Sie das Motiv aus und übertragen Sie es auf ein Stück

Einfache Lufterfrischer

Hier kommt die Anleitung für einen kleinen Trick, wodurch das ganze Haus frisch riecht. Ich habe die Duftverteilungswirkung von Staubsaugerbeuteln aus Versehen entdeckt, als meine Kinder eine Flasche Kumin auf meinem Bett ausgeleert haben und ich es aufgesaugt habe. Die nächsten zwei Wochen roch es in meinem Haus jedes Mal nach Tacos, wenn ich den Staubsauger benutzt hatte. Hier kommt die Anleitung, wie Sie es gezielt angehen:

1. Geben Sie einige Tropfen Ihres ätherischen Lieblingsöls auf ein Papiertuch.
2. Reißen Sie den duftenden Teil ab.
3. Werfen Sie ihn auf den Boden.
4. Saugen Sie ihn mit dem Staubsauger auf und staubsaugen Sie im ganzen Haus.

Bastelfilz. Schneiden Sie das Motiv aus dem Filz aus. Fertigen Sie zwei Stücke an.

2. Heften Sie die zwei Filzstücke zusammen und nähen Sie sie von Hand mit farbigem Garn zusammen, lassen Sie eine Öffnung frei.
3. Beträufeln Sie ein Wattebällchen (oder Trocknerflusen) mit ätherischem Öl, ½ bis 1 Teelöffel, und stopfen Sie es in die Mitte des zukünftigen Lufterfrischers.
4. Nähen Sie das Loch zu.
5. Nähen Sie ein hübsches Stück Kordel zum Aufhängen dran.
6. Träufeln Sie zum Erneuern des Dufts mithilfe einer Pipette zwischen den Nähten mehr ätherisches Öl hinein oder geben Sie die Tropfen direkt auf den Filz.

Oberflächen-Reinigungsmittel

SELBSTGEMACHTE MÖBELPOLITUR

DAISY Abstauben ist immer noch die beste Methode, um die Oberflächen von Möbeln zu reinigen. Verwenden Sie diese Politur gelegentlich, um Oberflächen aus Holz, Kunststoff und Leder zu pflegen. Stauben Sie immer erst ab, bevor Sie die Politur anwenden. Dieses Zeug ist das einzig Wahre, sprich: Es ist fettig. Aber Ihre Holzmöbel werden es aufsaugen wie ein Schwamm. Ich verwende es auch für die Leder- und Plastikflächen im Minivan.

Zutaten

125 ml Olivenöl
2 EL Zitronensaft oder Essig
mehrere Tropfen ätherische(s) Öl(e) nach Wahl (optional)

In einem Glas oder einer Flasche mit einem gut schließenden Deckel aufbewahren.

Anwendung

Stauben Sie erst ab und schütteln Sie die Politur vor jeder Anwendung. Geben Sie ein wenig auf ein weiches Baumwolltuch und reiben Sie es in das Holz ein. (Deanna nimmt lieber eine Sprühflasche.) Entfernen Sie überschüssige Politur mit einem sauberen, trockenen Tuch (überschüssige Politur zieht Staub an).

Mit einem kleinen Dübel, mit einem Bleistiftspitzer angespitzt und mit einem Putzlappen umwickelt, können Sie den Dreck aus kunstvollen Schnitzereien entfernen.

SUPER GLAS- UND FENSTERREINIGER

DAISY Wir verwenden Essig und Wasser für das tägliche Putzen, aber hin und wieder wollen wir unsere Fenster wirklich sauber haben!

Zutaten

½ Liter Wasser (je wärmer, umso besser)

125 ml Essig

60 ml Isopropylalkohol

Geben Sie alle Zutaten in eine Sprühflasche und schütteln Sie diese. Benutzen Sie eine Zeitung oder ein fusselfreies Tuch. Verdünnen Sie den Essig auf jeden Fall wie angegeben, die Säure kann das Glas sonst verätzen, falls der Essig zu stark ist.

SCHIMMELREINIGER FÜRS BAD

DEANNA Online finden Sie Rezepte für Badfliesenreiniger, die jede Menge Essig enthalten. Essig löst Mineralien auf. Raten Sie, aus was Ihre Fugen bestehen. Mit der Zeit werden Sie neu verfugen müssen. Daher verwende ich nur verdünnten Essig oder gar keinen. Um Schimmel im Bad abzutöten und vorzubeugen, gibt es zwei Möglichkeiten:

Möglichkeit 1

2 TL Teebaumöl

½ Liter Wasser

In einer Sprühflasche vermischen.

Möglichkeit 2

Wasser und Wasserstoffperoxid zu gleichen Teilen in einer Sprühflasche vermischen.

Bewahren Sie die Sprühflasche in der Dusche auf, damit Sie sie nach dem Baden/ Duschen benutzen können.

Gehen Sie bei einem bestehenden Schimmelproblem bei beiden Möglichkeiten nach TACT vor:

- Nehmen Sie heißeres Wasser.
- Sprühen Sie es auf und lassen Sie es eine Weile einwirken.
- Schrubben Sie kräftig.
- Teebaumöl tötet Schimmel ab, aber Wasserstoffperoxid bleicht die hinterbliebenen Spuren. Ich wende gern eine Kombination aus beiden an.

BIENENWACHS-HOLZPOLITUR

DAISY **Zutaten**

60 g Bienenwachs

230 g Öl (Oliven-, Jojoba- oder Leinsaatöl in Lebensmittelqualität)

1 TL ätherisches Zitronenöl

1 TL Vitamin E

1. Geben Sie das Bienenwachs ins Öl und lassen Sie es im Wasserbad oder in der Mikrowelle schmelzen, rühren Sie dabei um, um beides zu verbinden.
2. Nehmen Sie die Mischung vom Herd und lassen Sie sie leicht abkühlen, bis sie an den äußeren Rändern dicker wird.
3. Rühren Sie das ätherische Zitronenöl und das Vitamin E unter. Rühren Sie weiter, bis die Mischung dick und cremig ist und Zimmertemperatur hat.
4. Bewahren Sie die Mischung in einem Glas mit Deckel auf. Hält sich ein oder zwei Jahre bei kühler Lagerung.

Anwendung

Geben Sie eine kleine Menge auf ein weiches, sauberes Tuch und reiben Sie es ins Holz ein. Nehmen Sie überschüssige Politur mit einem sauberen, trockenen Baumwolltuch ab.

Selbst gemachte Waschmittel

Um schaumarme Reinigungsmittel herzustellen, die sowohl für hochmoderne als auch für klassische Maschinen geeignet sind, brauchen Sie vier Zutaten: Borax, Waschsoda, Seife und Wasser. Ätherische Öle sind ein Bonus.

Waschsoda bekommen Sie in jedem gut sortierten Drogeriemarkt und in größeren Supermärkten. Verwechseln Sie Waschsoda nicht mit Backsoda/Natron. Backsoda würde funktionieren, ist aber nur halb so wirksam wie Waschsoda.

Borax ist für Privatanwender nicht mehr so einfach erhältlich, Sie können es aber in der Regel in Apotheken kaufen.

Zum Wäsche waschen können Sie so ziemlich jede Seife verwenden, allerdings sind einige Seifen *so gut* oder *so teuer*, dass es albern wäre, mit ihnen Wäsche zu waschen. Mit selbst gemachter Schweinefettseife (siehe Kapitel sieben für das Rezept) funktioniert es bestens. Wenn Sie Seife nicht selber machen wollen, können Sie als weitere ökonomische Möglichkeit die kleinen Reste alter Seifestücke verwenden. Wenn Sie Seife kaufen müssen, dann ist Kernseife am vielseitigsten und am billigsten.

WÄSCHESEIFENPULVER

DEANNA

Zutaten
250 g fein geriebene Seife (Kernseife, selbst gemacht oder eine Mischung)
165 g Borax
125 g Waschsoda

Alles vermischen und in einem verschließbaren Behälter Ihrer Wahl aufbewahren. Ich empfehle eine alte Kaffeedose.

Wenn Sie dieses Reinigungspulver verwenden wollen, mahlen Sie es in einer Kaffeemühle oder einer Küchenmaschine, damit die Seife wirklich fein wird, und/oder waschen Sie bei heißeren Temperaturen. Ich kann es nicht leiden, Flocken von nicht aufgelöster Seife in der Waschmaschine schwimmen zu sehen.

Anwendung
Nehmen Sie 1–2 EL pro Wäscheladung.

Über dieses und ähnliche Waschmittelpulver wird viel diskutiert. Einige sind der Meinung, dass die Wäsche mit den üblichen 1–2 EL blitzsauber wird.

Andere meinen, dass die Wäsche „schmuddelig" aussieht. Nach meiner Erfahrung wird das „Schmuddelige" von Seifenrückständen verursacht, besonders bei hartem Wasser (aggressive kommerzielle Waschmittel verhindern Rückstände auch bei sehr hartem Wasser), aber es kann auch an dem Verschmutzungsgrad der Wäsche liegen.

Das Schmuddel-Problem kann auf mehrere Arten gelöst werden. Erinnern Sie sich an TACT (Seite 176)? Wenn Sie mit diesem Waschmittel Probleme haben, versuchen Sie es mit einem oder mehreren der folgenden Vorgehensweisen:

* Waschen Sie bei höherer Temperatur.
* Nehmen Sie mehr Waschmittel (bis zu 120 ml).
* Stellen Sie die Maschine auf Vorwäsche.
* Geben Sie Essig zum Spülvorgang dazu (Essig und höhere Temperatur wirken vermutlich am besten, wenn Sie Seifenrückstände haben).

Abhängig von den Gründen, warum Sie Ihr eigenes Waschmittel machen wollen, mag Schmuddeligkeit Sie davon abhalten es zu benutzen oder auch nicht. Es wird Sie nicht stören, wenn Sie es zum Beispiel für die Umwelt tun, um unabhängiger zu sein, um weniger Chemikalien im Haushalt zu verwenden oder weil Sie nicht gerne einkaufen.

Wenn es Ihnen aber nur darum geht zu sparen, dann werden Sie vielleicht feststellen, dass die perfekte Menge Waschpulver mehr als die fünf Cent pro Waschladung kostet, die Sie für eine Riesen-Vorratspackung konventionelles Waschmittel im Großmarkt liegen lassen.

Und jetzt zu der flüssigen Variante. Ich verwende lieber die flüssige Variante dieses Rezepts, da ich unaufgelöste Teilchen nicht ausstehen kann. Wenn Sie ein bisschen von dem Seifenpulver in einen Eimer werfen und eine Weile umrühren, dann werden Sie merken, dass es sich nicht ganz auflöst. Das stört mich. Daher löse ich es vorher auf.

FLÜSSIGE WÄSCHESEIFE

DEANNA **reicht für 64 Waschladungen**
Zutaten

240 g fein gemahlene Seife
165 g Borax
120 g Waschsoda
7,5 Liter Wasser
Wasser (weniger als 7,5 Liter)
20-Liter-Eimer

1. Lösen Sie die Seife bei mittlerer Hitze in einem Topf mit knapp 4 Litern Wasser auf.
2. Nehmen Sie den Topf vom Herd und geben Sie umgehend Borax und Waschsoda zu. Rühren Sie um, damit die Zutaten in Pulverform sich auflösen.
3. Gießen Sie alles in den Eimer und fügen Sie noch einmal knapp 4 Liter* heißes Wasser dazu. Rühren Sie gründlich und häufig um. Ich rühre es im Lauf der nächsten 24 Stunden mehrmals mit meinem Pürierstab um.
   * Es ist nicht wichtig, wie viel Wasser Sie genau zugeben. Sie können die Waschseife dicker oder flüssiger machen. Wenn Sie die von mir angegebene Menge Pulver und Seife nehmen, dann reicht es für vierundsechzig Ladungen. Sie müssen es nur entsprechend pro Waschgang verteilen. Ich mag das Rezept mit den 7,5 Litern, da das Zufügen von 120 ml ein zufriedenstellendes Platschen in der Waschmaschine erzeugt und ich wirklich das Gefühl

habe, Waschmittel zuzugeben. Bei zwei Esslöffeln auf 150 Liter Wasser habe ich einfach nicht das Gefühl, etwas zu waschen.

4. Lassen Sie es über Nacht stehen.
5. Umrühren. Es wird ein seifiges Gel sein.
6. Verwenden Sie 120 ml pro Ladung.

Dieses Zeug eignet sich auch prima zum Vorbehandeln. Ich habe es auch schon verwendet, um das Badezimmer zu putzen und anstelle von Spülmaschinenreiniger.

WEICHSPÜLER

DEANNA **Zutaten**
125 ml Weißweinessig

Anstatt Weichspültücher in den Trockner zu geben, geben Sie Essig zum Spülgang der Waschmaschine. Geben Sie 125 ml Weißweinessig in die Kammer für den Weichspüler. Dadurch wird die Wäsche lockerer und Kalk- und Seifenablagerungen werden entfernt.

CHLORFREIES BLEICHMITTEL

DEANNA Ich verwende dieses speziell für Weißwäsche. Wir gehen mit weißer Wäsche sehr grob um, daher wende ich jeden Schritt von TACT (Seite 176) an: Vorwäsche (Tiefe der Einwirkung und Arbeit), Waschmittel (Chemie), heißes Wasser (Temperatur), Essig für den Spülgang (mehr Chemie), Peroxide als Bleichmittel (mehr Chemie). Die Kleidung ist am Ende weiß wie Schnee!

Zutaten
selbst gemachte flüssige Waschseife
   (siehe Rezept in der linken Spalte)
Wasserstoffperoxid

zum Bleichen
   geben Sie 125 bis 250 ml Wasserstoffperoxid als Bleichmittel dazu.

Im Internet können Sie Rezepte für Bleichmittel finden, die Natron (Backsoda) und Wasserstoffperoxid verwenden, aber diese sind aus zwei Gründen falsch:

Der Kult um die Wäscheleine

Als ich auf unserer Webseite einen Beitrag über die Vorteile des Wäschetrocknens auf einer Wäscheleine gepostet habe, war ich von den leidenschaftlichen Antworten unserer Leser überrascht. Sie schwärmten überschwänglich von der meditativen Wirkung des Aufhängens der Wäsche auf der Leine, von dem Geruch und dem Gefühl, auf Leintüchern zu schlafen, die von Sonne und Wind getrocknet wurden, und von den großartigen Erinnerungen an die Kindheit und die Familie, die es mit sich brachte.

Ich war gleichermaßen von den Mühen beeindruckt, die sie auf sich nahmen, um die Wäsche auf der Leine trocknen zu können, indem sie die Leine vor den Nachbarn in Garagen versteckten und auf abgeschiedenen Veranden, oder dass sie sich mit Verboten anlegten und verwegen in Gebieten Wäscheleinen spannten, in denen es untersagt ist.

Viele Bewohner amerikanischer Gemeinden, die Wäscheleinen verboten haben, haben sich erfolgreich dafür eingesetzt, dass sie wieder erlaubt werden. Auf der Webseite der Project Laundry List (www.laundrylist.org), einer Online-Organisation, die das Sonnentrocknen fördert, können Sie sich ausrechnen lassen, wie viel Sie sparen, wenn Sie den Trockner wegwerfen.

Hier sind einige Tipps von unseren Bloglesern für das Trocknen der Wäsche auf der Leine:

„Um ausgeleierte T-Shirts und Abdrücke von Wäscheklammern zu verhindern, hänge ich diese doppelt gefaltet etwas oberhalb des Brustbereichs auf die Leine. Die Wäscheklammerabdrücke verschwinden in den Achselhöhlen und man spart viel Zeit und Energie, da die Wäsche nicht gebügelt werden muss. Man faltet sie einfach sauber zusammen und legt sie unten in den T-Shirt-Stapel, und wenn man das Shirt anzieht, wurde es durch das Gewicht der darüberliegenden T-Shirts bereits glatt gedrückt." — Cipollina

„Meine Mom hat entdeckt, dass die meisten Kleidungsstücke besser trocknen, wenn sie umgekehrt aufgehängt werden. Es funktioniert bei Hosen, Blusen, T-Shirts und anderen Sachen. Man hat dadurch auch keine Klammerabdrücke an den Schultern. Lange Ärmel sind ein wenig kompliziert. Hängen Sie sie umgekehrt auf und befestigen Sie auch die Ärmel mit einer Wäscheklammer. Für Stricksachen hatte meine Mom einen speziellen Ständer mit einem leicht schräg angebrachten Netzgewebe." — Synj

„Ich hänge die Sachen draußen auf, sooft es geht. Die Sachen sind weicher, wenn der Wind weht, solange er sie nicht ins nächste Dorf weht. Ich schüttle die Sachen kräftig aus, bevor ich sie aufhänge, damit sie weicher werden. Der Geruch ist so großartig und hält so viel länger als bei gekauftem Weichspüler. Im Winter, wenn es zu kalt oder zu nass ist, um Wäsche draußen aufzuhängen, habe ich ein hölzernes Gestell am Holzofen und einige Haken in der Decke, an die ich Kleidung hängen kann. Die Duschstange eignet sich auch gut für manche Sachen." — Alice

„Um sich das Geld für den Wäscheklammerbeutel zu sparen, säubern Sie eine Plastikmilchflasche (alternativ eine Flüssigwaschmittelflasche) und schneiden Sie ein Stück heraus (von der oberen Hälfte gegenüber dem Griff). Schneiden Sie den Griff nah am Boden ab, wo er wieder mit dem Behälter zusammenkommt, gerade so viel, dass Sie die Flasche über die Leine hängen können. Schneiden Sie einige kleine Löcher in den Boden, damit das Regenwasser ablaufen kann, wenn Sie sie draußen hängen lassen möchten. Hängen Sie den Griff über die Leine. Es ist spottbillig und hält ewig." — Stephanie

1. Sie brauchen Waschsoda und Wasserstoffperoxid, nicht Backsoda/Natron.
1. Es gibt keinen Grund, eine Pulvervari-
   ante herzustellen; sobald die Mischung
   mit Wasser zusammenkommt, wird
   sie wieder in Wasserstoffperoxid und
   Waschsoda getrennt – eine Bleiche und
   einen Verstärker.

   Sie erreichen denselben Effekt mit selbst
gemachtem Waschmittel und Wasserstoffperoxid aus der Flasche. Wenn Sie dieselbe
Wirkung wie bei konventionellen Produkten
haben möchten, dann geben Sie etwas mehr
Waschsoda zur Waschladung dazu.

SPRÜHSTÄRKE

`DEANNA` Dieses Zeug kann ranzig
werden. (Jedes
Reinigungsmittel, das Wasser enthält,
benötigt ein Konservierungsmittel, um
Ranzigkeit zu verhindern. Fügen Sie Stärke
hinzu und Sie haben die perfekte
Nährlösung für Mikro-Ungeziefer.) Es ist
mir allerdings noch nie passiert. Ich
verbrauche es zu schnell. Wenn Sie das
Problem haben, dann geben Sie einige
Tropfen Teebaumöl dazu oder bewahren
Sie es im Kühlschrank auf, aber es ist
wirklich so einfach, dass Sie es jederzeit
anrühren können.

Zutaten

2 EL Maisstärke
Sprühflasche voll Wasser
   Vor der Anwendung schütteln. Wenn Sie
beim Bügeln Flocken haben, machen Sie sich
keine Sorgen, es bedeutet einfach, dass Sie
zu viel Stärke in der Flasche haben. Gießen
Sie die halbe Mischung ab und ersetzen Sie
sie durch reines Wasser.

Stoffwindel-Basics

`DAISY` Ich hatte eine höllische Angst
vor dem Wickeln mit Stoffwindeln, bevor ich es ausprobiert habe. Ich
habe ein Riesenproblem mit unbekannten
Dingen. Was, wenn ich alles Nötige kaufe
und es dann nicht hinbekomme? Stoffwindeln erfordern eine größere finanzielle
Investition als zwei Packungen Einwegwindeln. Was, wenn ich beschämt wieder zu
Einwegwindeln greifen müsste, weil sich
herausstellt, dass Stoffwindeln eine ohnehin schon anstrengende Zeit in unserem
Familienleben noch viel anstrengender
machen?

   Außerdem gab es so viele verschiedene
Windelsysteme, so viele widersprüchliche
Meinungen bezüglich der Waschmethoden
und des Zubehörs. Wie sollte ich entscheiden, ohne sie alle auszuprobieren, welches
für mich, meinen Mann und meine Kinder am besten funktionieren würde? Was,
wenn ich mich für das falsche entscheiden
würde? Ich müsste mit meiner falschen
Entscheidung leben. Letztendlich habe ich
mich getraut, und ich wünschte, ich hätte

nicht so lang damit gewartet. Es ist tatsächlich sehr einfach, sehr praktikabel und ich kann Ihnen gar nicht sagen, was für ein gutes Gefühl es ist, am Regal mit den Windeln im Supermarkt vorbeizuschweben, ohne ihm einen zweiten Blick zu gönnen. Ich kann richtig hören, wie meine Handtasche erleichtert aufatmet. Es herrscht Einigkeit, dass Stoffwindeln viel weniger kosten und aus ökologischer Perspektive eine riesige Verbesserung gegenüber Wegwerfwindeln darstellen. Im Lauf von ungefähr drei Jahren, die ein Kind gewickelt werden muss, können Sie Tausende Euro sparen. Nicht schlecht. Und Sie ersparen der Müllkippe ungefähr zwei Tonnen Abfall pro Kind. Und als Bonus müssen Sie nie kurz vor Ladenschluss noch zum Laden rennen, weil Sie keine Pampers mehr daheim haben. Die Online-Bezugsquellen für Stoffwindeln sind übersichtlich. Auf Naturwindeln.de finden Sie zum Beispiel einen Überblick über die verschieden Stoffwindelsysteme sowie einen umfassenden Überblick über Bezugsquellen.

Baby-Feuchttücher

MATERIALIEN

 Es gibt zwei Arten selbst hergestellter Feuchttücher für Babys: Einwegtücher und wiederverwendbare. Für die Einwegvariante können Sie Papiertücher verwenden. Halbieren Sie die Rolle der Breite nach und dann noch einmal der Länge nach. Verwenden Sie pro Charge Reinigungsmittel eine Viertelrolle Küchenpapier.

Für die wiederverwendbaren Feuchttücher können Sie Stücke aus T-Shirts schneiden. (Daisy verwendet *zauberhafte* handgenähte Flanelltücher, aber mir ist Schick einfach nicht so wichtig.) Ich muss hier gleich zugeben, dass meine Wahl zwischen Stoff- oder Einwegfeuchttüchern wenig mit meinen Gefühlen für unseren

Planeten oder meinen Geldbeutel zu tun hat. Es hängt mehr damit zusammen, wie es mir mit der „Sauerei" ergeht, die ich wegputze. Für mich funktionieren Tücher bei sehr kleinen Babys, die gestillt oder mit der Flasche gefüttert werden, prima. Nachdem die Babys sich fester Nahrung zuwenden und regelmäßige Mahlzeiten einnehmen, werden ihre Ausscheidungen unappetitlicher und ich werfe die Sauerei lieber weg, als den Versuch zu unternehmen, sie aus den Tüchern auszuwaschen. Schneiden Sie Ihre Tücher zurecht (aus Stoff oder Einweg) und stapeln Sie sie in einem Plastikbehälter. Machen Sie sich nicht zu viel Mühe, die Tücher in einheitlicher Größe zu haben. Es sind doch nur *Popoputzlappen*.

REINIGUNGSLÖSUNG

Jede Reinigungslösung besteht aus einer oder mehreren Grundzutaten. Sie können aber eine Unmenge weiterer Zutaten verwenden, je nach Ihren Vorlieben und Ressourcen:

1. Wasser (notwendig)
2. Reinigungsmittel oder Seife (fast notwendig): Babyseife, selbst gemachte Seife, keine Seife, Babyshampoo
3. Etwas Cremiges (Bonus): Calendulaöl, Lavendelöl, Aloe-Vera-Gel oder -Saft, Babycreme
4. Etwas leicht Antibakterielles/Antimykotisches (Bonus, besonders wenn Sie Ihre Tücher vorher anfeuchten und so aufbewahren): Ein wenig Essig, Teebaumöl oder andere ätherische Öle sind gute Konservierungsmittel, die auch Infektionen vorbeugen.

EINFACHE SEIFEN-BABY-FEUCHTTÜCHER

Zutaten

500 ml Wasser
½ EL Seife
2 EL Aloe-Saft (oder -Lotion)
5 Tropfen Teebaumöl

Selbstgemachte Flanelltücher

Flanelltücher sind ganz einfach zu machen. Wenn Sie eine Overlock-Nähmaschine haben, messen Sie 20 cm große Quadrate aus vorgewaschenem reinem Baumwollflanell ab und umsäumen Sie diese. Wenn Sie keine geeignete Nähmaschine haben, können Sie die Ecken mit einer Zickzackschere zurechtschneiden oder mit einem Zickzack-Stich umsäumen.

Tücher dieser Größe können Sie einfach in Boxen für Einwegfeuchttücher aufbewahren.

EINFACHE SEIFENFREIE BABY-FEUCHTTÜCHER

Ich nehme keine Seife für die Baby-Feuchttücher, da es in unserer Familie überempfindliche Haut gibt.

Zutaten

> 500 ml Wasser
> 2 EL ausgepresster Aloe-Saft (ich habe eine Pflanze daheim)
> 5 Tropfen Teebaumöl

FEUCHT ODER TROCKEN?
Die nächste Entscheidung steht an zwischen immer-feuchten Tüchern und vor Gebrauch angefeuchteten Tüchern. Für meine Stofftücher nehme ich in der Regel vor Gebrauch angefeuchtete Tücher, aber nachdem das Baby die Phase der vorhin erwähnten „fortgeschrittenen Sauerei" erreicht hat, verwende ich die immer-feuchten Tücher.

Wie bereits gesagt verwende ich Stofftücher nur bei kleinen Babys und diese benötigen nicht viele Tücher. Und Immerfeucht-Tücher werden eklig, bevor ich sie alle aufgebraucht habe. Zudem mag ich den Gedanken, für einen Babypo *frische* Tücher zu verwenden. Ich bewahre die Lösung in einer alten Senfflasche auf und befeuchte die Tücher bei Bedarf.

Ich habe einige, von mir als „Extras" bezeichnete Dinge zusammengestellt, die, auch ohne dass Sie sich für Stoffwindeln entscheiden, verwendet werden können.

Diese machen sich großartig in einem Geschenkkorb für ein Neugeborenes.

FEUCHTTÜCHER-REINIGUNGSKONZENTRAT

DAISY

Zutaten

> 125 ml Olivenöl
> 60 ml flüssige Olivenseife*
> 1 EL ätherisches Lavendelöl
> 1 TL ätherisches Teebaumöl
> 1 TL Calendulaextrakt

*Sie können flüssige Olivenseife aus einem geriebenen Stück Seife und Wasser herstellen. Reiben Sie einfach ca. 30 g Seife, geben Sie Wasser dazu, sodass die Seife bedeckt ist, und lassen Sie das Ganze stehen, damit die Seife sich über Nacht auflöst.

Zutaten in einer gut schließenden Flasche mischen. Gut schütteln.

Anwendung
Geben Sie 1 EL Konzentrat in eine Sprühflasche oder eine Trinkflasche mit einem Trinkverschluss. Geben Sie 500 ml Wasser dazu. Gut schütteln.

Tropfen oder sprühen Sie die Lösung bei jeder Anwendung auf ein Tuch. Sie können sie auch über gefaltete Stofftücher in einer alten, sauberen Feuchttücherbox gießen, um die Tücher zu tränken und sie wie Einwegtücher zu benutzen (nach Gebrauch einfach mit den Stoffwindeln in die Waschmaschine geben).

WINDELEIMER-LUFTERFRISCHER

Zutaten

560 g Natron

1 TL ätherisches Pfefferminzöl

destilliertes Wasser

Muffinförmchen

1. Rühren Sie das ätherische Öl in das Natron.
2. Träufeln Sie Wasser über das Natron und rühren Sie vorsichtig um, bis es eine sehr dicke Paste bildet.
3. Füllen Sie die Paste in die Muffinförmchen, 1 bis 2 Zentimeter dick. Lassen Sie sie trocknen. Bewahren Sie sie in einem luftdichten Behälter oder einer Tüte auf.

Anwendung

Legen Sie die Paste unten in den Windeleimer. Geben Sie sie zusammen mit den gebrauchten Windeln in die Waschmaschine.

CALENDULA-WINDELCREME

Zutaten

3 EL Sheabutter

1 EL Bienenwachs

6 EL Avocadoöl

1 TL Sojalecithin

1 Kapsel Vitamin E

2 EL Zinkoxid

1 TL Calendulaextrakt

1. Bringen Sie Sheabutter und Bienenwachs im Wasserbad bei niedriger Hitze zum Schmelzen. Nehmen Sie den Topf gleich vom Herd, sobald beides geschmolzen ist.
2. Rühren Sie Avocadoöl, Sojalecithin, Vitamin E, Zinkoxid und Calendulaextrakt unter.
3. Bewahren Sie die Creme in einem Behälter oder Glas mit Deckel auf, was immer Sie zur Hand haben.

9

DAS HAB' ICH SELBST GEMACHT! FANTASTISCHE GESCHENKE IN HÜLLE UND FÜLLE

Geschenkkörbe sind eine wunderbare Art, jemandem zu zeigen, dass Sie an ihn denken. Das Schöne an selbst zusammengestellten Geschenkkörben ist, dass Sie den Inhalt ohne Aufpreis an den Geschmack des Geschenkten anpassen können. Sie möchten Monogramme oder bestimmte Farben, Düfte oder Formen? Kein Problem – Sie bestimmen. In diesem Kapitel zeigen wir Ihnen, wie Sie tolle Geschenkkörbe zu einem bestimmten Thema kreieren: Fußpflege, Tierliebhaber, Gärtner, Wellness, Feinschmecker und das Windelpaket. Halten Sie die Sachen bereit, dann können Sie die Körbe jederzeit zusammenstellen, wenn Sie ein Geschenk benötigen. Das „Ich" in diesem Kapitel bezieht sich auf mich, Daisy.

Zutaten finden

Für mehrere der Hautpflegeprodukte in diesem Kapitel benötigen Sie Zutaten, die Sie nicht im Supermarkt um die Ecke bekommen.

Einige, wie Bienenwachs, finden Sie im Hobby- und Bastelfachgeschäft oder Sie können sie bei einem Imker kaufen oder von Ihrem eigenen Volk ernten, aber die meisten Zutaten werden Sie online bestellen müssen. Verkäufer von Materialien zur Seifenherstellung sind ein guter Anlaufpunkt. Dort werden Sie die ganzen Öle, einschließlich Avocado- und Rizinusöl (sogenannte Trägeröle), Butter, Kräuterextrakte und ätherische Öle sowie Natronlauge finden, um Ihre eigene Seife zu machen. Suchen Sie einfach online nach „Seife selber machen Zutaten kaufen". Grobkörniges Salz finden Sie in jedem Supermarkt, Natron gibt es meist in Drogerien und manchmal auch im Supermarkt (und in der Apotheke) und Epsom-Salz (Bittersalz) gibt es ebenfalls meist in Drogerien und in der Apotheke.

Mithilfe einer Küchenwaage oder einer speziellen Waage zum Seifemachen können Sie die Zutaten abwiegen. Unter *Nützliche Informationen zur Herstellung von Seife und Hautpflegeartikeln* finden Sie Anregungen, wo Sie die notwendigen Zutaten und Materialien finden können.

Behälter

Sie brauchen Behälter für die Badesalze und Peelings, die Sie machen. Da diese eventuell mit nassen Händen angefasst werden, bevorzuge ich wiederverwendbare Plastikbehälter anstelle von Gläsern, da Plastik nicht zerbrechen kann.

Es ist auch eine gute Idee, diese Badesalze und Peelings trocken aufzubewahren, also nicht in direkter Nähe zu Badewanne und Dusche. Durch Feuchtigkeit werden sie entweder flüssig oder verklumpen. Bewahren Sie sie dort auf, wo sie nicht mit Wasser in Berührung kommen, und greifen Sie nicht mit nassen Händen hinein.

Fußpflege

Ich weiß, dass ich meine Füße für selbstverständlich halte. In einer vollgepackten Woche steht Fußpflege so weit unten auf der Liste, dass sie in der Regel ganz ausfällt. Das Gute an diesem Geschenk ist, dass es den Empfänger nötigt, sich Pediküre auf die To-do-Liste zu schreiben und sich auch daran zu halten.

INHALT
- Lavendel-Fußbad
- Pfefferminz-Avocado-Fußpeeling
- Calendula-Sheabutter-Lotion-Riegel
- Gestrickter Peelinghandschuh (oder genähte Version)

LAVENDEL-FUSSBAD

Dieses Fußbad ist sehr entspannend und eine ideale Vorbereitung auf das Peeling und die Feuchtigkeitspflege.

Zutaten

250 g Epsom-Salz (Bittersalz)
280 g Natron
120 g grobkörniges Salz (z. B. Meersalz)
½ TL ätherisches Lavendelöl

Vermischen Sie alle Zutaten und verrühren Sie sie gründlich. In einem luftdichten Behälter aufbewahren.

Anwendung

Füllen Sie eine große Schüssel mit warmem Wasser, rühren Sie 120 g der Mischung dazu und tauchen Sie die Füße ein.

PFEFFERMINZ-AVOCADO-FUSSPEELING

Löst Hornhaut, spendet Feuchtigkeit und sorgt für Wohlgeruch.

Zutaten

360 g grobkörniges Salz (z. B. Meersalz)
125 ml Avocadoöl
6 Tropfen ätherisches Pfefferminzöl

1. Vermischen Sie Salz und Avocadoöl, bis die Mischung wie nasser Sand zusammenhält.
2. Mischen Sie das ätherische Pfefferminzöl unter.
3. Bewahren Sie es in einem luftdichten Behälter auf.

Anwendung

Reiben Sie es in die Füße, besonders an Fersen und Fußsohle. Mit warmem Wasser abspülen und gründlich trocknen.

CALENDULA-SHEABUTTER-LOTION-RIEGEL

Reichhaltige Pflege plus heilende Wirkung und Anti-Fußpilz-Wirkung.

Zutaten

60 g Sheabutter
60 g Avocadoöl
60 g Bienenwachs
1 große Kapsel Vitamin E
1 TL Calendulaextrakt

1. Bringen Sie Sheabutter und Bienenwachs im Wasserbad zum Schmelzen (spezieller Topf oder kleiner in großem, mit Wasser gefülltem Topf).
2. Rühren Sie Avocadoöl, Calendulaextrakt und Vitamin E (Kapsel öffnen und Inhalt ausdrücken) unter.
3. Gießen Sie alles in die Form(en) und lassen Sie es abkühlen. Sie können jede Form verwenden, selbst eine Muffin-

form. Sie können die Mischung auch in einen hübschen Tiegel oder eine Schüssel gießen. Lassen Sie die erstarrte Lotion in der Schüssel und kratzen Sie die jeweils benötigte Menge ab.

Anmerkung: Sheabutter kann mitunter körnig werden. Um dies zu vermeiden, erhitzen Sie die Mischung nur so weit, bis die Zutaten schmelzen. Wenn sich alle Zutaten verbunden haben, kühlen Sie die Mischung schnell ab, indem Sie sie in einem kühlen Raum in (einen) flache(n) Behälter gießen oder sie zum Abkühlen in den Kühlschrank (nicht den Gefrierschrank) stellen.

GESTRICKTER PEELINGHANDSCHUH

Dies sind Waschhandschuhe für die Fingerspitzen. Verglichen mit den großen Luxushandschuhen trocknen sie schneller und tropfen nicht so sehr beim Waschen im Waschbecken – kennen Sie das, wenn das Wasser bis zum Ellbogen läuft? Die strukturierten Maschen eignen sich gut zum Schrubben. Sie sind etwa 10 Zentimeter lang, oben 9 Zentimeter breit und weiten sich am gekräuselten Bund bis auf 10 Zentimeter. Sie lassen sich sehr schnell stricken.

Materialien

Kammgarn in zwei Farben
Rundstrick- oder gerade Nadeln in Größe 6

Muster

Anschlag 63 Maschen
Reihe 1: (RS) Mit Farbe A 3S, *3 abketten, 3S, wiederholen von * bis zu den letzten 6 M, 3 abketten, 1S, 2 zusammenstricken. Sie sollten jetzt 32 M auf der Nadel haben.
Reihe 2–3: S
Reihe 4: L
Reihe 5: S
Reihe 6: zu Farbe B wechseln, L
Reihe 7: S
Reihe 8: zurück zu Farbe A wechseln, L
Reihe 9: S
Reihe 10: zu Farbe B wechseln, L
Reihen 11–12: S
Reihe 13: *3S, 1KM, Wiederholung von * bis zum Ende
Reihe 14: *1KM, 3L, Wiederholung von * bis zum Ende
Reihe 15: wie Reihe 13
Reihe 16: S
Reihe 17: *1S, 1KM, 2S, Wiederholung von * bis zum Ende
Reihe 18: *2L, 1KM, 1L, Wiederholung von * bis zum Ende
Reihe 19: wie Reihe 17
Reihe 20: S, Reihen 13–20 wiederholen.

Umkrempeln und die Ränder des Handschuhs nach Ihrer bevorzugten Methode zusammennähen. Eine Methode ist, den Handschuh einfach oben und an den Seiten zusammenzunähen. Eine andere Methode ist das Abketten des oberen Rands mit drei Nadeln und das Zusammennähen der Seite mit einer Sticknadel.

Abkürzungen:

KM = Kettmasche, L = links stricken, M = Maschen, RS = rechte Seite, S = stricken

Tierliebhaber

Dieser Korb eignet sich gut als Willkommensgeschenk für den neuen oder erfahrenen Hundebesitzer. Hunde und Katzen lieben es, das frische Weizengras zu fressen, und es macht Spaß, es selbst anzubauen.

INHALT
- Pflegende Tierseife
- Tiergras-Anzuchtset
- Cheddar-Hafer-Hundekekse
- Fleecekordel-Hundespielzeug

PLFEGENDE TIERSEIFE

Diese Seife ist sehr mild. Neemöl ist bekannt für seine heilenden Eigenschaften bei gereizter Haut sowie als Insekten abwehrendes Mittel. Die ätherischen Öle sollen sowohl den Tiergeruch als auch Insekten vertreiben.

Zutaten

850 g Olivenöl
355 g Kokosöl
115 g Neemöl
100 g Rizinusöl
196 g Ätznatron
425 g Wasser
jeweils 15 g ätherisches Pfefferminz-,
    Eukalyptus-, Teebaum- und Rosmarinöl
Folgen Sie den Anweisungen zu den Grundlagen der Seifenherstellung, beginnend auf Seite 166.

TIERGRAS-ANZUCHTSET

Kopieren Sie diese Anweisung für den Empfänger oder erklären Sie es ihm. Es ist einfach, wirklich – nur die Erde anfeuchten und die Samen einsetzen.

Materialien

biologische Weizengrassamen (im Bioladen oder Reformhaus)
gemischte Erde in einer wieder verschließbaren Plastiktüte
Pflanzschale (recycelte Pflanzschalen sind perfekt)

1. Geben Sie zu der Erde in der Tüte nach und nach warmes Wasser dazu. Verschließen Sie die Tüte und kneten Sie den Inhalt, um das Wasser einzuarbeiten. Machen Sie weiter, bis die Erde gründlich durchfeuchtet, aber nicht getränkt ist.
2. Geben Sie die durchfeuchtete Erde in die Pflanzschale, sparen Sie sich ungefähr eine Tasse voll für die Samen auf. Drücken Sie die Erde vorsichtig in die Schale und glätten Sie die Oberfläche.
3. Verteilen Sie die Weizengrassamen gleichmäßig im Abstand von ca. 7 mm obenauf.
4. Verteilen Sie die restliche Erde auf den Samen und drücken Sie sie vorsichtig an, um die Samen zu bedecken.
5. Bedecken Sie die Schale locker mit Plastikfolie und stellen Sie sie an ein sonniges Fenster. Nach einigen Tagen werden die Samen keimen. Entfernen Sie die Plastikfolie. Halten Sie die Erde feucht. Wenn Ihr Weizengras 10 bis 13 Zentimeter hoch ist, schneiden Sie jeweils ein wenig ab und geben Sie es Ihrem Haustier ins Essen oder lassen Sie es das Gras gelegentlich abknabbern.

CHEDDAR-HAFER-HUNDEKEKSE

Bierhefe ist reich an B-Vitaminen, Omega-Fettsäuren und Antioxidantien und soll das Immunsystem stärken, für gesunde Haut und ein gesundes Fell sorgen und Flöhe abwehren.

Zutaten

180g Vollkornweizenmehl
70 g Hafermehl
10 g Bierhefe
30 g zerkleinerter Cheddarkäse
2 EL Olivenöl
125 ml Hühnerbrühe

Ofen auf 175 °C vorheizen.
1. Vermischen Sie die trockenen Zutaten.
2. Rühren Sie Cheddar, Öl und Brühe unter, bis es einen weichen Teig ergibt.
3. Rollen Sie den Teig auf einem leicht mit Mehl bestäubten Brett 1 cm dick aus und verarbeiten Sie ihn mit einer Ausstechform oder einem Messer zu knochenförmigen Hundekeksen.
4. Backen Sie die Kekse 10 bis 12 Minuten lang bei 175 °C oder bis sie unten hellbraun sind. Stellen Sie den Backofen ab und lassen Sie die Kekse im Ofen abkühlen.

In luftdichten Behältern aufbewahren. Halten sich mehrere Wochen.

FLEECEKORDEL-HUNDESPIELZEUG

Dieses Spielzeug ist farbenfroh und schnell gemacht.

Materialien

Fleecereste in drei Farben, zusammen ungefähr 35 cm pro Spielzeug.
Schere

1. Schneiden Sie für jede Kordel recht-
winklig zur Kante drei Streifen mit
10 x 90 cm zurecht.

2. Legen Sie drei Streifen, einen von jeder
Farbe, aufeinander und verknoten Sie
sie an einem Ende.

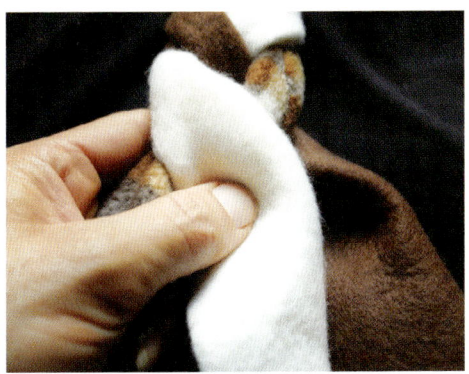

3. Fangen Sie am verknoteten Ende an und
flechten Sie aus den drei Streifen einen
sehr festen Zopf.

4. Hören Sie einige Zentimeter vorm Ende
mit dem Flechten auf, sodass Sie an
diesem Ende ebenfalls einen Knoten
machen können.

5. Kürzen Sie die Enden und schneiden
Sie Fransen in den nicht geflochtenen
Fleece.

    Machen Sie einen oder mehrere zu-
sätzliche Knoten in die Mitte des Zop-
fes, damit das Hundchen seine Zähne
hineinschlagen kann.

Der Gärtner

Gärtner gehen ganz in ihrem Garten auf. Das Beste an diesem Korb ist, dass Sie gleich einen für sich selbst machen können! Legen Sie für einen Gartenanfänger noch einige Saatguttüten und entsprechende Pflanzhölzer/Pflanzenschilder dazu.

INHALT
- Selbst gemachtes Insektenspray (Rezept auf Seite 164)
- Pflanzenschilder aus Zweigen
- Lotion-Riegel für Gärtner
- Mohn-Zitrone-Rubbelseife
- Selbst gemachtes Pflanzholz

PFLANZENSCHILDER AUS ZWEIGEN

Diese können ganz einfach aus angeschnitzten, mit einem Permanentstift beschrifteten Zweigen bestehen oder ein wenig kunstvoller verziert und für längere Haltbarkeit in Lack getaucht sein. Legen Sie auch unbeschriftete bei sowie einen wasserfesten Stift, damit die Gärtnerin oder der Gärtner die Zweige ihrem oder seinem Garten entsprechend beschriften kann.

LOTION-RIEGEL FÜR GÄRTNER

Rooibos und Calendula in dieser Seife beruhigen und heilen raue, rissige Hände.
Zutaten
  ½ TL Rooibosextrakt
  ½ TL Calendulaextrakt
  ½ TL ätherisches Rosmarinöl
  Folgen Sie dem Rezept für *Lotion-RIEGEL für Jedermann* auf Seite 160 und geben Sie Rooibos, Calendula und ätherisches Rosmarinöl zusammen mit dem Pflanzenöl zu.

MOHN-ZITRONE-RUBBELSEIFE

Die Mohnsamen wirken wie ein Peeling und entfernen Gartendreck, während die Zitrone erfrischt und belebt.
Zutaten (pro 450 g Seife)
  3 TL Mohnsamen
  60 g ätherisches Zitronenöl
  60 g Litsea cubeba ätherisches Öl
  Gehen Sie nach den Grundlagen der Seifenherstellung vor (Seite 166) und geben Sie die extra Zutaten am Ende von Schritt 8 zu.

SELBST GEMACHTES PFLANZHOLZ

Ein Pflanzholz ist ein traditionelles Gartengerät, das für Vertiefungen in der Erde beim Einsetzen von Samen benutzt wird.
Materialien
  30-cm-Dübel
  Schnitzmesser, Lineal
  Permanentstift, Farbe oder Filzstifte,
    Schnur

1. Schneiden Sie den Dübel auf die gewünschte Länge zu. Meine sind in der Regel 30 cm lang.
2. Schnitzen Sie ein Ende stumpf zu. Es wird nicht lange dauern.

3. Legen Sie den Dübel neben ein Lineal (spitzes Ende bei 0) und zeichnen Sie mit dem Permanentstift Markierungen bei 2,5 cm, 5 cm, 7,5 cm und 10 cm auf.
4. Bemalen oder verzieren Sie das Pflanzholz nach Wunsch. Befestigen Sie die Schnur am anderen Ende des Pflanzholzes. Wenn Sie wollen, können Sie ein Loch bohren und die Schnur durchfädeln.

Wellness

Jeder auf Ihrer Geschenkliste wird sich über das Verwöhnpotenzial eines Wellness-Korbs freuen. Wenn Sie nicht stricken, nehmen Sie stattdessen einen Luffaschwamm (vielleicht einen selbst angebauten!) oder einen hübschen Frotteewaschlappen.

INHALT
* Honig-Pflegeseife
* Hafer-Bademilch
* Körperbutter
* Zauberhafter handgestrickter Wasch-lappen

HONIG-PFLEGESEIFE

Mit extra Sheabutter zur Pflege, Olivenöl für Milde und einem Klacks Honig ist diese reiche, honigfarbene Seife echter Luxus. Der zarte blumige Duft von Litsea cubeba verbindet sich mit dem des ätherischen Zitronenöls und harmoniert mit dem Duft nach Honig und Bienenwachs.

Ergibt ungefähr 14 Stücke à 100 Gramm
Zutaten

680 g Olivenöl
230 g Kokosöl
60 g Sheabutter
60 g Bienenwachs
280 g Wasser
135 g Ätznatron
60 g Honig
30 g Litsea cubeba ätherisches Öl
30 g ätherisches Zitronenöl

1. Vermischen Sie Ätznatron und Wasser, lassen Sie die Mischung auf ungefähr 50 °C abkühlen.
2. Mischen Sie Olivenöl, Kokosöl und Bienenwachs in einem großen, nicht-reaktiven Topf und erwärmen Sie alles bei geringer Hitze, bis das Kokosöl und das Bienenwachs anfangen zu schmelzen. Geben Sie Sheabutter zu und lassen Sie sie schmelzen, rühren sie dabei um. Vom Herd nehmen.

3. Gießen Sie die Öl-Wachsmischung zur Natron-Wasser-Mischung und rühren Sie dabei mit einem Pürierstab kontinuierlich um, bis Spuren zu sehen sind. Die Mischung wird schnell andicken.
4. Rühren Sie Honig und ätherische Öle mit dem Pürierstab unter und gießen Sie die Mischung in Formen. Nehmen Sie die Seife am nächsten Tag aus den Formen. Schneiden Sie sie in Stücke und lassen Sie sie drei bis sechs Wochen liegen.

HAFER-BADEMILCH

Die Milch spendet Feuchtigkeit, während das Hafermehl die Haut beruhigt und pflegt.

Zutaten

600 g Milchpulver

120 g Hafermehl, in einem Mixer fein gemahlen

120 g grobkörniges Salz (z. B. Meersalz)

1 TL ätherisches Öl nach Wahl

Gut vermischen. In einem luftdichten Behälter aufbewahren.

Anwendung

1 Tasse (ca. 240 g) in das laufende Badewasser geben.

KÖRPERBUTTER

Die reichhaltige Sheabutter ergibt in der Kombination mit Avocado- und Kokosöl eine üppige Creme für trockene Haut. Verwenden Sie Ihr ätherisches Lieblingsöl als Duftspender.

Ergibt 240 Gramm

Zutaten

30 g Bienenwachs

60 g Sheabutter

30 g Kokosöl

120 g Avocadoöl

6–8 Tropfen ätherisches Öl nach Wahl (optional)

1. Bringen Sie Bienenwachs, Sheabutter und Kokosöl im Wasserbad zum Schmelzen.
2. Geben Sie Avocadoöl zu. Rühren Sie die Mischung mit einem Handrührgerät auf kleiner Stufe mehrere Minuten, bis sie abkühlt und die Konsistenz von Schlagsahne hat. Rühren Sie, wenn Sie möchten, das ätherische Öl unter. Löffeln Sie die Körperbutter in (das) vorbereitete Glasgefäß(e).

ZAUBERHAFTER HANDGESTRICKTER WASCHLAPPEN

Ein gutes Anfängerprojekt. Es sieht schwerer aus, als es ist. Ich mag das Sweaterartige, und die Xs und Os zaubern mir ein Lächeln aufs Gesicht.

Materialien

Kammgarn (z. B. Lily Sugar 'n Cream in ecru)

Rundstrick- oder gerade Nadeln in Größe 6

Zopfnadel

Muster

Wenn Sie anfangen, das Muster zu stricken, beginnen und beenden Sie jede Reihe mit 4 Maschen für eine kraus rechts gestrickte Borte, angegeben mit KM beim Muster.

4MH: Nehmen Sie zwei Maschen auf die Zopfnadel und halten Sie diese beim Stricken auf der Rückseite. Stricken Sie zwei Maschen. Stricken Sie die zwei Maschen von der Zopfnadel.

4MV: Nehmen Sie zwei Maschen auf die Zopfnadel und halten Sie diese beim Stricken auf der Vorderseite. Stricken Sie zwei Maschen. Stricken Sie die zwei Maschen von der Zopfnadel.

35 M aufnehmen.

Bund: (erste 6 Reihen und letzte 6 Reihen) 2S, 2L abwechselnd. Da die Anzahl der Maschen ungerade ist, wird 1 Masche am Ende einer Reihe übrig bleiben. Das ist okay. Achten Sie nur auf der Rückseite darauf, dass

Sie die richtigen Maschen rechts und links stricken. Am Bund werden keine Maschen kraus rechts gestrickt.

Reihe 1: KM, 11S, 1L, 3S, 1L, 11S, KM

Reihe 2: KM, 8L, 1S, 1L, (3S, 1L)x2, 1S, 8L, KM

Reihe 3: KM, 4MH, 4MV, (3S, 1L)x2, 3S, 4MH, 4MV, KM

Reihe 4: wie Reihe 2

Reihe 5: wie Reihe 1

Reihe 6: wie Reihe 2

Reihe 7: wie Reihe 3

Reihe 8: wie Reihe 2

Reihe 9: wie Reihe 1

Reihe 10: wie Reihe 2

Reihe 11: KM, 4MV, 4MH, (3S, 1L)x2, 3S, 4MV, 4MH, KM

Reihe 12: wie Reihe 2

Reihe 13: wie Reihe 1

Reihe 14: wie Reihe 2

Reihe 15: wie Reihe 11

Reihe 16: wie Reihe 2

Wiederholen Sie diese 16 Reihen 1 Mal.

2S, 2L, sechs weitere Reihen Rippen.

Abketten.

Abkürzungen:

KM = Knubbel machen, L = links stricken, M = Maschen, S = stricken, 4MH = 4M hinten kreuzen, 4MV = 4M vorne kreuzen

Windelpaket

Ermutigen Sie Freundinnen und Freunde, die es mit Stoffwindeln versuchen möchten, mit diesen erprobten und bewährten Helfern.

Die Creme eignet sich für Stoffwindeln. Das Reinigungskonzentrat ist effektiv und einfach in der Anwendung, der Lufterfrischer hält Windeleimergerüche in Schach. Die Rezepte und die Anleitungen für die Flanelltücher zu diesem Korb finden Sie am Ende von Kapitel 8 im Abschnitt zu den Stoffwindeln.

INHALT
- Calendula-Windelcreme
- Windeleimer-Lufterfrischer
- Feuchttücher-Reinigungskonzentrat
- Selbst gemachte Flanelltücher

10

KLEINSTADT IN DER GROSSEN STADT

Es stimmt zwar, dass gute Zäune gute Nachbarn machen, aber wer seinen eingezäunten Garten nie verlässt, macht aus guten Nachbarn völlig Fremde. Sie können auch mit nah und fern wohnenden Freundinnen und Freunden Babysitting-Coops und Mahlzeiten-Tauschringe gründen, aber Sie sparen viel Zeit und Benzingeld, wenn Sie es mit ähnlich gesinnten Menschen in Ihrer Nachbarschaft tun. Das „Ich" in diesem Kapitel bezieht sich auf Deanna.

Babysitting-Co-ops

DEANNA Viele Firmen geben ihren Mitarbeitern unbezahlte Urlaubstage für die unangenehmen Aufgaben, die nur während der Arbeitszeit erledigt werden können – (Zahn-)Arztbesuche, Freiwilligendienste an der Schule Ihrer Kinder. Aber was machen Sie, wenn es Ihr Job ist, auf kleine Kinder aufzupassen?

Wenn Sie es wagen, mehr als ein Kind zu haben – oder *vier*, wie Daisy, ich und alle unsere Freundinnen – dann sind Sie am Ende schon im Rentenalter, bevor Sie das nächste Mal Zeit für einen Gesundheits-Check finden!

Hier kommt die Lösung – eine Babysitter-Co-op. Eine Babysitter-Co-op ist eine Gruppe aus Familien, die vereinbaren, wechselseitig auf die Kinder der anderen aufzupassen, um nicht ans Haus gefesselt zu sein. Anstatt mit Geld bezahlen die Mitglieder mit Punkten oder Scheinen, die sie beim Babysitten der Kinder der anderen Mitglieder verdienen. Wir haben unsere Co-op gegründet, um jedem eine Chance zu geben, sich um Dinge zu kümmern, die man nicht mit kleinen Kindern im Schlepptau erledigen kann. Die ersten Monate habe ich das Babysitting beinahe nur für Arzttermine verwendet. Meine Zähne und die meiner Kinder werden alle sechs Monate professionell gereinigt und kontrolliert! Ich weiß, für andere Menschen ist das normal, aber für Mütter von drei und mehr Kindern ist es so selten wie eine monatliche Pediküre.

Glauben Sie mir, Lehrer schauen einen an, als ob man Hörner hätte, wenn man fragt, ob man sein Kleinkind mitbringen kann, wenn man in der Klasse des älteren Kindes vorliest. Ich nehme an, es wird erwartet, dass wir für solche Sachen einen Babysitter *engagieren*. Oder wir sind einfach die nutzlosen, faulen Mütter der Klasse, was meine Wahl vor der Co-op war. „Sorry. Bevor Sie keinen Babysitter organisieren, können Sie mich nicht haben."

Das kam nicht allzu gut an. Dass ich jetzt in der Co-op bin, hat mir dabei geholfen, an der Schule meiner Kinder nicht mehr auf der Faule-Mütter-Liste zu stehen. Einige Co-ops sind für Abendtermine. In unserer Gruppe hatten wir, glaube ich, nicht mehr als zehn Termine in vier Jahren, die nach 18 Uhr stattfanden. Wir sind einfach keine Menschen mit Abendterminen. Wir haben es sogar in unseren Regeln stehen, dass abendliches Babysitten mehr „kostet" als tagsüber. Aber wenn Sie gern abends ausgehen, dann wird eine Kooperative Ihnen viel Geld sparen. *Viel* Geld. Babysitter sind heute so teuer geworden!

VORTEILE UND NACHTEILE

Weitere Vorteile einer Babysitting-Kooperative:

- Sie können sich die Freunde Ihrer Kinder praktisch aussuchen.
- Sie haben mehrere Freundinnen, die Ihre Familie gut genug kennen, um Ihnen die Kinder abzunehmen und etwas zu Essen zu bringen, wenn Sie in einer Krise stecken.
- Sie können sich ein Kind leihen, wenn Ihres beschäftigt werden will. („Kann ich Johnny eine Stunde ausleihen, damit er Bobby unterhält, während ich putze?")
- Die Freiheit, eine Stunde ziellos mit einem Becher Kaffee in der Stadt herumzulaufen, wann immer Ihnen danach ist.

Nachteile einer Babysitting-Kooperative:

- Es werden vielleicht einige Leute dabei sein, die Sie nicht mögen.
- Sie müssen für andere babysitten und manchmal passt es Ihnen nicht.
- Sie müssen regelmäßig diejenige sein, die als Babysitter herhalten muss.
- Sie müssen die pingeligen Regeln anderer Mütter bezüglich ihrer Kinder aushalten.
- Sie müssen aushalten, dass andere Ihre pingeligen Regeln bezüglich Ihrer Kinder nicht mögen.

• Einige Kinder sind ungezogener als andere und machen mehr Arbeit.

Die Vorteile überwiegen die Ärgernisse aber in der Regel bei Weitem. Ich habe nicht einmal gedacht; *Ich möchte aus der Co-op austreten.* Ich habe hin und wieder gedacht: *Meine Güte, ich wünschte, sie würde aus der Co-op austreten,* aber diese kleinen zwischenmenschlichen Probleme sind in der Regel nicht so schwerwiegend, dass man auf kostenloses Babysitten verzichten möchte, oder?

MITGLIEDER SUCHEN

Kennen Sie sich selbst. Dies ist der wichtigste Schritt zu einer erfreulichen Co-op-Erfahrung. Wenn Sie Ihre Co-op starten, halten Sie sich klar vor Augen, was für ein Mensch Sie sind und mit was für Leuten Sie gut auskommen, oder, wichtiger, mit welchen Sie nicht auskommen! Co-ops haben einen eigenen Charakter und Sie wollen sichergehen, dass Sie keine gründen oder einer beitreten, die schizophren ist. Ansonsten wird Ihre Gruppe zu viel Zeit mit dem Schlichten von Streit verbringen.

Sie mögen bei dieser oder jener Sache pedantisch sein oder wollen nur Bio-Essen für Ihr Kind oder haben andere Eigenarten, die über Erfolg und Misserfolg Ihrer Co-op entscheiden. Für uns ist das wichtigste Kriterium aber, *wie Sie es mit Regeln halten.* Sind Sie eine Alles-ganz-korrekt-Mama oder eine Da-steh-ich-drüber-Mama?

Alles-ganz-korrekt-Mamas:
Diese Mütter haben ihre Regeln und alle befolgen sie ohne Diskussion.
• Sie bringen ihre Notrufliste zu jedem Babysitting mit.
• Sie bringen das Essen mit, das ihre Kinder essen sollen.
• Sie halten Gruppentreffen und Spielenachmittage ab.
• Sie legen fest, welche Fernsehsendungen okay sind und welche nicht.
• Ihre Versicherungen sind immer auf dem neuesten Stand.

• Sie geben immer vierundzwanzig Stunden vorher über geänderte Plane Bescheid.

Ich bewundere diese Mütter. Sie haben wunderbare Co-ops, die gedeihen und über Jahrzehnte bestehen bleiben. Und ich gehöre nicht zu ihnen. Ich könnte meine Notrufliste im Ernstfall nicht finden.

Da-steh-ich-drüber-Mama:
Wir möchten einfach nur fortkommen und unsere Besorgungen erledigen. Wir respektieren Co-op-Regeln und fragen daher immer um Erlaubnis, wenn wir sie brechen wollen. Wir sind völlig durcheinander und kommen gut damit klar.
• Wir haben keine Gruppentreffen.
• Wir haben kaum einmal Spielenachmittage und selbst dann kommt die Hälfte nicht.
• Wir haben die Kinder nicht unter strenger Beaufsichtigung. Ihre Kinder werden beim Spielen blaue Flecken davontragen.
• Wir lassen die Kinder im Haus und im Garten herumrennen und lauschen auf Schmerzensschreie. Alle anderen lautstarken Streitereien dürfen die Kinder unter sich austragen.
• Wir bringen in den seltensten Fällen unsere Notrufliste mit.
• Es ist uns egal, wenn wir gesundes Essen mitgeben und Sie sie mit Mikrowellenpopcorn und Froot Loops füttern. Wir möchten gerne wissen, dass die Möglichkeit besteht, sie vorbeizubringen, aber ein „Hey, ich bin müde. Macht es euch etwas aus, wenn die Kinder Junk essen und Cartoons schauen, während ihr weg seid?" ist für uns allemal entgegenkommend genug.

Wir haben allerdings einige „gute Mamas" in der Gruppe, die den Rest von uns wundersamerweise tolerieren. Sie treiben regelmäßig Sport, duschen regelmäßig und sehen immer so aus, als ob sie ihre Frisur gerade gerichtet haben. Wenn unsere

Kinder zu ihnen zum Spielen gehen, kommen sie nicht mit aufgeschürften Knien, Dreck unter den Fingernägeln oder von Erdnussflips verschmierten Mündern heim. Sie haben vielleicht etwas Schönes mit auswaschbaren Stiften bemalt, Bücher gelesen oder (wenn Mama wirklich müde war) zwanzig Minuten eine unglaublich bildende Sendung im Fernsehen gesehen. Unsere Kinder haben eine wunderbare, erlebnisreiche Zeit bei ihnen daheim. Im Herzen sind sie vermutlich Alles-ganz-korrekt-Mamas, aber sie scheinen nichts gegen uns andere zu haben. Egal welcher Typ Sie sind, solange Sie sich nicht ganz starr auf die eine oder andere Kategorie festlegen, wie unsere „guten Mamas", haben Sie mehrere Möglichkeiten. Ich habe keine anderen Möglichkeiten. Ich bin eine hartnäckige Da-steh-ich-drüber-Mama. Mir ist im Lauf der Jahre klar geworden, dass ich mit Regeln und Regelliebhabern nicht viel anfangen kann. Meiner Meinung nach sollen Regeln uns vor Menschen schützen, die uns sonst schaden würden, und sind ansonsten optional. Wenn ich bewiesen habe, dass ich freundlich, wohlgesinnt und verlässlich bin, dann möchte ich als Gegenleistung Flexibilität. Regeln empfinde ich daher als beleidigend. Überzeugte Alles-ganz-korrekt-Mamas würden mich umbringen. Und die wenigen, die kurz in unserer Gruppe waren, wurden mit mir nicht glücklich.

Wenn Sie eine neue Gruppe gründen, fragen Sie Ihre Freundinnen und die Freundinnen Ihrer Freundinnen, ob sie mitmachen wollen. So bekommen Sie am schnellsten eine homogene und zufriedene Gruppe. Und wenn Sie einer Gruppe beitreten möchten, lernen Sie erst den Charakter der Gruppe kennen!

REGELN AUFSTELLEN
Im Anhang haben wir ein Beispiel für alle nötigen Regeln und Satzungen einer Kooperative angeführt. Online können Sie noch viel mehr Beispiele finden. Nachfolgend haben wir die für unsere Gruppe wichtigen Punkte aufgeführt sowie die für uns funktionierenden Vereinbarungen.

Legen Sie eine Mindest- und Höchstzahl an Familien fest: Sechs sind fast zu wenig. Zwölf sind vermutlich zu viel.

Definieren Sie das Einzugsgebiet: Wie weit sind Sie bereit zu fahren? Unsere Grenzen sind im Grunde die Stadtgrenzen. Wir wissen aber von anderen Co-ops, dass sie nur einen engeren Radius in der Nachbarschaft einschließen. Man muss innerhalb dieser Grenzen leben, um beizutreten. Für unsere Co-op haben wir abgestimmt. Wenn eines unserer geschätzten Mitglieder umzog, außerhalb der Grenzen, haben wir eine Ausnahme gemacht. Aber ein neues Mitglied? Eher nicht. Im Anhang finden Sie ein Beispiel für Zweck und Verwaltungsvorschriften, die Regeln für folgende Punkte festlegen:

- Zweck
- Zahlungsvereinbarungen
- Eintrittsbedingungen für neue Mitglieder
- Bedingungen für Austritt aus der Kooperative
- Aufgaben der Präsidentin
- Wahlmodalitäten und administrative Änderungen

WENN DIE KOOPERATIVE ÄLTER WIRD
Wenn die Kooperative älter wird, oder vielmehr, wenn die Kinder in der Kooperative älter werden, ändern sich die Dinge. Wenn Sie sich das vorher vergegenwärtigen, können Sie abschätzen, wohin die Co-op sich entwickelt und was Sie eventuell ändern wollen, bevor die Mitglieder die Gruppe verlassen.

Mitglieder, deren Kinder alle in der Schule sind, brauchen nur noch abends Babysitter oder möchten die Gruppe ganz verlassen. Nach unserer Erfahrung bleiben die Beziehungen bestehen, und wenn es bei einem Mitglied zu einem Notfall kommt (ein Todesfall in der Familie), kann man auf diese Familien immer noch zählen. Aber für das tägliche Babysitting sind sie draußen.

Mitglieder, bei denen die meisten Kinder in der Schule sind und nur noch eines daheim ist, vergessen oft, die minimale Anzahl an Punkten in einem Monat aufzubrauchen. Sie müssen eventuell erinnert werden, damit es nicht zu einer Anhäufung von Punkten am Ende des Monats kommt. (Wir nehmen meist zwei oder drei Babysittingtermine in den letzten beiden Tagen eines Monats wahr.)

Verwandte altern und sterben. Wir hatten zwei maßgebliche Todesfälle von Großeltern in unserer Co-op. Der eine war plötzlich und völlig unerwartet. Der andere ging mit sechs Monaten Krankenhausaufenthalt vor dem Ableben einher. Wir stellten fest, dass wir Notfallpunkte einrichten mussten für Mitglieder, die viele Babysittingstunden benötigten und diese in naher Zukunft nicht ausgleichen konnten. „Mrs. Pot" bezahlt Mitglieder, wenn sie die Kinder anderer Mitglieder in Krisensituationen hüten. Die Präsidentin aktiviert sie, wenn sie es für angebracht hält. Unser Pott ist in der Regel mit 60 Punkten gefüllt. Aber weichherzig wie wir sind, babysitten wir einfach unentgeltlich für Mitglieder in einer Krise, wenn Mrs. Pot die Punkte ausgehen.

Die Familien der Mitglieder vergrößern sich. Das ist nicht dasselbe wie ein Tod-in-der-Familie-Notfall, aber wenn die Co-op bereits ausdiskutiert hat, wie sie mit neuen Babys umgehen soll, dann kennt jeder den Plan, bevor jemand zwei Wochen Babysitting absagt, weil „jemand diese Kinder für eine Stunde oder so nehmen muss, damit ich mich hinlegen kann!" In unserer Co-op haben Mütter mit Neugeborenen Zugang zu Mrs. Pot, aber wenn nicht noch der Babyblues einsetzt, beträgt die Menge an Notfallpunkten nur halb so viel.

Jede Co-op, die einige Jahre besteht, wird mit solchen Fragen konfrontiert. Je besser Ihre Vorbereitung ist, umso besser können Sie verletzte Gefühle und peinliche Situationen vermeiden.

FREIHEIT DURCH BABYSITTERSTUNDEN

Babysitting-Kooperativen ermöglichen es Ihnen, die perfekt gestylte Mutter zu spielen, die Sie schon vor langer Zeit aufgegeben haben. Auch Sie können eine ordentliche Frisur haben, dieses bezaubernde weiße Kleid und diese unpraktischen hochhackigen Sandalen anziehen und Ihre Babys bei einer barfüßigen Freundin in zerlöcherten schwarzen Yogahosen und mit Erdnussbutter im Haar lassen und, für einige Stunden, so tun, als ob Sie nicht an den restlichen Tagen der Woche ihr Zwilling sind. Machen Sie einen Ölwechsel. Gönnen Sie sich eine professionelle Zahnreinigung. *Warten* Sie in Wartezimmern, anstatt einen Mini-Kindergarten zu beaufsichtigen in einem Raum, der für das stille Lesen von Magazinen gedacht ist. (Meine Güte, haben Sie viele Ausgaben von Gala verpasst. Wie sollten Sie sonst erfahren, wer mit wem verheiratet ist?) Oder machen Sie einfach etwas, was Spaß macht. Gehen Sie zum Brunch. Lassen Sie sich die Haare färben. Gehen Sie zur Pediküre. (Aber vielleicht besser nicht zur Maniküre. Sie müssen schließlich zurück und die Kinder holen, und wie es der Himmel will, werden Ihre Nägel bereits ruiniert sein, bevor Sie sie wieder eingepackt haben). Eine Freundin von mir ist zu einer dreistündigen Matinee gegangen ... allein.

Wie auch immer, Babysitting-Kooperativen sind die Retter der Mütter von heute. Sie sparen Geld. Sie erhalten die geistige Gesundheit. Sie schmieden lebenslange Freundschaften.

Mahlzeiten-Tauschringe

Koch-Kooperativen sind eine natürliche Erweiterung von Nachbarschaft, Kirchen und Freundschaften. Jede hat ihren eigenen Charakter und das Potenzial, lebenslange Beziehungen zu knüpfen. Sie sparen Zeit, Geld, schonen Ihre Nerven und lernen Ihre Freundinnen besser kennen.

VORTEILE
- spart Zeit
- spart Geld
- vereinfacht Lebensmitteleinkäufe
- kein Stress mehr, was es zum Abendessen geben soll
- baut Gemeinschaft und ein Netzwerk von Freundinnen, die sich kennen und sich für einander interessieren
- bildet Freundschaften, die auch über die Kooperative hinaus bestehen
- ein Tag Kochen ergibt Mahlzeiten für eine Woche
- Sie können etwas Neues ausprobieren – neue Rezepte und Variationen bekannter Rezepte (Meine Kinder rühren meine Lasagne nicht an, aber sie *lieben* die von Jacky. Wer hätte das gedacht!)
- hausgemachte gute Mahlzeiten für ganz wenig Einsatz

ABER NIEMAND KANN FÜR MEINE FAMILIE KOCHEN
Wählerisches Essverhalten und unterschiedliche Bedürfnisse stellen für die meisten Leute die größten Hindernisse dar. Ich kenne Co-ops, die nicht einmal Zutaten auflisten und nehmen, was kommt. Wenn Ihre Familie zu diesen gehört, dann überspringen Sie den folgenden Abschnitt.

Wenn Ihre Familie wie meine ist, dann kann sie sich nicht mit allem arrangieren. Aber wenn Ihre Freundinnen bereit sind, flexibel zu sein, dann lassen sich auch die wählerischsten Geschmäcker befriedigen. Ich kann aus gesundheitlichen Gründen keine Milch, keine Stärke und keinen Zucker essen. Mein Sohn ist auf Soja, Mandeln und alles mit „Erbse" im Namen allergisch, aber dank verständnisvoller Freunde und guter Kommunikation kann selbst meine Familie in einer Co-op sein. Und wir haben unsere Freunde nicht wahnsinnig gemacht, sondern ihre genaue Kenntnis unserer Gesundheitsprobleme hat uns einander nähergebracht.

Die anderen Mitglieder unserer Gruppe haben ebenfalls ihre Präferenzen. Ein Mitglied hasst Brokkoli, hat einen Nur-Fleisch-und-Kartoffeln-Ehemann und ihre Kinder rümpfen die Nase bei allem, was zu viele Zutaten enthält. Ein anderes Mitglied mag alles sehr mager und bevorzugt Putenanstelle von Rinderhack. Die Familie des vierten Mitglieds isst alles, vermeidet aber Maissirup mit hohem Fruchtzuckergehalt. Das fünfte Mitglied hat keinerlei Vorlieben oder Allergien.

Genau wie beim Richten der Pausenbrote für meine Kinder (keine Trauben für das Kind, keine Rinde für dieses) ist es kein Problem, sich an die einzelnen Vorlieben zu erinnern. Ich gebe mehr Zwiebeln zur einen Mahlzeit, lasse bei einer anderen den Brokkoli weg und verwende bei der nächsten als Ersatz Putenhackfleisch. Wenn ich für zehn Familien kochen müsste, wäre es wohl ein Albtraum, aber für unsere kleine, wählerische Co-op ist es überhaupt kein Problem. Ich koche gern Gerichte für meine Freunde, die sie mögen. Es gibt zwei Arten des Tauschens – Austausch von warmen und von gefrorenen Mahlzeiten.

AUSTAUSCH VON WARMEN MAHLZEITEN
Bei diesen Gruppen kocht jedes Mitglied an einem bestimmten Tag in der Woche und liefert den anderen das Essen. Wenn das Mitglied das Essen abends liefert, ist es warm und servierbereit. Bei Lieferung

morgens beinhaltet es Anweisungen für die Zubereitung. Diese Option ermöglicht engen sozialen Kontakt, ist aber nicht so einfach wie einige der anderen Optionen. Man trifft fast täglich Freundinnen und lernt ihr Leben wirklich kennen, aber die Terminplanung kann kompliziert werden, wenn jemand zur Lieferzeit nicht daheim ist.

Machen, einfrieren, bringen. Bei diesen Gruppen bereitet jeder daheim mehrere Portionen eines Gerichts zu und friert sie ein. Die Gruppe trifft sich an einem zentralen Treffplatz und tauscht das Essen aus. Diese Option ist sehr bequem, bietet aber wenig sozialen Austausch. Um mehr sozialen Kontakt zu haben, können die Tauschtreffen zu Spielenachmittagen erweitert werden oder die Mitglieder können sich entscheiden, anderen die Mahlzeiten nach Hause zu bringen.

Zusammen kochen und einfrieren. In diesen Gruppen treffen die Mitglieder sich an einem zentralen Ort (die Küche der Kirche oder die große Küche eines Mitglieds) und kochen gemeinsam. Nach dem Kochen verpacken sie das Essen und nehmen es zum Einfrieren mit nach Hause. Die Mitglieder können ihre eigenen Zutaten mitbringen oder zusammen einkaufen und sich die Kosten teilen.

Diese Option eignet sich am besten für Leute, die sozialen Kontakt suchen und engere Freundschaften knüpfen wollen, sowie für Leute, die sich ihrer Kochkünste nicht sicher sind und von erfahrenen Mitgliedern lernen wollen.

AUSTAUSCH VON EINGEFRORENEN MAHLZEITEN

Die folgenden Tauschringe sind für eingefrorene Mahlzeiten. Es können entweder Machen-einfrieren-bringen-Gruppen sein *oder* Zusammen-kochen-und-einfrieren-Gruppen:

Einmal-im-Monat-Kochen: Das ganze Essen wird vor dem Einfrieren gekocht. Das Essen wird zur Abendessenszeit aufgetaut und aufgewärmt.

Vorbereiten und tauschen: Das ganze Essen wird in Gefriertüten gepackt, ungekocht, aber so vorbereitet, dass es zum Abendessen nur noch schnell in die Pfanne gegeben werden muss. Das klein geschnittene Huhn ist in einer Tüte, das Olivenöl und die Gewürze in einer anderen, Zwiebeln und Chili in einer weiteren und die trockenen Nudeln wiederum in einer extra Tüte. Alles kommt zusammen in eine große Tüte mit einem Etikett drauf. Diese Option funktioniert richtig gut für verschiedene Ernährungsansprüche und wählerische Esser, da noch nichts verkocht ist. (Es ist ziemlich schwer, die Soße zu entfernen, wenn alles schon verkocht ist.) Wer mit dieser Art des Vorbereitens nicht vertraut ist, dem kann ich wärmstens empfehlen, sich auf www.savingdinner.com Rezepte zum Vorkochen und Einfrieren zu kaufen.

ORGANISATION

Wenn Sie vier oder fünf ähnlich gesinnte Freundinnen oder Nachbarn gefunden haben (ähnliche Ernährungsweise, Budget, Vorlieben), die mitmachen wollen, wird es Zeit, grundsätzliche Regeln festzulegen.

- *Treffpunkt/Zeitplan: Wird es eine wöchentliche oder monatliche Gruppe sein? Wer organisiert die Tauschs oder wechseln sich die Mitglieder ab? Treffen Sie sich, um Rezepte auszuwählen, oder kommunizieren Sie in erster Linie per E-Mail? Holt sich jedes Mitglied das Essen ab, wird es bei einer Party getauscht, einem Spielenachmittag oder wird es an die Tür geliefert? Falls es bei einem Treffen getauscht wird, findet der Tausch immer am selben Platz statt oder wechselt ihr ab?*
- *Portionsgröße und Zutaten: Entscheiden Sie sich in der Gruppe für eine Standardbezugsgröße der Portionen. Vier bis sechs sind üblich. Sie wollen vielleicht klären, was das für Ihre Gruppe heißt,*

da die Ansichten über Portionsgrößen verschieden sind. Wenn Sie für fünf Personen kochen, wie viel Hackfleisch verwenden Sie dann? Wie viele Hähnchenbrüste, Lenden oder Fleischküchlein? Wie viel Liter Suppe/Chili?

- *Mahlzeiten: Definieren Sie, was eine „Mahlzeit" bedeutet.* Einige Gruppen kochen und frieren zum Beispiel ganze Abendessen mit Vor- und Nachtisch ein, andere nur ein Hauptgericht.

- *Kosten: Einigen Sie sich mit den anderen auf das Budget.* Wollen Sie die Rechnung durch die Anzahl der Mitglieder teilen oder einen Fixbetrag vereinbaren? Wenn unsere Gruppe sich auf 7 Euro pro Mahlzeit einigt, dann sollte ich für alle fünf höchstens 35 Euro zahlen. Man darf mehr ausgeben, aber 35 Euro ist der Fixpreis. Und wenn Sie etwas verwenden, das Sie bereits im Haus haben (wie Gemüse aus Ihrem Garten), rechnen Sie es mit ein, als ob Sie es kaufen würden.

- *Abwechslung: Wie stellen Sie sicher, dass Sie nicht jeden Abend Lasagne essen müssen?* In einigen Gruppen teilt eine Person jedem Mitglied für eine neue Runde eine Essenskategorie zu (Suppe/ Chili/Eintopf, Brotzeit, Italienisch, Mexikanisch, Europäisch, Asiatisch/ Indisch). Andere wechseln sich bei den Fleischkategorien ab, um die Kosten gleichmäßig zu verteilen (Rind, Huhn, Fisch, Pute etc.).

- *Rezepte: Wollen Sie Rezepte besprechen, per E-Mail verschicken oder es einfach drauf ankommen lassen?* Einige Gruppen lassen die Mitglieder das Rezept per E-Mail schicken und eine „Hauptkoordinatorin" stellt sicher, dass es keine Wiederholungen gibt. Einige Gruppen schicken drei Rezepte und lassen die Mitglieder abstimmen, welches sie bevorzugen. Andere bringen ihre zwei oder drei Lieblingsgerichte zum

Tausch und lassen andere beim Abholen der Tüten auswählen, wodurch gleichzeitig das Menü für den nächsten Monat bestimmt wird (was nicht gewählt wurde, kommt beim nächsten Mal dran). Einige Gruppen haben eine Standardliste mit Rezepten, denen alle Mitglieder zugestimmt haben. Andere verwenden ein bestimmtes Kochbuch und Mitglieder können jedes Rezept daraus verwenden.

- *Wählerisch sein und Allergien: Sind Fleisch-und-Kartoffeln-Typen dabei? Was verstehen die Mitglieder unter gesundem Essen? Ist Hühnercremesuppe erlaubt? Sind Ihre Kinder wählerisch? Allergisch? Wie viel Rücksicht nimmt die Gruppe darauf?* Ich kenne zum Beispiel eine Mutter, die kein Rindfleisch isst, aber es hat keine Auswirkung auf die Co-op, da sie diese Mahlzeiten für ihre Familie für einen Abend reserviert, an dem sie nicht zu Hause ist. Eine andere Mutter hat wählerische Kinder, aber sie sind es gewöhnt, ihre eigenen Erdnuss-Marmeladen-Brote zu machen, wenn ihnen das Essen nicht schmeckt. Meine kleine Gruppe nimmt auf alle Rücksicht, aber wir sind nur vier Familien, daher ist es kein Problem, den Brokkoli bei einem Essen wegzulassen und bei einem anderen mehr Zwiebeln zu verwenden.

- *Behälter: Wollen Sie Einwegbehälter oder wiederverwendbare verwenden?* Wenn Sie sich für wiederverwendbare entscheiden, nehmen Sie eigene (und tauschen sie beim nächsten Mal wieder) oder kaufen Sie ein Set für die Gruppe? Das ist besonders für die Einfrier-Gruppen wichtig, da ungeeignete Größen wertvollen Platz im Gefrierschrank verbrauchen können.

- *Aufräumen: Das betrifft besonders die Gruppen, die zusammen kochen.* Wenn zusammen gekocht wird, wird zusammen aufgeräumt. Keine Gastgeberin muss alleine aufräumen!

TIPPS UND WARNUNGEN

- *Klein anfangen.* Das erste Mal für zehn Familien zu kochen ist anstrengend! Sie möchten die Co-op vielleicht kleiner halten. Meine Gruppe wollte.
- Suchen sie sich Leute aus, die nicht zu weit voneinander entfernt wohnen.
- Legen Sie das Austauschdatum gemeinsam zwei oder vier Wochen vorher fest, damit die Mitglieder ihre Zutaten möglichst günstig einkaufen können.
- Wegwerfbehälter eignen sich vermutlich am besten, vor allem bei Machen-einfrieren-bringen-Gruppen, da die Mitglieder jeden Monat wechseln können und Sie Ihre Auflaufform vielleicht nie wiedersehen.
- Vereinbaren Sie auf jeden Fall ein Budget. Unser Tauschring hat vor allem deshalb aufgehört, weil es zu teuer wurde. Einige Mitglieder fühlten sich verpflichtet, ihre besten Rezepte zu kochen (die auch ihre teuersten waren).
- Die Mahlzeiten sollten sich in zwei bis drei Stunden kochen und verpacken lassen.
- Bringen Sie zum Austausch der eingefrorenen Gerichte am besten eine Kühlbox für den Heimtransport mit.
- Versehen Sie alle Packungen mit Etiketten!
- Überlegen Sie sich gemeinsam, ob Sie Standardgerichte haben wollen. Tauschen Sie sich untereinander aus, ob ein Gericht zu scharf ist oder abgewandelt besser schmeckt.
- Die Gerichte sollten auf dem Herd, im Backofen oder in der Mikrowelle aufzuwärmen oder zu kochen sein. Nicht jeder hat einen Grill.
- Legen Sie gemeinsam ein festes Datum und einen festen Ort für den monatlichen Tausch fest.
- Bringen Sie fertige Gerichte bereits eingefroren mit.
- Kochanweisungen sollten beiliegen oder von der Organisatorin gedruckt werden.
- Mitglieder sollten aussetzen können, wenn sie einmal nicht interessiert sind.

Lebenslang Gerichte zu tauschen ist vielleicht nicht Ihr Ding – so geht es den meisten. Aber jeder sollte es ein paar Monate ausprobieren. Sie verbringen auf jeden Fall viel weniger Zeit mit Kochen! Aber noch wichtiger ist, dass Essen ein wichtiges Bindungsglied ist. Wenn Menschen eine Mahlzeit teilen, auch wenn sie nicht am selben Tisch sitzen, gehen sie eine Verbindung ein, die ich nicht erklären kann.

Die Beziehungen, die ich beim Austauschen von Mahlzeiten aufgebaut habe, gehören zu den engsten und harmonischsten in meinem Leben. Und es bleibt nie nur bei den Müttern. Ehemänner und Kinder, die die anderen Mitglieder in den ersten Wochen nach den Gerichten, die sie gekocht haben, nennen – „Stammt dies von der Ananas-Huhn-Lady oder der Couscous-Lady?" – lernen langsam die richtigen Namen kennen und können sich bald angeregt mit jemandem austauschen, den sie ansonsten nie kennengelernt hätten. Mahlzeiten-Tauschringe kreieren Beziehungen zwischen Familien, nicht nur Ehefrauen. Und die Mahlzeiten sind ebenfalls sehr lecker.

Tauschringe und andere Systeme

In den vorhergehenden beiden Abschnitten haben wir Ihnen umfassend aufgezeigt, wie Sie Mahlzeiten und Babysittingstunden tauschen können. Diese Tauschsysteme schaffen Gemeinschaft und Freundschaften. Aber was ist, wenn Sie liebend gern abends kochen und keinen Babysitter brauchen? Das muss nicht heißen, dass Sie keiner Gruppe beitreten und Ihre Freunde oder Nachbarn nicht besser kennenlernen können, denn *alles lässt sich handeln*.

Mein Gesellschaftskundelehrer in der zehnten Klasse ließ uns vorne in unsere Bücher den Spruch schreiben „Handel treibt die Welt an". Aber ist es nicht die Liebe, die die Welt antreibt? Ja, aber ich glaube, dass wir (Vor-)Städter daran gewöhnt sind, alles zu haben, warum sollten wir also nicht durch Handeln echte Freundschaften aufbauen?

Dafür sind Tauschringe und ähnliche Systeme da. Ja, Sie bekommen etwas dafür, aber noch wichtiger ist, dass Sie Gemeinschaft schaffen! Daher wollen wir noch andere Wege vorstellen, Unabhängigkeit aufzubauen, die nicht auf Abendessen und Babysitting beruhen.

TAUSCHRINGE

Diese Art Kooperative funktioniert genau wie die Babysitting-Co-op, nur dass die Punkte flexibel nach Anzahl der Kinder oder nach Stunde gestaltet werden können, statt standardisiert zu sein.

In unserem Tauschring verwenden wir oft gar keine Punkte, wenn einfach nur eins zu eins getauscht wird. Meine Freundin Lisa macht zum Beispiel wundervolles Brot und ich habe Hühner. Ich gebe ihr Eier für ihr selbst gemachtes Brot. Wie viele Eier ich ihr gebe, hängt davon ab, wie viel die Hühner zu der Zeit legen, aber wir einigen uns untereinander.

Punkte werden dann notwendig, wenn ein Tausch eins zu eins nicht möglich ist. Nehmen wir an, Lisa möchte Eier, aber ich möchte kein Brot. Vielleicht möchte ich, dass Margaret mir eine Hose kürzt. Und Margaret möchte Brot von Lisa. In diesem Fall läuft es eher so wie bei der Babysitting-Co-op.

- Lisa und ich einigen uns auf eine bestimmte Anzahl Punkte für Eier.
- Margaret und ich einigen uns auf eine Anzahl Punkte für die Näharbeiten.
- Lisa und Margaret einigen sich auf eine Anzahl Punkte für das Brot.
- Wenn der Tausch stattfindet, rufen wir die Schriftführerin dieses Monats an und geben die Punkte durch.

Manchmal braucht ein Mitglied etwas, das jeder tun könnte. In diesem Fall informiert die Schriftführerin des Monats die Gruppe per Rundmail und schaut, wer den Job übernehmen möchte. Vielleicht braucht die Mutter eines Mitglieds jemanden, der sie vom Arzt nach Hause fährt. Eine andere möchte vielleicht Unterstützung beim Streichen der Zimmerwände.

Der stressigste Part einer Tauschgruppe ist, sich an die Flexibilität der Punkte zu gewöhnen. Es funktioniert nicht wie Geld in der wirklichen Welt. Ich habe zum Beispiel siebenundzwanzig Dollar die Stunde als Tutorin für Oberstufenschüler verdient. Margaret könnte vermutlich keine siebenundzwanzig Dollar die Stunde für das Kürzen von Hosen verlangen. Aber sehr wahrscheinlich würden wir beides eins zu eins handeln. Ich würde ihrer Tochter Nachhilfe geben, während sie meine Hose kürzt. Während sie abmisst und näht, erkläre ich ihrer Tochter Trigonometrie.

Bei einer anderen Gelegenheit, wenn ich einige Kleider für meine Tochter ändern lassen muss und Margaret wenig Zeit hat, geht ihr Preis vielleicht hoch.

Oder vielleicht habe ich eine Wahnsinnsernte biologischer Zucchini dieses Jahr. Letztes Jahr hätte ich vielleicht mehr Punkte verlangt, weil ich weniger Zucchini hatte und das Teilen den Anteil meiner Familie an den Zucchini reduziert hätte. Aber wenn Sie bereit sind, es mit der anfänglichen Umstellung aufzunehmen, dann kann Handeln mit Ihren Freunden wirklich Spaß machen. Bei diesem System kommt ein Handel praktisch immer zustande, weil die Preise nicht fix sind. Sie werden gemeinsam beinahe immer einen Weg finden! Aber wenn Handeln nichts für Sie ist, seien Sie unbesorgt. Wir haben noch mehr Tauschideen!

AUFSCHIEBERITIS-TAUSCH

Wir alle haben die großen Aufgaben im Hinterkopf, zu denen wir meist nie kommen. Die Garage aufräumen. Den Dachboden ausräumen. Die ganzen Fotos ins Album einsortieren. All die Bücherregale aufbauen, die Sie vor sechs Monaten bestellt haben.

Das Problem ist, dass die meisten von uns diese Aufgaben ohne verpflichtende Deadline nie angehen. Hier kommt der Aufschieberitis-Tausch ins Spiel.

So funktioniert es grundsätzlich:

1. Kontaktieren Sie einige Freundinnen/ Freunde und fragen Sie sie, ob sie große unerledigte Aufgaben auf ihrer mentalen To-do-Liste haben: Dachboden/Garage aufräumen, Fotoalben, Frühjahrsputz, Flohmarkt organisieren, Mahlzeiten kochen und einfrieren oder was auch immer.
2. Laden Sie interessierte Freunde/ Freundinnen zu einer Party zu sich nach Hause ein.
3. Erzählen Sie allen, was die Aufgabe ist, damit sie eventuell spezielles Werkzeug, das sie daheim haben, mitbringen können.
4. Sie stellen die nötigen Mittel und Erfrischungen. Ihre Freunde/Freundinnen liefern die Muskelarbeit.
5. Entscheiden Sie gemeinsam während der Party, wer im nächsten Monat die

Gastgeberin ist und was Sie zusammen angehen werden.

AUFSCHIEBERITIS-TAUSCH BEISPIEL 1: FOTOALBUM/SCRAPBOOK

Als ich mit meinem dritten Kind schwanger war, veranstaltete Daisy eine Scrapbook-Babyparty für mich. Aber mit einer besonderen Abwandlung. Statt neue Seiten im Fotoalbum für das erwartete Baby vorzubereiten, sollte ich alle Fotos der letzten paar Jahre mitbringen, die nicht in Alben einsortiert waren, und meine Freundinnen würden das Album gestalten. Den Gästen wurde vorgeschlagen, fünf Dollar zu spenden, statt Geschenke für das Baby mitzubringen. Viele brachten natürlich dennoch Geschenke mit, aber meine Ausgaben waren gedeckt und ich konnte zufrieden heimgehen, weil ich einen dicken Punkt auf meiner mentalen To-do-Liste abhaken konnte!

Das war vor fünf Jahren. Viele meiner momentanen Freundinnen wohnten damals noch nicht einmal hier. Als ich ihnen eines Tages bei einem Spielenachmittag davon erzählte, entschieden wir gemeinsam, dass wir aus der Idee eine Tauschgruppe machen sollten. Einmal im Monat, oder alle paar Monate, wollten wir uns bei einer anderen zu Hause treffen und einige Seiten im Fotoalbum fertigstellen. Die Gastgeberin würde die Fotos (sortiert, hoffentlich) und die Materialien bereitstellen und die Gäste würden den Arbeitseinsatz liefern. Ob jeder etwas zu essen mitbringt oder die Gastgeberin Snacks bereitstellt, wäre Verhandlungssache.

AUFSCHIEBERITIS-TAUSCH BEISPIEL 2: HAUSHALTSPFLICHTEN

Als die Mutter einer guten Freundin von mir verstarb, kamen mehrere Freundinnen zu ihr, um ihr Haus zu putzen. Sie wischten nicht nur Staub und staubsaugten. Sie polierten das Treppengeländer, die Fußleisten, alles, was ihnen unter die Finger kam. Meine Freundin konnte sich nicht erinnern, wann sie viele der Oberflächen und Ecken, die ihre Freundinnen angingen, das letzte Mal gesäubert hatte.

Daraus entstand die Idee für den Reinigungs-Tauschring. Es kann eine Art monatlicher „Frühjahrsputz"-Tausch sein, bei dem jeden Monat ein anderes Mitglied drankommt. Oder es kann eine Art regelmäßige Reinigungtruppe sein. Eine Frühjahrsputzparty würde wie die bereits angeführten Tauschpartys ablaufen, aber für wöchentliches Reinigen wären ein paar Änderungen nötig.

1. Versammeln Sie vier ähnlich gesinnte Freunde/Freundinnen.
2. Einigen Sie sich untereinander auf einen bestimmten Wochentag als Putztag.
3. Treffen Sie sich jede Woche bei einem anderen Mitglied* und schrubben Sie das Haus sauber!

*Für regelmäßigere Putzaktionen können Sie bei jedem Treffen auch zwei Häuser putzen, damit jede zweimal im Monat Badewanne und Co. geschrubbt bekommt!

TAUSCHPARTYS

Ich weiß nicht, wie es Ihnen geht, aber Garagenverkäufe machen eine Menge Arbeit! Zudem macht es mich wahnsinnig, die ganzen nutzlosen Utensilien in meiner Garage zu lagern, bis es draußen warm genug wird für den Flohmarkt. Das Schlimmste ist, dass an dem Tag des Garagenverkaufs niemand zur Unterhaltung da ist, außer Ihre Freunde/Freundinnen leben in Ihrer Nachbarschaft und beteiligen sich am Verkauf.

Warum sollten Sie nicht Zeit und Geld sparen, Ihre Nerven schonen und dabei Ihre Freunde/Freundinnen besser kennenlernen, indem Sie ein Tauschtreffen veranstalten?

Wie Sie eine Tauschparty organisieren können:

1. Fragen Sie als Erstes Ihre Freunde/Freundinnen, ob es Dinge gibt, die sie gern tauschen würden, wie zum Beispiel Kinderkleidung, Dekoartikel, Bücher, Babyausstattung etc.
2. Wenn Ihre Freunde/Freundinnen interessiert sind, fragen Sie sie, was und wie viel sie ungefähr bringen. Für eine anständige Tauschparty sollte jede mindestens fünf Sachen mitbringen. Im Idealfall haben Sie für eine Tauschparty mindestens drei Gäste und eher nicht mehr als zehn.
3. Essen und Getränke gehören unbedingt dazu, damit die Tauschparty Spaß macht, planen Sie also entweder ein, Fingerfood zu servieren, oder bitten Sie die Gäste, etwas zum Brunchen mitzubringen. Besorgen Sie ausreichend Tische, um die Waren auszulegen, und teilen Sie Ihren Gästen zwei Zeiten mit: die Anfangszeit der Party (essen und reden) und die Tauschzeit (zur Sache kommen).
4. Bei manchen Tauschpartys gibt es kein Limit, wie viel jeder mit nach Hause nehmen kann, aber manche finden das unfair. Wenn Jenny eine Riesentüte Kleider mitbringt und Amy nur ein paar Sachen, dann ist es vielleicht klug, Jenny erst durch die Sachen stöbern zu lassen, bevor Amy den ganzen Tisch abräumt. Eine wirklich lustige Lösung für dieses Problem (von www.ehow.com) ist es, eigenes Tauschgeld zu drucken oder Spielgeld zu verwenden. Legen Sie bei der Ankunft der Gäste die mitgebrachten Sachen ordentlich auf einem Tisch aus und zahlen Sie ihnen das Tauschgeld aus. Alle Sachen sollten gleich viel kosten, einen Tauschtaler.
5. Wenn alle da sind, gegessen haben und die Tauschtaler ausgeteilt sind, kann das Shoppen losgehen. Stellen Sie ausreichend Tüten bereit und ver-

sehen Sie sie mit Namen, damit die Party weitergehen kann, wenn das Shoppen abgeschlossen ist.

6. Wenn noch Sachen übrig sind, nachdem alle ihre Tauschtaler ausgegeben haben (oder auch, wenn sie weniger ausgegeben haben, wenn sie zum Beispiel 15 Sachen gebracht haben und nur 10 mit nach Hause nehmen wollen), dann lassen Sie die Gäste nehmen, was sie wollen und lassen Sie den Rest wohltätigen Einrichtungen oder einem ähnlichen Zweck zukommen!

Tauschpartys sind eine angenehme Art, Sachen loszuwerden, die Sie nicht brauchen, etwas dafür zu bekommen, das Sie wollen, und Ihre Freunde bei leckerem Essen besser kennenzulernen.

Tauschringe, Aufschieberitis-Tausch, Tauschpartys – alles prima Wege, an die Sachen zu kommen, die Sie brauchen, und die Sachen loszuwerden, die Sie nicht haben wollen. Und das alles umsonst!

Es ist auch eine prima Methode, sich ein Lächeln aufs Gesicht zu zaubern, auch nach der Party. Wenn jemand von Ihrem Brot schwärmt oder von den köstlichen Eiern, die Sie geschickt haben – das macht innerlich ganz glücklich. Ich habe eine Nachbarin, die alle Kleider aus meinem vorigen Leben bekommen hat. (Dem Leben, in dem ich nicht mit Hufabdrücken und Babyspucke übersät war.) Jedes Mal, wenn ich sie in einem der Kleider sehe, muss ich lächeln. Ich kann das nicht erklären. Es ist, als ob man eine Freundin trifft, die man jahrelang nicht gesehen hat.

Aber das Wichtigste ist, dass Tauschringe und Tauschpartys Unabhängigkeit schaffen, ein kleines, altmodisches Städtchen in der hektischen Stadt. Die Gäste sind nicht nur zur Gesellschaft da, sie unterstützen sich gegenseitig bei praktischen Dingen: Die eine hilft Ihnen jetzt mit Ihrer Garage und im Frühling putzen Sie mit ihr ihre Rollläden.

Suchen Sie sich ein paar Freunde/ Freundinnen und probieren Sie es aus. Suchen Sie sich ein System aus, das Sie anspricht, und legen Sie los und tauschen Sie!

11

ES IST SCHWIERIG, SICH MIT DEM MUND VOLLER KEKSE ZU BESCHWEREN

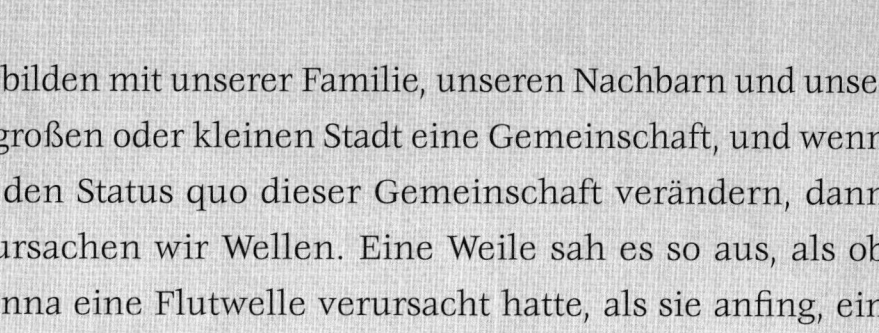

Wir bilden mit unserer Familie, unseren Nachbarn und unserer großen oder kleinen Stadt eine Gemeinschaft, und wenn wir den Status quo dieser Gemeinschaft verändern, dann verursachen wir Wellen. Eine Weile sah es so aus, als ob Deanna eine Flutwelle verursacht hatte, als sie anfing, ein Paar Zwergziegen in ihrem Garten zu halten.

Es ist nicht immer leicht, Dinge anders anzugehen. Wenn Sie in Ihrer Kleinstadt die erste Person sind, die Zwergziegen oder Bienen oder Hühner hält oder im Vorgarten Gemüse pflanzt, dann können die Reaktionen von neugierigen Blicken über spitze Kommentare bis hin zu Anzeigen oder sogar Sachbeschädigung reichen.

Manche Menschen glauben, solange man sich an das Gesetz hält, kann man sich benehmen, wie es einem gefällt. Das stimmt theoretisch. In der wirklichen Welt, in der wir täglich mit anderen Menschen zu tun haben, akzeptieren wir, dass man auf eine richtige und eine falsche Weise recht haben kann. Anders gesagt, Sie mögen sich vielleicht an alle Gesetze und Vorschriften halten, aber wenn Sie sich mit Ihrem Wunsch nach Veränderung gegen alle Mitglieder Ihres eigenen Haushalts stellen müssen, dann ist niemand zufrieden. Wenn Sie das Gefühl haben, Ihren Nachbarn ausweichen zu müssen, dann ist es kein angenehmes Leben. Und vor Gericht ziehen zu müssen, egal wie sehr Sie im Recht sind, ist überhaupt kein Spaß.

In diesem Kapitel geht es darum, wie Sie mit Konflikten in Ihrer eigenen Familie und der Welt außerhalb Ihres Heims umgehen können. Wir glauben fest, dass sich Harmonie am besten mit Freundlichkeit, Verständnis und Bildung erreichen lässt. Eine Art Guerillakriegsführung, aber mit Keksen.

Liebe deine Familie

WERFEN SIE DIE WII NICHT IN DEN MÜLL, ODER WIE SIE DAS MIT DEM EINFACHEN LEBEN ANFANGEN KÖNNEN

Sie möchten einfacher leben. Sie glauben, dass es herrlich ist, einen Gemüsegarten, vielleicht ein paar Hennen oder eine Regentonne zu haben. Aber vielleicht springt nicht jedes Mitglied Ihres Haushalts auf diesen Zug auf. Wenn Sie etwas Neues ausprobieren wollen, rollen die anderen mit den Augen und stellen sich quer. Wie können Sie sie überzeugen? Es mag zwar irgendwie auch Spaß machen, auf einer Kiste zu stehen und über die Vorzüge des umweltfreundlichen Lebens zu predigen, aber ich würde Ihnen nicht empfehlen, die SMS zu lesen, die Ihr Teenager seinen Freunden während Ihrer Predigt schickt. Und wahrscheinlich würden Sie nicht das Vorbild abgeben, an dem Ihre Kinder sich orientieren sollen, wenn Sie der Devise „Es ist einfacher, um Verzeihung zu bitten als um Erlaubnis" folgen, obwohl der Blick Ihres Partners, wenn der Postbote ihm eine Überraschungskiste voller Honigbienen in die Hand drückt, unbezahlbar wäre. Wie können Sie es also dann angehen?

Da Sie dieses Buch lesen, haben Sie vermutlich schon einige Zeit darüber nachgedacht, einfacher zu leben, hier und da etwas ausprobiert und sich mehr und mehr mit den verschiedenen Aktivitäten beschäftigt, die mit dem *Simple Living* zusammenhängen.

Vermutlich sind Sie nicht heute Morgen aufgewacht und haben entschieden, in Zukunft nicht mehr jeden Abend Fast Food zu holen, sondern all Ihre Lebensmittel selbst anzubauen, oder Ihre Unterhosen nicht mehr in die Wäscherei zu bringen, sondern sie auf die Wäscheleine zu hängen.

Sie wissen, wie und wann Sie angefangen haben, mit diesem Lebensstil zu liebäugeln. Vielleicht haben Sie in einem

Kübel auf der Veranda Kräuter angebaut und es anschließend genossen, die Nase über die völlig überteuerten Minitöpfchen mit frischen Kräutern in der Gemüseecke zu rümpfen. Vielleicht haben Sie von kommerziellen Hautcremes einen fürchterlichen Ausschlag bekommen und angefangen, nach selbst gemachten Alternativen zu suchen. Und sie haben funktioniert! Das Rezept lautet: Versuchen Sie es mit kleinen Dingen. Es funktioniert. Es gefällt. Erfolg!

Genauso läuft es bei anderen ab, einschließlich Ihrer Familienangehörigen. Wenn Sie der Hauptmotivator für Veränderungen bei sich zu Hause sind (soll heißen: der Störenfried) und nach einem Weg suchen, den Rest Ihrer Familie mitzuziehen, dann macht es Sinn, sie auf die gleiche Weise auf den Weg zu bringen, wie Sie selbst angefangen haben. Lassen Sie sie kleine Schritte machen. Sehen Sie zu, wie der Erfolg sich einstellt. Beobachten Sie, wie Ihre Familie anfängt, es zu lieben.

Fangen Sie mit einem kleinen Projekt an wie dem Kräutergarten im Kübel. Machen Sie eine fantastische Pizza Margherita mit frischem Basilikum. Überlassen Sie das Predigen den Geschmacksnerven Ihrer Familie. Sehen Sie sich mit der Person, die Sie überzeugen wollen, einen gelungenen hübschen Privatgarten an und diskutieren Sie, wie sich ein solcher Garten bei Ihnen zu Hause machen würde. Beziehen Sie die Person in die Planung mit ein und träumen Sie gemeinsam vom Ergebnis. Lassen Sie sie an Ihren Gedanken teilhaben, damit sie Ihre Motivation kennt und sie teilen kann.

Fangen Sie zudem nicht damit an (bzw. beenden Sie es nicht damit), dass Sie jedem sein Lieblingsessen verbieten. Sie mögen es ja ernst damit meinen, Ihre Familie vom Fast Food wegzubringen, aber gehen Sie dabei nicht radikal vor. Wenn die Pizza freitagabends eine geheiligte Tradition ist, dann lassen Sie es dabei. Und sie durch Vollkorn-Tofu-Pizza zu ersetzen, ist nicht dasselbe.

Fangen Sie klein an, beziehen Sie alle mit ein und denken Sie daran: Kompromiss ist kein verbotenes Wort.

LIEBE DEINEN PARTNER

Wenn andere Erwachsene in Ihrem Haushalt leben, dann haben diese das Potenzial, Ihre stärksten Verbündeten zu werden. Die Kehrseite der Medaille ist, dass sie Ihnen die Sache auch schwer machen können.

Ob es Ihr Ehepartner, ein Elternteil, ein WG-Mitbewohner oder Ihre schrille Tante Mame ist, Sie teilen sich mit dieser Person oder diesen Personen Entscheidungsrechte und Verantwortlichkeiten und, sehr wahrscheinlich, auch finanzielle Verantwortung. Sie können nicht im Alleingang Entscheidungen treffen und erwarten, dass alles friedlich bleibt.

Wenn Sie kein Tyrann sind, und davon gehe ich aus, dann haben Sie lieber Spaß, als einen Streit anzufangen. Aber es gibt einen Grund, dass Siege ohne Blutverluste so selten sind. Es gehört Finesse dazu. Sie überlegen, ob Sie einen Gemüsegarten anlegen und dafür einen Teil des Rasens opfern wollen. Sie sind überzeugt, dass es die Sache wert ist. Ihre bessere Hälfte befürchtet ein unansehnliches, viel Zeit verschlingendes, desaströses Stück Garten. Sie sagen, dass es großartig aussehen und massig köstliches, biologisches Gemüse hervorbringen wird. Er oder sie antwortet, dass Sie dasselbe über die hängende Tomatenpflanze gesagt haben, die Sie letzten Sommer auf der Veranda angebaut haben, und dass diese am Ende wie das Folteropfer eines Hobbygärtners aussah. Es fängt an, sich wie der Streit anzuhören, den Sie mit Ihrem Sechsjährigen hatten, als er einen Welpen haben wollte.

Für diese Situation lassen sich mehrere Empfehlungen geben.
1. Bestätigen Sie der anderen Person, dass Sie ihren Standpunkt verstehen:

„Ich kann verstehen, dass du nach dem Tomatendesaster nicht recht an meine Fähigkeit, mich um einen ganzen Gemüsegarten zu kümmern, glauben kannst."

2. Teilen Sie Ihre Motivation mit: *„Ich möchte sehr gern etwas Nützliches anbauen und ich habe viel darüber gelesen, wie ich es angehen kann."*

3. Schlagen Sie einen Kompromiss vor: *„Kannst du mir helfen, eine Lösung zu finden, mit der wir beide zufrieden wären?"*

4. Sprechen Sie Ihre Wertschätzung aus: *„Ich weiß deine Ideen bezüglich _____ wirklich zu schätzen. Es ist einfach toll, wenn wir so gut zusammenarbeiten."*

Wenn Ihr Partner Ihnen antwortet, hören Sie aufmerksam zu. Dann, um sicherzugehen, dass Sie auch wirklich verstehen, was er oder sie sagen will, wiederholen Sie es noch einmal mit Ihren eigenen Worten und fragen Sie, ob Sie es richtig verstanden haben. Wenn es nicht der Fall ist, lassen Sie es sich noch einmal erklären, bis Sie das Gefühl haben, dass Sie sich über dasselbe unterhalten.

Ich weiß, dass die obigen Sätze gestelzt klingen und so, als stammten sie aus einem Spielfilm von 1955. Würden Sie genau diese Sätze verwenden, würde Ihr Partner anfangen, nach dem Akku zu suchen, mit dem Ihr Roboterklon betrieben wird.

Nehmen Sie die Kernaussage und kleiden Sie diese in Ihre eigenen Worte, Ihre Weise, wie Sie mit Ihren Liebsten interagieren.

Im Idealfall stehen die anderen Erwachsenen bei Ihnen zu Hause bereits enthusiastisch hinter all Ihren geplanten Änderungen und freuen sich genauso wie Sie auf die erste selbst angebaute Tomate oder den Karton mit den Küken. Aber falls sie es nicht sind, versuchen Sie sie zu verstehen. Änderungen sind schwer. Das Unbekannte kann uns Angst machen. Es kann aber auch viel Spaß machen, sorgen Sie also dafür, dass die freudige Erregung ansteckend wirkt, indem Sie es Schritt für Schritt angehen.

LIEBE DEINE NACHKOMMEN

Erwachsene sind eine Sache. Kinder sind eine andere. Je nach Alter und Charakter Ihrer Kinder kann es sein, dass sie die Veränderungen um sie herum absolut lieben oder sehr bestimmte Ansichten haben, was ihnen gefällt und was sie ablehnen.

Kleine Kinder werden es meist lieben, aber wenn sie älter werden, bestimmt die Meinung ihrer Freunde mit darüber, ob sie etwas unerträglich finden oder es für sie okay ist.

Mein Teenagersohn hat einmal gesagt, dass er Hühner okay findet, aber dass er mir *nicht* erlauben würde Ziegen zu halten. Er kannte einmal jemanden mit einer Ziege und hatte entschieden, dass Ziegen nicht hip seien. Irgendwo in seinem Kopf gab es eine Trennlinie zwischen Hennen und Zicken. Und meine schmachtenden Seufzer aufgrund des Zwergesels im Zoo brachten mir einen warnenden Blick ein.

Das heißt nicht, dass er zu entscheiden hatte, ob ich mir Ziegen (oder einen Esel!) anschaffe, aber es war interessant, seinen Gedankengang zu verfolgen. Als die Küken ankamen, fand er sie cool genug, um sie seinen Freunden zu zeigen, wobei eine von ihnen anmerkte, dass in China, ihrem Ursprungsland, überall Hühner sind. Fall abgeschlossen.

Einigen Kindern ist die Meinung ihrer Freunde wichtiger als anderen, aber es gibt Maßnahmen, die Sie ergreifen können, um die mögliche Auswirkung davon, „anders" zu sein, abzumildern.

Machen Sie es ordentlich. Je weniger es in Ihrem Garten aussieht wie Kraut und Rüben, umso besser. Sie müssen keine Unsummen investieren oder das Taj Mahal der Hühnerhäuser kaufen, aber ein ordentlich aussehendes Gehege wird viel dazu beitragen, dass Ihre Teenager und Twens ihre Freunde weiterhin zu sich nach Hause einladen. Wenn Sie einen großen Teil Ihres Gartens in Gemüsebeete verwandeln, dann legen Sie die Beete so an, dass Sie diese einfach von Unkraut frei halten und gießen können und halten Sie sie ordentlich.

Klären Sie sie auf. Erklären Sie genau, warum Sie sich entschieden haben, etwas zu tun. Wenn Ihre Kinder wissen, dass Sie Ihren geringen Anteil leisten, um unmenschliche Bedingungen bei der Hühnerhaltung zu bekämpfen, werden sie das, was Sie tun, eher als einen kleinen Beitrag für eine größere Sache sehen. Erzählen Sie ihnen von klein auf von „Slow Food" und „lokalem Essen" und sie werden mit dem Wissen aufwachsen, dass wir darauf achten müssen, wo unser Essen herkommt.

Machen Sie es zu ihrem Eigentum. Geben Sie ihnen die Verantwortung über Teile Ihres einfachen Lebens. Zeigen Sie ihnen, wie sie sich um die Tiere kümmern können, geben Sie ihnen ein eigenes Stück Garten, helfen Sie ihnen, einen Wurmkomposthaufen anzulegen. Mein Sohn hat eines Tages in der Baumschule nach einem Brombeerbusch gefragt, daher ließ ich ihn den Busch mit heim nehmen und einpflanzen. Er hat das Teil einen langen, heißen, trockenen Sommer hindurch gegossen, daher können wir seit Jahren die Früchte dieses Buschs genießen.

Sie halten Sie vielleicht für ein wenig abgedreht. Aber daran sind Sie als Elternteil gewöhnt.

Liebe deinen Nachbarn

PROBLEMVERMEIDUNG

Sie müssen sich nicht auf dem Weg zum urbanen Selbstversorger befinden, um Probleme mit den Nachbarn zu haben. Kriege wurden wegen der kleinsten Nebensächlichkeiten geführt und es ist kein Wunder, dass Sie sich eventuell Sorgen über möglichen Ärger machen, wenn Sie darüber nachdenken, ein wenig abseits der ausgetretenen Pfade zu wandeln. Für jemand wie mich, der Konflikte hasst und bei dem Gedanken daran, das Thema bei einem Nachbarschafts-Läster-Fest zu sein, erbleicht, ist es der erste Schritt, mich vorzubereiten. Es ist möglich, sich unüblich zu verhalten, ohne irgendwelche Regeln zu brechen. In diesem Abschnitt erfahren Sie, wie das geht.

Recherchieren: Informieren Sie sich umfassend und gründlich, bevor Sie irgendetwas unternehmen. Lesen Sie Bücher, informieren Sie sich online und reden Sie mit Leuten, die das, was Sie gerne tun würden, unter ähnlichen Umständen getan haben. Ein klassischer Bauer kann Sie viel über Hühnerhaltung lehren, und ich empfehle, dass Sie mit einem sprechen, aber sie oder er kann Ihnen nicht viel darüber erzählen wie es ist, Hühner in einer reinen Wohngegend zu halten. Wenn Sie in Ihrer Stadt niemanden finden, suchen Sie eine Webseite oder ein Online-Forum oder ein Blog, wo Sie sich mit Leuten austauschen können, die am selben Punkt standen und es in einer ebensolchen Gegend wie der Ihren realisiert haben.

Informieren Sie sich über die gesetzlichen Vorschriften, um herauszufinden, ob das, was Sie vorhaben, erlaubt ist. Rufen Sie

Gute Zäune machen gute Nachbarn.
—SPRICHWORT

bei der entsprechenden Behörde an, wenn das Gesetz nicht eindeutig ist. Zuständige Ämter sind zum Beispiel das Landratsamt, das Ordnungsamt, das Bauamt oder das Veterinäramt.

Kosten auflisten: Ich hasse diesen Teil. Er beinhaltet eine auf später verschobene Belohnung und das Kontrollieren spontaner Aktionen. Furchtbar, oder nicht? Aber im Nachhinein werden Sie froh sein, es getan zu haben.

Ihre Recherche sollte Informationen beinhalten, was genau Sie benötigen, um es richtig anzugehen. Im Fall des Hühnerbeispiels bedeutet es, dass von Behördenseite und dem Nachbarschaftsrecht nichts dagegen spricht, Sie entschieden haben, wie viele Hennen Sie halten möchten, welche Art Gehege/Hühnerstall Sie brauchen und wo Sie Ihre Hühner herbekommen. Rechnen Sie aus, was es alles kosten wird, einschließlich der Hühner (plus eventueller Frachtkosten), wenn nötig. Listen Sie auch die monatlichen Futterkosten, die regelmäßige frische Streu und die Ausstattung wie Futter- und Trinkautomat mit auf.

Sie möchten für Ihre Vögel eine Unterkunft haben, die bequem, sicher und gesundheitsfördernd ist – einen Ort, der einfach sauber zu halten ist und auf den Sie stolz sein können.

Dasselbe gilt für das Gärtnern. Rechnen Sie sich genau aus, was es kostet, bevor Sie einen großen Teil Ihres Gartens umgraben. Wenn Sie Hochbeete möchten, kalkulieren Sie die Kosten für die Materialien, die Erde (übrigens auch nicht ganz billig), Dünger etc. sowie die Geräte mit ein. Wenn Sie schon wissen, dass Sie ein Bewässerungssystem und eine feste Abdeckung für Ihre Beete möchten, um klarzukommen, dann packen Sie den Taschenrechner aus.

Wenn es anfängt, wie etwas auszusehen, worauf Sie warten und noch etwas sparen sollten, um es richtig angehen zu können, dann warten Sie noch.

Experimentieren: Probieren Sie es erst einmal aus. Wenn Sie noch nie zuvor gegärtnert haben, dann werden Sie bereits mit einem kleinen Versuchsgarten in einem Jahr sehr viel lernen. Und glauben Sie es oder nicht, in manchen Gegenden können Sie sich sogar Hühner leihen, plus das Gehege, um zu sehen, ob es das Richtige für Sie ist. Wenn Sie die Hühner behalten möchten, können Sie vom Mieter zum Eigentümer werden. Sie können es eventuell auch informeller machen, wenn Sie jemanden kennen, der Ihnen seine Hühner oder Ziegen für eine Versuchsphase zum „Babysitten" überlässt.

Sie können ausprobieren, ob der Lärmpegel für Ihre Nachbarschaft okay ist, ob Sie die Erfahrung genießen, und Sie bekommen ein Gefühl dafür, für welche Probleme Sie eine Lösung finden müssen, bevor Sie daraus einen Dauerzustand machen.

Kommunizieren: Um eine gute Beziehung zu Ihren Nachbarn zu haben, müssen Sie erst einmal überhaupt eine Beziehung haben. Beteiligen Sie sich an sozialen Events in der Nachbarschaft. Organisieren Sie eine Nachbarschaftsparty. Wenn Sie neu her gezogen sind, ergreifen Sie die Initiative und stellen Sie sich Ihren Nachbarn vor. Eigentlich sollte es zwar von den Nachbarn ausgehen, aber Sie könnten Jahre damit verbringen, darauf zu warten. Heißen Sie neue Nachbarn mit Ideen aus unserem Geschenkkorb für neue Nachbarn willkommen.

> *„Manchmal lässt ein Nachbar, den wir ein Leben lang aufgrund seiner Arroganz und seines Dünkels nicht leiden konnten, eine einzige gewöhnliche Bemerkung fallen, die uns eine andere Seite zeigt, sogar einen anderen Mann, einen Mann, der unsicher und verwirrt ist und genauso wie wir im Dunkeln tappt."*
> —WILLA CATHER

Vorschläge für einen Geschenkkorb für einen neuen Nachbarn

- Frühstücks-Set: Kaffee, Tee, selbst gemachte oder gekaufte Frühstücksriegel, Obst.
- Bilder-Aufhäng-Set: Set Nägel, einfacher Zollstock und Hammer, Bleistift, weicher Radiergummi.
- Lokale Notrufliste: einschließlich der Nicht-Notruf-Telefonnummer der Polizei und der Feuerwehr, Rathaus, Stromanbieter, Gasversorger, Abfallverwaltung, Giftnotrufzentrale und eventuell des Nachbarschaftsvereins.
- Geschenke aus dem Garten: eine Auswahl Gemüse und Kräuter, wenn es die richtige Jahreszeit ist, oder Eingemachtes aus dem letzten Jahr für einen Winternachbarn, vielleicht ein paar frische Eier oder Honig von Ihren eigenen Tieren oder einem lokalen Bauern.
- Für die Kinder: Pixi-Bücher, kleine Puzzle, Malstifte, Seifenblasen, Straßenkreide, Hüpfseil.
- Kekse: Kleiden Sie einen Korb oder eine Keksdose mit einem hübschen Geschirrtuch aus, tun Sie Kekse hinein und legen Sie eine Begrüßungskarte zusammen mit Ihrer Telefonnummer dazu.

Informieren: Einer der Hauptgründe, dass Leute Hühner oder Ziegen oder Bienen oder alles, was anders ist, ablehnen, ist die Angst vor dem Unbekannten. Fehlinformationen und Missverständnisse bleiben bestehen, wenn das Wissen fehlt. Die Leute haben Angst, Ihre Kreaturen werden Krankheiten verbreiten, gefährlich sein, Lärm machen oder unangenehme Gerüche verbreiten, den Grundstückswert mindern und aus der Gegend einen Streichelzoo machen, mit der Betonung auf *Zoo*. Wenn Sie mit Ihren Nachbarn kommunizieren können, dann haben Sie die Mittel an der Hand, die Wahrheit zu erzählen und Ängste zu beruhigen. Kopieren Sie unsere Nachbarschafts-Infoflyer für die Haltung von Hühnern, Ziegen und Bienen (im Anhang), um die Informationen unters Volk zu bringen. Wenn Sie Ihre Hühnerschar oder Ihre Bienenvölker oder Ihre Ziegen erst einmal eine Weile haben, werden Sie selbst ein Experte sein und können die Fragen von neugierigen oder besorgten Nachbarn beantworten.

PROBLEMLÖSUNG

Es ist ein furchtbares Gefühl, mit den Nachbarn in Konflikt zu sein. Man fühlt sich bedroht, frustriert, einfach nur wütend oder alles gleichzeitig. Im Gegensatz zu einem Zusammenstoß mit einem Fremden in der U-Bahn oder einer unangenehmen Erfahrung mit einem unhöflichen Verkäufer, was übel genug ist, können Sie nicht einfach wegziehen. Sie haben Wurzeln hier. Ihre Familienangehörigen haben Wurzeln hier. Sie haben viel Geld sowie körperliche und emotionale Energie in dieses Stück Grund investiert. Hier sollten Sie sich sicher und geborgen fühlen. Probleme mit Nachbarn können Ihnen das Gefühl der Sicherheit rauben und Sie übererregt und ängstlich werden lassen.

Wenn alles Vorbereiten und Planen nicht ausgereicht hat und Sie plötzlich mit einem Nachbarn im Streit liegen, gibt es immer noch Hoffnung. Es gibt viele bewährte Ansätze zur Konfliktlösung. Zwar ist jede Situation unterschiedlich, aber diese allgemeinen Richtlinien können die Chance auf Erfolg bei fast allen Konflikten erhöhen.

Tipps für eine Nachbarschafts-Straßenparty

1. Versammeln Sie ein Komitte interessierter Hausbesitzer, um den Event zu planen. Dadurch können Sie die Arbeit aufteilen und bieten eine Gelegenheit zur Kooperation und Kommunikation zwischen Nachbarn.
2. Eventuell benötigen Sie eine Erlaubnis. Fragen Sie bei der Stadt nach, wie Sie korrekt vorgehen sollen.
3. Laden Sie die örtliche Polizeistreife ein, vorbeizukommen und mitzufeiern. Sie werden die Gelegenheit zu schätzen wissen, Beziehungen zu den Anwohnern aufzubauen.
4. Wenn Musik gespielt wird, beachten Sie die Lärmvorschriften. Es geht dabei meist um „anhaltende und zu laute Geräusche".
5. Wenn Sie vereinbaren, dass jeder etwas zum Essen und eine eigene Sitzgelegenheit mitbringt, dann ist der Event kostengünstig und alle Nachbarn fühlen sich verantwortlich.
6. Stellen Sie ausreichend Abfalltüten und -eimer für das Aufräumen bereit. Biologisch abbaubares Geschirr sorgt für eine umweltbewusste Zusammenkunft.

1. *Prüfen Sie sich selbst.* Das ist vielleicht der schwierigste Teil, aber es gehören immer mindestens zwei zu einem Streit. Einer davon sind Sie. Es ist nicht nur einfacher, sich selbst zu ändern, als einen anderen zu einer Änderung zu bewegen, es ist auch vorstellbar, dass Sie nicht perfekt sind. Eine vage Möglichkeit, aber eine, die Sie eingehend berücksichtigen sollten. Wenn Sie diesen Schritt besonders schwierig finden, können Sie versuchen, eine Freundin zu bitten, sich die Situation anzuschauen und des Teufels Anwalt zu spielen. Bitten Sie sie herauszufinden, wie Sie eventuell zu dem Problem beitragen und wie Sie es vielleicht lösen können. Geben Sie ihr die temporäre Erlaubnis kritisch zu sein. Sie können ihr die Erlaubnis nach dieser Übung wieder entziehen.

2. *Fragen Sie sich, was wichtiger ist: das Problem zu lösen oder zu gewinnen.* Gewinnen natürlich! Sieg um jeden Preis! Das ist oft unser erster Gedanke. Aber vergessen Sie nicht, mit einhundertzehnprozentiger Wahrscheinlichkeit denkt Ihr Gegner genau dasselbe. Einer muss einlenken, um das Problem je lösen zu können. Da Sie dies hier lesen, stehen die Chancen gut, dass Sie die Person mit der größeren Bereitschaft sind, zurückzustecken. Wenn Sie den ersten Schritt erfolgreich absolviert haben, haben Sie bereits angefangen, über Ihren eigenen Beitrag zum Problem nachzudenken, dieser Schritt sollte daher einfacher sein. Denken Sie daran, wie gut es sich anfühlen wird, wieder in Frieden miteinander zu leben, wenn diese Sache geklärt ist, und seien Sie entschlossen, zu tun was nötig ist, um sie zu klären, selbst wenn Sie das Gefühl haben, sich die Zunge abbeißen zu müssen, um nicht auszusprechen, was Sie wirklich denken.

3. *Stellen Sie sich in die Schuhe der anderen Person.* Und in ihr Haus. Und ihren Garten. Stellen Sie sich einen Moment lang vor, dass alles oder ein Teil von dem, was Ihr Nachbar behauptet, wahr ist. Berücksichtigen Sie die sehr große Wahrscheinlichkeit, dass in dem Leben dieser Person etwas vorgeht, von dem Sie keine Ahnung haben, und was ihre möglicherweise übertriebene Reaktion auf die Situation aus-

löst: eine Krankheit, ein Trauma, ein Ereignis, das Wunden geschlagen hat. Versuchen Sie sich einzufühlen.

4. *Behalten Sie es für sich.* Als ob ich Ihnen den Spaß nicht schon genug verdorben hätte, jetzt fordere ich Sie auf, den letzten Rest Genugtuung, den Sie aus dieser Situation vielleicht noch hätten herausholen können, auch noch aufzugeben. Erzählen Sie anderen nicht von Ihrem Ärger, mit Ausnahme vielleicht von Ihrem Ehepartner oder Ihrer besten Freundin, besonders nicht Nachbarn oder anderen Personen, die den betroffenen Nachbarn kennen. Es kann sehr wohltuend sein, ein offenes Ohr zu finden, aber widerstehen Sie der Versuchung. Sie haben vielleicht keine Kontrolle darüber, was die Gegenseite über Sie erzählt, aber Sie haben die Kontrolle über sich selbst. Wenn Sie ein gutes Beispiel abgeben und es für sich behalten, dann werden andere Ihnen eher den gleichen Gefallen tun.

5. *Sprechen Sie mit der Person von Angesicht zu Angesicht.* Briefe, E-Mails, Zettel etc. sind unpersönlich, beleidigend und können fehlinterpretiert werden. Es gibt einen Grund dafür, dass das Wort „böse" so oft mit dem Wort „Brief" kombiniert wird. Es ist schwer, ein Lächeln oder einen freundlichen Ton in einer schriftlichen Nachricht zu vermitteln. Briefe können in einem Gerichtsverfahren auch gegen Sie verwendet werden, wenn die Person Sie wegen Belästigung anzeigt. Schreiben Sie auch nie anonyme Nachrichten, auch wenn sie nicht unfreundlicher Natur sind. Anonymität ist von Natur aus einschüchternd, Angst einjagend und feige. Wenn Sie sich nicht trauen, Ihren Namen darunter zu setzen, dann sollten Sie es überhaupt nicht formulieren.

6. *Hören Sie zu.* Es gibt die Aussage, dass es eines der grundlegendsten menschlichen Bedürfnisse ist, verstanden zu werden. Hören Sie der anderen Person wirklich zu. Unterbrechen Sie sie nicht. Nutzen Sie Pausen im Gespräch, um das Gesagte mit Ihren eigenen Worten zu wiederholen, als Gelegenheit, um zu kommunizieren, dass Sie ihre oder seine Perspektive wirklich verstehen, nicht als Gelegenheit, um zurückzuschlagen in der Art von „Ihrer Meinung nach bin ich also ein Trottel?".

7. *Verwenden Sie Ich-Botschaften.* Wenn Sie je bei einer Konfliktberatung waren, dann kennen Sie die Übung. Wenn Sie das Problem erläutern, beschreiben Sie, wie die Sache Sie belastet. Machen Sie keine Aussagen darüber, wie die andere Person sich verhält. „Ich habe das Gefühl, dass ..." anstelle von „Sie sind bei ... viel zu empfindlich." Erzählen Sie der anderen Person, was Sie über Ihren Anteil an dem Problem gelernt haben.

8. *Wärmen Sie keine alten Geschichten auf.* Widerstehen Sie dem Wunsch, der Beschwerde Ihres Nachbarn all das entgegenzuhalten, was sie oder er tut oder getan hat, was Ihnen nicht gefällt. Ihre eigenen Beschwerden vorzubringen, bringt die Diskussion nicht weiter.

9. *Bieten Sie einen Kompromiss an.* Schlagen Sie einen Kompromiss vor, den Sie für fair halten. Wenn Sie einen Gegenvorschlag von Ihrem Nachbarn erhalten, denken Sie darüber nach. Bitten Sie um Bedenkzeit, wenn es sein muss.

10. *Schlagen Sie Mediation vor.* Wenn Sie sich mit dem Nachbarn nicht einigen können, dann ist dies der beste nächste Schritt. Es kann eine neutrale dritte Person oder ein ausgebildeter Mediator sein, der oder dem Sie beide

zustimmen. In einigen Städten gibt es solche Angebote von staatlicher Seite. Fragen Sie im Rathaus nach, ob es das bei Ihnen gibt oder ob sie Ihnen eine kirchliche oder andere Organisation empfehlen können, bei der professionelle und ausgebildete Freiwillige Ihnen bei dem Konflikt helfen können.

So anstrengend und bitter diese Erfahrungen auch sein können, sehen Sie sie als Gelegenheit, etwas Neues über sich selbst zu lernen. Konflikte sind oft ein notwendiger Bestandteil von Veränderungen. Nutzen Sie sie für eine Veränderung zum Guten.

„GENAU RICHTIGE" SCHOKOLADENKEKSE

alias Ziehen-Sie-die-Anzeige-zurück-Kekse

Außen kross, innen saftig.

Ergibt zwei Dutzend Kekse
Zutaten

240 g Mehl (Type 405)

½ TL Natron

¼ TL Salz

180 g weiche Butter

150 g brauner Zucker

100 g weißer Zucker

2 TL Vanille

1 Ei plus ein Eigelb

170 g Chocolate Chips (oder eine Mischung aus Schokolade, Erdnussbutter oder Karamellflocken)

120 g gehackte Walnüsse oder Pekannüsse, leicht geröstet

Zubereitung

1. Backofen auf 160 °C vorheizen.
2. Mehl, Natron und Salz in einer mittelgroßen Schüssel mischen.
3. Butter und Zucker verrühren. Ei, Eigelb und Vanille zugeben und gründlich verrühren.
4. Geben Sie die feuchten Zutaten zu den trockenen und verrühren Sie sie miteinander. Rühren Sie die Schokoflocken und Nüsse unter.
5. Geben Sie esslöffelgroße Kleckse in ausreichendem Abstand zum Aufgehen auf ein leicht eingefettetes Backblech.
6. Bei 160 °C 12 bis 15 Minuten backen, oder bis die Kekse am Rand braun werden und in der Mitte nicht mehr feucht glänzen.
7. Lassen Sie sie kurz abkühlen, nehmen Sie sie vom Backblech und lassen Sie sie auf einem Backgitter abkühlen.

Arbeiten Sie mit Ihrer Gemeinde zusammen

KOMMUNALE VERORDNUNGEN ÄNDERN – BÜRGERBEGEHREN UND BÜRGERENTSCHEIDE

Wenn Sie sich über kommunale Vorschriften und Verordnungen Ihrer Gemeinde informieren und feststellen, dass sie etwas verbieten, das Sie gern auf Ihrem Grundstück umsetzen würden, können Sie etwas tun, um die Verordnung zu ändern. In den USA haben Bürger Verbote zu Hühnerhaltung, Ziegenhaltung, dem Aufstellen von Wäscheleinen, Regenfässern und anderen ähnlichen Angelegenheiten gekippt und tun es immer noch. Es scheint, als ob der Wind sich, wenngleich langsam, zugunsten von Verhaltensweisen dreht, die unseren ökologischen Fußabdruck reduzieren können.

In Deutschland können Bürger über ein Bürgerbegehren einen Bürgerentscheid herbeiführen. Hier kommt ein kurzer Überblick, wie Sie einen Wandel hinsichtlich restriktiver Bestimmungen herbeiführen können:

1. *Informieren Sie sich.* Finden Sie heraus, wie die Verordnung heißt, die Sie ändern möchten, zum Beispiel, indem Sie auf der Webseite Ihrer Gemeinde danach suchen.

2. *Skizzieren Sie einen Entwurf.* Skizzieren Sie einen vorläufigen Entwurf für eine Änderung der Verordnung. Suchen Sie nach Verordnungen anderer Kommunen zum gleichen Thema. Auf der Webseite des Vereins „Mehr Demokratie" (mehr-demokratie.de) finden Sie weitere Infos zum Thema sowie eine Datenbank zu Bürgerbegehren. Unter buergerbegehren.de können Sie sich einen Praxisleitfaden herunterladen, wie Sie genau vorgehen müssen.

3. *Suchen Sie Unterstützer.* Ein Bürgerbegehren, das einen Antrag auf einen Bürgerentscheid stellt, muss von einem bestimmten Anteil der Wahlberechtigten unterzeichnet sein. Die genauen Anforderungen unterscheiden sich in Deutschland je nach Bundesland; in der Regel finden Sie diese in der entsprechenden Gemeinde- bzw. Landkreisordnung oder Kommunalverfassung. Der Anteil der unterzeichnenden Wahlberechtigten kann dabei von drei bis zwanzig Prozent schwanken.

4. *Der bürokratische Vorgang*: Wenn Sie genügend Unterschriften zusammenbekommen haben, wird das Begehren auf formale Zulässigkeit geprüft und anschließend der gewählten kommunalen Vertretung vorgelegt. Diese kann das Bürgerbegehren annehmen oder ablehnen. Wird das Bürgerbegehren abgelehnt, kommt es zum Bürgerentscheid. In den meisten Bundesländern muss ein Kostendeckungsplan vorgelegt werden, für die im Falle eines erfolgreichen Bürgerentscheids entstehenden Mehrausgaben.

5. *Drücken Sie die Daumen.* Kommt es zum Bürgerentscheid, werden die Wahlberechtigten der Kommune zur Wahl gebeten, wobei in der Regel die Zustimmung eines bestimmten Anteils der Wahlberechtigten nötig ist, damit das Bürgerbegehren erfolgreich ist.

6. *Machen Sie den Champagner auf.* Bürgerentscheide sind verbindlich und einem Beschluss der gewählten kommunalen Vertretung gleichgestellt.

EINEN VERSUCH WERT

In vielen Städten und Gemeinden besteht für die Bürger zu bestimmten Terminen die Möglichkeit, ein Anliegen hinsichtlich einer die Gemeinde betreffenden Angelegenheit öffentlich vorzutragen. Es kann eine Chance für Sie sein, Ihren Vorschlag zur Änderung einer kommunalen Verordnung vorzubringen, und Sie können auch über eventuell bereits erfolgte Unterschriftenlisten von Unterstützern berichten.

Bleiben Sie dabei aber immer hilfsbereit, höflich und professionell. Betrachten Sie sich als Botschafter für eine nachhaltigere Lebensweise in Ihrer Stadt bzw. Gemeinde. Ein entsprechendes Auftreten wird Ihnen und anderen nützen, wenn Sie das nächste Mal wieder mit der Kommunalverwaltung zu tun haben. Und natürlich werden Sie auf diese Weise mehr Erfolg haben. Mit Honig fängt man Fliegen, Sie wissen schon, das alte Sprichwort. Es stimmt.

WENN DAS KIND IN DEN BRUNNEN GEFALLEN IST, ODER WAS SIE TUN KÖNNEN, WENN SIE ERWISCHT WURDEN

Nicht, dass Sie so etwas je tun würden … aber, theoretisch betrachtet, was machen Sie, wenn Sie sich heimlich in zivilem Ungehorsam geübt und gegen ein Gesetz verstoßen haben und geschnappt werden? Erwischt. Ertappt. Aufgeflogen. Zwanzig Kilo Legepellets im Kofferraum geschmuggelt.

Vielleicht ist es nicht ganz so dramatisch, aber ein Brief liegt im Briefkasten oder ein Beamter vom Ordnungsamt oder Veterinäramt klingelt an der Tür.

Manchmal brechen wir Gesetze, ohne uns dessen bewusst zu sein. Sie haben die Verordnung bezüglich der Haltung von Hühnern oder Ziegen oder was auch immer sorgfältig studiert und herausgelesen, dass es erlaubt ist, aber die Behörden interpretieren den Text anders. Das ist Deanna mit ihren Ziegen passiert.

Sie hat in der Verordnung gelesen: „Es ist allen Personen untersagt, ein oder mehr Pferde, Maultiere, Kühe oder Schweine in einem Wohngebiet der Stadt mit einem Abstand von neunzig Metern zu Wohnhäusern ohne die Zustimmung der Bewohner und

die Erlaubnis des Stadtrats zu halten" und hat keinen Hinweis auf Ziegen gefunden.

Die Verordnung lief unter dem Titel: Bestimmungen für die Haltung von Pferden, Kühen, Schweinen und ähnlichen Tieren. Deanna dachte an Pferde, Kühe, Schweine und stellte sich ihre Miniziegen daneben vor und sah diese überhaupt nicht als „ähnliche Tiere". Pferde, Kühe und Schweine sind ausgewachsene, große, laute Kreaturen, die nur im Stall und auf der Weide gehalten werden und einen Menschen plattmachen können, wenn sie sich auf ihn draufsetzen. Deanna konnte zwei ausgewachsene Miniziegen gleichzeitig tragen. Sie saßen gern auf ihrem Schoß. Sie konnten ohne Probleme in ihrer Küche herumlaufen. Ganz im Gegensatz zu Kühen, Pferden und Schweinen.

Sie war überzeugt, sich im Rahmen des Gesetzes zu bewegen, als sie Lily und Sylvie anschaffte. Gesetzestreue Bürgerin, die sie ist, dachte sie noch einmal nach und entschied sich, im Rathaus anzurufen, um sich zu vergewissern.

Was folgte, war der Beginn eines verwirrenden Tauziehens zwischen Deanna und ihrer Stadtverwaltung. Sie bekam einen Crashkurs in Lokalpolitik, Bürokratie, Amtsschimmel und sogar Fernseh- und Radioanstalten sowie Zeitungsmedien.

Das Veterinäramt war strikt gegen Ziegen in der Vorstadt und drohte damit, sie zur Entfernung der Ziegen von ihrem Grundstück zu zwingen. Die Stadtverwaltung interpretierte den Hinweis auf „ähnliche Tiere" im Titel der Verordnung so, dass damit jedes Tier gemeint war, das mit der Landwirtschaft verbunden wird, einschließlich Ziegen, trotz der praktischen Unterschiede zwischen den in der Verordnung aufgeführten Tieren und Miniziegen. Deanna schlug zurück, indem sie darauf hinwies, dass, von Gesetzes wegen, der Titel der Verordnung nicht Teil der Verordnung ist und besagte Verordnung selbst Ziegen nicht erwähnte und auch nicht auf

Die Medien können unser Freund sein

Deanna und mich verbindet eine Hassliebe mit den Medien. Sie liebt sie, ich hasse sie. Es ist nichts Persönliches, einige meiner liebsten Freunde sind Medienleute, aber ich erstarre vor Schreck zur Salzsäule, wenn ich nur daran denke, ein Interview geben zu müssen. Deanna trägt ein wenig Lippenstift auf, überprüft ihre Frisur im Rückspiegel und schon nimmt sie es mit jedem auf. Wenn Sie denken, Sie ähneln Deanna mehr als ich, dann kann es manchmal ein schlauer Schachzug sein, die Medien ein wenig zu umwerben.

Aber bereiten Sie sich vor, bevor Sie vor die Kamera treten oder sich mit dem Zeitungsreporter treffen. Versuchen Sie herauszufinden, unter welchem Blickwinkel der Reporter die Geschichte betrachten will. Noch besser, seien Sie behilflich, indem Sie die Art Information liefern, die Ihr Anliegen vernünftig erscheinen lässt und sich gleichzeitig gut verkauft. Studieren Sie einige prägnante Aussagen ein, diese lassen sich prima zitieren.

Journalisten verbringen viel Zeit damit, mit Leuten zu sprechen, die nicht mit ihnen sprechen wollen. Ein wenig Entgegenkommen ist da sehr hilfreich. Deanna war ihr übliches charmantes Selbst und hat den Journalisten am Ende frische Eier von ihren eigenen Hennen mitgegeben. Sie waren entzückt und das kam auch in dem Artikel über sie rüber.

Denken Sie daran, wenn Sie mit Ihrer Stadt im Clinch liegen, ist das Ziel, Ihr Anliegen umsetzen zu können, nicht, Ihre Kontrahenten bloßzustellen. Konzentrieren Sie sich auf die Vorteile, die mit den von Ihnen vorgeschlagenen Änderungen einhergehen, und behalten Sie Ihren Ärger für sich. Wenn Sie bissige Kommentare abgeben, werden diese auf Video festgehalten oder abgedruckt. Sprechen Sie positiv über die lokalen Behörden und Politiker und sie werden eher zum Einlenken bereit sein.

„ähnliche Tiere" zu Pferden, Kühen und Schweinen verwies. Nur Pferde, Kühe und Schweine. Ende.

Schon verwirrt? Es wird nicht viel besser. Wie es aussah, hatte der Stadtrat seine Entscheidung getroffen und wollte nicht nachgeben.

Das Problem war nur, dass auch Deanna nicht nachgeben wollte. Irgendwie bekamen die Medien Wind von der Sache mit den Ziegen. Kaum hatten sie eine David-gegen-Goliath-Story gewittert, komplett mit süßen, wuscheligen Tieren und einer fortschrittlich denkenden Protagonistin, stand schon eine Truppe in Deannas Garten.

Bevor der Medienansturm vorbei war, von Radioreportern als „Schlacht der Meinungsverschiedenheiten" beschrieben, hatten Deannas Ziegen weit mehr als ihre fünfzehn Minuten Ruhm auf zwei lokalen Fernsehsendern, in der „großen" Tageszeitung und in morgendlichen Radiosendungen erhalten. Die Stadt bot Deanna, vielleicht teilweise aufgrund dieses Medienansturms, an, ihre Ziegen behalten zu dürfen, wenn sie die Unterschrift von all ihren Nachbarn im Radius von neunzig Metern einholte sowie die Erlaubnis des Gemeinderats – eine Erlaubnis und Unterschriften, die sie, rein vom Gesetz her betrachtet, nicht einholen musste. Aber sie tat es dennoch.

Ich würde sagen, dieses Angebot war ein Weg für die Stadt, das Gesicht zu wahren, wenn ich glaubte, dass den Behörden wirklich bewusst gewesen wäre, dass sie sich voll und ganz im Unrecht befanden, aber ich glaube nicht, dass ihnen das je richtig klar war.

Während des ganzen Ereignisses hatte Deanna nie das Gefühl, dass sie wirklich zuhörten. Sie hatten ihre Auslegung der Verordnung und ließen sich von so ärgerlichen Dingen wie Tatsachen nicht vom Gegenteil überzeugen.

Wenn dieser Prozess sie nicht schon so ausgelaugt hätte, hätte sie weitergemacht und versucht, die Verordnung ändern zu lassen, aber in diesem Moment genügte es ihr, ihre Erlaubnis zu haben. Keiner der Nachbarn hatte etwas dagegen und die Mehrheit der Gemeinderatsmitglieder entschied, ihrem Ansinnen stattzugeben.

Ihre Ziegen sind also endlich legal. Eine persönliche Erlaubnis einzuholen mag ein Weg sein, um in einer Gemeinde, die die Haltung von Ziegen verbietet, dennoch welche zu halten, und es ist eine Option, die Sie bei Bedarf in Erwägung ziehen sollten. Diese Option mag sich besonders für Menschen mit Familienangehörigen mit einer Kuhmilchunverträglichkeit eignen, um eine Sondererlaubnis für die Haltung von Milchziegen zu erhalten.

Wenn Sie bei anderen Dingen dabei erwischt wurden, eine Verordnung verletzt zu haben, ist es das Beste, sich der Verordnung zu fügen und anschließend beständig daran zu arbeiten, die Verordnung zu ändern und dann von vorn zu beginnen, wenn Sie sich innerhalb des Gesetzes bewegen. Es kann ein ermüdender Prozess sein, aber er hilft denen, die nach Ihnen kommen. Tun Sie Ihr Bestes, um höflich und respektvoll zu bleiben, trotz des Stresses, der dadurch verursacht wird, dass Sie sich Verordnungen beugen müssen, die dem gesunden Menschenverstand widersprechen. Wenn Sie sich den Ruf erworben haben, verständnisvoll und umgänglich zu sein, werden Sie Ihr Ziel, eine Verordnung zu kippen, viel leichter erreichen.

Deanna würde sagen, lernen Sie aus ihren Fehlern und fragen Sie erst gar nicht. Aber das haben Sie nicht von uns.

ANHANG

Der Anhang beinhaltet verschiedene Gartentabellen und beispielhafte Anbaupläne, um Ihnen bei der Entscheidung zu helfen, was Sie wann anbauen können. Sie finden auch Listen mit nützlichen Informationen und Infoflyer für Ihre Nachbarn bezüglich der Haltung von Hühnern, Ziegen und Bienen.

Gartentabelle Frühling

Um mit dieser Tabelle zu arbeiten, brauchen Sie einen Kalender und die durchschnittlichen Daten des letzten Frosts vom vergangenen Winter/Frühling.

Die üblichen Zeiten für Frostanfang und -ende für Ihre Gegend finden Sie auf drei Wegen heraus:

1. Sehen Sie im Internet nach.
2. Fragen Sie einen befreundeten Gärtner oder finden Sie einen erfahrenen Gärtner über den lokalen Gartenverein.
3. Fragen Sie in der Gärtnerei vor Ort.

Fügen Sie einfach Ihre Daten ein und die Tabelle erzählt Ihnen, in welchen Wochen Sie alles anbauen können, was Ihr Herz begehrt. Es dauert ungefähr fünf Minuten und dann müssen Sie nie wieder daran denken!

FROSTFREI	DATUM	DRAUSSEN AUSSÄEN	UMSETZEN
8 Wochen vorher		Spinat	
7 Wochen vorher		Spinat	
6 Wochen vorher		Grünkohl, Kohlrabi, Brauner Senf, Steckzwiebeln, Kartoffeln, Rettiche, Rüben, Spinat, Gemüsekohl, Lauch	
5 Wochen vorher		Rote Bete, Erbsen, Grünkohl, Kohlrabi, Brauner Senf, Steckzwiebeln, Kartoffeln, Rettiche, Rüben, Spinat, Gemüsekohl, Lauch	Brokkoli, Weißkohl, Blumenkohl, Lauch, Zwiebeln, Petersilie
4 Wochen vorher		Mangold, Rote Bete, Erbsen, Grünkohl, Kohlrabi, Brauner Senf, Steckzwiebeln, Kartoffeln, Rettiche, Rüben, Spinat, Gemüsekohl, Lauch, Kopfsalat	Chinakohl, Gemüsekohl, Brokkoli, Weißkohl, Blumenkohl, Lauch, Zwiebeln, Petersilie
3 Wochen vorher		Karotten, Mangold, Rote Bete, Erbsen, Grünkohl, Kohlrabi, Brauner Senf, Steckzwiebeln, Kartoffeln, Rettiche, Rüben, Spinat, Gemüsekohl, Kopfsalat	Rosenkohl, Gemüsekohl, Chinakohl, Brokkoli, Weißkohl, Blumenkohl
2 Wochen vorher		Karotten, Mangold, Rote Bete, Rettiche, Kopfsalat	Rosenkohl, Blattsalate
1 Woche vorher		Karotten, Mangold, Rote Bete, Rettiche, Kopfsalat	Blattsalate

FROSTFREI	DATUM	DRAUSSEN AUSSÄEN	UMSETZEN
Kein Frost mehr!		Buschbohnen, Markerbsen, Stangenbohnen, Mais, Gurken, Garten-, Sommer- und Winterkürbis, Melonen, Karotten, Mangold, Rote Bete, Rettich, Okra, Kopfsalat	Auberginen, Okra, Tomaten, Chili, Blattsalate, Süßkartoffeln, Melonen, Garten-, Sommer- und Winterkürbis
1 Woche danach		Buschbohnen, Markerbsen, Stangenbohnen, Mais, Gurken, Garten-, Sommer- und Winterkürbis, Melonen, Karotten, Mangold, Rote Bete, Rettich, Okra	Auberginen, Okra, Tomaten, Chili, Blattsalate, Süßkartoffeln, Melonen, Garten-, Sommer- und Winterkürbis
2 Wochen danach		Buschbohnen, Markerbsen, Stangenbohnen, Mais, Gurken, Garten-, Sommer- und Winterkürbis, Melonen, Karotten, Mangold, Rote Bete, Rettich, Okra	Auberginen, Okra, Tomaten, Chili, Blattsalate, Süßkartoffeln, Melonen, Garten-, Sommer- und Winterkürbis
3 Wochen danach		Buschbohnen, Markerbsen, Mais, Gurken, Sommerkürbis, Karotten, Mangold	Blattsalate, Süßkartoffeln, Melonen, Garten-, Sommer- und Winterkürbis
4 Wochen danach		Buschbohnen, Markerbsen, Mais, Gurken, Sommerkürbis, Karotten, Mangold	Blattsalate, Süßkartoffeln
5 Wochen danach		Buschbohnen, Markerbsen, Mais, Sommerkürbis, Karotten, Mangold	
6 Wochen danach		Buschbohnen, Blattsalate, Markerbsen, Karotten	Blattsalate, Süßkartoffeln
7 Wochen danach		Buschbohnen, Blattsalate, Markerbsen, Karotten	
8 Wochen danach		Buschbohnen, Blattsalate, Markerbsen, Karotten	
9 Wochen danach		Buschbohnen, Blattsalate, Markerbsen, Karotten	

Gartentabelle Herbst

Um mit dieser Tabelle zu arbeiten, brauchen Sie einen Kalender und die durchschnittlichen Daten des ersten Frosts vom Herbst/Winter.

Die üblichen Zeiten für Frostanfang und -ende für Ihre Gegend finden Sie auf drei Wegen heraus:

1. Sehen Sie im Internet nach.
2. Fragen Sie einen befreundeten Gärtner oder finden Sie einen erfahrenen Gärtner über den lokalen Gartenverein.
3. Fragen Sie in der Gärtnerei vor Ort.

Fügen Sie einfach Ihre Daten ein und die Tabelle erzählt Ihnen, in welchen Wochen Sie alles anbauen können, was Ihr Herz begehrt. Es dauert ungefähr fünf Minuten und dann müssen Sie nie wieder daran denken!

ERSTER FROST	DATUM	DRAUSSEN AUSSÄEN	UMSETZEN
17 Wochen vorher		Buschbohnen, Markerbsen	
16 Wochen vorher		Buschbohnen, Markerbsen, Gemüsekohl, Chinakohl	Gemüsekohl, Chinakohl
15 Wochen vorher		Buschbohnen, Markerbsen, Gemüsekohl, Chinakohl	Gemüsekohl, Chinakohl
14 Wochen vorher		Buschbohnen, Markerbsen, Weißkohl, Gemüsekohl, Chinakohl	Weißkohl, Gemüsekohl, Chinakohl
13 Wochen vorher		Buschbohnen, Markerbsen, Weißkohl, Gemüsekohl, Blumenkohl	Weißkohl, Gemüsekohl, Blumenkohl
12 Wochen vorher		Grünkohl, Kohlrabi, Brauner Senf, Erbsen, Buschbohnen, Markerbsen, Weißkohl, Gemüsekohl, Blumenkohl	Weißkohl, Gemüsekohl, Blumenkohl
11 Wochen vorher		Grünkohl, Kohlrabi, Brauner Senf, Erbsen, Weißkohl, Gemüsekohl, Blumenkohl	Weißkohl, Blumenkohl, Gemüsekohl
10 Wochen vorher		Rote Bete, Karotten, Rüben, Brokkoli, Grünkohl, Kohlrabi, Brauner Senf, Erbsen, Gemüsekohl, Blumenkohl	Brokkoli, Blumenkohl, Gemüsekohl

ERSTER FROST	DATUM	DRAUSSEN AUSSÄEN	UMSETZEN
9 Wochen vorher		Mangold, Rote Bete, Karotten, Rüben, Brokkoli, Grünkohl, Kohlrabi, Brauner Senf, Blumenkohl, Kopfsalat	Brokkoli, Blumenkohl, Kopfsalat
8 Wochen vorher		Rettich, Mangold, Rote Bete, Karotten, Rüben, Brokkoli, Grünkohl, Kohlrabi, Brauner Senf, Blumenkohl, Blattsalat, Kopfsalat	Brokkoli, Blumenkohl, Kopfsalat
7 Wochen vorher		Spinat, Rettich, Mangold, Rote Bete, Karotten, Rüben, Brokkoli, Grünkohl, Kohlrabi, Brauner Senf, Blumenkohl, Blattsalat, Kopfsalat	Blattsalat, Kopfsalat
6 Wochen vorher		Spinat, Rettich, Mangold, Rote Bete, Karotten, Rüben, Brokkoli, Grünkohl, Kohlrabi, Brauner Senf, Blumenkohl, Blattsalat, Kopfsalat	Blattsalat
5 Wochen vorher		Spinat, Rettich, Mangold, Grünkohl, Kohlrabi, Brauner Senf, Blattsalat	Blattsalat
4 Wochen vorher		Spinat, Rettich, Grünkohl, Kohlrabi, Brauner Senf, Blattsalat	Blattsalat
3 Wochen vorher		Spinat, Rettich	
2 Wochen vorher		Rettich	
1 Woche vorher			
Frost!			

Mischkulturen im Garten

Laut Daisy ist das Planen von Mischkulturen wie das Planen der Sitzordnung bei der Hochzeit.

1. Zu viele Mitglieder derselben Familie sollten nicht zusammensitzen.
2. Montagues und Capolets müssen räumlich getrennt werden.
3. Manchmal war jemand mit der Schwester von einem anderen liiert und es ging im Unguten auseinander, diese beiden müssen daher auseinandergehalten werden.

PFLANZENFAMILIEN
IDENTIFIZIEREN

Mitglieder derselben Familie haben dieselben Stärken und Schwächen (erinnern Sie sich an die ganzen Schwachsinnigen und Bluter in den Adelsfamilien?). In der Pflanzenwelt bedeutet dies, dass Mitglieder derselben Familie entweder dieselben Schädlinge und Krankheiten anziehen oder sich einfach zutiefst verabscheuen und ständig streiten.

Versuchen Sie daher, keine zwei Mitglieder derselben Familie „zusammenzusetzen".

Nicht mit Pflanzenfamilien vertraut? Hier kommt die Liste zur Unterstützung:

Familie der Hülsenfrüchtler: Bohnen, Erbsen

Familie der Doldenblütler: Karotten, Dill, Fenchel, Sellerie, Petersilie, Koriander

Familie der Kreuzblütler: Weißkohl, Rosenkohl, Pak Choi, Blumenkohl, Kohlrabi, Brokkoli, Markstammkohl, Rüben, Rettiche, Grünkohl

Familie der Süßgräser: Mais, Weizen, Hafer, Reis, andere Getreidearten

Familie der Korbblütler: Kopfsalat, Artischocken, Sonnenblumen, Gänseblümchen, Astern, Tagetes

Familie der Fuchsschwanzgewächse: Spinat, Rote Bete, Mangold

Familie der bedecktsamigen Pflanzen: Kürbisse, Melonen, Gurken

Familie der Spargelgewächse: Spargel, Zwiebeln, Schalotten, Knoblauch, Schnittlauch

Familie der Lippenblütler: Oregano, Minze, Basilikum, Rosmarin, Salbei, Lavendel, Thymian

Familie der Nachtschattengewächse: Tomaten, Petunien, Kartoffeln, Paprika

Familie der Rosengewächse: Rosen, Erdbeeren, Brombeeren, Äpfel, Birnen, Himbeeren

Einige Pflanzenfamilien verabscheuen sich. Die Ursache liegt lange zurück und beide haben eine ganz eigene Version, wie alles angefangen hat, aber der Punkt ist, bringen Sie beide zusammen und es gibt Krieg.

PFLANZENFAMILIEN, DIE SICH BEFEHDEN

Ein kurzer Überblick über die sechs in Ihrem Garten ausgetragenen Hauptfehden (halten Sie diese Pflanzen getrennt):

1. *Tomaten-Nachtschatten gegen Kartoffel-Nachtschatten:* Tomaten und Paprika hassen Kartoffeln und Auberginen.
2. *Hülsenfrüchtler gegen Spargelgewächse und Tomaten-Nachtschatten:* Keine Erbsen mit Paprika und Tomaten.
3. *Kreuzblütler gegen Nachtschatten- und Rosengewächse:* Kein Brokkoli mit Erdbeeren oder Kartoffeln.
4. *Doldenblütler gegen Kartoffel-Nachtschatten:* Kein Dill mit Auberginen.
5. *Süßgräser gegen Tomaten-Nachtschatten:* Mais hasst Tomaten und Paprika.
6. *Bedecktsamige gegen Lippenblütler und Nachtschattengewächse:* Setzen Sie Kürbisse nicht neben Ihre Paprika und neben Basilikum.

DIE „GETRENNT HALTEN"-LISTE

Einige Pflanzen vertragen sich einfach nicht mit anderen. Dies sind die „Störenfriede".

Fenchel: verträgt sich nur mit Dill und macht jede andere Pflanze nieder. Halten Sie ihn fern von all Ihren anderen Pflanzen.

Petersilie: Nicht annähernd so schlimm wie Fenchel, aber immer noch problematisch. Seien Sie vorsichtig und überprüfen Sie Ihre Tabelle (Seiten 242–243).

Sellerie und Dill: So ziemlich jeder in der Familie der Doldenblütler, außer den Karotten, ist ein echter Psycho, befragen Sie also auch hier die Tabelle.

Stangenbohne: Die Stangenbohne zieht Prügel geradezu an. Sie tut niemandem weh, aber Sonnenblumen, Rüben, Weißkohl und Auberginen schlagen wirklich auf sie ein und sie hält dennoch stoisch durch. Setzen Sie sie weit abseits – retten Sie sie vor sich selbst.

GUT VERTRÄGLICH

So wie es Pflanzen gibt, die allein stehen müssen, gibt es einige Pflanzen, die so ziemlich mit jedem auskommen.

Hülsenfrüchtler und Bedecktsamer: Vertragen sich gut mit anderen Angehörigen ihrer eigenen Familie.

Kopfsalat und Tagetes: Diese beiden mögen alle und alle mögen Fuchsschwanzgewächse.

Die Tabelle auf der nächsten Seite zeigt Ihnen, welche Pflanzenfamilien miteinander auskommen und welche Pflanzenfamilien nicht zusammengesetzt werden können. Der Smiley (☺) zeigt an, dass diese Familien nebeneinander gepflanzt werden können. Ausnahmen sind in der Tabelle vermerkt.

Mischkultur-Tabelle

FAMILIE	HÜLSEN-FRÜCHT-LER	KREUZ-BLÜTLER	DOLDEN-BLÜTLER	SÜSS-GRÄSER	KORB-BLÜTLER	FUCHS-SCHWANZ	BEDECKTSA-MER
HÜLSENFRÜCHT-LER	☺	☺	☺ Dill, Sellerie, Karotte	☺	☺ Tagetes, Kopfsalat	☺ Mangold, Rote Bete, Spinat	☺ Gurken, Melonen
KREUZBLÜTLER	☺	Nein	☺ Dill		☺ Tagetes, Kopfsalat	☺	☺ Gurken
DOLDENBLÜT-LER	☺	☺	Nein		☺ Kopfsalat		
SÜSSGRÄSER	☺		Petersilie und Dill, kein Sellerie	KA	☺ Sonnenblume, Kopfsalat	☺ Spinat	☺
KOPFSALAT	☺	☺	Dill und Karotten, keine Petersilie oder Sellerie		☺ Sonnenblume	☺	☺
FUCHSSCHWANZ	☺	☺			☺ Kopfsalat		
BEDECKTSAMER	☺	nur Rettich	☺ Dill	☺	☺ Sonnenblume, Kopfsalat, Tagetes	☺	☺
SPARGEL	Nein	☺	Karotten, Sellerie und Dill, keine Petersilie		☺ Tagetes, Kopfsalat	☺	Gurken
KARTOFFEL-NACHTSCHAT-TEN	☺	Nein	Karotten, kein Dill, Pastinaken, Sellerie	☺	Tagetes, keine Sonnenblume	☺	Nein
TOMATE-NACHTSCHAT-TEN	Nein	Nein	Karotten und Sellerie, kein Dill	Nein	☺ Kopfsalat, Tagetes		☺ Gurken
ROSEN	☺	Nein			☺ Kopfsalat	☺ Spinat	

SPARGEL	LIPPEN-BLÜTLER	KARTOFFEL-NACHTSCHATTEN	TOMA-TE-NACHT-SCHATTEN	ROSE	STORCH-SCHNABEL	AUSNAHMEN
Nein	☺ Rosmarin	☺ Aubergine, Kartoffel	Nein	☺ Erd-beere		Stangenbohnen hassen Sonnenblumen, Rote Bete, Auberginen und Kohlgewächse
☺ Lauch	☺	Nein	Nein	Nein	☺	Siehe Ausnahmen Hülsenfrüchtler, Rettich u. Blumenkohl hassen Kapuzinerkresse
☺ Lauch	☺ Salbei, Minze, Rosmarin	Nein	☺ * kann Wachstum hemmen			Sellerie hasst Mais, Gänseblümchen und Kartoffel-Nachtschattengewächse
		☺ Kartoffel	Nein		☺ Pelargonien	
☺	☺			☺		
☺ Lauch	☺ Salbei, Minze	☺ Aubergine		☺ Erd-beere		Siehe Ausnahmen Hülsenfrüchtler
☺	Nein	Nein	Nein		☺ Kapuziner-kresse	
Nein	☺ Basilikum	☺	☺ Tomate	☺	☺ Kapuziner-kresse	Spargel hasst Kartoffel-Nachtschattenge-wächse Lauch hasst Patersilie
☺ kein Spargel	☺	☺	Nein			
☺	☺	Nein	☺		☺ Kapuzi-nerkresse, Pelargonien	
☺ Zwiebeln	☺ Oregano Thymian	☺ Kartoffel			☺ Kapuzi-nerkresse, Pelargonien	

Anbauplan Herbst für Hochbeete

Wenn Sie diesen Plan anwenden, sollten alle Ihre Pflanzen noch sieben bis zehn Wochen Zeit bis zum ersten Frost haben (verwenden Sie die Gartentabelle Herbst, um das Datum für Ihre Gegend zu bestimmen).

In meiner Gegend ist die Wachstumsperiode lang, ich kann diese Pflanzen daher anbauen, nachdem mein ganzes Sommergemüse ausgereift ist und ich die Beete wieder gerichtet habe. Wenn die Wachstumsperiode bei Ihnen kürzer ist, brauchen Sie vielleicht ein extra Beet für Ihre Herbstpflanzen.

Dieser Plan kann auch als Anbauplan am Frühlingsanfang verwendet werden, ohne den Knoblauch.

*Anmerkung: Wenn Sie sich nichts aus Brokkoli machen, können Sie stattdessen je einen Weiß- oder einen Blumenkohl pflanzen. Wenn Sie Grünkohl nicht mögen, können Sie stattdessen vier Markstammkohlpflanzen nehmen. Wenn Sie Rote Bete nicht mögen, können Sie diese durch drei Mangold ersetzen.

Sie benötigen:

2 Tomatenstecken (egal, welche)
Nylonschnur
12 breitköpfige Nägel
2 Brokkolipflanzen (siehe Anmerkung oben)
2 Knoblauchknollen
1 Tüte Erbsensaatgut
1 Tüte Spinatsaatgut
1 Tüte Rote-Bete-Saatgut (siehe Anmerkung oben)
1 Tüte Blattsalatsaatgut
1 Tüte Kopfsalatsaatgut
1 Tüte Grünkohlsaatgut (siehe Anmerkung oben)
1 Chrysanthemenpflanze

1. Bauen Sie ein Hochbeet, setzen Sie es in Ihren Garten und befüllen Sie es laut Anweisung in Kapitel 2 mit Erde.

2. Glätten Sie die Oberfläche der Erde und teilen Sie das Hochbeet mit den Fingern (oder was Sie sonst zur Hand haben) einmal längs und einmal quer in zwei Hälften und wiederholen Sie den Vorgang, um sechzehn Quadrate zu erhalten.

3. Bestimmen Sie, wo Norden liegt. Das hoch wachsende Gemüse kommt auf diese Seite. Bohren Sie mit den Fingern oder mit einem Pflanzholz 1,5 Zentimeter tiefe Löcher nach dem Muster in der Tabelle.

4. Zerteilen Sie den Knoblauch und setzen Sie je eine dicke Zehe in jedes der neun Löcher.

5. Öffnen Sie die Erbsentüte. Picken Sie vier Samen raus. Legen Sie zwei in das erste und zwei in das zweite Loch und bedecken Sie sie. Legen Sie je zwei Samen von jeder Gemüsesorte in jedes im Gitter angegebene Loch in Ihrem Beet.

6. Setzen Sie die Brokkolipflanze genau in die Mitte des entsprechenden Quadrats in der Tabelle.

7. Bohren Sie die Tomatenstecken hinter den Erbsenquadraten tief in die Erde. Schlagen Sie einen Nagel oben in den Stecken und spannen Sie eine Schnur von diesem Nagel zu Nägeln in den Seiten der Beeteinfassung, sodass sie sich gleichmäßig ausbreitet. Zuerst müssen Sie die Erbsen vielleicht ein wenig locken, aber in Wahrheit möchten sie unbedingt an der Schnur hochklettern.

8. Gießen Sie die erste Woche jeden zweiten Tag und danach nach Bedarf.

Brokkoli*	Erbsen	Erbsen	Brokkoli*
Blattsalat	Spinat	Rote Bete*	Kopfsalat
	Rüben	Rüben	
	Mitte		
Kopfsalat	Rüben	Rüben	Blattsalat
	Rote Bete*	Spinat	
Grünkohl*	Knoblauch	Knoblauch	Grünkohl*

Anbauplan Wurzelgemüse für Hochbeete

Das Tolle an diesem Plan, abgesehen von der Mischkultur und dem Design, ist die Verwendung unserer „Kartoffelkisten", die temporär jedes Hochbeet vertiefen. Bauen Sie ein Hochbeet, setzen Sie es in Ihren Garten und befüllen Sie es nach der Anleitung in Kapitel 2 mit Erde.

Sie benötigen:

1 elektrischen Bohrer oder Hammer

24 Bretter à 2,5 x 15 cm, 60 cm lang (ich habe Zaunlatten verwendet, die ich in drei Teile gesägt habe)

48 kleine Schrauben oder Nägel

8 Tüten Blumenerde (20 Zentimeter)

8 Tüten mit mindestens fünf verschiedenen Kompostarten

2 rote Kartoffeln (genug für vier Knospen)

2 weiße Kartoffeln (genug für vier Knospen)

4 Süßkartoffelpflanzen

1 Bund Steckzwiebeln

1 Tüte Karottensaatgut

1 Tüte hoch wachsende Tagetes (90 cm)

1 Tüte Basilikumsaatgut oder eine Basilikumpflanze

1. Legen Sie je vier Bretter à 2,5 x 15 cm pro Kiste zurecht (ein Brett pro Seite). Schrauben (oder nageln) Sie die Bretter zu einem Rechteck zusammen (es werden insgesamt sechs Kästen). Kümmern Sie sich nicht darum, wie krumm die Schrauben drinstecken oder wie verbogen die Nagelköpfe am Ende aussehen. Sorgen Sie nur dafür, dass die Bretter lang genug als Rechteck zusammenhalten, dass Sie sie in den Garten bringen können.

2. Verteilen Sie je zwei Ihrer Kartoffelkisten gleichmäßig auf Ihrem ordentlich mit frisch befeuchteter Erde befüllten Hochbeet auf der Südseite Ihres Gartens (für Süßkartoffeln und Karotten). Füllen Sie die Kartoffelkisten mit Erde und bewässern Sie sie.

3. Machen Sie mit den Fingern Rechtecke in Ihre Kästen nach den gestrichelten Linien auf dem Plan auf der nächsten Seite.

4. Zerteilen Sie die Kartoffeln in Stücke mit je mindestens einer Knospe. Vergraben Sie sie am entsprechenden Platz ungefähr 2,5 cm tief. Legen Sie zwei Tagetessamen in die Mitte jeder Kartoffelkiste.

5. Setzen Sie die Süßkartoffelpflanzen um.

6. Bohren Sie 1,5 cm tiefe Löcher in die Karotten-/Zwiebelkiste wie im Diagramm angegeben. Geben Sie eine Steckzwiebel oder zwei Karottensamen in jedes Loch. Setzen Sie einige Basilikumsamen (oder eine Pflanze) in die Mitte.

7. Gießen Sie die erste Woche jeden zweiten Tag und danach nach Bedarf.

8. Wenn Ihre Kartoffeln größer werden (nicht die Süßkartoffeln, die anderen), setzen Sie zwei weitere Kartoffelkisten obendrauf und befüllen Sie sie mit Erde, um sie bis zum Wurzelhals bedeckt zu halten. Wenn sie auch für diese Kisten zu groß werden, setzen Sie die zwei übrigen Kisten obendrauf und befüllen Sie diese mit der übrigen Erde.

Warum, möchten Sie wissen? Kartoffeln wachsen nicht direkt unter der Pflanze. Sie treiben auch zu den Seiten aus, je höher Sie die Pflanzen „hügeln", umso mehr Kartoffeln werden Sie ernten!

Auch die Tagetes treibt gern tiefe Wurzeln für ihre großen Stängel, sie sollte das Vergraben daher gut vertragen und die elenden Insekten fernhalten.

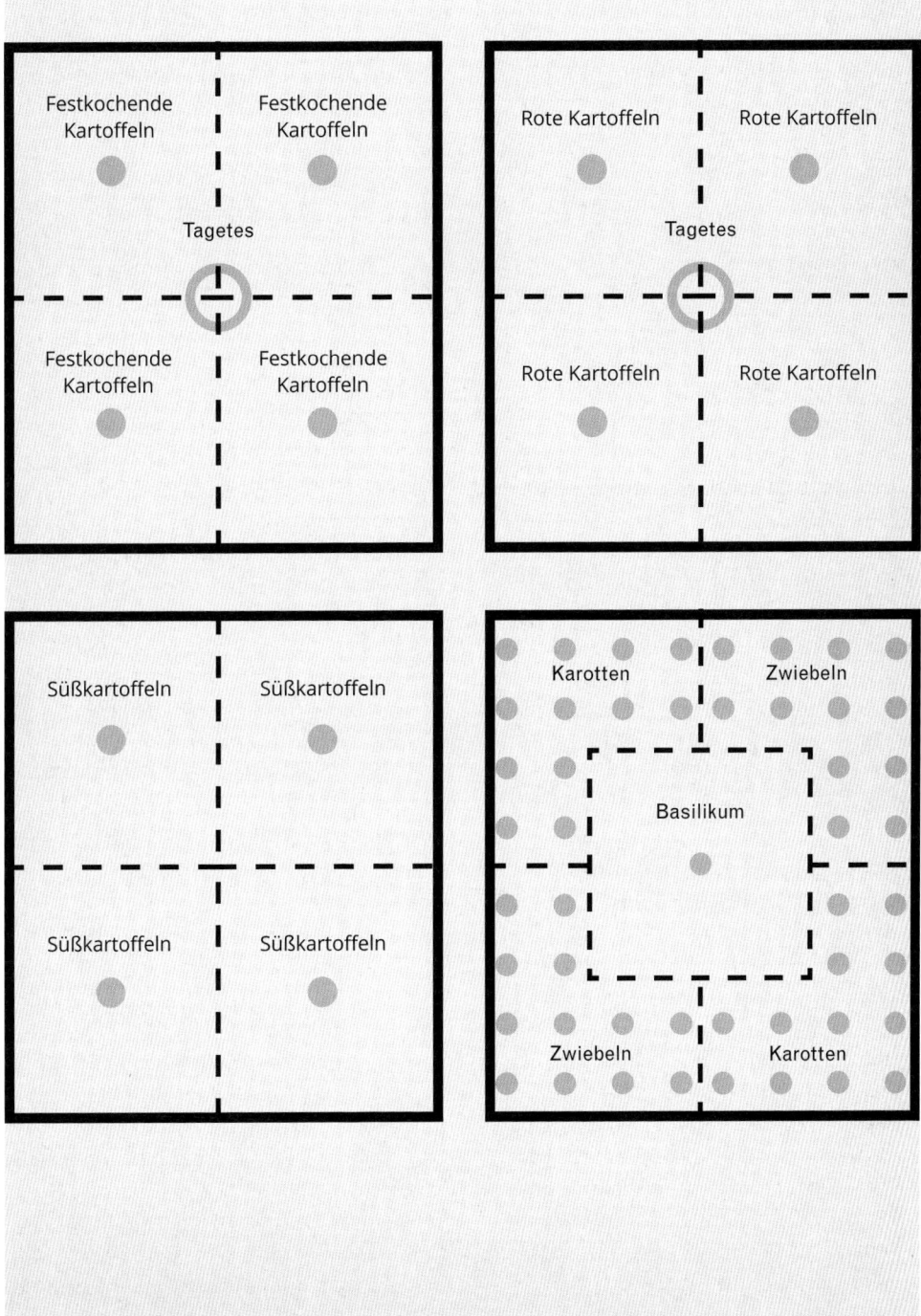

Festkochende Kartoffeln	Festkochende Kartoffeln	Rote Kartoffeln	Rote Kartoffeln
	Tagetes		Tagetes
Festkochende Kartoffeln	Festkochende Kartoffeln	Rote Kartoffeln	Rote Kartoffeln

Süßkartoffeln | Süßkartoffeln

Süßkartoffeln | Süßkartoffeln

Karotten | Zwiebeln

Basilikum

Zwiebeln | Karotten

Nützliche Informationen für private Hühnerhalter

WEBSITES

Huehner-info.de
Infos für private Hühnerhalter einschließlich Büchertipps, Forum, Infos über die Vogelgrippe

Gartenhuehner.de
Infos für private Hühnerhalter, mit Forum und (kostenpflichtiger) Bauanleitung für einen Hühnerstall

Huehner-haltung.de
Infos rund um die private Hühnerhaltung, kurz und knapp

Bauernhahn statt Turbohuhn
www.bauernhahn.de
Hühnerseite des Vereins PROVIEH (Verein gegen tierquälerische Massentierhaltung e. V.), Infos zu natürlicher Hühnerhaltung, ausführliche Infos über die Vogelgrippe und gesetzliche Vorschriften

Flügelvieh.de
http://forum.fluegelvieh.de
Forum rund um Geflügelhaltung

Gesellschaft zur Erhaltung alter und gefährdeter Haustierrassen e. V. (GEH)
g-e-h.de

HÜHNER UND ZUBEHÖR KAUFEN
Geflügelhof Höber
huehnerhoeber.de
Versand und Auslieferung von Legehennen verschiedener Hühnerrasen sowie Futtermittel und Zubehör

Geflügelhof Brunnert
gefluegelhof-brunnert.de
Versand von Legehennen, Shop mit Futtermittel und Zubehör

Rassegeflügelzucht Großevollmer
Rassegefluegel-grossevollmer.de
Versand von Bruteiern, Jungtieren und Legehennen alter Rassen

Rassegeflügelzucht Linnenkamp
rassegefluegelzucht-linnenkamp.de
Versand von Bruteiern, Jungtieren und Legehennen verschiedener Rassen

DeineTierwelt.de
deine-tierwelt.de
Marktplatz für Kleinanzeigen privater Verkäufer

GESETZLICHES
Infoportal der Tierseuchenkassen
Tierseuchenkasse.de
Kontaktdaten und Adressen der Tierseuchenkassen der jeweiligen Bundesländer. Hühner müssen in Deutschland auch bei der Hobbyhaltung gemeldet werden, derzeit noch kostenlos.

FUTTER KAUFEN
Zooplus.de   *Futtermonster.de*
Bio-farming.de   *Defu-shop.de*

ZUBEHÖR KAUFEN
Siepmann.net   *Breker.de*
Zooversandhaus-jung.de

ZEITSCHRIFTEN
Geflügelzeitung   **Geflügel-Börse**
gefluegelzeitung.de   *gefluegel-boerse.de*

BÜCHER
Hühner halten von Michael von Lüttwitz Gräfe und Unzer Verlag
Hühner in meinem Garten: Alles über Haltung und Ställe von Leopold Peitz und Wilhelm Bauer Ulmer Verlag
Hühner halten: artgerecht und natürlich von Carola Hotze Kosmos Verlag
Zwerghühner – munter – fleißig – keck von Wilhelm Bauer Ulmer Verlag
Hühnerställe bauen von Wilhelm Bauer, Ulmer Verlag

Nachbarschafts-Infoflyer für Hobby-Hühnerhalter

WARUM HÜHNER HALTEN?

Die Eier: wunderschön und so wohlschmeckend und gesund wie keine anderen. Sie enthalten mehr Omega-3 und weniger Cholesterin als die von Hühnerfabriken.

Ein paar Hennen zu halten, macht uns unabhängig von Eiern aus Hühnerfabriken, die unter sehr unschönen Bedingungen produziert werden. Zudem geht es nicht regionaler bzw. lokaler als aus dem eigenen Garten.

Kompostmagie: Hühner fressen Küchenabfälle, Unkraut und Rasenschnitt und reduzieren so das Müllaufkommen und verwandeln Haushaltskompost in wunderbare, überaus fruchtbare Erde. Die besten vorstellbaren Voraussetzungen für Gartengemüse – ohne chemischen Dünger.

Nachhaltigkeit: Es mag nur ein Tropfen auf den heißen Stein sein, aber die Eier von den eigenen Hühnern zu bekommen und die Produktivität des eigenen Gartens zu erhöhen, ist ein machbarer Schritt, den viele Menschen tun können, um nicht so sehr von den Firmen abhängig zu sein und uns ein wenig unserer Unabhängigkeit wiederzuholen.

FRAGEN UND ANTWORTEN ZU HÜHNERN IM GARTEN

F: Werden sie Dreck machen und/oder riechen?

A: Ordentlich gehaltene Hühner riechen gar nicht oder kaum und machen viel weniger Arbeit als Katzen und Hunde.

F: Werde ich jeden Morgen durch ein Krähen geweckt werden?

A: Die wenigsten privaten Hühnerbesitzer halten Hähne. Hähne sind für das Legen von Eiern nicht notwendig, nur für befruchtete Eier. Einige Hennen gackern beim Eierlegen ein wenig, in der Zeit vom Vormittag bis zum späten Nachmittag, aber es ist kein Vergleich zum durchdringenden Krähen eines Hahns. Nur das Verkünden von „Gack, ich habe ein Ei gelegt, ein Ei". Hennen sind die meiste Zeit sehr ruhig, besonders während der frühen Morgenstunden und nach Sonnenuntergang. Wenn nur die ganzen Hunde, Laubsauger und Teenager in der Nachbarschaft so rücksichtsvoll wären!

F: Was ist mit der Vogelgrippe und anderen Krankheiten?

A: Die Vogelgrippe trat nie bei heimischen Beständen auf. Experten sehen in der vermehrten Hühnerhaltung durch Haushalte sogar eine Antwort auf die Gefahr, die von Krankheiten wie der Vogelgrippe ausgeht, da diese durch die Bedingungen in überbelegten Geflügelfabriken noch gefördert werden.

F: Ist es überhaupt legal?

A: Ja, Hühnerhaltung ist auch in reinen Wohngebieten erlaubt.

F: Kann ich ein paar Eier haben?

A: Klar! Wir teilen gern!

F: Können meine Kinder sich die Hühner ansehen?

A: Unbedingt! Wir lieben es, unsere Hühner den Menschen vorzustellen, die sie am meisten zu schätzen wissen – Kinder! Hühner sind sehr lehrreich und es geht nichts über die Erfahrung, ein warmes Ei aus dem Nest zu holen.

Nützliche Informationen für Ziegenhalter

WEBSITES

Ziegentreff.de
Forum mit allen wichtigen Rubriken

Selbstvers.org
Forum für Selbstversorger, in dem auch Fragen zur Ziegenhaltung beantwortet werden (sowie weitere Themen, die für angehende Selbstversorger interessant sind)

Forschungsstation für Ziegen und Zwergziegen
Zwergziegen.ch
Schweizer Infoseite zu Ziegen mit einem Überblick über Rassen auf den verschiedenen Kontinenten, Fütterung, Haltung, Krankheiten, Zucht und gesetzliche Vorschriften (auch Deutschland)

Rheinische-zwergziegen.de
Kurze Infos über Zwergziegen und die Möglichkeit, Zwergziegen zu kaufen (sofern man in der Nähe von Koblenz wohnt)

AN ZIEGEN KOMMEN

Markt.de
Marktplatz für den Kauf von Tieren

Deine-tiere.de
Forum sowie Marktplatz für den Kauf von Tieren

BÜCHER

Ziegen halten von Hans Späth, Otto Thume und Johann-Georg Wenzler, Ulmer Verlag

Alles für die Ziege von Annette Arnold und René Reibetanz, Pala Verlag

Ziegen: Treue Freunde mit Köpfchen von Ann-Marie Hagenkötter, Cadmos Verlag

Ziegen von Helmut Kühnemann, Ulmer Verlag

Das Milchziegenbuch von Andreas Kurschus, Ulmer Verlag

Homöopathie für Schafe von Gilberte Favre, Narayana Verlag

ZUCHTVERBÄNDE

Bundesverband Deutscher Ziegenzüchter e. V.
ziegen-sind-toll.com
Informationen zu Rassen, Kleinanzeigenmarkt

Nachbarschafts-Infoflyer für (vor-) städtische Ziegenhalter

WARUM ZIEGEN HALTEN?
Der Spaß: Ziegen sind unterhaltsame, ungefährliche, anspruchslose Haustiere. Ohne Vorderzähne, Krallen oder ausreichend Körpergewicht, um einer Person wirklichen Schaden zufügen zu können, sind sie das perfekte Haustier für eine im Stadtbereich lebende Familie.

Die Rasenpflege: Ziegen halten ihr Gebiet frei von Blättern, Unkraut und wucherndem Gras. Sie halten den Rasen und Ecken ohne den Lärm von Maschinen kurz.
Die Milch: die herrlichste, leckerste und nahrhafteste. Ziegenfrischkäse ist der Himmel auf Erden.

Kompostmagie: Ziegen vertilgen Küchenabfälle, Unkraut und Rasenschnitt und reduzieren so das Müllaufkommen und verwandeln Haushaltskompost in wunderbare, überaus fruchtbare Erde. Die besten vorstellbaren Voraussetzungen für Gartengemüse – ohne chemischen Dünger.

FRAGEN UND ANTWORTEN ZU ZIEGEN
F: Werden sie Dreck machen und/oder riechen?
A: Ordentlich gehaltene Ziegen riechen gar nicht oder kaum und machen viel weniger Arbeit als Katzen oder Hunde.

F: Werden sie mich bei Nacht wachhalten?
A: Ziegen sind die meiste Zeit sehr ruhig, besonders frühmorgens und vor und nach Sonnenuntergang. Sie heulen den Mond nicht an und raufen nicht nachts. Ziegen gehen vor ihren Besitzern zu Bett.

F: Übertragen oder verbreiten sie Krankheiten?
A: Zoonosen oder Krankheiten, die vom Tier auf den Menschen übertragen werden, kommen bei privat gehaltenen Ziegen praktisch nicht vor. Und alles, was man sich vielleicht von einer Ziege einfangen kann, kann man sich ebenso leicht von einem Hund oder einer Katze einfangen.

F: Ist es überhaupt gesetzlich erlaubt?
A: Ja, laut dem zuständigen Veterinäramt und dem Bauordnungsamt ist Ziegenhaltung hier erlaubt.

F: Können meine Kinder sich die Ziegen ansehen?
A: Ja! Wir lieben es, sie vorzuzeigen! Und wir lieben es, unsere Haustiere den Menschen vorzustellen, die sie am meisten zu schätzen wissen – Kindern! Ziegen sind ein wunderbares Anschauungsobjekt und es gibt nichts Schöneres als die Erfahrung, einer eifrigen kleinen Ziege mit der Hand Blätter zu verfüttern.

Nützliche Informationen zur Herstellung von Seife und Hautpflegeartikeln

ONLINE-SHOPS
Naturhaus im Unimedica Verlag
unimedica.de
Produkte aus dem Buch zur Kosmetik- und Seifenherstellung: Teebaum-, Rosmarin-, Lavendel-, Avocado-, Kokos-, Rizinus- und Olivenöl sowie Sheabutter und Naturnatron. Reichhaltiges Sortiment an Naturkostprodukten, Naturkosmetik und Superfoods

Dragonspice Naturwaren
dragonspice.de
Rohstoffe für Naturkosmetik

MANSKE Products for cosmetics
manske-shop.com
Sehr umfangreiches Sortiment an Rohstoffen sowie Seifenformen, dekorativen Verpackungen etc.

BaccaraRose
baccararose.de
Kosmetikrohstoffe: Butter, Öle, Ölmischungen, Pflanzenextrakte, Vitamine

BÜCHER
Seifenwerkstatt: Pflegende Naturseifen aus eigener Küche – mit erprobten Rezepten von Anne Schaaf

Seifen – selbst gemacht: Einfach & natürlich von Leanne Chevallier und Sylvain Chevallier
Grüne Kosmetik: Bio-Pflege aus Küche und Garten von Gabriela Nedoma

WEBSEITEN
Naturseife und Kosmetik
naturseife-und-kosmetik.de
viele Rezepte für Seifen und Hautpflegeprodukte, mit Offline-Seifenrechner

Die Selbstrührerei
die-selbstruehrerei.de
Rezepte für Naturkosmetik und ausführliche Anleitung zum Seifemachen, inklusive Video sowie viele Informationen zu Bezugsquellen

Die Rührküche – Naturkosmetik und Seife selber machen
die-ruehrkueche.de
Forum rund um's Selbermachen

Seifentreff
seifentreff.de
Forum rund um's Seifemachen

Nützliche Informationen zur Behandlung von Pflanzenkrankheiten

Homeoplant im Unimedica Verlag
homeoplant.de
Umfangreiches Sortiment an homöopathischen Mitteln zur Behandlung von

Schädlingen und Krankheiten. Forum zum Erfahrungsaustausch.

Nützliche Informationen für Bienenhalter

WEBSITES

Deutscher Imkerbund e. V. (D.I.B.)
deutscherimkerbund.de

Landesanstalt für Bienenkunde
bienenkunde.uni-hohenheim.de

Biozentrum Universität Würzburg – BEEgroup
bienenforschung.biozentrum.uni-wuerzburg.de

Fachzentrum für Bienen und Imkerei in Mayen
bienenkunde.rlp.de

Apidea mellifica – ARGE Bienenzucht und Imkernachwuchs-Förderverein e. V.
Imkerverein-duesseldorf.de

Ausführliche Informationen zum Bienenrecht
Mellifera e. V.
mellifera.de

Ökologische Bienenhaltung
einfachimkern.de

Informationsforum zur Bienenhaltung
Imkerforum.de

Die Honigmacher
die-honigmacher.de

natuerliche-bienenhaltung.ch
der-bienenfluesterer.de

Die Bienenkiste
bienenkiste.de

ZEITSCHRIFTEN

ADIZ, Imkerfreund, die biene
diebiene.de
Deutsches Bienenjournal
bienenjournal.de

BÜCHER

Imkern Schritt für Schritt: für Einsteiger und Jungimker von Kaspar Bienefeld
1 mal 1 des Imkerns von Friedrich Pohl
Einfach Imkern: Leitfaden zum Bienen halten von Gerhard Liebig
Ökologisch Imkern von Claudia Bentzien
Die Bienenkiste: Selbst Honigbienen halten – einfach und natürlich von Erhard Maria Klein
Natürlich Imkern in Großraumbeuten von Melanie von Orlow
Imkern in der Oberträgerbeute von Guido Frölich
Bienenkiste, Korb und Einfachbeuten von Friedrich Pohl

IMKEREIBEDARF

Imkereibedarf Holtermann
holtermann-shop.de

Imkereibedarf Bienen Ruck
bienen-ruck.de

Bienen-Voigt & Warnholz
bienen-voigt.de

TOP-BAR-HIVES UND OBERTRÄGER-BEUTEN

Bayerische Landesanstalt für Weinbau und Gartenbau
lwg.bayern.de/bienen/info/haltung/27045
Bauplan für eine Oberträgerbeute

Die Bienenkiste
bienenkiste.de
Anleitung für eine alternative Bienenkiste

top-bar-hive.de
apisregia.de – Oberträgerbeute und Zubehör kaufen

Nachbarschafts-Infoflyer für Hobbyimker

WARUM HALTE ICH BIENEN IM GAR-
TEN?

Der Honig. Roher, ungefilterter Honig der
lokalen Flora ist eines der besten Lebensmittel, die der Menschheit zur Verfügung
stehen. Er ist unvergleichlich köstlich und
die Gesundheit von Honig und seine Vorteile für die Ernährung sind legendär – von
Stärkung der Widerstandsfähigkeit gegen
Allergien bis zum Heilen von Wunden.
Eigener Honig ist der beste.

Fleißige Bestäuber. Bienen suchen ihr Futter
in einem Umkreis von mehreren Kilome-
tern und befruchten Gemüse, Obst und
Blumen, wo immer sie hinkommen. Diese
wunderbaren Bestäuber erhöhen die Obst-
ernte und sorgen für blühende Blumen,
wenn sie von Pflanze zu Pflanze ziehen.

Die Umwelt und Nachhaltigkeit. Lokaler
kann man nicht essen. Wenn wir die
Honigproduktion im heimischen Garten
unterstützen, wissen wir, wo unsere Nahrung herkommt und haben einen direkten
Bezug zu ihrem Ursprung. Mit einem Bienenvolk im Garten gibt es keinen Grund,
Honig aus fragwürdigen Quellen rund um
den Globus zu verschicken.

Die Magie. Ein Bienenvolk bietet einen kleinen Einblick in die Geheimnisse der Natur
und eignet sich großartig, um Kindern und
Erwachsenen etwas über Bestäubung, Honig und Insekten zu lehren.

FRAGEN UND ANTWORTEN ZU BIE-
NEN IM GARTEN

F: Ich habe einen Film über Killerbienen
gesehen. Das sind aber keine, oder?

A: Afrikanisierte Honigbienen, auch als
„Killer"bienen bekannt, sind eine andere
Rasse Bienen, als die in Europa und Nord-
amerika in Beuten gehaltenen. Die afrikanisierte Honigbiene lebt in Südamerika
und kommt auch im Süden der USA vor,
aber nicht bei uns. Heimische Honigbienen werden auf Sanftmut gezüchtet, sodass
der Imker leicht mit ihnen arbeiten kann,
und sind im Allgemeinen ruhig und kon-
fliktscheu. Wenn eine Honigbiene sticht,
stirbt sie, Stechen ist also buchstäblich ihr
letztes Mittel.

F: Ich (oder ein Familienmitglied) bin (ist)
gegen Bienenstiche allergisch. Werden zukünftig mehr Bienen in meinem Garten
und in der Umgebung sein?

A: Es ist unwahrscheinlich, dass das Halten
von Bienen im Nachbargarten die Anzahl
stechender Insekten in Ihrem eigenen
Garten erhöht. Tatsächlich hilft die Anwesenheit von Honigbienen, die Anzahl
anderer stechender Insekten wie Wespen
zu reduzieren, die viel wahrscheinlicher
stechen, ohne provoziert worden zu sein.
Die meisten Menschen, die in der Nähe
von Bienenvölkern leben, bemerken diese
gar nicht.

F: Ist es sicher, Ihr Haus zu besuchen?

A: Ja. Besondere Vorkehrungen sind nicht
notwendig, außer wir nähern uns der
Beute direkt.

F: Ist es gesetzlich erlaubt, Bienen im Garten zu halten?

A: Ja, in Deutschland ist die private Haltung von Bienen, auch in Stadtgebieten, generell erlaubt.

F: Kann ich mir die Bienenvölker anschauen? Kann ich den Honig probieren?

A: Ja! Wir teilen gern, wenn wir Honig übrig haben. Und wir erzählen anderen gern von diesem faszinierenden Hobby. Bienen eignen sich hervorragend als Unterrichtsmaterial, und je mehr wir über unsere Umwelt lernen, umso besser können wir sie bewahren.

HONIGBIENE IDENTIFIZIEREN

Viele Insekten werden häufig fälschlicherweise für Honigbienen gehalten, besonders wenn es bekannt ist, dass es in der Nähe einen Imker gibt. Es gibt eine Reihe fliegender, stechender Insekten, die als Bestäuber fungieren, nicht jedes Insekt, das auf Ihren Blumen landet, ist daher eine Honigbiene.

Andere stechende Insekten, die oft mit Honigbienen verwechselt werden, sind Wespen und Hornissen.

Es gibt auch eine Reihe Bienen, die keine Honigbienen sind, wie Hummeln, Holzbienen, Wollbienen, Mauerbienen und Spiralhornbienen.

Es gibt sogar eine Schwebfliegenart, die die Erscheinung von Bienen nachahmt.

Ein Bienenvolk wird keine weiteren bestäubenden Insekten anlocken. Vielmehr können Honigbienen helfen, andere fliegende Insekten abzuhalten.

SCHWÄRME

Von Zeit zu Zeit entscheiden Bienenvölker, dass es an der Zeit ist, den Haushalt zu teilen. Das ganze Volk oder ein Teil verlässt die Beute und sucht sich ein neues Zuhause. Dieser Vorgang ist als Schwärmen bekannt.

Ein Schwarm Honigbienen kann ein beeindruckender Anblick sein. Einem zusammengeballtem Schwarm, ungefähr in der Größe eines Basketballs, und dem eindrucksvollem Brummen, das er von sich gibt, begegnet man nicht jeden Tag. Es ist eine sehr seltene Begegnung.

Seien Sie vergewissert, schwärmende Bienen sind nicht daran interessiert, anzugreifen oder zu stechen. Sie sind darauf konzentriert, ein neues Zuhause zu finden.

Eine Biene sticht am wahrscheinlichsten dann, wenn sie ihr Volk verteidigt, und da ein Schwarm definitionsgemäß ein heimatloses, beutenloses, Volk ist, werden die Bienen nicht in Verteidigungsstellung sein. Sie warten nur an einem temporären Platz, bis ihre Späher ihnen mitteilen, dass ein neues Zuhause gefunden wurde.

Nicht alle großen Zusammenballungen von Insekten sind Honigbienen. Wenn der Schwarm ein Nest hat, das aussieht, als ob es aus Papier gemacht wurde, dann sind es vermutlich Wespen. Wenn Sie denken, dass Sie einen Schwarm Honigbienen entdeckt haben, rufen Sie mich an, einen Imker oder den örtlichen Imkerverein. Halten Sie sich zurück und versuchen Sie, den Schwarm nicht zu stören. Ein Imker wird wissen, wie er den Schwarm entfernen kann, und wird den Bienen ein schönes Heim anbieten.

Zweck und Verwaltungsaufgaben von Babysitting-Co-ops

ZWECK

Kostengünstige Babysitterdienste, um Familien bei einer effizienteren Nutzung ihrer Zeit zu unterstützen und unseren Kindern zudem die Möglichkeit zu bieten, Spaß zu haben und neue Freunde zu finden. Wenn die Familie wirklich das Wichtigste ist, dann müssen wir Wege finden, all unseren Pflichten gerecht zu werden, ohne das Budget überzustrapazieren, die Energiereserven der Eltern aufzubrauchen oder unsere Kinder zu vernachlässigen.

EINZUGSGEBIET CO-OP

Alle Wohngebiete der beteiligten Kleinstadt.

ZAHLUNGSVEREINBARUNGEN FÜR BABYSITTINGSTUNDEN

- Zwischen 7 und 17 Uhr beträgt die zu zahlende Punktmenge pro Stunde einen Punkt mehr als die Zahl der zu beaufsichtigenden Kinder (z. B. 2 Kinder = 3 Punkte/Stunde).
- Zwischen 17 und 23 Uhr beträgt die zu zahlende Punktmenge pro Stunde zwei Punkte mehr, als die Zahl der zu beaufsichtigenden Kinder (z. B. 2 Kinder = 4 Punkte/Stunde).
- Babysittingstunden werden auf Viertelstunden hochgerechnet (z. B. ergeben 2 Stunden und 12 Minuten 2,25 Punkte. Eine Stunde und 40 Minuten kosten 1,75 Punkte). Wenn das Kind zur Eingewöhnung früher abgegeben wird, zählt die Zeit erst ab der mit der Schriftführerin vereinbarten Zeit. Wer das Kind früher bringt, wird gebeten, sich rücksichtsvoll zu verhalten und es mit dem babysittenden Mitglied vor dem Babysitting abzusprechen.

- Wenn das Babysitting im Haus des anfragenden Mitglieds stattfindet, kostet es einen weiteren Punkt pro Stunde.

EINTRITTSBEDINGUNGEN FÜR NEUE MITGLIEDER

- Muss von einem momentanen Mitglied vorgeschlagen werden.
- Satzung lesen, mit Datum versehen und unterzeichnen und an die Präsidentin senden.
- Der Präsidentin die Kontaktdaten mitteilen.
- Ein bis zwei von der Präsidentin organisierte Spielenachmittage besuchen, damit alle Mitglieder sich gegenseitig kennenlernen können.

VERWALTUNGSAUFGABEN

Die Co-op kann die Satzung ändern, wenn mehr als 50 Prozent der Mitglieder bei der Abstimmung anwesend sind. Wenn ein Mitglied nicht erscheinen kann, wird es gebeten, seine Wahl der Präsidentin vor dem Treffen schriftlich mitzuteilen.

Aufgaben der Präsidentin:

- Für ein Kalenderjahr gewählt; erhält in diesem Jahr pro Monat 5 Extrapunkte als Bezahlung für die Übernahme der Aufgabe.
- Verwalten der Co-op, Aufnahme neuer Mitglieder und Erstellung und Verteilung der Mitgliederkontaktdaten, wenn nötig. Diese Daten bleiben bei der Präsidentin sowie im Schriftführerordner.
- Eine Liste mit der Schriftführerin des Monats erstellen und verteilen.
- Satzung jährlich aktualisieren und notwendige im Wahlprozess durch die Mitglieder bestätigte Änderungen umsetzen.

- Das Mitgliederverzeichnis bei Bedarf aktualisieren und an die aktuellen Mitglieder verteilen.
- Sich im Fall von gemeldeten Beschwerden oder Verstößen einzeln mit den Mitgliedern treffen.
- Mitglieder über bevorstehende Treffen informieren.
- Nach Mitteilung durch die Schriftführerin am Ende jeden Monats eine Kopie aller stattgefundenen Babysittingstunden, Punktezahlen und verfallenen Punkte aufbewahren. Diese Buchführung dient als Kontrolle für genaue Aufzeichnungen beider Seiten.

Aufgaben der Schriftführerin:
- Diese Position wird abwechselnd für je einen Monat besetzt, wobei jedes Mitglied in einem Kalenderjahr mindestens einen Monat übernehmen muss. Wenn in einem Jahr weniger als zwölf Mitglieder in der Co-op sind, kann ein Mitglied gebeten werden, die Rolle der Schriftführerin für mehr als einen Monat zu übernehmen. Der Verteilungsplan für die Schriftführerin wird von der Präsidentin erstellt und verteilt. Wenn ein Mitglied die Aufgabe in einem bestimmten Monat nicht übernehmen kann, muss es sich darum kümmern, mit einem anderen Mitglied die Monate zu tauschen und die beiden Mitglieder werden gebeten, in solch einem Fall die Präsidentin zu informieren.
- Die Schriftführerin ist dafür verantwortlich, alle Anfragen für Baybsittingdienste am Tag und abends sobald als möglich zu erfüllen, indem erst diejenigen mit den wenigsten Punkten angerufen werden und anschließend alle anderen, bis eine Babysitterin gefunden ist. Die Schriftführerin muss während ihres Monats erreichbar sein und in einem angemessen Zeitrahmen zurückrufen, besonders bei Notfall-/kurzfristigen Babysittinganfragen. Während ihres Monats muss sie

telefonisch per Festnetz oder Mobiltelefon erreichbar sein. Sie muss den Mitgliedern mitteilen, wie sie am besten erreicht werden kann.
- Die Schriftführerin trägt Babysittinganfragen in das dafür vorgesehene Formular der Co-op ein, mit der Zeit und der Anzahl der Kinder, die beaufsichtigt werden sollen. Wenn eine Babysitterin gefunden ist, trägt sie auf dem Formular der Schriftführerin ein, wer das Babysitting übernimmt und wie viele Punkte verbraucht/erhalten werden. Sie informiert die beteiligten Mitglieder dieses Babysittings.
- Unter normalen Umständen soll ein Mitglied nicht mehr als vier Kinder neben den eigenen beaufsichtigen. Wenn es vorkommt, dass zwei Mitglieder einen Babysitter benötigen und nur ein Mitglied verfügbar ist, ist das Vorgehen wie folgt: Einer Person sollten erst dann zwei Babysittinganfragen angetragen werden, wenn vorher alle anderen Mitglieder angefragt wurden und alle drei Familien mit dem Arrangement einverstanden sind und ihm zustimmen. Wenn diese Situation vorkommt, muss ein anderer Erwachsener anwesend sein und die Kinder müssen im entsprechenden Alter sein. Die Sicherheit der Kinder geht vor. Wer mit einer Vereinbarung nicht zufrieden ist, meldet sich zu Wort.
- Am Ende des Monats sendet die Schriftführerin eine Rundmail an die Mitglieder. Diese E-Mail beinhaltet anfängliche Punktestände, stattgefundene Babysittings im vergangenen Monat, verfallene Punkte und die Punktestände am Monatsende. Alle Mitglieder haben zehn Tage Zeit, die Informationen zu überprüfen. Mitglieder haben Probleme mit ihrem Kontostand innerhalb dieser Zeitspanne der Präsidentin mitzuteilen. Nach Ablauf der zehn Tage wird angenommen, dass die Informationen für diesen Monat korrekt sind.

Satzung für Babysitting-Co-ops

Die Co-op wird behindert, wenn ein Mitglied mehr Punkte anhäuft als verbraucht, alle Mitglieder sollen daher ihre Verantwortung wahrnehmen, die Co-op mithilfe der nachfolgend aufgeführten Regeln reibungslos funktionieren zu lassen.

1. Jedes Mitglied erhält anfänglich 60 Punkte. Die Mitglieder sind verpflichtet, jeden Monat mindestens 9 Punkte zu verbrauchen. Wenn nicht mindestens 9 Punkte pro Monat verbraucht werden, verfallen diese automatisch. Dadurch wird sichergestellt, dass die Co-op funktioniert und dass Mitglieder nicht nur als Babysitter einspringen, sondern auch Stunden in Anspruch nehmen. Alle Mitglieder sollen ihren Anteil an Babysittingdiensten leisten und den entsprechenden Anteil in Anspruch nehmen.

2. Mitglieder sollen der Schriftführerin mindestens vierundzwanzig Stunden, gern früher, im Voraus Bescheid geben, dass sie einen Babysitter benötigen.

3. Ein Mitglied soll, neben den eigenen, nicht auf mehr als vier Kinder aufpassen, außer es wurden im Voraus entsprechende Vereinbarungen zwischen den Beteiligten getroffen und ein weiterer Erwachsener ist im Haus zur Unterstützung anwesend.

4. Babysitting findet zu Hause statt, außer es wurde mit der Partei, die das Babysitting angefordert hat, etwas anderes ausgemacht.

5. Mitglieder, die einen Babysitter anfordern, müssen sich, wenn nötig, selbst um die Verpflegung ihrer Kinder kümmern (z. B. ist den Kindern eine Brotzeit oder ein Mittagessen mitzugeben).

6. Die Eltern müssen beim Bringen der Kinder eine Notfallnummer für jedes Kind hinterlassen.

7. Bei jedem Notfall- oder kurzfristigem Babysitting (Ankündigung weniger als 24 Stunden im Voraus) ist das Mitglied, das einen Babysitter anfordert, verpflichtet, erst die Schriftführerin zu kontaktieren, um zu ermitteln, welche Mitglieder zu der Zeit am wenigsten Punkte auf ihrem Konto haben. Es ist dann die Verantwortung des anfordernden Mitglieds, die infrage kommenden Mitglieder als potenzielle Babysitter zu kontaktieren. Wenn ein Babysitter gefunden wurde, müssen der Schriftführerin die entsprechenden Details durchgeben werden (z. B. das babysittende Mitglied, Anzahl der Kinder, Anzahl der Stunden).

8. Wer absagen muss, egal, ob er einen Babysitter angefordert hat oder als Babysitter agieren sollte, muss das jeweils andere betroffene Mitglied sowie die Schriftführerin informieren. Absagen ziehen keine Konsequenzen nach sich, gegenseitiger Respekt ist für das Gelingen der Co-op allerdings notwendig. Wer ursprünglich als Babysitter zugesagt hat, aber absagen muss, ist dafür verantwortlich, die Schriftführerin zu informieren und einen Ersatzbabysitter zu suchen. Wenn ein Mitglied einen Babysitter angefordert hat und vergisst, anzurufen und abzusagen, schuldet es dem Babysitter die volle vereinbarte Punktzahl.

9. Bei Sachbeschädigungen ist die Familie des Schaden verursachenden Kindes zuständig. Die beiden Mitglieder einigen sich untereinander, ob der Schaden repariert werden kann oder

etwas ersetzt werden muss. Wenn die beteiligten Parteien sich nicht einigen können, können die Mitglieder den Fall der Präsidentin melden, die als Mediatorin eintritt, um den Konflikt zu lösen.

10. Kein Schlagen und Prügeln der Kinder. Erziehungsprobleme sollten mit den Eltern abgesprochen werden. Bevorzugte Erziehungsmaßnahme ist eine Auszeit.

11. Jedes Mitglied muss eine Haftpflichtversicherung haben, um die Kosten bei Verletzungen oder Unfällen anderer Kinder im eigenen Heim abzudecken.

12. Die Babysitterin oder der Babysitter darf ohne Erlaubnis der Eltern der zu betreuenden Kinder nicht das Haus verlassen, die Kinder nicht im Auto transportieren und nicht von einer anderen Person im Auto transportieren lassen, außer bei einem außergewöhnlichen Notfall.

13. Vorgehensweise für das Punktekonto ausscheidender Mitglieder: Alle Punkte über den bei Eintritt erhaltenen 60 Punkten können innerhalb von zwei Monaten nach Austritt aus der Gruppe verbraucht werden. Die anfänglichen 60 Punkte verfallen.

14. Hinweis an die Schriftführerin zu Babysittinganfragen: Alle Mitglieder müssen ihren Bedarf an Babysittingstunden mindestens vierundzwanzig Stunden vorher der Schriftführerin mitteilen. Eine Ausnahme ist nur möglich bei einem Notfall in der Familie oder wenn Kinder des Mitglieds oder das Mitglied selbst erkrankt sind.

15. Sondergenehmigung für aktuelle Mitglieder: Wenn ein momentanes Mitglied aus dem in der Satzung festgelegten Einzugsgebiet wegzieht, aber in der Gruppe bleiben möchte, kann das Mitglied eine Sondergenehmigung beantragen. Die anderen Mitglieder der Gruppe entscheiden über diesen Antrag per Abstimmung. Es wird nach Mehrheit entschieden, ob der Antrag genehmigt oder abgelehnt wird.

Garten-Tagebuch

Datum: _____

Woche: _____

Aussaat, draußen: _____

_____

_____

_____

Umsetzen: _____

_____

_____

_____

Anmerkungen: _____

_____

_____

_____

Datum: _____

Woche: _____

Aussaat, draußen: _____

_____

_____

_____

Umsetzen: _____

_____

_____

_____

Anmerkungen: _____

_____

_____

_____

Datum: _____

Woche: _____

Aussaat, draußen: _____

_____

_____

_____

Umsetzen: _____

_____

_____

_____

Anmerkungen: _____

_____

_____

_____

Datum: _____

Woche: _____

Aussaat, draußen: _____

_____

_____

_____

Umsetzen: _____

_____

_____

_____

Anmerkungen: _____

_____

_____

_____

Datum: _____

Woche: _____

Aussaat, draußen: _____

_____

_____

_____

Umsetzen: _____

_____

_____

_____

Anmerkungen: _____

_____

_____

_____

Datum: _____

Woche: _____

Aussaat, draußen: _____

_____

_____

_____

Umsetzen: _____

_____

_____

_____

Anmerkungen: _____

_____

_____

_____

Datum: _____

Woche: _____

Aussaat, draußen: _____

_____

_____

_____

Umsetzen: _____

_____

_____

_____

Anmerkungen: _____

_____

_____

_____

Datum: _____

Woche: _____

Aussaat, draußen: _____

_____

_____

_____

Umsetzen: _____

_____

_____

_____

Anmerkungen: _____

_____

_____

_____

Index

Abbildungen

Seite 62, Zwerg Houdan Weiß Bild von Heather Spaet, Rare Feather Farm.

Seite 64, Rots Hybriden Bild von Rachael Xu;

Orpington Bild von Briana R. Bogoski.

Seite 87, Oberhasli-Brienzer Ziege Bild von Tangled Roots Farm;

Nigerianische Zwergziege Bild von © Mark Beers Photography – 2010, rights granted to Smithurmonds Dairy Goats for website use.

Seite 88, Alpine Ziege Bild von Goat Milk Stuff.

Seite 90, Mini-Anglo-Nubier Ziege Bild von Gold Ducat Farmette;

Mini-Toggenburger Ziege Bild von Cherry Butte Dairy Goats.

Alle anderen Bilder sind von Ric Deliantoni und Daisy Siskin

Widmung

Daisy: Für Dad
Deanna: Für Pop & Gran

Danksagung

Wir danken den folgenden Personen:

Unseren toleranten Familien und Verwandten, dass sie nicht einmal mit der Wimper zuckten, wenn wir ihre verschiedenen Besitztümer weggeschleppt haben, um „im Garten Bilder davon zu machen".

Unseren verständnisvollen Ehemännern, dass sie kein Wort zu all den merkwürdigen Dingen gesagt haben, die wir „für das Buch" gekauft und getan haben.

Phil Chandler von biobees.com und Charles Force für ihre hilfreichen Kommentare zum Kapitel über Bienenhaltung.

Jeff Golladay und Jimmy Gafford dafür, dass sie Deannas Garten so großzügig in Form gebracht haben, als sie sich von der Geburt erholt hat.

Melissa und Jeff dafür, dass sie Daisys Garten in Form gebracht haben.

Jim Rowland für sein Imkerwissen und die Benutzung seiner Imkerutensilien.

Den Mitarbeitern von Hall's Feed & Seed für ihre Ratschläge und dafür, dass wir ihre Hühner fotografieren durften.

Den Udder Bliss Farms für die Nutzung ihrer Stunt-Ziegen und -Hühner.

Jacqueline Musser, unserer Herausgeberin, und Ric Deliantoni, unserem Fotografen, dafür dass sie dieses Buch möglich gemacht haben und für ihre Expertenratschläge und ihre Unterstützung.

Und nicht zuletzt unseren Bloglesern für die hilfreichen Kommentare, die über dieses Buch verteilt sind, und dafür, dass sie so clever und herzlich und lustig sind. Wir lieben euch.

Über die Autorinnen

Deanna Caswell und Daisy Siskin stehen hinter dem beliebten Blog *Little House in the Suburbs*, www.littlehouseinthesuburbs. com. Das Blog wurde auf msn.com, thriftyfun.com und apartmenttherapy.com gelistet.

Deanna ist die Autorin zweier Kinderbücher, *First Ballet* (Disney-Hyperion, 2009) und *Train Trip* (Disney-Hyperion, 2011), und ist die „Practically Green"-Kolumnistin für den *Commercial Appeal*.

Daisy gärtnert und interessiert sich beinahe schon ihr ganzes Leben lang für Möglichkeiten, einfach zu leben. Ihre Kolumnen erscheinen im *Birds & Blooms* Magazin. Sie genießt es, ihre Selbstversorgerkünste zu zelebrieren und an ein Leben in der Vorstadt anzupassen. Als renommierte Köchin hat sie in Restaurants und Bäckereien in ganz Tennessee gearbeitet. Sie ist Familientherapeutin.

Impressum

Deanna Caswell und Daisy Siskin
Der kleine Selbstversorger
Urban Gardening – Gärtnern und Survival auf kleinstem Raum
für ein unabhängiges Leben in der Vorstadt

1. deutsche Auflage 2015
2. deutsche Auflage 2017
Übersetzt von Sonja Vilei
ISBN 978-3-944125-43-5

Titel der englischen Originalausgabe:
Little House in the Suburbs:
Backyard Farming and Home Skills for Self-Sufficient Living.
Copyright © 2012 by Deanna Caswell and Daisy Siskin.
F + W Media, Inc., 10150 Carver Road, Suite 200, Cincinnati, Ohio, 45242.

Design von Brian Roeth
Satz von Karin Jerg
Productioncoordinator Mark Griffin

Herausgeber:
Unimedica im Narayana Verlag, Blumenplatz 2, 79400 Kandern, Deutschland
Tel.: + 49 7626 974970-0
E-Mail: info@unimedica.de,
Homepage: www.unimedica.de
© 2015 Narayana Verlag GmbH

Kristin Kimball

Das dreckige Leben

Aus den High Heels in die Gummistiefel - Wie mein Traum vom naturnahen Leben in Erfüllung ging

336 Seiten, kart., € 19,80

„Dieses Buch ist die Geschichte zweier Liebesaffären, die meinen Lebensweg in neue Bahnen gelenkt haben: einmal die Liebe zur Landwirtschaft – dieser erdigen, sinnlichen Kunst – und die Liebe zu einem schwierigen Farmer, der einen zur Verzweiflung treiben kann."

Kristin Kimball ist eine typische, moderne New Yorker Großstädterin. Sie ist Schriftstellerin, über 30 und genießt ihr Singleleben. Dennoch sehnt sie sich immer mehr nach einer Familie und Stabilität.

Durch ein Interview, das sie mit einem jungen dynamischen Farmer führt, verändert sich ihr Leben radikal. Sie kehrt der Stadt den Rücken und beginnt mit ihm ein wahnwitziges Projekt: Auf 200 Hektar Land wollen sie eine Farm aufbauen, die komplett alles hervorbringt, um eine Gemeinschaft von Menschen zu ernähren. Das dreckige Leben ist die fesselnde Chronik ihres ersten Jahres auf der Essex Farm, vom kalten Nordwinter bis zur folgenden Erntesaison – einschließlich ihrer Hochzeit auf dem Heuboden.

Miyoko Schinner

Veganer Käse

Über 30 Käsesorten selbst herstellen: Von Ricotta und Mozzarella bis zum kräftigen Gouda – mit vielen leckeren Rezepten

216 Seiten, geb., € 24,80

Gourmet-Gastronomin Miyoko Schinner ist Expertin der veganen Küche und weiht uns in diesem Buch in ihre Geheimnisse der veganen Käseherstellung ein.

Ihre Käserezepte können sich der gleichen pikanten Aromen und geschmacklichen Komplexität rühmen wie herkömmlicher Käse aus Kuhmilch, werden aber aus pflanzlichen Milchalternativen und Nüssen hergestellt. Miyoko beweist, dass sich innovativen Zutatenkombinationen wie Rejuvelac und pflanzlichem Joghurt ganz einfach die feinsten Aromen entlocken lassen. Durch Kultivierung und Reifung der Zutaten entstehen so köstliche vegane Weich- und Hartkäsesorten.

Für ihre etwas ungeduldigeren Leser bietet Miyoko außerdem schnelle Rezepte für Ricotta und Schnittkäse, die sich im Handumdrehen zubereiten lassen, sowie zahlreiche Rezepte für herbere Milchalternativen wie Sour Cream, Crème Fraîche und Joghurt.

Und schließlich zeigt uns Miyoko, wie ihr handgemachter veganer Gourmetkäse in unseren Lieblingsrezepten Anwendung finden kann: mit Rezepten für leckere Vorspeisen, Hauptspeisen und Desserts von Caprese-Salat und Mac & Cheese bis hin zu Parmigiana di melanzane und ihrem einzigartigen San-Francisco-Käsekuchen.

Christiane Maute

Homöopathie für Pflanzen

Der praktische Leitfaden für Zimmer-, Balkon- und Gartenpflanzen
Mit Ergänzungen von Cornelia Maute

224 Seiten, geb., € 28,-

Mit dem Erscheinen von Homöopathie für Pflanzen ist eine grüne Revolution losgetreten worden. Das Buch wurde fast 40.000 mal verkauft und in viele Sprachen übersetzt.

Es ist ein handlicher Ratgeber über die häufigsten Pflanzen-erkrankungen, Schädlinge und Verletzungen und deren homöopathische Behandlung. Christiane Maute ist eine der Vorreiterinnen, die seit über 13 Jahren bei ihren Nutz- und Zierpflanzen Homöopathie einsetzt. Ob bei Blattflecken-Krankheit der Rosen, Braunfäule der Tomaten, Feuerbrand an Obstbäumen, Blattläusen, Kräusel-Krankheit, Krebs, Mehltau, Monilia-Fruchtfäule, Schneckenbefall, Sternrußtau oder schwachem Wachstum – Frau Maute erläutert zu den häufigsten Erkrankungen die bewährten Mittel.

Auch bei Folgen von Frost, Hagelschäden, Verletzungen, Staunässe, Schnittwunden nach Baum- und Strauchschnitt, Hitzeschäden und Umtopfen sind die Anweisungen klar und für Laien leicht umsetzbar.

Die meisten Erkrankungen sind mit Bildern dargestellt, damit auch ein Nicht-Fachmann die Erkrankung erkennen kann und zum richtigen Mittel findet. Genau beschrieben sind Dosierung und Anwendung. Ein kurze Arzneimittellehre rundet das Werk ab.

Ein besonders für Hobbygärtner geeigneter Ratgeber, der durch Übersichtlichkeit besticht und auch Nicht-Homöopathen schnell zu begeisterten Anwendern werden lässt.

Christiane Maute

Homöopathie für Rosen

Ein praktischer Leitfaden für die wichtigsten Erkrankungen und Schädlinge. Mit Rosenporträts, Hinweisen zur Dosierung und vielen Tipps rund um die Rose

208 Seiten, geb., € 29,-

Die Pionierin Christiane Maute hat nach ihrem Bestseller Homöopathie für Pflanzen auf vielfachen Wunsch nun einen Ratgeber speziell für Rosen geschrieben. Ihre Tipps kann auch der Laie sehr gut umsetzen. Das Werk ist ein umfassender Leitfaden – angefangen bereits bei der Auswahl der passenden Rosensorte, der Pflanzung, Düngung und Pflege.

Die homöopathische Behandlung umfasst Frostschäden, Neupflanzung, Nässestau, Man-gelerkrankungen und typische Erkrankungen wie Rosenmehltau, Blattfleckenkrankheit, Rosenrost und Sternrußtau und Schädlinge wie Blattläuse oder Rosen-Triebbohrer.

So hilft Arnica nach Hagelschaden, Aconitum bei Frost, Rhus toxicodendron bei Sternrußtau und Belladonna oder Cuprum metallicum bei Echtem Rosenmehltau. Mit eindrücklichen Abbildungen zum schnellen Bestimmen der einzelnen Erkrankungen.

Rosemary Gladstar

Heilkräuter in meinem Garten

232 Seiten, geb., € 19,80

Wirksam, sicher und kostensparend – Heilkräuter lassen sich leicht anbauen und mit ihnen lässt sich der Körper auf natürliche Weise vor alltäglichen Leiden und Beschwerden schützen. Rosemary Gladstar, die „Mutter der modernen Kräuterkunde", bietet eine unterhaltsame Einführung in Anbau und Anwendung von 33 ihrer Lieblingskräuter, inklusive Tipps, wie sich ein Kräuterbeet in den Garten integrieren lässt und einfach umzusetzender Rezepte und Anleitungen für stärkende Tees, beruhigende Salben und Tinkturen, Öle, Sirups und Pillen.

Mit dem Expertenwissen von Rosemary Gladstar kann jeder seine eigenen Kräutermittel für gängige Beschwerden herstellen, wie eine Aloe-Salbe gegen Giftefeu, Löwenzahn-Klettwurzeltinktur bei Verstopfung und Lavendel-Zitronen-Balsamtee zum Stressabbau. Füllen Sie Ihren Arzneischrank mit sicheren, rein natürlichen und kostengünstigen Kräuterpräparaten und erfreuen Sie sich bester Gesundheit!

Vaikunthanath Das Kaviraj

Homöopathie für Garten und Landwirtschaft

Die homöopathische Behandlung von Pflanzen

360 Seiten, geb., € 34,-

Eine bahnbrechende Neuerscheinung über die homöopathische Therapie von Pflanzenerkrankungen. Der Autor betritt mit diesem Werk völliges Neuland, dessen langfristige Auswirkungen man nur erahnen kann.

Vaikunthanath Das Kaviraj, selbst erfahrener Homöopath, der in Indien in der Landpraxis von Dr. Chatterjee über 10 Jahre täglich bis zu 150 Patienten homöopathisch betreute, stieß eher zufällig auf die homöopathische Behandlung von Pflanzen. Zu Besuch bei Bekannten in der Schweiz wurde er gebeten, die Familie und Haustiere homöopathisch zu behandeln. Da die Apfelplantage von Rostpilz befallen war, wurde er auch hier zu Rate gezogen. Die Äpfel zeigten dunkelrote Ringe auf der Schale und erhöhten Wasserbedarf. Die Symptome Rötung mit Durst passten zu Belladonna, welches er kurzerhand bei den Pflanzen ausprobierte. Zur Überraschung aller verschwand der Rostpilz. Außerdem schmeckten die Äpfel des nächsten Jahres deutlich besser. Dies war für Vaikunthanath Das Kaviraj ein Schlüsselerlebnis. In den folgenden zwölf Jahren betrieb er intensive Forschung auf diesem Gebiet, hauptsächlich in Europa und Australien. Er wendet die Homöopathie bei verschiedensten Erkrankungen der Pflanzen an. In Australien, wo er praktizierte, wurde seine Methode zwischenzeitlich zu einem großen Erfolg und breit eingesetzt.

Eric und Jessica Childs

Kombucha!

Der natürliche Energiedrink, der vitalisiert, heilt und entgiftet

216 Seiten, kart., € 19,80

Der komplette Kombucha-Ratgeber – mit allen wichtigen Hintergrundinformationen zu dem beliebten probiotischen Tee

Kombucha wird schon lange von Therapeuten, Spitzensportlern, Yogis und anderen Gesundheitsexperten für seine beeindruckenden gesundheitsfördernden Kräfte gepriesen. Jetzt erobert er auch den Rest der Welt. Kombucha, ein fermentiertes Getränk auf Teebasis, wirkt vitalisierend, heilend und entgiftend.

Eric und Jessica Childs, Gründer von „Kombucha Brooklyn" und erfahrene Kombucha-Experten, teilen in diesem umfassenden Ratgeber ihr wertvolles Wissen. In ihrem Buch „Kombucha!" gehen sie nicht nur auf den wissenschaftlichen und kulturellen Hintergrund des so gesunden wie schmackhaften Getränks ein, sondern zeigen auch, wie Kombucha kulinarisch in gesunden und überaus leckeren Rezepten oder als probiotische Verjüngungskur in selbst hergestellten Kosmetika verwendet werden kann.

Brendan Brazier

Vegan in Topform

Der vegane Ernährungsratgeber für Höchstleistungen in Sport und Alltag – Die Thrive-Diät des berühmten kanadischen Triathleten

352 Seiten, geb., € 26,-

Brendan Brazier, kanadischer Triathlet und Ironman, ist ein führender Pionier für vegane Ernährung. Dieses Werk ist ein Kultbuch der weltweiten Veganbewegung.

Bereits im Alter von 15 Jahren entschied er sich, Profisportler zu werden. Im Laufe seiner Karriere erforschte er minutiös, welche Ernährung seine Leistung und vor allem die Regenerationsphase optimierte. Das Ergebnis ist die legendäre Thrive-Diät, die bereits viele Spitzensportler zu einer olympischen Medaille geführt hat. Die Thrive-Diät richtet sich nicht nur an Profisportler, sondern an jeden, der optimale Gesundheit und Leistungsfähigkeit erlangen und Krankheiten vorbeugen möchte.

Brendan Brazier hat die vegane Ernährung revolutioniert und achtet dabei auf eine ausgewogene Kost mit ausreichend Proteinen und anderen Nährstoffen. Hier setzt er auch auf Superfood wie die Andenwurzel Maca, die legendäre Alge Chlorella oder das nahrhafte Hanfprotein.

Die Thrive-Diät führt zum Abbau von Körperfett und Aufbau von Muskelmasse, zu Leistungssteigerung, weniger Stress und Heißhunger auf Junkfood, geistiger Klarheit und besserem Schlaf.

Mit 100 veganen, gluten- und sojafreien Rezepten, von schnell zubereiteten Energieriegeln, Gels und Drinks über Suppen und Pizza bis zu leckeren Desserts. Mit einem praktischen 12-Wochen-Plan zum Einstieg in die Thrive-Diät.

Blumenplatz 2, D-79400 Kandern
Tel: +49 7626-974970-0, Fax: +49 7626-974970-999

info@unimedica.de

In unserer Online-Buchhandlung

www.unimedica.de

führen wir alle deutschen, englischen und französischen
Bücher über Fitness, gesunde Ernährung, Naturheilkunde und Homöopathie.
Es gibt zu jedem Titel aussagekräftige Leseproben.

Auf der Webseite gibt es ständig Neuigkeiten zu aktuellen Themen,
Studien und Seminaren mit weltweit führenden Homöopathen, sowie einen
Erfahrungsaustausch bei Krankheiten und Epidemien.
Ein Gesamtverzeichnis ist kostenlos verfügbar.